2013-2014
中国数字出版产业年度报告

ANNUAL REPORT ON DIGITAL
PUBLISHING INDUSTRY IN CHINA:
2013-2014

主 编／张 立
副主编／王 飚

中国书籍出版社
China Book Press

《2013–2014 中国数字出版产业年度报告》课题组

组　　　长：张　立

副 组 长：王　飚

课题组成员：李广宇　毛文思　汤雪梅

　　　　　　王　洁　杨　涛　孟晓明

　　　　　　徐　飞　李　熙

《2013—2014 中国数字出版产业年度报告》撰稿人名单

撰稿人名单（按文序排列）：

中国数字出版产业年度报告课题组

彭云飞　乔莉莉　王　迪　李广宇

戴铁成　中国版协游戏工委

国际数据公司　曾龙文　高　巍

张孝荣　郭佳宁　周宇红　郭春涛

叶　磊　朱新兵　张　畅　张书卿

童之磊　闫　芳　吴如镜　张　博

邹丹青　乔　欢　葛文燕　陈　彤

孙香娟　石　昆

统　稿：王　飚　李广宇

前　言

《2013－2014中国数字出版产业年度报告》是对《2005－2006中国数字出版产业年度报告》、《2007－2008中国数字出版产业年度报告》、《2009－2010中国数字出版产业年度报告》、《2011－2012中国数字出版产业年度报告》和《2012－2013中国数字出版产业年度报告》的延续与发展。本《报告》既有对前五部《报告》的继承，又有根据产业实际发展情况进行的创新。

在研究方法上，本《报告》依然采用数据实证分析与文本分析相结合的方式。在《报告》的撰写过程中，研究人员运用产业组织经济理论着力从产业主体、产业行为、产业绩效等方面对数字出版产业进行了分析，主要通过对各领域从业企业规模、生产规模、用户规模、运营及赢利状况等方面的大量数据的梳理、解析，用图表形式呈现。同时，本《报告》对我国数字出版产业的环境加以阐析，以求对我国数字出版产业的脉动进行追溯。这些努力可能会有利于读者较好地把握我国数字出版产业现状；同时，也便于了解到发展的来龙去脉及其因果联系。

本《报告》是中国新闻出版研究院的课题。中国新闻出版研究院副院长张立担任课题组长，数字出版研究所所长王飚担任副组长。中国新闻出版研究院数字出版研究所、北大方正、清华同方、中文在线、互联网实验室、中国出版协会游戏出版物工作委员会、中国印刷科学技术研究所的部分研究人员、业界专家共同参与了本报告的撰写工作。

本《报告》全书统稿工作由王飚、李广宇负责，毛文思、王洁、杨涛协助完成；部分报告中的数据采集与分析、表格制作由杨涛、毛文思等完成。

为数字出版产业的规划和发展提供连续、可比的数据依据，是编写数字出版产业报告的一个重要思路。但鉴于我们的力量和水平还很有限，本《报告》在专题设置、结构布局及数据获取上都有不尽如人意之处，个别分报告还略显单薄，甚至难免会存在一些缺陷及错误，故恳请广大读者见谅，并予以指正，以便我们在今后的编撰工作中不断改进，进一步提升《中国数字出版产业年度报告》的质量和价值。

本《报告》在撰写过程中得到了多方面的帮助与支持，北大方正、清华同方、万方数据、重庆维普资讯、龙源数字传媒等企业提供了大量一手数据；同时我们也参考了大量的相关论述及文献，虽然在《报告》中有所标注，但可能仍存在遗漏现象，在此我们一并致谢！

编　者

2014 年 6 月 18 日

目 录

主报告

转型升级之年的中国数字出版
——2013－2014 中国数字出版产业年度报告
....中国数字出版产业年度报告课题组（3）
　一、数字出版产业环境综述 ....（3）
　二、数字出版产业规模分析 ....（9）
　三、数字出版产业态势分析 ....（15）
　四、数字出版产业问题与对策分析 ....（22）
　五、数字出版产业趋势分析 ....（29）

分报告

2013－2014 中国电子图书出版产业年度报告 ...... 彭云飞　乔莉莉　王迪（39）
　一、电子图书出版综述 ....（39）
　二、电子图书出版产业的规模与发行状况 ....（40）
　三、电子图书出版产业的盈利状况 ....（45）
　四、主要技术提供平台发展状况 ....（46）
　五、总结与展望 ....（48）
　附录　国外电子图书出版产业发展现状及启示 ....（51）

2013－2014中国数字报纸出版产业年度报告…………… 彭云飞　乔莉莉（54）
　　一、数字报纸出版概况 ………………………………………………（54）
　　二、数字报纸出版产业的规模与发展状况 …………………………（56）
　　三、数字报纸技术提供商的发展现状与规模 ………………………（61）
　　四、数字报纸出版的盈利模式及状况 ………………………………（63）
　　五、总结与展望 ………………………………………………………（66）
　　附录　国外数字报纸发展现状与启示 ………………………………（67）

2013－2014中国互联网期刊出版产业年度报告………… 李广宇　戴铁成（70）
　　一、互联网期刊出版产业概述 ………………………………………（70）
　　二、互联网期刊出版推广销售策略及赢利情况分析 ………………（73）
　　三、主要技术提供平台发展状况 ……………………………………（77）
　　四、年度影响互联网期刊出版产业发展的重要事件 ………………（83）
　　五、总结与展望 ………………………………………………………（85）

2013－2014中国网络游戏出版产业年度报告
　　………………………………… 中国版协游戏工委　国际数据公司（92）
　　一、中国网络游戏市场规模 …………………………………………（93）
　　二、中国网络游戏用户状况 …………………………………………（96）
　　三、中国游戏行业细分市场发展状况 ………………………………（97）
　　四、年度影响网络游戏出版产业发展的重要事件 …………………（111）
　　五、总结与展望 ………………………………………………………（112）
　　附录　2013年海外游戏市场综述 ……………………………………（118）

2013－2014中国网络（数字）动漫出版产业年度报告
　　………………………………………………………… 曾龙文　高巍（133）
　　一、网络（数字）动漫生产商情况 …………………………………（133）
　　二、网络（数字）动漫产业的生产规模与市场规模状况 …………（135）
　　三、年度影响网络（数字）动漫产业发展的重要事件 ……………（146）
　　四、总结与展望 ………………………………………………………（147）

2013－2014中国博客与播客出版产业年度报告 ………………… 张孝荣（152）
　　一、中国博客类应用与播客类应用发展概述 ………………………（152）

二、主要博客与播客类应用服务商发展情况 …………………………（157）
　　三、2013年博客和播客发展特点 ……………………………………（164）
　　四、年度影响博客和播客出版产业发展的重要事件 …………………（170）
　　五、总结与展望 …………………………………………………………（174）

2013－2014中国手机出版产业年度报告 ……………………… 郭佳宁（177）
　　一、手机出版产业发展概述 ……………………………………………（177）
　　二、手机出版产业发展现状 ……………………………………………（181）
　　三、几款重要的手机软件 ………………………………………………（189）
　　四、年度影响手机出版产业发展的重要事件 …………………………（193）
　　五、总结与展望 …………………………………………………………（195）

2013－2014中国数码印刷与按需印刷（出版）产业年度报告
　　………………………………………………………… 周宇红　郭春涛（202）
　　一、数码印刷与按需印刷（出版）市场发展状况及特点 ……………（203）
　　二、数码印刷与按需印刷（出版）市场分析与预测 …………………（210）
　　三、年度影响数码印刷与按需印刷（出版）产业发展的重要事件 ………
　　　……………………………………………………………………………（224）
　　四、展望未来 ……………………………………………………………（226）

相关专题报告

中国数字教育出版产业发展报告 ……………………… 叶　磊　朱新兵（231）
　　一、数字教育出版政策环境 ……………………………………………（231）
　　二、国际数字教育出版发展概况 ………………………………………（232）
　　三、我国数字教育出版发展情况 ………………………………………（234）
　　三、数字教育出版产业面临问题及对策 ………………………………（241）

中国手机杂志阅读年度报告 …………………………………… 张　畅（247）
　　一、数字杂志用户行为分析 ……………………………………………（248）
　　二、2013年度中国数字杂志排行榜 ……………………………………（254）

三、展望2014：移动阅读行业七大预测 ……………………………………（261）

中国数字出版标准化年度报告 ……………………………… 张书卿（263）
  一、发展背景 ……………………………………………………………（263）
  二、数字出版标准化现状 ………………………………………………（264）
  三、数字出版标准化工作存在和面临的问题 …………………………（272）
  四、解决方案和下一步工作任务 ………………………………………（274）

中国数字版权保护状况年度报告 ………………… 童之磊 闫 芳 吴如镜（284）
  一、我国数字版权保护新进展 …………………………………………（284）
  二、各省区版权保护状况统计分析 ……………………………………（290）
  三、数字版权保护技术发展状况 ………………………………………（294）
  四、典型案例分析 ………………………………………………………（296）
  五、数字版权保护存在的问题及对策 …………………………………（300）
  六、2014年数字版权保护展望 …………………………………………（302）

中国数字出版教育年度报告 ………………… 张 博 邹丹青 乔欢 葛文燕（304）
  一、中国数字出版教育的新进展 ………………………………………（304）
  二、中国数字出版教育的典型范例 ……………………………………（306）
  三、中国数字出版教育发展中的主要问题 ……………………………（308）
  四、加快中国数字出版教育发展的对策 ………………………………（310）

中国数字出版产业基地研究报告 ……………………………… 陈 彤（352）
  一、2014年新成立的国家数字出版基地 ………………………………（353）
  二、国家数字出版产业基地建设情况 …………………………………（354）
  三、国家数字出版产业基地发展状况分析 ……………………………（356）
  四、国家数字出版产业基地未来发展的情况分析 ……………………（360）

中国移动阅读产业研究报告 …………………………………… 孙香娟（364）
  一、背 景 ………………………………………………………………（364）
  二、2013年移动阅读市场分析 …………………………………………（367）
  三、移动阅读产业发展趋势及建议 ……………………………………（372）

附　录

2013年中国数字出版大事记 …………………………… 石昆搜集整理（379）
 一、电子图书 ………………………………………………………（379）
 二、互联网期刊 ……………………………………………………（381）
 三、数字报纸 ………………………………………………………（382）
 四、手机出版 ………………………………………………………（383）
 五、网络游戏 ………………………………………………………（383）
 六、网络动漫 ………………………………………………………（386）
 七、博客与播客 ……………………………………………………（388）
 八、数码印刷 ………………………………………………………（388）
 九、数字版权 ………………………………………………………（391）
 十、电子阅读器与平板电脑 ………………………………………（394）
 十一、综　合 ………………………………………………………（394）

主 报 告

转型升级之年的中国数字出版

——2013-2014 中国数字出版产业年度报告

中国数字出版产业年度报告课题组

2013年，全球数字出版产业发展势头依然迅猛：国外，在新兴媒体不断冲击下，传统媒体面临生存危机，多家报纸停刊出售，纸媒广告持续下滑。在内容方面，传统媒体与新兴媒体呈现融合趋势。国内，数字出版产值再创新高，突破2500亿元大关。在政府主管部门持续深入推进下，首批转型示范单位成效显著，示范引领作用明显。传统出版单位转型升级步伐进一步加快，在互联网思维的深刻影响和探索实践下，转型思路日渐清晰。互联网企业则持续全产业链布局，移动互联网发展迅猛，成为数字出版主阵地。

一、数字出版产业环境综述

（一）国际环境

2013年，全球新闻出版业继续经历着从纸质出版向数字出版的转型，并呈现出传统媒体与新兴媒体融合的趋势。

1. 互联网企业对传媒业渗透加深

过去一年里，国际传媒业在传统领域进一步衰落，媒介生态环境渐趋数字化、网络化。

美国老牌杂志《新闻周刊》曾一度从2013年1月1日起，停止纸质版发行，只出版网络版①，现虽然印刷版得以回归，却依靠降低成本和与电子版绑定订阅的方式勉强维系；8月，有着136年历史、曾经揭露"水门事件"、"棱镜门"事件的美国三大报之一《华盛顿邮报》，被亚马逊创始人贝索斯个人以2.5亿美元收购②；11月，《福布斯》报价4亿美元，寻求出售③；2013年谷歌广告收入超过美国报纸和杂志的广告收入之和④……与此同时，亚马逊书店、苹果、谷歌等国际互联网巨头则进一步加紧对内容产业的渗透，逐步打造起数字终端加内容、上下游通吃的产业生态链。工业化时代的纸媒体与模拟技术正在被信息时代的数字技术全面取代，互联网企业对传媒业渗透逐渐加深。互联网和传统媒体的位置正在发生互换，传统的大众传媒生态环境正在被迅速发展的互联网媒介生态所重构。

2. 数字出版去中介化趋势渐显

去中介化是国际数字出版发展的一大趋势，2013年，亚马逊书店前100本畅销图书中，25%只有电子版⑤，而没有实体纸质书，这意味着"Kindle出版平台"提供的自助出版服务，已经成为出版产业的新兴业态。该平台推出的按需出版方式，可以让作者按照计划发表作品，而在传统出版行业，通常在书稿完成后要拖几个月或更长时间才能出版。吸引作者的还有高额的版税——通过该平台出版电子书的作者，可以获得70%的版税，而传统出版商一般只为电子书支付17.5%的版税。此外，作者还能保留出版纸质版的权利。

在英国，类似的趋势也已经显现。英国独立作家联盟主管奥兰·罗斯说："我们正处于变革的中央。我们将在全世界范围内看到越来越多的畅销图书都是由作者通过发售电子版出版的。"在英国亚马逊网站，排名前100位的畅销书中，也有将近10本只有电子版。

去中介化的另外一个表现，是作为销售商的电商售书平台，正在将过去由"作者—出版商—发行渠道—读者"的四环节产业链，减至"作者—发行平台

---

① 美国版《新闻周刊》：重返纸媒倚重订阅模式 http://finance.eastday.com/m/20131205/u1a7813210_1.html。
② 中国新闻网 http://finance.chinanews.com/stock/2013/08-07/5134283.shtml。
③ 美国《福布斯》：不敌网络媒体寻求出售 http://gj.chuban.cc/my/tj/201311/t20131119_150246.html。
④ 新浪科技 http://tech.sina.com.cn/i/2013-11-14/10248913038.shtml。
⑤ 网络出版改变出版格局25%畅销书只有电子版 http://gj.chuban.cc/my/tj/201312/t20131216_151197.html。

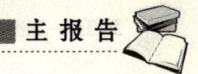

—读者"三个环节。而在未来，让传统出版抱怨不断的亚马逊，也将迎来进一步的去中介化趋势，只有"作者和读者"两个环节是不可或缺的，其他连接这两个群体的机构都面临挑战。《哈利·波特》系列小说的作者 J. K. 罗琳已建立了自己的个人网站 Pottermore（www.pottermore.com）①，书迷已不再需要亚马逊平台，而直接与作者建立联系，而作者也将直接掌握其图书购买者的一手数据，从而更加有效地指导创作，"作者—读者"两维模式出现。然而在新的数字出版产销模式建立的过程中，出版商和平台发行商，因其专业的制作水平、人气集聚能力、精准的营销服务，还将会长期存在，但其作为出版一个必要环节的地位正在遭受越来越多的冲击。

3. 媒介与电商融合发展

媒介电商化是融合发展的具体体现。在西方，传统杂志的产品属性正在变得越来越强。《男人装》手机杂志通过点击页面上的品牌链接，可以链接到地图，准确告诉读者其实体店位置②。赫斯特公司的《Marie Claire》APP 上推出"瞬间购物"项目，通过"时尚入门"，用户可以直接进入电商平台，进行购物。一些时尚杂志还会为用户打出专属品牌。《Lucky》杂志与全球知名快速时尚品牌 Net‐A‐Porter 旗下的 Outnet.com 合作推出专门的电子商务项目，且仅为杂志的订户提供专属服务——每隔四周的一个周五推出一场特价活动，产品只限订阅《Lucky》杂志电子信的订户购买，且每次只提供一小时的购物时间。主打专属性和稀缺性的产品营销方式，带动了电子期刊的销售。如果用户通过付费阅读带来超过付费的收益，付费将不再成为阻碍。

此外，产品媒体化、媒体产品化将成为未来趋势，产品与媒体正在走向融合。

4. 数字化加剧垄断形成

在互联网行业往往是有着绝对优势的企业生存下来，一家领先企业的市场份额显著地超过其他企业。全球只有四个国家拥有搜索引擎的核心技术：中国、美国、俄罗斯、韩国；全球移动终端越来越趋向由苹果与安卓两大终端平台垄断。此外，互联网行业具有典型的规模经济性，容易产生"强者恒强，弱者恒弱"的现象。近两年，国际出版集团在业务布局上频频通过收购并购，实

---

① 《哈利·波特》作者办起网站 http://gb.cri.cn/27824/2011/07/08/5190s3300860.htm。
② 新浪时尚 http://fashion.eladies.sina.com.cn/industry/2012/0813/151433163.shtml。

现业务布局。如世界第一大教育出版集团培生通过频频收购在线教育公司、技术公司等与其教育出版业务相关的企业，实现了这一领域无人撼动的垄断地位。

（二）国内环境

1. 多项政策相继出台，推进产业全面升级

十八届三中全会的召开，为文化产业进一步发展提供了强有力的政策支持。为贯彻落实十八届三中全会精神，进一步加快社会主义文化强国建设步伐，促进数字出版产业健康有序发展，政府管理部门相继出台了多项政策和各项举措。

政府管理部门对转型升级的推动力度不断加大，引导方向更为明确。国家新闻出版广电总局继2013年6月公布首批传统新闻出版单位转型示范名单后，于当年12月，在重庆召开了"全国传统新闻出版单位数字出版转型示范现场工作会"，对转型示范单位如何发挥好示范引领作用、带动整个产业的转型升级，提出进一步指示和要求。2014年4月，国家新闻出版广电总局和财政部联合发布《关于推动新闻出版业数字化转型升级的指导意见》[1]，从行业标准制定、技术装备升级、人才队伍建设、商业模式探索等方面，为传统新闻出版单位进一步深入开展转型升级再次提出了要求、目标和方向。该意见表明管理部门联合财政等多方政府力量强力助推产业升级的决心，也体现了数字出版产业在我国经济总体发展中日益重要的地位和作用。

平台建设是数字出版产业内容建设的重要支撑，也是传统新闻出版单位夯实自身资源优势的重要途径之一。2013年12月底，国家新闻出版广电总局发布了《加强数字出版内容投送平台建设和管理的指导意见》[2]。该《意见》明确了数字出版内容投送平台建设和管理的主要目标和主要任务，并提出了数字出版内容投送平台建设和管理的八大保障措施：一是确保正确政治导向，二是强化内容质量管理，三是加强数字版权保护，四是统一数字内容标准，五是加大政策扶持力度，六是发挥示范引领作用，七是加快人才队伍建设，八是倡导行业自律自管。《意见》的提出，为数字出版产业进一步发展指明了方向，也

---

[1] 中华人民共和国财政部网站 http://wzb.mof.gov.cn/pdlb/zcfb/201404/t20140429_1073300.html。

[2] 人民网 http://game.people.com.cn/n/2014/0110/c40130-24078729.html。

成为数字出版产业更快、更好发展的强有力保障。

随着互联网的快速发展,信息消费的需求量日趋增大,依靠消费带动投资的经济战略已进入加速状态。2013年7月,国务院下发的《关于促进信息消费扩大内需的若干意见》[①]提出,挖掘消费潜力、增强供给能力、激发市场活力、改善消费环境,建立促进信息消费持续稳定增长的长效机制,推动面向生产、生活和管理的信息消费快速健康增长。意在推进工业化和信息化深度融合,将充分发挥市场作用,打破行业进入壁垒,促进信息资源开放共享和企业公平竞争,在竞争性领域坚持市场化运行。同时,将引导企业立足内需市场,鼓励多元发展,加快关键核心信息技术和产品研发,鼓励业务模式创新,培育发展新型业态,提升信息产品、服务、内容的有效供给水平,挖掘和释放消费潜力。随着行政审批制度改革的深化、财税政策支持力度的加大、企业融资环境的切实改善、电信服务的改进和完善、法律法规和标准体系建设的加强、信息消费统计监测和试点示范的开展,数字出版产业将得到进一步的发展。

为推动文化产业进一步发展,国家不仅进行政策引导,而且在资金上也给予了大力支持。2013年,中央财政拨付下发文化产业发展专项资金48亿元人民币,比2012年增长41.18%[②]。这一专项资金在坚持扶优扶强的基础上,向中西部地区、特色文化产业和新兴文化业态适当倾斜。在继续实施一般项目的基础上,扩大重大项目实施范围,新增文化金融扶持计划、重点新闻网站软硬件技术平台建设等4个重大项目,为解决以数字出版为代表的新型文化产业发展面临的关键性、瓶颈性问题,提供了重要支持。

2. 信息消费快速增长,互联网经济环境渐趋成熟

随着我国信息化建设加快推进,信息基础设施不断完善,信息消费作为新的经济增长点的拉动作用日益明显。据《中国文化产业年度发展报告(2014)》[③]显示,预测2013年中国文化产业增加值将达2.1万亿元人民币,预计约占GDP比重的3.77%,对我国整体国民经济的拉动作用进一步加强。文化产业尤其是以数字出版为代表的新兴文化创意产业,成为资金流入的热点;文化企业并购、整合趋于频繁,加剧产业资金流动;众筹融资等新模式的出现,推动文化产业向规

---

① 新华网 http://www.js.xinhuanet.com/2013-08/15/c_116951133.htm。
② 新华网,http://news.xinhuanet.com/politics/2013-11/18/c_118191029.htm。
③ 网易财经,http://money.163.com/14/0113/23/9IGNKP2G00254TI5.html。

模化、集约化发展。在我国整体经济形势带动下，我国互联网经济环境也日趋成熟，为数字出版产业的发展营造了更加有利的发展空间。

随着大数据、云平台和移动互联网等数字技术的不断发展，互联网金融基于其交易成本低、高回报率、操作快捷方便的优点，已经越来越受到大众的追捧，也已成为各大互联网企业及各大传统金融企业争相发展的方向。2013年6月，国内首个第三方支付平台支付宝打造的余额宝正式上线，在仅9个月的时间里，余额宝资金规模就达到5413亿元，为客户累计实现收益75亿元，用户量突破8100万[①]。随后，互联网企业和传统金融企业相继推出了自己的互联网金融产品，如百度的"百赚"、京东的"小金库"、腾讯微信的"理财通"、电信的"添益宝"、广发银行的"钱袋子"和华夏银行的"活期通"等。互联网金融产品的创新，培养了用户利用互联网进行理财和交易的习惯，为互联网支付创造了有利条件。

在互联网金融发展如火如荼的同时，移动支付市场也呈现快速发展的趋势，各大公司为争夺移动支付市场，展开激烈的竞争。据艾瑞咨询公布的数据显示[②]，2013年第三季度，中国第三方移动支付市场交易规模达到2965.1亿元。综合此前数据，2013年前三季度，移动支付市场累计交易规模已近5000亿元。其中，远程移动互联网支付交易规模高速扩张，占整体市场比重超过92%，仅支付宝就占据了逾六成的份额，处于绝对优势。目前，腾讯微信支付在积极探索扫码支付、APP内支付和公众号支付等模式，并加速线下布局，力图扩大其市场竞争力。

互联网金融市场和移动支付市场的不断发展，为数字出版市场的发展创造了良好的支付环境，将会为用户在数字出版领域进行消费创造有利条件，从而推动数字出版付费机制的形成，为产值的不断攀升再添助力。

3. 数字阅读率总体上升，推动全民阅读发展

据中国互联网络信息中心（CNNIC）发布的《第33次中国互联网发展状况统计报告》显示，截至2013年12月底，中国网民规模达6.18亿，全年新增网民5358万人。互联网普及率为45.8%，较2012年底提升3.7个百分点。中国手机网民规模达到5亿，年增长率为19.1%，继续保持上网第一大终端的地

---

① 凤凰财经 http：//finance.ifeng.com/a/20140421/12165152_0.shtml。
② 新华网财经频道 http：//news.xinhuanet.com/fortune/2013-12/10/c_118490417.htm。

位。网民中使用手机上网的人群比例由 2012 年底的 74.5% 提升至 81.0%。手机网民规模的持续增长促进了手机终端的阅读和各类应用的发展，成为 2013 年中国互联网发展的一大亮点。

随着 3G 网络进一步普及、智能手机和无线网络持续发展，人们的阅读方式也有了很大的改变，碎片化阅读的日益普遍，网络视频、网络音乐等高流量手机应用拥有越来越多的用户，阅读方式已由上网设备向手机终端快速大量转移。

中国新闻出版研究院发布的"第十一次全国国民阅读调查"数据显示：从数字化阅读方式的人群分布特征来看，我国成年数字化阅读方式接触者中，18—29 周岁人群占到 45.1%，30—39 周岁人群占 29.1%，40—49 周岁人群占 18.4%，50 周岁及以上人群占 7.4%。可见，我国成年数字化阅读接触者中的 92.6% 是 18—49 周岁人群。

2013 年我国成年国民包括书报刊和数字出版物在内的各种媒介的综合阅读率为 76.7%，数字化阅读方式（网络在线阅读、手机阅读、电子阅读器阅读、光盘阅读、PDA/MP4/MP5 阅读等）的接触率为 50.1%，较 2012 年的 40.3% 上升了 9.8 个百分点。总体来讲，数字化阅读整体人数呈不断增长趋势，极大地推动了全民阅读的发展。

二、数字出版产业规模分析

2013 年，我国数字出版产业继续保持强势增长势头，全年收入规模达 2540.35 亿元。其中，互联网广告、手机出版与网络游戏依然占据收入榜前三位。值得注意的是，过去的一年，互联网期刊、电子图书均保持了高速的增长势头，增长幅度均超过 12%。

（一）收入规模持续上升

2013 年国内数字出版产业整体收入规模为 2540.35 亿元，比 2012 年整体收入增长了 31.25%。其中：互联网期刊收入达 12.15 亿元，电子书（含网络原创出版物）达 38 亿元，数字报纸（不含手机报）达 11.6 亿元，博客达 15 亿元，在线音乐达 43.6 亿元，网络动漫达 22 亿元，手机出版（含手机彩铃、铃音、手机游戏等）达579.6亿元，网络游戏达718.4亿元，互联网广告达1100亿元。收入比例情况见图1。

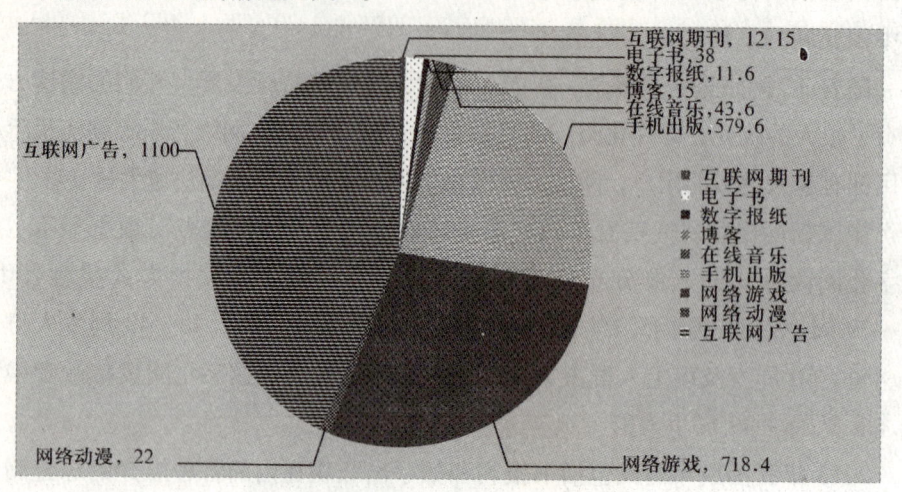

图1 2013年数字出版产业收入情况（单位：亿元）

表1 数字出版产业收入情况　　　　　　　　（单位：亿元）

数字出版分类	2006年	2007年	2008年	2009年	2010年	2011年	2012年	2013年
互联网期刊	5+1（多媒体互动期刊）	6+1.6（多媒体互动期刊）	5.13	6	7.49	9.34	10.83	12.15
电子书	1.5（电子图书）	2（电子图书）	3（电子图书）	14（电子图书4+电子阅读器10）	24.8（电子图书5+电子阅读器19.8）	16.5（电子图书7+电子阅读器9.5）	31	38
数字报纸	2.5（网络报+手机报）	1.5+8.5（网络报+手机报）	2.5（网络版）	3.1（网络版）	6（网络版）	12（不含手机报）	15.9（不含手机报）	11.6（不含手机报）
博客	6.5	9.75	—	—	10	24	40	15
在线音乐	1.2	1.52	1.3	—	2.8	3.8	18.2	43.6①

① 数据来源：文化部《2013中国网络音乐市场年度报告》。

续表

数字出版分类	2006年	2007年	2008年	2009年	2010年	2011年	2012年	2013年
手机出版	80	150	190.8	314	349.8（未包括手机动漫）	367.34（未包括手机动漫）	472.21（未包括手机动漫）	579.6（未包括手机动漫）
网络游戏	65.4	105.7	183.79	256.2	323.7	428.5	569.6	718.4
网络动漫	0.1	0.25	—		6	3.5	5	22
互联网广告	49.8	75.6	170.04	206.1	321.2	512.9	753.1	1100①
合计	213	362.42	556.56	799.4	1051.79	1377.88	1935.49	2540.35

同时，从表1中的数据我们可以看出，2013年互联网期刊、电子图书、数字报纸的总收入为61.75亿元，在数字出版总收入中所占比例为2.43%，这一方面说明我国传统出版业数字化转型工作取得了一定的成效，另一方面也说明传统出版单位数字化转型仍需继续深化，要积极挖掘内容资源潜力，巩固内容资源优势，强化品牌产品的设计与开发，在市场竞争中站稳脚跟，占据更大的市场份额。手机出版和网络游戏的收入分别为579.6亿元和718.4亿元，在数字出版总收入中所占比例分别为22.82%和28.28%，两者合计占据半壁江山，这说明手机出版和网络游戏依然是拉动数字出版产业收入的主力军，也意味着娱乐化产品在数字出版产业中占据了相当比重。具体情况详见表1。

从表1中我们可以看出：互联网期刊的收入规模从2006年的5亿元增长至2013年的12.15亿元，虽在8年间增幅出现过稍微的起伏波动，但总体依旧呈现为增长趋势，且近两年来态势趋稳；电子图书（e-book）收入规模2006年为1.5亿元，2007年为2亿元，2008年为3亿元，2009为4亿元，2010年为5亿元，2011年为7亿元，2012年为31亿元，2013年为38亿元，虽然其收入总量与纸版图书销售收入相比，所占比例依然很少，但进入"十二五"时期

---

① 数据来源：艾瑞咨询《2014年中国网络广告行业年度监测报告（简版）》。

后，呈现快速增长态势，2013年增长幅度为22.58%。出版企业生产制作产品的日益丰富、三大电信运营商的大力推广、以智能手机和平板电脑为代表的移动阅读终端的广泛普及，都为电子图书在2013年持续快速发展贡献了力量，这既表明了移动互联网对数字出版发展方向的强大影响力，也说明在机构用户需求趋于饱和的情况下，B2C模式对电子图书产业发展的至关重要性；手机出版的收入规模从2006年的80亿元发展到2013年的579.6亿元，相对于前五年来的高速发展，近两年来收入规模相对稳定；网络游戏和互联网广告在2006年至2013年，都实现了大幅度增长，均表现出强劲的发展势头。

（二）用户规模平稳增长

从表2可以看出：截至2013年底，我国数字出版产业的累计用户规模达到13.11亿人（家/个）（包含了重复注册和历年尘封的用户等）。博客、在线音乐、网络游戏的用户规模数则分别在2008年至2013年都有一个跨越式的大幅增长过程。虽然原创网络文学注册用户数从2009年开始统计，但也保持着高速增长的势头。

（三）产品规模显著增加

从表3我们可以看出，互联网期刊产品规模从2011至2013年发展平稳，变化不大；多媒体互动期刊产品规模从2011年的1.26万种，降至2013年的0.2899万种，降幅为76.99%，这说明多媒体期刊这一数字出版形态与市场需求之间还没有很好地吻合，不能迎合消费者的需要，该产业形态能否长期发展，尚待观察；电子图书产品规模从2011年的90万种，增至2013年的100万种，增长率为11.11%；互联网原创作品的产品规模从2011年的175.7万种，增至2012年的214.43万种，再降至2013年的175.78万种，产品规模变化明显，这与网络原创作品平台自律机制的不断形成，以及政府引导与内容规范密切相关，近年来涉及色情、暴力、反动等不良题材的网络原创作品受到遏制与删除，侵权盗版行为得到一定程度的遏制。上述数据表明，新的产品形态如果不符合互联网用户消费习惯及使用特点，最终将被市场淘汰；如果数字出版产品生产不注意与网络科技发展的新趋势相结合，就会失去开拓市场的新机遇。

表2 2006~2013年中国数字出版产业用户规模(单位:人家/个)

数字出版物	2006年	2007年	2008年	2009年	2011年	2012年	2013年	增长率	来源
互联网期刊用户数	6300万人	7600万人	8700万人	9500万人	数据缺失	数据缺失	数据缺失	—	分报告
电子图书机构用户数	3000家	3800家	4000家	4500家	8000家	8500家	数据缺失	—	分报告
数字报纸用户数	网络报800万	手机报2500万	5500万	6500万人	>3亿人	数据缺失	数据缺失	—	分报告
博客注册用户数	6340万	9100万	1.62亿	2.21亿	3.1864亿	3.7299亿人	4.37亿人	17.2%	分报告
在线音乐用户数	1.19亿	1.45亿	2.48亿	3.2亿	3.8亿	4.36亿	4.5亿	3.2%	《2013年中国网络音乐市场年度报告》
网络游戏用户数①	3260万人	4017万人	4935万人	6587万人	1.2亿	1.4亿	1.5亿	7.1%	分报告
手机阅读活跃用户数	—	—	1.04亿	1.55亿	3.09亿	数据缺失	数据缺失	—	—
原创网络文学注册用户数	—	—	—	1.62亿人	2.03亿(数据截止2011年12月)	2.33亿(数据截止2012年12月)	2.74亿(数据截止于2013年12月)	17.6%	《第33次中国互联网络发展状况统计报告》http://www.199it.com/archives/187771.html
合计②	—	—	—	10.84亿	16.31亿	11.82	13.11	—	—

注:由于网络原创作品数无法追溯,所以2008年和2010年数据无法搜集。

① 主要指客户端网络游戏用户数。
② 电子图书机构用户数没有计算在内;2012年互联网期刊用户数、数字报纸用户数和手机阅读活跃用户数缺失,未计算。

·13·

表3 数字出版物品种数（单位：种家/户/款）[1]

产品	出版者	2011年(截止2012年5月查询所得)	2012年(截止2013年5月查询所得)	2013年(截止2014年6月查询所得)
互联网期刊种数	同方知网	9109	8900	10000
	万方数据	7300	7300	8935
	维普资讯	8000	9000	8000
	龙源期刊	3800	3800	4700
		减去平台之间重复授权数量，总数应在25000左右（包括学报等）	减去平台之间重复授权数量，总数应在25000左右（包括学报等）	减去平台之间重复授权数量，总数应在25000左右（包括学报等）
多媒体互动期刊种数	Zcom	13572	2369	1702
	Xplus	533	524	549
	Vika	≈880	未查到	未查到
	Poco	639	535	648
		4家合计数为15624，减去少量的传统期刊的数字化，实际种数约12600左右	3家合计数为3420种左右	3家合计数为2899种左右
电子图书出版种数约	方正阿帕比	—	—	—
	超星			
	书生			
	中文在线			
		超过540家出版社开展了电子图书出版业务，共出版电子图书超过90万种	超过540家出版社开展了电子图书出版业务，共出版电子图书超过100万种	超过540家出版社开展了电子图书出版业务，其出版电子图书超过100万种
电子书原创平台	起点中文网	765311	960515	790734
	搜狐读书原创、连载、小说、文学频道	39522	36182	22137
	晋江原创文学网	936900	1141400	897800
	红袖添香	15267	6261	14800
	潇湘小说原创网	未查到	未查到	暂时关闭
	诸子原创文学网	—	—	32280
电子书原创平台出版种数	方正阿帕比	1757000	≈2144300	≈1757751
	Xplus	—	—	—
数字报纸数		900	900	900
博客注册用户数		164	173	166
网络游戏款数		353	580	549
		318640000	372290000	437000000
		2.5万种互联网互动期刊+1.26万种多媒体电子图书+90万种电子图书+175.7万种互联网原创作品+0.09万种数字化书报刊（总计）	2.5万种互联网期刊+0.34万种多媒体互动期刊+100万种电子图书+214.43万种互联网原创作品+0.09万种数字报纸=269.55万种数字化书报刊（总计）	2.5万种互联网多媒体互动期刊+100万种电子图书+175.78万种互联网原创作品+0.09万种数字报纸=278.6599万种数字化书报刊（总计）
			=317.36万种数字化书报刊（总计）	

[1] 表中电子书原创平台出版种数采集方法为：2014年6月8日，检索各原创网站库计算所得，由于多数网站对作品的计算方式与传统出版物的计算方式可能存在差距，实际上那些连载性的作品可能是按章或节计算的，这种计算方式是以提交稿件作为单位的，由此可能存在差距。

三、数字出版产业态势分析

2013年正值"十二五"中期，也是我国传统出版数字化转型升级之年。"转型升级"是这一年的主题词。在过去的一年里，无论是政府主管部门的产业引导范围与力度，还是产业链建设的深度和广度，都取得了多项突破：从政府管理引导层面上来看，首批转型示范单位为传统新闻出版业的整体转型升级发挥了有力的带动和引领作用；产业政策体系进一步完善，数字内容投送平台建设规划布局进一步完善；从企业发展层面上看，传统出版单位的数字化转型持续深入，互联网思维对新闻出版业带来巨大冲击；在技术应用层面，新技术不断涌现，加快推动着产品创新和产业升级；在渠道建设方面，移动互联网日益成为传统出版单位转型和互联网企业布局的重要阵地，内容和服务的推送个性化、分众化趋势明显；在保障体系方面，标准体系建设和版权保护工作日臻完善。数字出版企业创新能力不断增强，商业模式日渐清晰，为产业融合发展奠定了良好基础。

（一）政企合力推进转型升级

2013年是传统新闻出版业数字化转型升级之年，在过去的一年里，首批数字出版转型示范单位已基本形成了较为清晰的数字出版发展路径，在管理体制、产品形态、商业模式、资源配置和战略布局等方面都已经形成了自己相应的规划并已付诸实践，起到了引领示范作用，且已经取得有效成果。一是各转型示范单位对数字出版转型的思想认识有所提高，数字化战略已逐步上升成为示范单位的核心战略；二是数字出版基础建设有了新突破，企业组织架构经过优化调整，建立了资源加工出版的长效机制和现代出版的工艺流程；三是技术研发和应用有了新进展，企业对技术应用的自主性大大加强，主动参与技术研发，有效弥补了技术短板；四是研发出新的产品形态，实现了全媒体融合，产品立体化、系列化、品牌化呈现；五是形成了新的商业模式，实现多元化发展格局；六是产业协作有所加强，传统出版单位之间、与技术公司、平台商等跨行业、跨领域合作不断加深。此外，企业已经逐渐打破了以往只投入无盈利的尴尬局面，部分企业在数字出版业务上已取得了较好收益。如人民军医出版社，通过推出跨媒体图书、数字医学专业数据库和手机阅读器等数字产品，已经取得了较好的社会和经济效益；浙江日报报业集团通过收购游戏企业，不仅带来上亿规模的用户，也带来了巨大的现金流，同时实现了自身产业链的延伸，为集团主业转型和新型商业模式的构建奠定了良好的基础。

数字出版转型升级工作的顺利进行，离不开企业的积极探索与认真实践，更离不开政府的正确引导和有力扶持，企业与政府相互合作，推进数字出版产业进一步升级。数字出版转型示范工作在全国的广泛推开，预示着数字出版产业开始向纵深发展，政府的积极政策和有效举措为传统出版产业转型指明了方向，理清了思路。

2014年，数字出版转型示范工作仍将是行业管理部门关注的重点，下一阶段，数字出版转型示范工作将由总局职能部门主导调整为由各省局主导，即2014年由各省组织开展本辖区转型示范工作，第二批转型示范单位将主要来自各地转型示范单位中的领跑者。管理部门将通过工作方式的调整，一方面发挥地方行政管理部门的作用，调动其工作积极性；另一方面可将首批取得的示范经验，在较短的时间内全面扩展。

（二）科技创新驱动转型升级

随着科学技术的日益创新与不断发展，信息传播方式也日趋多元化、立体化，传播渠道与人们的生活更加贴近，用户体验更加丰富，出版业的服务领域和应用范围正在进一步拓宽，已延伸到人们学习、工作和生活的方方面面。

2012年末，谷歌发布了具有网上冲浪、电话通讯和读取文件等功能的拓展现实眼镜"Project Glass"①，将可穿戴设备引入人们的视野，从而掀起了可穿戴产品的热潮。一些大的电子设备生产商相继推出自己的产品，三星的Gear2智能手表、索尼的Smart Band智能手环、华为的Talk Band B1智能手环，都涌入市场，苹果也将在2014年下半年推出一款名为"iWacth"的智能手表。这些产品不仅仅是一种硬件设备，更是通过软件支持以及数据交互、云端交互实现了强大的功能，将会对我们的生活、感知带来很大的转变，也将带来相关产业的软硬件升级。

---

① 新华网 http://news.xinhuanet.com/info/2014-02/27/c_133146043.htm。

增强现实技术（简称 AR 技术）是与可穿戴设备密切相关的一种新型技术。这种技术是把原本在现实世界的一定时间空间范围内很难体验到的实体信息（视觉信息、声音、味道、触觉等），通过科学技术模拟仿真后再叠加到现实世界被人类感官所感知，从而达到超越现实的感官体验的一种技术。在2013年移动世界通信大会（MWC）上，高通展示了一款特别的 Wi－Fi 咖啡机[1]，它不仅能够远程煮咖啡，而且在煮好后还会进行反馈，这项功能就是应用 Vuforia 增强现实技术实现的。现在，增强现实技术已广泛应用于娱乐、展览、展示等方面，在出版领域也得到积极的探索与应用，如已有基于增强现实技术的手机游戏得到开发。此外，值得一提的是，国内一些传统新闻出版单位已基于该技术研发出相关数字产品，如《成都商报》打造了基于增强现实技术的立体化纸媒业务平台"拍拍动"[2]，使读者能够使用智能移动终端对报纸上无缝集成的多媒体、三维立体内容等进行自由阅读和互动，为读者带来新的阅读体验，实现了传统媒体的创新升级。

（三）移动互联网助力转型升级

4G、跨屏呈现、大数据等新技术的不断更迭升级，不断提升着移动互联网的应用体验，推动着智能终端的升级换代和网民数量的持续大规模增长。用户和上网设备逐渐向以手机为代表的移动互联网迁移，也为数字出版产业悄然孕育了一个拥有极大潜力的消费市场。

有数据显示，2011 年我国即已成为世界上最大的智能手机市场；而手机在2012 年业已超越台式电脑，成为我国网民上网的第一终端；2013 年，手机网民数量继续保持稳定增长。据中国互联网络信息中心（CNNIC）发布报告的显示[3]，截至 2013 年 12 月，我国手机网民规模达到 5 亿，占网民整体规模的81%。而手机网民规模的持续增长，也推动着移动应用市场的繁荣。

2013 年，移动应用市场发展迅猛，基于各种需求的移动客户端不断涌现，让以智能手机为代表的智能终端对人们日常生活的渗透日益加大，已涵盖了阅读、社交、购物、导航等人们工作、学习和生活的方方面面。移动互联网的纵

---

[1] 网易手机 http://mobile.163.com/14/0303/11/9MDIOIIV0011671M.html。
[2] 新华网 http://news.xinhuanet.com/newmedia/2013-12/26/c_125919597.htm。
[3] 中国互联网络信息中心《第 33 次中国互联网络发展状况统计报告》，2014 年 1 月。

深发展，极大地提高了用户对移动智能终端的使用频率和黏性，并逐步实现从碎片化需求向"长"时间消费转变。用户习惯的改变，对数字出版产品的消费起到有益的带动作用。

移动互联网的纵深发展，带来移动应用市场的繁荣，也为数字出版产业带来了良好的发展环境和市场机遇，其核心竞争点及发展重心从互联网向移动互联网逐渐发生转移。而随着移动互联网的市场不断细分，用户需求也日趋多元，为数字出版产业提供了不同的消费需求，为数字出版产业开拓了更为广阔的发展空间。无论是传统出版单位，还是互联网企业，都已逐渐将移动互联网作为布局数字出版的重点，纷纷基于移动互联网的特点，进行内容加工和产品的开发与运营。尤其是对于传统出版单位而言，移动互联网为其转型升级提供了更加开阔的思路和清晰的方向，充分利用移动互联网所提供的新媒介、新技术，与用户之间建立更加紧密的连接，开发符合移动互联网传播特性，满足用户多元化、个性化需求的内容和产品。

（四）产业协作加速转型升级

产业协作是推动产业有序发展的必然要素，也是产业走向成熟的重要标志。近年来，数字出版产业协作意识不断增强，协作力度不断加大。一方面，传统出版单位之间共赢意识不断提升，合作逐渐加深，共建资源平台，以实现行业资源的充分整合；另一方面，随着媒介之间不断融合，其他行业积极投身数字出版产业，数字出版产业链得到极大延伸，新闻出版的内涵与外延也由此得以拓展，传统出版单位的发展着眼点也逐渐不再仅局限于自身内容的开发，而是基于整个产业寻求发展，产业整体的规划布局受到重视。因此，传统新闻出版单位与技术商、平台商等跨行业、跨领域的合作也不断加深，实现优势互补。产业融合进一步加快，强强联合趋势明显，由此产品创新获得跨界推动力。不少传统单位以并购游戏公司或与技术公司深度合作的方式，以加深转型进程，延伸产业链布局，形成了一些较为成功的范例。如教育科学出版社基于自身的教育资源优势，与亚太地区最大的数字课件制作机构上海睿泰集团合作成立北京科睿星教育科技有限公司，共同开发"数字幼教资源库"产品，由睿泰集团提供 E-learning 解决方案。因此，这一合作不仅加快了教育科学出版社的数字化转型升级步伐，同时在产品创新方面，注入了超媒体互动、社交化学习、个性化路径、即时编辑等理念，在转型质量上同样有所保障。此外，重庆出版集团旗下的五洲文化传媒（集团）公司与民营企业北京时代天华文化传播有限公司、博尔国际文化（北京）有限公司的战略合作也是一个产业协作的典范，充分发挥混合所有制经济活力，在出版选题、发行渠道、图书品牌等方面实现强强联合、优势互补。

（五）新兴媒介助推转型升级

新媒介技术的发展为全媒体时代的到来起到了重要的推动作用，让人们获取信息的方式有了更多且更为自由的选择，也改变着内容传播渠道和产品推广方式。

以微信为代表的移动互联网渠道的日臻成熟，带来了新型的营销模式。据统计，截至2013年上半年，微信用户规模已突破4亿[1]。如今对于微信的定位，早已从单一社交型应用实现功能的多元拓展，其将腾讯多项产品进行整合，成为腾讯布局移动互联网的总入口。微信服务号的推出，让微信营销进一步升级，从传播分享向沟通服务方向发展，同时微信的支付服务，有效培育了用户的手机付费习惯。微信功能的不断升级，也为出版单位带来了新的机遇。出版单位不仅可以利用微信进行宣传推广、树立品牌，形成粉丝效益，也可以作为出版物销售的平台。

"微店"的兴起，使出版单位可在微信上直接面向读者进行销售，节省了渠道成本、营销成本，且能第一时间收集一手数据，分析读者使用习惯，充分发挥大数据手段，从数据上反映阅读市场趋势、读者意见反馈、读者基本信息等，营销投放更加精准，而微信支付、手机支付宝等服务促进着用户移动支付习惯的养成，为微店销售提供支付基础，产品变现更加快捷。目前已有多家出版单位在微信上开设"微店"，尝试这一出版物销售的新模式。如2014年3月初，作家余秋雨的新版《文化苦旅》签名本在微信上预售，三天之内就卖出了4000本[2]；著名出版品牌《读库》的"微店"也宣告开张。此外，微信订阅号中涌现出一系列如《罗辑思维》等具有浓厚"自媒体"特点的内容推送方式，通过聚拢有共同知识信息需求的群体，打造互联网知识型社群，并已实现了商

---

[1] 工信部：上半年我国微信用户超过4亿，http://news.xinhuanet.com/tech/2013-07/24/c_116668375.htm。

[2] 微信试水电商售书首推余秋雨新版《文化苦旅》，http://cul.qq.com/a/20140307/013301.htm。

业化运作，这就是时下流行的"粉丝营销"模式。

新媒介的发展不仅带来了营销模式的拓展，也为出版模式带来影响。如"众筹出版"正是时下兴起的一种新型出版模式，也让人们又一次见证了网络对用户产生的强大聚拢力量。所谓众筹出版，即是为作者提供图书出版资金解决方案，在互联网上通过大众筹资或群众筹资完成出版过程。如今出版内容的来源、前期的加工、制作都可以通过互联网众筹的方式完成。众筹出版给了用户成为投资人的机会，极大地满足了大众在出版流程中的参与感。如《社交红利》正是众筹出版的一次颇为成功的尝试，尚未开印就已在众筹网上销售3000余本[①]。不仅实现了出版，还引起了广泛关注，有效地打造了作品品牌。

新媒介催生的新渠道、新模式，为出版业带来了勃勃生机，传统出版在夯实自身内容优势的同时，充分借助新媒介、新渠道、新模式助推转型升级，实现与新媒介的融合发展。

（六）保障体系支撑转型升级

传统出版产业的升级转型离不开保障措施的支持以及保障体系的不断创新与完善。2013年，我国数字出版产业保障体系在诸多方面得以完善与丰富，尤其是在标准建设和版权保护方面取得了较好的成绩，成为传统出版升级转型的有力支撑。

标准体系建设工作向更深、更新领域迈进。2013年是我国数字出版标准体系建设取得突破的一年。全国版权保护标准化技术委员会的正式成立，标志着我国新闻出版行业标准化机构体系正式形成与确立，它与全国新闻出版标准化技术委员会、全国新闻出版信息标准化技术委员会、全国出版物发行标准化委员会和全国印刷标准化技术委员会共同推动我国数字出版与印刷的标准化工作；多项标准制定取得重大进展，《电子书内容标准体系》《电子书内容术语》《电子书内容元数据》和《电子书内容格式基本要求》的正式发布，填补了该领域的空白，这类标准的制定将有利于电子书的检索、查找与传播。《数字内容存储、复用与交换规范》《数字内容终端内容呈现格式》等行业标准的正式发布，规范了数字出版格式，将有利于数字内容资源的转换和呈现，这是一个新的突破。《数据库出版物质量评价规范》行业标准的发布，意味着管理部门、

---

① 《社交红利》如何借力网络融合平台，http://www.cbbr.com.cn/web/c_00000008/d_32870.htm。

数据库出版机构、用户等都可以对数据库出版物的质量进行客观评估，有助于提高我国数据库出版物的整体质量与水平。《数字版权唯一标识符》《数字内容版权元数据》和《电子教材制作及应用》等标准即将进入报批阶段，这些标准将对数字版权和电子书包产业进行规范，满足产业参与者的标准需求；一大批数字出版标准处于组稿、制定或征求意见阶段，如《数字出版统计系列标准》《卫星发行系列标准》《游戏系列标准》和《数字印刷纸张印刷适性及检验方法》等，这意味着我国数字出版标准建设不仅在发行和印刷领域将取得突破与保障，还意味着统计领域将得到进一步规范。需要强调的是，我国制定国际标准的主导地位进一步增强，一方面，我国首次主持制定的《国际标准文档关联编码》（ISDL）（名称现改为：国际标准关联标识符，ISLI），现已推进到批准阶段（FDIS）；另一方面，2013年我国正式成为ISO/TC130（国际标准化组织下设的第130号技术委员会——印刷标准化技术委员会）秘书处承担国，秘书处已开始工作，这意味着我国在国际印刷标准制定领域取得了一定的主动权。

数字版权的保护是数字出版产业发展的基石。为了保护作者权益、推动出版企业数字化转型的可持续发展、兼顾各方利益的平衡，建立良好、合理的网络传播秩序，多方力量进行了不懈的探索与创新。

数字版权保护标准建设正在重点推进。全国版权标准化技术委员会（筹）制定的《数字版权唯一标识符》（DCI）等8项标准、全国新闻出版标准化技术委员会制定的《基于加解密技术数字版权保护平台基本要求》和数字版权保护技术研发工程标准研发包的27项标准，涵盖版权保护标准体系框架建设、数字版权服务组件接口、作品身份标识、数字版权保护平台和技术等诸多领域，这些标准将会为数字版权作品的识别、登记、交易、结算、取证，以及数字版权保护平台的搭建与数字版权保护技术研发工程的有序进行，提供规范与引导。

数字版权立法保护工作取得新进展。2013年3月开始实施的《计算机软件保护条例》《著作权法实施条例》《信息网络传播权保护条例》等三部修订条例，都提高了非法经营的罚款数额和罚款的最高限额，加大了对侵权盗版的威慑力。9月，国家版权局向社会广泛征集意见的《使用文字作品支付报酬办法（修订稿）》与1999年颁布的《出版文字作品报酬规定》相比，明确了文字作品的网络付酬标准，提高了原创作品的基本稿酬和版税率，将会为审理网络著作权纠纷案件提供依据，对确认文字作品的作者与使用者（包括网络媒体使用者）协商标准，对司法审判实践中赔偿数额的确定将具有重要指导意义。

司法与行政保护力度加强，成效显著。各地法院积极探索，知识产权法院试点迅速铺开。现有的知识产权审判体制已不适应现实需要。近年来，各地法院积极申请建立知识产权法院，为统筹审理专业性较强的知识产权案件提供机构条件，推动知识产权审判"三审合一"试点逐步铺开，为完善知识产权审判体制、提高案件审判效率、整合资源合力奠定基础。截至2013年底，共有7个高级人民法院、79个中级人民法院和71个基层人民法院开展了"三审合一"试点工作。"剑网行动"成果显著，有效遏制了网络盗版高发势头，规范了网络作品传播的版权秩序。在2013年开展的专项行动中，共行政处理网络侵权盗版案件190件，移送司法机关刑事处理93件，关闭违法网站201家。

社会保护获得新进展。社会保护整合优势资源，具有专业性与灵活性，与司法保护、行政保护、技术保护共同全方位推动数字版权保护工作。2013年2月，中国网络版权维权联盟的成立，广泛集合了行业相关单位的加入，对整合国内优秀网络版权资源、实现优质版权保护服务，将产生积极的影响；6月，首都版权联盟的成立，不仅意味着我国版权保护理论探索与实践领域共同推进，而且也将为政府版权监管、调节版权纠纷、推动中国版权"走出去"方面发挥积极的作用。

技术保护进一步推进。数字版权保护技术是数字内容交易和传播的关键技术，由近年来科技研发工作和市场反馈来看，数字版权保护技术的发展更加致力于权限控制，已由限制非法解密、复制与传播向控制阅读、拷屏、打印等用户可能对数字内容执行的所有其他操作扩展。2013年，技术保护的进展主要表现在数字版权保护技术研发工程的推进。国家新闻出版广电总局重大科技工程项目"数字版权保护技术研发工程"目前已进入详细设计阶段收尾期，这标志着该工程的主体开发任务取得阶段性胜利；下一步即将进入系统测试、集成测试、初验和终验阶段。

四、数字出版产业存在问题与对策分析

2013年，尽管我国数字出版产业发展势头强劲，产值再创新高。但与产业融合发展尚有一定差距，商业模式、内容建设、技术应用、产业协同等方面的

新老问题，影响着我国传统出版单位的转型深入开展。集中表现在：第一，传统出版单位的观念和意识仍有待提高；第二，创新性可持续商业模式仍然缺乏；第三，内容建设重视程度不足；第四，技术研发应用存在盲目性，与产业需求缺乏匹配；第五，产业缺乏协同机制，不善于借助外部力量。值得一提的是，中央领导多次提出传统媒体与新媒体融合发展，这对新闻出版业乃至整个文化产业转型升级提出了更深层次的要求，要求数字出版从业者，尤其是传统新闻出版单位，认清形势，统一思想，克服困难，积极探索，共同促进数字出版产业健康有序发展。

（一）推进产业融合发展

当前，传统新闻出版单位的转型升级工作已取得了较大成效，相关企业对数字出版的认识有了显著提升，普遍认识到数字出版及媒体融合是产业发展的必然趋势，但落实在实际工作中，仍然表现出一些观念和认识上的偏差。部分出版单位对于发展数字出版，仍存在较强的辅业意识，认为数字出版仍然是依附于传统出版发展的，缺乏融合发展的危机感和紧迫感；存在较强的惯性思维，在企业管理、业务流程、商业模式等方面，尚没有跳出传统新闻出版业的思维定势，所制定的转型思路和实施方案不甚到位。此外，有些单位出于对数字出版业务的风险顾虑，仍然存在瞻前顾后的畏难情绪，缺乏探索精神，坐等政府部门的政策、资金及项目扶持。

从政府主管部门层面上，要做到观念上的与时俱进，以融合发展的视角引导和推进产业发展。认真领会新闻出版融合发展的内涵和实质，并加强引导传统出版单位融合思维的形成，对产业的融合发展提出要求和指明方向。

从企业层面上，要充分学习和运用互联网思维，探索创新发展模式，同时实现新型媒体格局下的角色重塑。首先，企业要找准在新业态中的自我定位，透彻认清自身优势和不足，以互联网和移动互联网的发展趋势为立足点，以传统媒体与新兴媒介融合发展为着眼点，在此基础上制定切实可行的数字出版战略规划，做好企业数字化转型的顶层设计；其次，树立用户观念，确立以用户需求为核心主导的经营理念，以最大程度满足目标用户需求作为业务开展的出发点，不断完善产品设计，把用户体验做到"极致"，同时，充分借助微博、微信等新兴渠道，进行内容和服务的精准推送，加强用户黏性，形成口碑效应；再次，传统出版单位要强化危机意识，发扬攻坚克难精神，解放思想、开拓创新，站在新兴媒体发展前沿，通过积极的学习实践在新的产业环境中赢得发展。需要提出的是，在推进产业融合发展上，转型示范单位要充分发挥带动和引领作用，走在行业发展前列。其他出版单位也要尽快统一思想，加快转型升级步伐。

转型升级不是一蹴而就，而是一项战略性工作，是传统新闻出版单位充分借助新技术、新媒介、新渠道，实现与新兴媒体的融合发展的必要途径。融合发展需要跳出传统新闻出版的固有思维模式，对互联网，尤其是移动互联网的特点、用户思维和消费行为习惯有深入了解，并采取不同的运营对策。也就是说，出版人的思维方式要移动互联网化，实现在思维、模式、技术上的全面革新，以全局化的视角看待产业发展。

（二）探求多元化可持续商业模式

随着转型的日渐深入，传统出版单位的数字出版发展思路日渐明晰，也已逐渐探索出适合自身的商业模式。然而盈利能力强、可持续创新性模式仍然普遍缺失。很多传统出版单位的数字出版业务依然只能实现短期盈利，难以形成长期效益。同时投入大、收益慢，收入与投入难以达成正比的现象依然普遍存在。当前传统出版单位开发的数字产品形式过于单一，且具有较强的重复性和同质性。出于风险规避的考虑，大多数传统出版单位缺乏开拓精神，往往选择业内已发展较为成熟或普遍开展的数字出版商业模式，从众性较强，并未结合自身特点，结果盲目追逐市场潮流，造成自身资源的浪费，也导致企业的差异化发展不明显，不易形成竞争优势和赢利能力。

同时，数字出版产业发展不平衡，也制约着数字出版商业模式的多元化探索。我国的数字出版发展不平衡，主要表现在两个方面：一是出版单位自身经济实力、地域条件、资源储备、出版范围的不同与限制，造成了不均衡发展。以出版范围为例，教育出版在资源和消费群体方面，相比大众出版和专业出版，具有较大优势，数字化教育又是当前国家大力推行的，因此，教育数字出版在我国发展势头较为强劲，发展前景为业内普遍看好。而大众出版则资源较为分散，且用户流动性较强，难以积聚。另一方面，是作为内容方的传统出版单位与数字出版产业链中的其他环节发展不平衡。虽然近年来，传统出版单位纷纷搭建自己的数字出版平台，开发数字产品，但普遍未能形成较强的品牌影响力，未能实现理想的经济效益。相当一部分传统出版单位在数字出版产业链中依然担任"内容提供商"角色，利益分配不均，话语权缺失的现象依然普遍存在。数字出版产业发展不平衡，造成收益不均等，在很大程度上制约了传统出版单位深入探索数字出版商业模式的决心和信心，造成了我国数字出版创新型可持续模式的缺失。

尽管转型之路上难免出现坎坷，但数字化、融合化的产业发展趋势不可逆转，因此传统出版单位应进一步解放思想，坚定信念，运用互联网思维，充分把握互联网和移动互联网的特点，深入掌握新产业环境下的用户需求，根据自身优势确定适合自身发展的数字化发展路径，实现数字出版的差异化、多元化发展。同时加强与技术商、平台商的深度合作，加深数字出版的参与程度，提升在整体产业中的话语权，从而提高在数字出版领域的盈利能力。

（三）加强内容建设，巩固内容优势

随着传统出版转型工作的进一步深入，出版单位加大了对技术应用、渠道建设等方面的投入力度，而对内容建设的重视程度有所减弱。同时，随着碎片化、个性化阅读的兴起，"内容为王"的观点受到"技术为王"、"用户为王"等观念冲击。

在传统出版数字转型工作的进程中，一些出版单位片面地认为数字出版的重点工作应该是技术、应用和服务，着重把心思和精力投入在研发新技术、开发新应用和搞好服务的建设上，反而忽略了自身内容的建设。这种片面认识与我国传统出版数字转型工作开展的最终目的是相违背的。内容资源是传统出版单位的优势所在，数字出版改变的是产品的组织、呈现形式与传播渠道，并不影响用户对优质内容的渴求。只有加强内容建设，夯实自身优势，在此基础上充分借助新技术、新渠道，传统出版单位才能推动数字出版工作取得进一步发展。

传统出版单位在数字化转型升级的进程中，首先，不仅要端正对内容资源重要性的片面认识，更要对企业自身拥有的内容资源进行整理、分类、组织，分析并确定已有内容资源的特色与优势，将不同的资源与相应的载体、传播渠道、阅读终端的特性相结合，打造具有特点鲜明的数字出版产品，形成品牌特色，构建系列产品群，从而发挥内容资源的最大功效。其次，要进一步培养和提高优质资源的生产与供给能力。传统出版单位原有内容资源是有限的，这就需要其拥有一定的机制来保证数字出版业务对内容资源源源不断的需求，一是要充分维护好传统出版企业的出版人才队伍和作者队伍，传统出版企业往往集

中了一批高素质的出版人才，在出版单位的身后必定还聚集着一批文笔优美、思想深刻的作者，这些都是传统出版企业生产新内容资源的基础与保障，是其他数字出版企业所不具有的独特优势；二是进行传统出版企业间的资源合作，无论是以技术起家的数字出版企业，还是以终端硬件起家的数字出版企业，以及传统出版企业，每家企业所拥有的资源都是有限的，都无法独自支撑起数字出版业务对数字内容的巨大需求，因此企业间的相互联合、内容交换就显得至关重要，尤其是传统出版企业之间的内容资源合作更是难能可贵。相比其他企业之间的合作，传统出版企业间的合作对内容资源的品质会有更高的保证。三是用户创造内容，互联网的开放性赋予用户进行积极互动的可能性，庞大的用户规模为内容的生产与传播奠定了基础，传统出版企业在进行数字出版业务时，也不要忽略了这一部分来自网络用户自创的资源，其中也存在着一部分优质的内容。

观念上的重视、自身资源的充分挖掘、新内容资源的不断补充，将有效增强传统出版单位开展数字出版业务内容建设的能力，扩大其在竞争中的资源优势，从而推动传统出版业顺利实现转型升级。

（四）加大技术研发与应用投入力度

伴随着数字技术的飞速发展，出版业态不断被推动并进行重构，科技已渗透到新闻出版创作、生产、传播、消费的全领域和各环节，成为推动新闻出版业发展的重要引擎。党的十八大报告高度重视科技在文化产业中的重要作用，明确指出要"实施创新驱动发展战略，促进文化和科技融合，发展新型文化业态，提高文化产业规模化、集约化、专业化水平"。

数字出版是利用数字技术从事信息生产与传播的出版活动，是文化与科技深度融合而诞生的新型传播业态，属于引领未来经济社会发展的新兴战略性产业。目前，我国数字出版已由幼稚期进入发展期，但仍处于发展期的初级阶段，绝大部分传统新闻出版企业在数字化转型中，一时还难以成为数字内容消费市场的主体。虽然一些传统新闻出版单位已经将内容与技术结合起来，推出自己的数字出版产品，但仍然存在技术与内容生硬结合的现象与问题。在产品呈现模式上，进行简单介质和载体转换，"原版原式"呈现的比例不在少数；在服务模式上，沿用传统模式，缺少革命性创新和突破的，亦不在少数。究其原因，是缺乏对技术的深度了解、研发力度不足、应用度不够。

要做好数字出版，不能只是单一地将传统出版内容数字化，而是应该使现代出版与新技术合理地、有选择性地结合，实现产品和应用的多样性，充分满足读者的个性化需求，更加凸显社会特色，更加体现优质内容的竞争力。因而，传统新闻出版企业需要在技术研发和应用上加大投入力度，积极开发数字内容和平台，在产业链上的定位应该围绕内容来开展，以多种形式整合、呈现的优质内容作为核心竞争力，与技术商、平台商展开合作，提高话语权和抢占竞争主动权。

（五）加深产业链耦合程度

虽然近年来，为寻求发展，数字出版产业间合作不断增多，但仍不甚深入，依然存在闭门造车、协同不力的现象，产业链的耦合程度还有待进一步加深。一方面，部分传统出版单位，或出于充分发挥自身在业务发展中的主动权和主导性的考虑，不善于借用外部力量，不仅加大了企业本身的人力、物力以及资金上的投入成本，同时也不利于转型思路的开拓，致使转型升级势单力薄，转型进程缓慢，难以深入开展。另一方面，产业各环节之间尚未建立起顺畅的产业运作机制，重复开发现象严重且质量较低。

协同发展不仅是提升企业自身实力的客观需要，也是实现产业融合的必然手段。例如，技术至今仍然是传统新闻出版单位的短板，一方面，要加强自主创新实力，提高技术研发创新能力；另一方面，要加强借力发展意识，充分借助外部力量，充分运用已经成熟的技术、平台、渠道、手段，以实现自身更快更好的发展。

数字出版产业链是由内容、技术、渠道、平台等共同构成的，打通产业链，实现内容、技术和渠道的全面自主控制，实现自身实力的做大做强，是数字出版各环节所持的共同想法。产业发展不是依靠产业链中的某一环节的力量，更不是依靠一家企业的独大即可实现，而是需要集合数字出版各个环节整体力量。同样，一家企业的数字出版实力的提升，除了自身的积极探索，也要充分借助各种外部力量。产业链某一环节的强势，不代表整个产业的壮大，产业链之间的断层势必会影响整个产业的可持续发展。每个环节都有其他环节所不具备的优势，同时也存在着自身的局限性。

因此，数字出版发展至今，需要告别"各自为战"的心态。传统单位推进转型升级、融合发展步伐，不仅需要依靠自身的探索努力，也需要凝结技术、渠道等各方面力量；数字出版产业要壮大规模、增强实力，各企业、各环节要进一步加强共赢意识，建立起常态化的交流和沟通机制，需要加强产业链各环节之间，以及各个环节中各个组成部分之间的交流和合作，打破各企业、各环节、各行业之间的壁垒，实现资源共享、优势互补，积极开展跨地域合作、跨行业合作，共同探索、构建新型产业发展模式，共同推进我国数字出版产业持续壮大发展。此外，不仅要充分聚合数字出版产业自身各环节的力量，其他产业的资源、渠道、市场也要充分借助，以拓展数字出版产业边界和服务范畴。

（六）加强行业监管力度

版权是保障数字出版产业顺畅有序发展的关键。数字出版从萌芽走向成熟，不断发展壮大，版权问题却仍然普遍存在。一直以来，数字内容的易复制性和易传播性都给版权保护带来了很大的困难，尤其是近两年，随着移动互联网的迅猛发展，为人们在获取内容、产品和服务提供了更大便利，但数字版权保护的难度同时也进一步加大。需求催生市场，我国用户普遍习惯了互联网内容的免费获取，网络付费机制难以形成，由此进一步为盗版侵权等版权问题创造了环境。

因此，需要进一步加大数字版权监管力度，尤其是需要加强对移动互联网的监管力度；加强数字版权保护技术的研发，搭建互联网监督管理平台；加快数字版权保护相关法律制度建设步伐，建立起制度、服务、技术相结合完善的数字版权保护体系。应成立数字版权保护组织，推动数字出版产业链各环节共同为维护数字版权贡献力量。数字版权保护组织的成立，还将进一步增强数字出版产业的凝聚力，促进良性数字版权环境的形成。另一方面，从出版者的角度，在内容经营模式上，也需要与时俱进，结合互联网的特点，探索新的盈利方式，如通过免费数字内容嫁接植入广告，以广告收入弥补内容上的投入，或通过提供增值服务的方式获取收益。

在加强版权监管力度的同时，也不能忽视对数字内容的规范与管理。互联网以自由、开放、共享作为其独有特点，而移动互联网更是将这一特性发扬光大。而由此带来的影响却是有利有弊。有利的一面是，人们可以通过新兴媒介获取到更加丰富、个性化的信息内容；不利的一面是，大量虚假低俗、不良内容在互联网上的广泛传播，也造成极大的负面影响，甚至对社会主流价值观造成威胁。

加强内容监管主要着重于三个方面，一是与对数字版权的保护一样，加强相关的法律法规建设，加大监管力度；二是加强行业的伦理道德建设，形成行业自律，集多方合力建成我国数字内容产业的健康良性发展机制；三是通过技术手段达到相应的监控管理效果。国家新闻出版广电总局和各省市监管部门，需要着力准备相应的技术手段，在尊重数字出版产业发展的内容生产规律的同时，在有效的范围内达到实时监控的目的。

　　随着数字出版不断壮大，有效监管对于维系产业秩序的重要作用日益凸显。除了政府部门出台相关的政策监督与引导，数字出版相关行业协会和联盟以及从事数字出版的各方企业也需要各自尽职尽责，提倡自律自管自监督，为我国数字出版产业的健康有序发展贡献自己的力量。

五、数字出版产业趋势分析

　　思维影响格局。大数据、互联网思维带来的浪潮，为我国数字出版产业带来极大推动，也产生了深远影响，同时为我国传统出版转型升级提供了更广阔的思路。而移动互联网的迅猛发展，为我国数字产品的发展带来了新的发展空间和源源动力；新媒介的不断发展，进一步拓展了内容传播渠道和生产模式，具体到未来一年，我们有望看到如下发展重点。

（一）媒体融合发展进程加快

　　可以看到，传统媒体和新兴媒体不是简单的此消彼长关系，而是在一定条件下，相互融合，此长彼长、互荣共生的关系，而未来的数字出版发展趋势，也是基于传统媒体与新兴媒体深度融合而生的新兴业态。

　　近年来，政府管理部门持续推进传统新闻出版业的转型升级，事实上，转型升级与融合发展从实施路径是基本一致的。转型升级是传统新闻出版单位实现新旧媒体融合发展的必要手段和必然途径，而融合发展则是传统新闻出版业转型升级的重要阶段性目标。转型升级是以传统新闻出版单位为主体的视角，融合发展则更加强调跳出传统新闻出版的既有思维模式，以平行化、全局化的视角看待产业发展。

当前，传统媒体的变革已经逐步经历了从建设新兴媒体到与新兴媒体互动发展的过程，正在向传统媒体和新兴媒体融合发展的阶段迈进。可以看到，很多传统新闻出版单位已在融合发展之路上取得了积极探索，如借助以 4G、云计算、大数据为代表的新技术，以微博、微信为代表的新媒介，以客户端为代表的新渠道，实现立体式、全媒体、一体化发展，扩大自身传播力和影响力；探求商业模式的思维与视野更加开阔，跨业跨界发展趋势明显，正逐步实现从内容提供商到信息服务商的角色转变，媒体融合之势渐显。

转型示范工作是推进我国数字出版产业全面升级、实现媒体融合发展的有力手段。首批转型示范单位成果显著，给仍在探索中的传统新闻出版单位带来有益启发，增强其数字化转型的动力，加大其数字出版业务布局的信心与决心，加快了传统新闻出版业转型升级、融合发展的整体步伐，也为政府管理部门持续推进转型升级工作奠定了良好基础，积累了有益的经验。

未来，转型示范工作仍将作为政府管理部门推进我国新闻出版业转型升级、促进融合发展的重点工作，持续开展，有序推进。政府管理部门同时也将为产业转型升级、融合发展提供更加全面、到位的各种政策支持，创造良好的产业发展环境。如逐步建立完善、系统的评估体系，建立转型示范考核制度和准入淘汰机制，以激发传统出版数字化转型的动力；建立重大项目考核机制及中期评估机制，以此检验企业在基础建设、应用技术、数字出版盈利等方面的成效，更加全面地把握数字出版转型动态，推动转型向纵深发展。此外，从2014年4月国家新闻出版广电总局与财政部联合发布的《关于推动新闻出版业数字化转型升级的指导意见》来看，未来多部委、各级管理机关协力推动产业升级的联动机制将逐步形成，加快形成产业发展合力。

未来，随着传统新闻出版单位转型升级、融合发展的步伐逐步加快，将逐步构建以互联网思维和全新的产业发展视角为指引、以先进技术为支撑、以内容建设为根本的产业发展新格局，从而实现传统媒体和新兴媒体的优势互补、一体化发展。

（二）数字教育出版迎来迅猛发展

我国数字教育的迅猛发展，一方面是在数字化、信息化浪潮驱动下，政府大力推行教育资源均衡化、平等化，创建新兴教育模式等政策带来的市场机遇；另一方面，就产业环境而言，相比专业出版和大众出版资源、用户分散，教育数字出版的市场发展潜力更为业内所看好。

2013年，教育信息化领域的政策集中出台：教育部相继与中国电信、中国移动、中国联通三大电信运营商签署战略合作协议①，共同推进教育信息化进程；7月，教育部、财政部、人力资源和社会保障部就"进一步加强教育管理信息化的工作"下发通知，明确了教育信息化的建设目标；11月，国务院发布了"关于取消和下放一批行政审批项目的决定"②，其中取消了教育部包括"利用互联网实施远程高等学历教育的教育网校"等审批，将审批权下放至省级教育行政部门，进一步促进远程学历教育的市场竞争，在线学历教育的发展市场将更加开阔。一系列相关政策和举措的实施，有力推动了我国教育信息化工作进展，实现了数字教育资源的全面覆盖，"校校通"、"班班通"等新型网络教学模式的全面推行，也为我国数字教育发展创造了有益的发展空间。

首先，数字教育出版所呈现出的巨大市场潜力，已使其成为当前传统新闻传统单位开展数字化转型的主要商业模式之一。相关政策的出台，将有效推进基于该模式的转型升级进程，实现教育数字资源的充分整合；其次，将有效推动电子书包这一国家重点项目的推行。

可以看到，一方面，2013年传统教育机构开始向互联网教育转型。当年8月，美股上市公司好未来正式更改集团品牌并宣布全面转型，之后以5000万元收购考研网，又在2014年1月以1.5亿元战略投资在线母婴交流与教育平台"宝宝树"，拓展在线课程③；培训机构新东方也在互联网教育领域持续发力，对于在线教育的子公司发展投入更多资金和资源。另一方面，2013年多家互联网企业也开始布局数字在线教育领域。如腾讯于2013年9月上线腾讯精品课，并推出QQ群升级教育模式，上线"腾讯大学"，提供点播形态的在线课程和线下培训，构建O2O数字教育新型模式。据了解，未来腾讯大学还将积极与第三方合作，同时推出直播课程。淘宝在2013年7月推出在线学习平台"淘宝同学"；2014年2月，阿里联合淡马锡、启明创投投资国际在线教育平台以及最大的在线英语学习机构Tutor Group。公开资料显示，Tutor Group目前提供各种在线语言学习课程，汇集2000多位一流外教师资。网易也在互联网教育频频发力，2014年4月上线"有道在线教育平台"，包含视频课程、学习型APP、

---

① 教育部网站 http：//www.moe.edu.cn/publicfiles/business/htmlfiles/moe/s5889/201312/161459.html。
② 中华人民共和国政府网站 http：//www.gov.cn/zwgk/2013-12/10/content_2545569.htm。
③ 互联网巨头深耕在线教育，http：//www.medu.org.cn/news/2014/0227/427.html。

电子书、测试工具等符合移动设备的学习内容与资料。

2014年被称为"数字在线教育元年",经过了前期的布局预热阶段,数字教育将迎来发展高峰。由于移动互联网的迅猛发展,数字教育也将向移动化、碎片化发展,基于移动互联网的知识学习、教育学习类App、微课堂等数字产品形式,MOOC、O2O等数字教育模式,有望成为新生利润增长点,同时数字教育领域的融投资也将迎来高峰。

(三) 大数据应用影响内容生产方式

随着数字阅读的日渐普及,人们的阅读需求不断多元。从用户的角度出发,推送满足用户需求的内容和服务,已成为当前新闻出版业塑造品牌影响力的重要手段和必然要求。近年来,移动互联网取得迅猛发展,移动终端带有与生俱来的个性化属性,而大数据和互联网思维为新闻出版业带来了理念的革新,对个性化阅读需求的重视被上升到更高程度。因此基于用户数据分析,提供个性化内容和服务将成为数字阅读产品的发展趋势。

通过大数据应用,年龄、性别、地域、学力等用户属性以及页面浏览、内容购买与下载等用户行为,都成为有着重要挖掘和分析价值的数据,也将成为新闻出版业进行产品开发与改进、完善服务的重要参考依据。大数据技术对用户属性和行为的分析处理,将彻底颠覆传统新闻出版的内容生产与推送方式。

2013年以前,我国新闻出版业对于大数据的认识仅仅停留在对概念的探讨阶段,尚未进入到实际应用。当前,各种基于用户分析的阅读客户端纷纷涌现,如多看阅读的3.0版本增添了基于用户喜好推荐图书的板块,进一步完善了用户体验;VIVA畅读根据用户阅读数据分析,向用户重点推荐相关数字期刊。这些阅读客户端,大多与微博等社交账号相连,可进行对于用户属性和阅读行为的实时数据挖掘分析,进而了解用户的阅读习惯和需求,进行内容和服务的精准推送,也从而实现产品的分众化,更利于用户黏性的形成,这是产品获得用户口碑效应的最有效手段。

大数据和互联网思维的兴起,也让用户对产品体验更加注重。内容虽然是一款数字阅读产品的核心要素,却已不再是吸引用户的唯一突破口。移动互联网时代下,用户的选择越来越多,因此产品想要留住用户更加不易。在读者对内容无强烈需求下,优化产品设计,完善用户体验,成为留住用户的关键。互联网思维的本质就是用户思维,从用户的角度出发,一款数字产品让用户有参与感、存在感，感到自己的内需求得到重视，才会对这款产品产生认同感，甚至是依赖感。

此外，当前我国用户对数字阅读的付费机制尚未形成，但互联网支付习惯早已养成，尤其是近年来移动支付的兴起，人们通过电脑、手机、平板电脑等终端进行在线消费已成为生活常态。在数字阅读产品短时期内难以通过内容的版权售卖获得收益的行业状态下，以广告植入、或内容嫁接电商等增值手段，或成为数字产品获取盈利的突破口。如与电商网站合作，点击某一图片或视频链接，可跳转至相关电商网站页面。由此，数字阅读产品在满足人们获取信息内容需求的同时，也能满足其他多元化需求。

移动互联网时代，用户的多数消费行为将通过移动终端实现，而阅读只是众多消费行为之一。未来，阅读内容与用户的其他消费行为将会逐渐融合统一。新闻出版业的转型升级，带来的将不止是产品形态的变化，而是借助大数据技术，运用互联网思维，深入掌握渠道和用户，进而实现从提供产品到提供服务，从文化产品加工制造商向互联网服务提供商角色转变。

（四）移动互联网数字产品实现全面突破

移动互联网的迅猛发展，移动智能终端的广泛普及和不断革新，为移动数字产品带来巨大发展空间。如今，移动互联网已成为传统出版单位实施转型和互联网企业布局，开发数字出版产品的主要着眼点。同时，2013年12月4日，国家工业和信息化部正式向中国移动、中国联通与中国电信三大电信运营商发布4G牌照，预示着4G时代的全面到来。4G作为第四代移动通信技术，上传和下载速度有了大幅提升，移动用户体验更加顺畅。4G牌照的下发，将成为我国数字出版在移动互联网领域持续迅猛发展的有力助推器，将大大拓展移动互联网的用户数量和应用范围，将为移动数字产品发展带来更多机遇。

移动富媒体阅读将快速兴起。4G时代，网速的提升，将大大提升人们对阅读品质的要求，高品质、个性化、集内容文字、图像、音视频于一体的富媒体形式将成为移动阅读的主流，单一的纯文本电子书将走向边缘。

移动视频类产品将迎来发展高潮。4G时代带宽的增加，将让视频浏览更加流畅，下载更加快捷。视频在移动终端的下载量和在线观看时长将呈爆发式增长，基于视频的移动应用产品也将成为数字出版产业的市场竞争热点。

移动游戏市场将进一步"升温"。2013年，移动游戏领域发展迅猛，4G的推广和手机大屏化的趋势，将进一步加速该领域的发展，将推动用户规模和产品规模进一步提升，且将进一步改善基于移动互联网环境下的应用体验，移动游戏在呈现上的丰富程度将成为其核心竞争力。

2014年，智能家电如雨后春笋般纷纷涌现，从智能电视，到智能空调，再到智能冰箱，为人们的日常生活带来更多便捷，也为传统出版单位开展跨界合作带来机遇。如海尔智能冰箱附有电脑系统内置300个菜谱，都是从青岛出版社出版的畅销美食类图书中精选的，图文并茂，用户可通过机身上安装的7英寸彩色液晶显示屏点击观看①。这一产品创新，成为传统出版行业拓展跨界业务的典型，也可为未来新闻出版业的跨界转型提供借鉴。

（五）移动支付带动内容付费机制形成

移动互联网的迅猛发展，不仅催生了多元的数字产品和传播渠道，也为打破长期以来互联网免费资源获取的惯性、形成数字内容付费机制创造了有利条件。实际上，网络支付在我国已经发展很多年，人们已经习惯通过网络完成购买、支付行为。但对于数字内容资源的付费意识，却始终难以养成。数字出版难以通过内容获得收益，很大程度上制约了以传统出版单位为主的内容方在数字内容上的投入决心，而移动支付有望打破这一局面。

近两年，我国移动互联网用户群体不断壮大，移动支付也取得了迅猛发展。首先是电商平台，纷纷开通了手机支付服务；其次是微信的支付功能日趋强大，逐渐成为用户进行移动互联网支付的重要入口。以手机支付为主的移动支付环境日臻成熟。用户使用手机等移动智能终端的消费习惯正逐渐养成，生活中越来越多的付费行为已经通过移动支付来实现，如打车、购物、手机话费充值等。

数字产品在移动支付的发展下，将迎来更好的发展前景。各种移动终端设备和智能设备都需要数字产品内容支持。智能手机APP应用、智能终端教学和电子图书是数字产品重要的三大市场。在移动支付方便、快捷等特点支撑下，这三大市场移动支付条件已经成熟，并且已经形成用户支付习惯。其中具有代表性的手机淘宝，用户可脱离PC互联网购物，直接在乘车、排队等碎片时间中，就能享受移动支付购物乐趣；另外，手机游戏、手机阅读消费也是移动支付的代表项目，各种游戏收费道具和付费电子图书，都能通过手机移动支付购

---

① 青岛新闻网 http://www.qingdaonews.com/content/2013-05/17/content_9755814.htm。

买消费，进而达到营销目的。

可以看出，移动支付已经成为目前数字产品消费支付的重要支撑，在移动支付不断发展下，数字内容的付费机制将有望形成且不断走向完善，并为我国数字出版O2O商业模式的发展提供有力支持。

（六）内容呈现趋于多屏融合与互动

随着新旧媒体的融合发展，内容的传播方式从多屏独立，逐步发展到多屏融合，包括电视、电脑、手机、平板电脑等终端，乃至户外屏幕，都被纳入到日趋完整的信息传播生态系统。而随着可穿戴技术的兴起，智能手表等可穿戴设备或也将成为内容呈现与实现交互的又一屏幕。

2013年初，原新闻出版总署与国家广播电影电视总局的合并重组，从政府管理职能的层面上，为各种媒介在内容上的融合互通，构建"大传媒"产业环境打下了良好基础。未来，随着媒介之间的壁垒不断被打断，内容呈现也将从多屏融合发展到多屏互动。

所谓多屏互动，即通过网络连接，借助云技术，在基于不同操作系统上的不同智能终端设备上，可进行多媒体内容的传输、解析、展示与控制等一系列操作，可实现不同平台设备的内容共享。简单而言，就是几种设备的屏幕，通过专门的连接设备就可以互相连接转换。比如手机上的电影可以在电视上播放，平板电脑上的图片可以在电视上分享，电脑的内容可以投影到电视上，等等。当前，产品智能控制、功能智能化、人机交互人性化等技术的研究和应用已趋于成熟。此外，终端的发展也为多屏融合和多屏互动提供条件，智能手机的大屏化、智能电视的迅猛发展，手机等小屏终端与电脑、电视之间的融合和互动体验将进一步优化。如智能电视可以与手机、平板电脑进行照片、音乐、视频共享，实现全方位的数码体验，并可直接对家电进行控制操作。

可见，未来新兴媒体与传统媒体之间的依赖将逐渐加深，媒体将形成混合发展。当多屏实现融合互动，将实现信息内容传播效果的最大化和内容呈现的极大丰富化、立体化。

（课题组组长：张立；副组长：王飚；成员：汤雪梅、王洁、杨涛、李广宇、毛文思、徐飞、孟晓明。本报告由课题组成员共同执笔，成员按撰文先后顺序排列。其中本报告数据整理、核算与制表等工作，由杨涛主要负责）

分报告

2013－2014 中国电子图书出版产业年度报告

彭云飞　乔莉莉　王　迪

一、电子图书出版综述

电子图书是伴随着计算机及网络技术的发展产生的。近些年来，随着技术体系的成熟和研究的深入，电子图书以其节能环保、方便快捷、易于携带、海量信息等优势，在国内外受到了广大用户的青睐。

回顾 2013 年的电子图书出版，可以有多个维度、多个视角，也会有多种结论。中国的电子图书出版发展呈现良好势头。

（一）我国电子图书出版商的总体情况

目前，国内图书出版的主体是政府部门审批的 580 家出版社。截至 2013 年末，国内绝大多数出版社开展了电子图书出版业务，2013 年当年出版的电子图书数量超过 20 万种（含历史图书的数字化），累计总量超过 100 万种。

（二）我国电子图书年度出版情况

截至 2013 年，中文电子图书出版总量超过 100 万种，资源总量连续 9 年位居全球单一语言电子图书资源库总量第一位，这与出版单位在电子图书出版业务方向的投入和拓展力度密不可分。自 2001 年电子图书开始出版以来，电子图书出版数量逐年攀升，从 2005 年开始，电子图书每年出版数量都在以两位数的百分比递增，且增长比例越来越高。中文电子图书资源库总量不断刷新纪录，截至 2013 年底，国内电子图书出版总量超过了 100 万种。电子图书出版的种类涵盖科技、教育、经济、管理、政治、历史、地理、文化等多个领域。

二、电子图书出版产业的规模与发行状况

（一）电子图书发行规模与现状

据 2014 年发布的《第十一次全国国民阅读调查报告》显示，2013 年我国国民人均纸质图书的阅读量为 4.77 本，比 2012 年增加 0.38 本，连续七年稳步提升；其中人均阅读电子书 2.48 本，比 2012 年增加 0.13 本，纸质图书、电子图书的阅读量均有提升。

受数字媒介迅猛发展的影响，2013 年我国成年国民数字化阅读方式接触率持续增长，首次超过半数，达到 50.1%，较 2012 年上升了 9.8 个百分点。其中，网络在线阅读、手机阅读和电子阅读器阅读均有所上升。成年国民数字化阅读方式接触率的含义，是指通过网络在线阅读、手机阅读、电子阅读器阅读、光盘阅读、PDA/MP4/MP5 阅读等至少一种数字化阅读方式进行阅读的人群占全体成年国民人数的比例。

该报告显示，"获取便利"是我国国民选择数字阅读的首要原因，其选择比例超过六成，"方便随时随地阅读"和"方便信息检索"，也成为国民选择数字阅读的重要原因。超九成的数字化阅读方式接触者表示阅读电子图书后就不再购买其纸质版，这一数据连续四年持续上升，反映出数字出版对传统出版物的冲击不断加强。

此外，2013 年引起国内电子图书行业广泛关注的有三种商业模式：

第一种：自助出版

近年来，国际性的大公司纷纷介入"自助出版"领域，如亚马逊 CreateSpace、Smashwords、Lulu、企鹅兰登书屋、施普林格等。据鲍克公司对有 ISBN 的自助出版图书数据统计显示，2012 年美国自助出版的电子图书总量达到 39.1 万种，比 2011 年增长了 59%，从品种上看，以面向女性读者的言情和文学小说占最大比重，其次是自我调解和精神励志类的作品、儿童读物和传记。中国的知识产权出版社也已建成自助出版平台，预计在 2014 年下半年上线运营。

第二种：众筹出版

2013 年，乐嘉的新书《本色》（长江文艺出版社）在众筹网上线仅 1 天就获得 300 余位网友的支持，筹集资金 1.5 万元；徐志斌的《社交红利》（北京联合出版公司）一书通过众筹模式在两周内售出 3300 本，筹资 10 万元，并在 1 个月内加印 3 次，销售 5 万本。两书的成功已经吸引了国内一些学术著作和专业期刊的仿效。这些商业模式的创新打破了传统出版产业链，作者与读者地位得以凸现。

第三种：单篇作品销售

豆瓣阅读自 2012 年开通起就支持短篇作品的在线独立销售；2013 年 1 月，丁小云的两个独篇作品《论文艺女青年如何培养女王气场》（定价 1.99 元），《7 天治愈拖延症》（定价 5.00 元）在豆瓣阅读总销售 8272 份，引起轰动。2013 年下半年，小说家蒋一谈在当当网上以电子图书的形式单篇发售《透明》等 5 种短篇小说，两周后销量已达 1 万余篇。

（二）数字图书馆的发展规模与现状

随着计算机技术、通信技术和信息存储技术迅猛发展，并广泛应用于社会各行各业，人类社会已进入信息数字化时代。我国图书馆不断吸收、接纳并应用这些现代化技术，全面引进现代化的管理手段，馆藏资源逐步实现数字化、网络化。我国传统图书馆正在向数字图书馆发展，已经为现代化图书馆勾勒出清晰的轮廓和线条。

从现阶段来看，我国图书馆馆藏的数字化已初具规模，但并不完善。而建设数字图书馆工程的主要目的，是要有效利用和共享图书信息资源，产生巨大的社会效益。虽然目前我国图书馆的发展与此目标还有一段距离，不过近年来已经取得了重大进展，主要体现在以下几个方面：

1. 向基于集成服务和用户信息活动的范式发展

数字图书馆的发展重点经历了几个阶段。第一代数字图书馆主要在特定文献资源数字化的基础上建立数字信息资源系统，它们往往作为独立系统嵌入到传统图书馆系统或上层机构信息系统中，将跨时空检索和传递特定数字化资源作为其主要任务，可称为基于数字化资源的数字图书馆。第二代数字图书馆致力于支持分布的数字信息系统间的互操作，支持这些系统间无缝交换和共享信息资源与服务，由此构造集成信息服务机制，形成基于集成信息服务的数字图书馆。这一代数字图书馆不再以文献数字化和具体数字资源库建设为核心，而主要是面向分布和多样化数字信息资源，通过服务集成构造统一的信息服务系统，将形成与传统图书馆不同的新系统形态和组织形态，是目前数字图书馆研究、开发和应用试验的主要形态。第三代数字图书馆将围绕用户信息活动和用户信息系统来组织、集成、嵌入数字信息资源和信息服务，从而更直接、深入、有效地支持用户检索、处理及利用信息来解决问题的全过程。因此，以用户信息活动为基础的第三代数字图书馆是今后的发展方向。

2. 数字信息存储的全息化

随着数字图书馆建设的不断进展，资源数据量越来越大，存储空间将成为影响数字图书馆应用的主要因素。数字图书馆涉及海量的多媒体信息资源，在保存到数据库之前必须进行压缩，以降低数据库成本，使数据库规模保持在可管理的范围内，所以需要着重研究能够适应快速访问的海量存储技术。从世界范围来看，凡是称作"数字图书馆计划"的，其存储的数据总量必然达到了海量规模。全息数字化技术的广泛应用以及新的压缩技术的出现，使数字化的资源所占空间大幅降低，使存储设备的投入也大幅减小。全息数据存储由于具有巨大的存储容量、高速的数据传输速率和短暂的访问响应时间等特点，能够满足提供网上服务的要求。全息数字化技术将成为21世纪数字图书馆的主流数字化技术，全息数字化技术所生成的数字化资源都是全息的，取代了简单扫描技术生成的资源，既保持了文献资源的信息完整，又增加了各种检索等功能，是未来数字图书馆资源的主要组成部分。

3. 多种资源的高度集成，易用性更强

多种资源的深度融合也是数字图书馆发展的一个基本特征，目前的数字图书馆资源种类绝大多数仍然以传统的书报刊等印刷版资源数字化为主，将会扩展到声像制品、多媒体等资源。这些资源不只是简单地堆积到一起，而是进行了高度集成和深度融合。读者输入检索词，可将各种资源全部检索出来，阅读器是能够浏览、播放各种资源的超级阅读器。数字图书馆更具人性化及更加易用。信息导航技术、知识管理技术、全文检索技术、跨平台技术、智能检索代理技术以及推送技术的广泛应用都促使数字图书馆更加贴近用户，更加方便利用。

4. 数字化技术进一步完善

数字图书馆建设涉及计算机、网络通信等多领域、多技术的综合集成，当前计算机和网络通信技术发展迅猛，新技术层出不穷。数字图书馆需要涉及到网络通信、多媒体信息处理、信息的压缩与解压缩、分布式信息处理、信息安全、数据仓库、基于内容的智能检索、超大规模数据计算、用户界面等多种技术。目前亟待解决的关键技术包括：（1）软件重用技术；（2）多语言处理技术；（3）自动识别技术；（4）因特网人工智能技术。数字图书馆的一个基本特征是传输网络化，这就要求数字图书馆具有高速信息传输通道，以方便用户快速获取所需要的信息。目前数字化技术正在不断完善。

5. 标准化建设取得较大进展

标准和规范化是实现数字图书馆资源共享的前提和保障。数字图书馆建设管理的信息和知识包括了所有学科，数量极其巨大，类型特别繁多，而且包括了文字、表格、图像、音频等多种媒体的数字化表达，组织极其复杂；各单位所使用的软硬件规格不一、品牌庞杂。如何将众多的力量协调组织起来，实现网络的互联互通，资源的共建共享，管理得井然有序，从技术管理的角度考虑，关键就在于标准化。有了标准化，才能把各单位开发出来的信息资源按统一的格式组织起来，可与国际网络接轨，更能为各单位所共享，形成整体性信息资源；也才能用统一的检索标准建立起分布式的存储和检索系统，使信息资源能为广大用户方便利用；因此标准化是建设数字图书馆的重要保障。

6. 社会化和国际化趋势

数字图书馆将向着社会化、国际化方向发展。美国目前已有众多的科学、技术研究机构和多所著名大学组成合作小组，协同完成了数字化资源及数字图书馆技术的研究与开发，美国国家图书馆联盟是一个组织全国 15 个大型图书馆及国家档案记录局的合作机构。此外，有些联盟还有著名大公司的加盟。1997 环太平洋数字图书馆联盟成立，由太平洋地区的知名大学图书馆和国家图书馆共同实施，其中包括我国的北京大学图书馆和中山大学图书馆开展数字图书馆的合作研究计划，致力于合作开发多语种在线图书存取系统及多语种文档传输系统，形成大型分布式多语种数字图书馆。

从图书馆事业的发展程度来看，大部分的图书馆目前都实施了自动化管理以及图书馆网络化管理，其中一部分建立了属于自己的数据库，为文献资源共享做了充分准备。然而在全国范围内，数字图书馆事业仍普遍存在没有充分利用互联网这一重要信息媒介的问题，主要体现在以下几个方面。

（1）资源浪费问题

从数字图书馆概念的提出到现在，许多高校图书馆纷纷投身于数字图书馆的建设，只有短短几年时间，由于缺乏统一的规划与协调，数字图书馆标准不一，相关立法尚未制定和执行，各单位之间的利益又难以找到彼此都认同的平衡点，同时有的单位抱着"急功近利"的思想，片面地追求数字化资源的量，有的单位则是忽视自身馆藏的特点和学校教学的实际情况，造成我国不少高校盲目地建设数字图书馆，合作建设少、各自为政多的现象屡见不鲜，各数字图书馆的用户检索界面、检索语言和管理系统等存在较大差异，不同馆的数据库各不兼容，各系统之间难以相互联通、应用，导致大量的财力、人力、物力资源浪费在低水平的重复建设上。

（2）信息版权问题

计算机技术、自动化技术和网络技术的高速发展，使文献资源的格式转换、数字化作品的复制、下载、盗版等变得更加容易，数字化作品的知识产权保护问题比传统纸质文献也更为复杂和突出。根据著作权法，上载作品必须取得作品权利人同意，但是资源库容量庞大的数字图书馆要取得每一位作品权利人的授权在现实中非常困难，在数字图书馆的有关立法中再不能套用那些陈旧的、与自身建设和发展特点不符的法规。

（3）建设资金问题

数字图书馆建设是一个庞大、系统、长期的工程，硬件设备和软件资源的购置、网络布线工程、人员培训、数字化资源的更新、馆藏文献的数字化转换等，都需要充足的经费作后盾，但经费不足是困扰高校图书馆发展的一大难题。重点大学及进入"211工程"的大学数字图书馆建设与开发有专项拨款。而普通高校图书馆经费来源单一，主要依靠学校拨款，近年来图书、刊物价格大幅度暴涨，以致许多图书馆连每年的纸质文献购置、业务培训、科研、奖励等各项基本经费都难以维持，开展数字图书馆建设更是举步维艰。

（4）图书馆员素质问题

目前中国高校图书馆员队伍整体现状是，专业知识和技能普遍不能适应数字图书馆发展的要求。随着数字图书馆的兴起，馆员队伍中专业人员与技术人员少、工作热情欠缺、年龄老化等现实问题显得更为突出。由于图书馆地位没受到足够重视，各大高校的普通馆员与教师仿佛是两个相差极大的级别而接受截然不同的待遇，致使图书情报专业、计算机专业、自动化专业等方面的人才择业时很少将图书馆置于优先考虑的范围，这也是一直以来高校图书馆难以引进高素质人才，以及馆内人才频频跳槽的重要原因。对现有馆员队伍缺乏系统的、有计划的在职学习和培训，馆员和业务水平难以出现质的提高，知识结构和观念落后陈旧，无法适应提供数字化信息资源服务的要求，这也是不容忽视的一点。

造成这些问题的一个重要原因是，目前我国对数字图书馆建设的投入仍显不足。由于投入机制不健全、周期长、见效慢，使得数字图书馆建设缺乏连续性和系统性。因此，有必要形成一个多元化的投入体系。建设数字图书馆不仅需要国家投入，还需要地方政府、公司企业等各方面的投入。对于国家和地方政府投入应建立相应的法律法规，保证投入的稳定性和连续性。同时，政府还应出台有关政策法规，鼓励公司企业和个人对于图书馆数字化建设的投入，从而逐步形成国家、地方、企业及个人多方组成的多元化的投入体系和机制。目前在我国的数字图书馆信息资源建设中缺乏一个全国性的宏观规划，信息资源建设大多处于各自独立、相对分散的状态，造成重复建设问题非常严重。各种标准尚未完善，宏观管理有待加强。

三、电子图书出版产业的盈利状况

（一）总体状况

2013年，电子图书出版产业的收入规模超过38亿元，同比上年增长22.58%。电子图书的收入来源仍然以机构用户为主。电子图书的收入规模正在呈现加速增长的态势。

近几年来，电子图书产业的收入规模虽然连年递增，但是与其他新兴产业相比其盈利状况并不理想。说到电子图书产业的盈利状况，离不开盈利模式。电子图书出版产业的发展经历了初创期、成长期，很多企业由最初的持续投入到逐步减亏，直到最近两三年，才逐步实现盈亏平衡和盈利。但与国外的同类企业相比，国内企业的盈利模式显得过于单一。

（二）数字出版制约因素

第一，无序竞争。首先是定价问题。在亚马逊，畅销数字图书定价通常是

9.99 美金，而纸质书定价根据平装和精装的不同通常为 10 美元到 30 美元。数字图书的定价相当于纸质书的50%至70%，价格比纸质书有优势，但是留有利润空间，而不是不计成本的低价。我国的数字出版，却不顾成本大打价格战。至于高价抢作者，刷榜单、刷评论、人为造假等，都是数字出版"丛林效应"的表现。

第二，盗版问题。盛大文学网站排名前十的小说，通过百度搜索引擎平均被盗版 800 万次以上，最受欢迎的小说有 5000 多万条链接，这些链接中99%都是盗版。而网站上传的正版文字，一分钟后就会出现在别的网站上。当然，这种情况目前有所改善，这得益于政府加大了打击力度，专门成立了打击盗版侵权领导小组，最高法院、最高人民检察院也对网络侵权进行了清晰的定义，促使正版网站打赢了多场版权官司。

第三，运营问题。我国数字出版基本上还是内容与渠道的直接对话，中间缺乏制作、营销、数据挖掘等环节。数字出版并非简单地将纸质出版物转换为数字出版物，出版方要对受众做非常精确的分析，了解他们的喜好，为他们定制专门的作品。传统文学的基本语言是想象力，而数字出版除了想象力之外，还有一个共同语言是技术，不懂技术就无法参与全球数字出版的竞争。

第四，诚信问题。作家的重复授权，导致版权不清晰。有的内容商取得授权后又授权给别家，形成一连串的授权关系，导致最终一本书发布在某一阅读平台时，竟然出现同一本书被上传十多次的状况。

四、主要技术提供平台发展状况

（一）北大方正

北大方正为出版社、报社、期刊社等新闻出版单位提供全面的数字出版与发行综合服务解决方案。目前，方正数字出版系统提供包括电子书、数字报、数字博物馆、各类专业数据库及移动阅读的技术解决方案，并提供丰富多样的数字资源产品的运营服务。

目前国内90%以上的出版社在应用北大方正的技术及平台出版发行电子书，并与北大方正共同打造推出各类专业数据库产品；中国90%的报业集团、

800 多种报刊正在采用方正数字报刊系统同步出版数字报纸。此外，全球 8000 多家学校、公共图书馆、教育城域网、政府、企事业单位等机构用户应用北大方正的数字资源及数字图书馆软件，为读者提供网络阅读及专业知识检索服务。

（二）中文在线

中文在线 2000 年成立于清华大学，是中国数字出版的开创者之一。中文在线以版权机构、作者为正版数字内容来源，进行内容的聚合和管理，向手机、手持终端、互联网等媒体提供数字阅读产品；为数字出版和发行机构提供数字出版运营服务；通过版权衍生产品等方式提供数字内容增值服务。

中文在线与国内 510 家版权机构合作，签约知名作家、畅销书作者 2000 余位，拥有驻站网络作者超过 30 万名。中文在线的数字内容类型覆盖全面，除名家经典、青春言情、历史军事、官场职场、经管励志等文艺类作品之外，还长期储备社科和教育类内容资源，可以满足不同知识层次、不同年龄段、不同阅读目的的各类读者需求，当前中文在线已经成为国内最大的正版数字内容提供商之一。

（三）超星

超星公司是中国规模最大的数字图书馆解决方案提供商和数字图书资源提供商。业务范围包括数字图书资源加工、供应、采集、管理以及提供数字图书的创作、发布和交流为一体的完整平台。用户群体不仅覆盖全国各省区以及各行业、专业的图书馆，而且承担着大量国外图书出版机构的数字化业务。超星公司在数字图书馆相关技术的研发方面取得了显著的成效。超星数字图书馆因其在同行业中处于数字图书资源数量最多、专业资源权威、加工能力最强、技术成熟、用户多的优势地位，已被公认为数字图书馆行业的优秀品牌。

（四）书生

书生公司成立于 1996 年，是一家以技术起家的典型 IT 企业，也是中国唯一在软件核心技术达到全球领先的 IT 企业。除北京以外，还设立美国分公司、天津分公司。以及东北、西北、华北、西南、华南、华东 6 大区域办事处。

由书生公司主导制定的 UOML 标准是第一个进入 ISO 标准的中国软件标准，通过开放的 UOML（Unstructured Operation Markup Language）标准打破文档格式的垄断，实现了文档信息的互联互通。SEP 技术和 UOML 标准使任何软件都能打开并处理其他软件生成的文档。目前，SEP 技术和 UOML 标准已开始被国外大公司认识和接受。

书生公司在自主创新和国际化方面取得了重大进展。书生产品在电子公文、数字图书馆、文档服务器、数字出版、申报审批、文档数字化、办公套件、数字书市、影像存储、电子图书交换、档案管理等领域拥有领先的解决方案。

五、总结与展望

回顾 2013 年我们可以看到，从大部制、出版大数据，到呼吁全民阅读立法、出版高端人才培养、数字出版基地建设，无论是宏观层面还是微观层面，中国出版产业都呈现出发展、变化、融合、上升的趋势。在这种趋势中，有成绩也有思考，但总体是积极向上的。

国家新闻出版广电总局的成立，为建立全球化网络传播渠道提供了便利。政府、行业组织及大型出版集团需要建立数据平台，才能实现"出版大数据"的真正力量。

从行业看，移动互联网、物联网和云计算的技术发展催生了大数据的产生。出版行业的大数据也随着与电商的合作、互联网的销售推广以及受众阅读行为的分析而逐步深入。然而，不少出版人担忧出版业在数据收集这一环节存在诸多问题，如"买榜"现象、财政数据不公开、数据格式混乱、各平台对接困难等。8 月 26 日，我国发布首个出版物信息交换行业标准——《中国出版物在线信息交换》，标准的出台是国家规范数据、利用数据的利好信号，然而无法解决长期制约出版业发展的信息不畅问题。一方面，该标准的应用推广将是一项复杂的基础设施工程，将涉及整个出版产业链信息平台的升级改造；另一方面，在数据驱动的智能时代，我们需要一股自上而下的力量。政府、行业组织及大型出版集团需要建立数据平台，进行数据标准化处理。只有这样，再辅以政府力量，才能真正推动数据的客观和透明化，展现"出版大数据"的真正力量。

2014年要实现电子图书的跨越式发展，可以关注以下几个热点领域：

（一）数字出版基地+高端人才培养

作为推进新闻出版产业发展的重要抓手，基地建设以集中优质资源、优势企业，以新技术、新方式形成产业集群从而带动产业整体发展。如何培养适应数字出版的复合型高素质创新人才，是出版界也是教育界一直关注的关键问题。

截至2013年年底，全国已有13家国家级数字出版基地落户各地。按照原新闻出版总署规划，"十二五"期间将在全国布局建设8-10个国家级数字出版基地。事实证明，以这种创新模式推进产业发展的成效已初步显现，部分国家数字出版基地总产出已经超过百亿元。作为首家获批的国家级数字出版基地，上海张江数字出版基地的探索较为领先。如"国家复合出版工程"、"第三代电子书数字内容投送平台"、"新华e店"等数字出版项目都在政府的支持下向前推进。

随着数字出版产业的不断发展和深化，对出版业现有人才的年龄、学历和知识结构等方面提出了更高的要求，不仅需要数字出版的操作型人才，更加需要了解行业、熟悉技术、引领创新的高端人才。据了解，目前北京大学、武汉大学、北京印刷学院等全国100多所院校已开设了有关数字出版专业方向和相关课程，约40所院校开设了电子出版、数字传媒、多媒体出版等数字出版教育课程。同时，60多所高校开设编辑出版学硕士专业，将近22所高校设置了35个数字出版博士学位点，数字出版高端学历教育体系基本形成。

与之对应的是，当前很多出版传媒集团与国内著名高校结合，设立了博士后流动站。如中南出版传媒和北京大学新闻与传播学院建立的面向新媒体高端人才的博士后培养流动站，招生面向业内的复合型出版人才。

（二）电子商务网站新动向

2013年，京东商城高调宣布其电子书业务上线。在"电子书刊"频道正式上线的同时，京东商城推出了智能手机/PC阅读客户端软件。数据显示，2013年3月，京东商城电子书业务累计用户数量达到500万，日均页面浏览量过百万，毛利率达到35%，远远高于3C数码及家电产品。与此同时，当当网将电子书业务平台更名为"数字馆"，并进行大规模扩容。对于电商的电子图书业务而言，2013年最重磅的炸弹莫过于亚马逊kindle入华，亚马逊中国在接连上线Kindle中文书店、Cloud Drive云服务以及亚马逊应用商店之后，今年的重点从纸质图书转向电子书业务。Kindle中文商店目前已拥有近4万本书籍，这一数量对于国内任何电子书销售者来说，都有压倒性的优势。

在此背景下，出版商和电商之间的电子书合作一直较为积极。然而今年4月，中国两大电商——当当网和京东商城相继推出限时免费的电子书下载促销活动，引起中国出版界一片哗然，有不少出版商担忧，这种无底线促销将影响中国出版业的数字化转型之路。下半年，随着亚马逊最近的一项禁止其他组织推销免费电子书的行动，我们似乎看到了终结"免费"电子书商业模式的开始，只是不知道在中国市场能否真正实现。

（三）资源整合+自媒体红人出书

大社、大出版集团加快了资源整合步伐，大项目纷纷上马。与此同时，更多普通人因自媒体出现而受到策划编辑、出版社的青睐，一跃而成为职业出版人。

2013年，各种"跨界"资源整合，加速了出版业跨越式发展。6月22日，人民教育出版社有限公司、人教教材中心有限责任公司、陕西人民出版社有限责任公司、陕西出版集团发展有限公司4家股东，按比例出资共同组建陕西西北人教玉成文化传媒有限公司，此举是人教社和地方出版企业探索通过股份合作的方式，促进资源优化组合，实现跨地域经营的战略性尝试。5月，时代出版传媒股份有限公司旗下全资子公司北京时代华文书局有限公司，获得国家新闻出版广电总局批准颁发的"中华人民共和国图书出版许可证"，这是中国出版业跨地区发展首家获批出版资质的出版机构。

各大出版集团更是加快了资源整合的步伐，大项目纷纷上马。凤凰传媒今年基本形成整体性的"凤凰云校园"数字教育解决方案，收购慕和网络，意在布局游戏领域，发力数字媒体领域和全媒体布局。福建新华发行集团力争海峡出版物博览交易中心、智能化物流中心、海峡文化学术交流中心等项目年内全面开工。时代出版也在尝试基于传统出版内容的二次开发，如主导剧本改编兼投资、积极拓展影视、推动图书版权与影视的互动经营。中南出版传媒与湖南教育电视台合资创立"湖南教育电视传媒有限公司"，是其全媒介发展战略至关重要的布局。

在传统出版领域忙于资源整合的同时,移动终端自媒体出版市场空间也在逐渐释放,特别是自媒体已悄然影响着传统出版生态,出版社依托自媒体寻觅着选题、作者、译者等资源,并以自媒体为平台部署自身独特的营销渠道;更多普通人因为自媒体出现而受到策划编辑、出版社的青睐,一跃而成为职业出版人。

统计显示,2012－2013年不到两年间,借助豆瓣日记、豆瓣小组等自媒体步入作者行列、正式出版的案例稳步增加,如北京大学出版社的《夜话港乐》、清华大学出版社的《葛原与春时》等,选题内容涉及图画绘本、两性情感、散文杂记,已然形成一股自媒体红人出书的潮流。

附　录

国外电子图书出版产业发展现状及启示

以下是十多位电子图书和数字出版行业专家从多角度做出的对2014年电子图书和数字出版行业发展的预测[①]:

高等教育出版的资产剥离:2013年7月,全球著名的教育出版集团圣智学习出版公司（Cengage Learning）申请破产保护;麦格希（McGraw－Hill）集团旗下的麦格希教育出版公司被私募股权公司阿波罗全球管理公司收购。这些都预测新的一年,将会有更多的金融活动介入高等教育出版,通过投资来获取未来利润的增长。

出版商创建或发布自有的电子书阅读软件:"白色标签"属性（"白色标签"此处指本身并无电子书资源,集合其他公司的电子书资源）的电子书阅读软件公司蓝火（Bluefire）吸引聚集了越来越多想要占有除亚马逊、苹果、巴诺和科博之外阅读市场的公司。

亚马逊开始与出版商们缓和关系:这个预测与其他文章的断言大相径庭,有趣的是,这和亚马逊的整个商业进程以及现在所表现出来的与出版商的关系看起来并不一致。

---

① 百道网:Forbers:2014年图书出版预测。

作为预测人，数字媒体管理顾问乔·埃斯波西托说："亚马逊将采取强硬手段，就引起内容提供商强烈抵制和不受欢迎的做法进行谈判。"

公共图书馆将为电子书平台付费：目前，对于图书馆来说，管理和发展电子书并没有太多的经济意义，当他们不需要这本书的时候，它们不能够像纸质书一样被二次销售。图书馆只需要支付固定费用给电子书平台就可以获得大量的电子书。

图书的数字市场将有巨大发展：这是我们已经观察到的趋势。许多出版公司开始大力加强数字营销人才，在图书营销中发挥巨大作用的作者也开始搭建自己的在线平台。

出版商将会感到利润压力：随着亚马逊电子书及数字出版业务的逐渐强大，众多出版商之间形成竞争关系，导致出版商的自身利润被索取；另一方面，作者也是同样。凭借自身对出版商的重要性，作者们会向出版商索取更高的版税。

非专业书店的图书销量将会增加：像迈克尔商店（Michael's）和城市用品商店（Urban Outfitters）一直在出售图书和其他类型的产品。这种趋势将持续下去，因为传统书店面临着压力并减少图书的货架，出版商们开始积极地为自己的产品寻找新的场所。

更多的出版商将直接向读者售书：一些出版商已经做到了这一点，但是非常谨慎，因为怕打扰像亚马逊或者巴诺的已有顾客。出版商们越来越渴望发展一个更具多样化的商业伙伴，以此来直接面向读者销售他们的商品。

自助出版将持续增长，尽管电子书销量停滞不前：如果你只看到传统出版商，就会发现2013年电子书销量停滞不前，也不可能知道自助出版的电子书销量增长是多少。自助出版已经在美国流行开来，很轻易就能想象2014年自助出版将会持续2013年的增长。

亚马逊将会收购更多社交网络公司：2013年，亚马逊收购了最大的以图书为焦点的社交网站Goodreads，此举是为了弥补亚马逊最大的弱点——社交功能。或许亚马逊在2014年会更加注重增强其社交功能。

绘本类电子书将会大量进入市场并降低成本：这项预测可能会与其他几项预测相矛盾（例如绘本类电子书将会在2014面临挑战等）。这里的想法是，出版商们开始意识到，只有降低绘本电子书的成本才能让他们以低价销售足够的绘本电子书以赚得利润。这项技术很快就能实现，到时候就会有大量物美价廉的绘本电子书涌入市场。

亚马逊将会研发机顶盒和电话以创造一个终端生态系统：这项有营养的预测来自于布莱德斯通有关亚马逊的新书《应有尽有的商店》（*The Everything Store*）。希望我们的"大胆预言"大胆且准确。

亚马逊在2014年将会呈现盈利之势：有着20年历史的亚马逊公司在20年间盈利与亏损参半，虽然不时地呈现盈利局面，然而利润并不高。当这家公司为了使投资商满意开始走合理赢利健康发展的道路时，2014年会成为万众瞩目的一年吗？

亚马逊将会持续扩大出版版图：很多观察家称，2013年的亚马逊并没有获得圆满成功。亚马逊撤销了将新建总部大楼设在"出版之都"纽约的计划引来很多看法。项目实施者拉里·克许鲍姆（Larry Kirshbaum）宣告他的计划真的失败了，取而代之的是将新的总部大楼设在西雅图。亚马逊兴建新的办公楼，以容纳不断增长的员工。

更多的新兴出版公司将会倒闭：这些新兴的出版公司在2013年已经倒闭了一些，包括几个大肆宣传的小恶魔公司（目前，他们可能仍在生死挣扎寻求最后的资金投入）。

平板电脑及智能手机的销售会对电子书的销售呈现负面影响：越来越多的人购买平板电脑和智能手机，而购买电子书阅读器的人却越来越少。有研究表明，使用电子书阅读器的电子书读者会比使用平板电脑的电子书读者购买更多的电子书。同理可得，如果拥有平板电脑或智能手机的读者，或者一开始没有电子书阅读器的读者，在拥有了电子书阅读器之后将更有可能购买电子书。

（作者单位：北京方正阿帕比技术有限公司）

2013–2014 中国数字报纸出版产业年度报告

彭云飞　乔莉莉

一、数字报纸出版概况

（一）2013年数字报纸出版企业的总体情况

2013年是中国报业经营最为困难的一年，我国报业经营出现了负增长，有些地区甚至出现了30%左右的下滑。产业化转型已成为迫在眉睫的事情。

2013年新媒体对报业的冲击是多方面的。一是随着腾讯、新浪等进一步大力开拓二三线市场，对于作为区域性广告的重要载体的报业来说，将带来更大的挑战。目前，作为新媒体领头羊的腾讯，其区域性的布局最广也最深：在重庆、湖北、四川、上海、广东、河南、浙江等地和当地媒体合作成立大渝网、大楚网、大成网、大粤网、大申网、大浙网，由腾讯控股，在传媒市场的区域性布局中先声夺人。目前，虽然其合作伙伴都是当地的报业集团，但由于是腾讯控股，所以对于报业集团来说只能是一项财务投资。腾讯得益于良好的战略布局，其2012年第一季度广告收入超过新浪成为广告收入最高的门户网站，根据艾瑞的数据，其全年的广告收入高达34.2亿元。二是腾讯通过和杨锦麟的合作，将对传统媒体人起到良好的示范效应，这将对报业带来制度性冲击。由于我国对报业采取的是"行政许可"的管理方式，在传统媒体语境下，只有拿到了报纸出版许可证才能从事报业运营，而媒体人只有归属到具体的报纸媒体才能从事报业工作，这就形成了报业从业人员和报纸媒体高度绑定的状态。

而在新媒体语境下，自媒体成为可能，任何有能力的人都可以借助新媒体平台，充分运用自己的能力和影响力来进行媒体运营，报业从业人员和报纸之间的绑定关系开始解体。在传统媒体的体制、机制依然僵化的情况下，在传统媒体向新媒体转变难见成效的条件下，优秀的报业从业人员就可能大批脱离报纸而作为自媒体投身于新媒体，这将从根本上瓦解报纸媒体存在的基础。三是报纸媒体的大量优秀人才不断流失到新媒体，对于其主要资产为人才的报纸来说，无异于釜底抽薪。四是用户尤其是年轻用户也在不断地远离报纸。近年来，报纸的发行量快速下降，用户快速老化，这都从根本上动摇报纸存在的基础。2013年新媒体的增长速度远远高于报纸的增长速度。

在行业出现颠覆性变化的前夜，唯有彻底转型才是出路，报社必须坚定不移地走新媒体转型之路，否则就是等待消亡。

"数字报纸"是报纸向新媒体转型的一个重要方向，也有人称之为多媒体数字报纸或者富媒体报刊。自2006年至今，数字报如雨后春笋般发展起来，经过这些年数字报纸出版体系的不断完善，我们欣喜地看到数字报纸的盈利模式逐渐清晰，越来越多的报社成立了新媒体中心、网络中心，甚至成立了公司，有的已经有所收获，有的已经初尝甜头。

截至2013年，我国数字报纸及新媒体内容投送形成平台化，已经形成了包括电信运营商型、技术服务型、报社门户、互联网门户或信息服务型以及电子商务型五大平台。可以说，数字报刊及新媒体业务的主要平台类型都已经囊括。

（二）数字报纸年度出版情况

2013年，数字出版迎来了新的发展期，这一年，政府部门给予数字报纸出版极大的支持，传统报纸出版集团逐渐成为数字报纸出版的主角，各省市区县数字报纸出版应运而生，而且开始主动积极地改变数字报纸出版业态。

从2013年整体情况分析，全国上千种报纸开展数字报纸及新媒体业务超过90%，截至2013年底全国核心党报及40多家报业集团所属的报刊几乎都已经完成了数字报刊出版，绝大部分报业集团上线或拟上线全媒体系统。数字报刊已趋于普及，大部分核心党报已经上线或准备开展以新技术为核心的全媒体业务。报业数字出版发展趋势从单一出版形式到复合出版形式，从核心党报、报业集团转向独立报社、行业报,从大中型城市带动二三线城市,从东部发达地区带动西部欠发达地区逐步转变。报刊行业的发展是一个指向标,除国家正式批准的报刊外,企业文化报、校园文化报对待数字出版的探索也在加强。

二、数字报纸出版产业的规模与发展状况

(一) 数字报纸出版的规模与现状

截至 2013 年,报业转型已实施多年,历经了新闻网站、电子报、二维码、报网互动、手机报、客户端、全媒体化等多个阶段,经受了探水、磕碰、试错、激荡等各种磨砺,如今到了转型的关键点,需要认真的反思,总结经验教训,以利再战。

从 2000 年到 2013 年的十三年中,以信息化和网络化为基础的数字报纸出版汹涌澎湃,正深刻地影响着传统报纸出版业,数字报纸出版产业的所有环节,从内容创作方式、编辑业务流程、资源检索系统、产品制作发布流通形态、产业链上下游信息衔接、资源管理等到处都有数字技术的身影。经过十多年的努力,中国的数字报纸出版从无到有,取得了长足的发展。在传统报纸出版的各个领域,都出现了数字化转型的明显趋势,新兴数字媒体的出现,丰富了出版的内涵,扩展着出版的外延;现代信息技术通过新兴载体的不断开发,主导着数字报纸出版业的发展方向和格局。

经过近些年的发展,数字报纸形成了以下三种主要形态:

1. 固定阅读终端类数字报纸

固定阅读终端主要指台式计算机和笔记本计算机,固定阅读终端类数字报纸包括新闻网站(Website)和多媒体数字报。新闻网站可细分为:媒体网站,指报纸、通讯社、电视台、电台等传统媒体独立或联合开办的综合性网站;商业网站新闻版块,指商业网站进行新闻信息登载或服务的网站或版块,也包括和传统新闻媒体联合创办的网页和版块,如腾讯·大楚网、新浪新闻中心等。多媒体数字报,是由传统报纸媒体作为内容提供商,架设在网站上(通常是报业旗下的网站),兼具纸质报纸版面和多媒体、互动功能的,

并且能提供在线、下载等多种阅读方式的数字报纸,如《人民日报》数字报。

2. 移动阅读终端类数字报纸

移动阅读终端指手机、PDA、阅读器、平板电脑等主要通过无线方式连接移动通信网、互联网的便携式个人终端设备。移动阅读终端类数字报纸有:手机报,包括短信(SMS)版手机报、彩信(MMS)手机报、WAP版手机报、IVR版手机报、APP(应用程序)版数字报纸、阅读器版数字报纸、二维码新闻、云报纸。

3. 户外公共阅读终端类数字报纸

户外公共阅读终端指设立在户外公共场所的大型多媒体显示屏幕。目前对于户外公共阅读终端的新闻信息服务还处于非常初级的阶段,目前推出了这项业务的有《人民日报》街头阅报栏、河南日报报业集团大河多媒体信息港、方正阿帕比技术有限公司触摸屏系统等。

经过十多年的摸索和实践,关于报业转型的走向和路径,逐渐形成了三种主要模式:

(1)"做强做优报纸":其基本观点是,所谓报业转型就是利用网络来巩固和壮大报纸,坚定不移干报业,巩固和壮大报纸的发行和经营阵地。其具体做法是:回归新闻,集中精力做好报纸内容;壮大自己,整合报业市场,拓展报社规模;发挥优势,将报纸的导向能力、选择能力和解读能力发挥好;最终目标,提升报纸的影响力,并借助影响力,获取优质资源,把资源资本化,在此基础上,实施多元化产业转型。

(2)"多元拓展":其基本观点是:所谓报业转型就是发布渠道由单一的纸媒向多元的全媒体方向转变。其具体做法是:通过传统媒体与新媒体的融合,实施全媒体战略,实现一次生成、多次发布,最终实现多媒体、多渠道、多终端的发布。

(3)"融入互联网":其基本观点是,所谓报业转型就是报业要逐步融入互联网,最终实现全面互联网化。其具体做法是,改变理念观念,培育互联网基因和互联网思维;改革体制机制,培育适应新媒体成长的生态环境;构建足够强大的融资平台、适应互联网浪潮的技术平台、自主开放的用户集聚平台等三个平台,最终以传媒为核心的综合性文化服务提供商。

（二）数字报纸用户的规模与现状

数字报纸出版作为一种基于信息技术、数字技术和计算机网络技术而诞生的一种新型报纸出版形态，是纸质出版的智能化形式，是纸本出版物集合影像、声音、读编在线互动等元素的智能化呈现，离不开需求驱动因素。从本质上讲，数字报纸出版就是技术与需求双轮驱动的结果，它以终端、内容、用户体验为三大核心展示要素，为用户带来了优秀的阅读体验，为内容创造了新的价值。

伴随智能手机、平板电脑的快速发展，内容资源的不断丰富，用户获取数字内容的终端日益多样化，用户数量虽容易增加，但是对象并无太大的变化，按照数字报内容运营方式和对象分为 PC 数字报用户（PC 浏览器、PC 客户端、电脑光盘等）、移动设备数字报用户（手机、手机客户端、手机浏览器、阅读器等）、公共展示设备的数字报用户（户外大屏、移动电视、触摸屏等）三类。

1. PC 用户

数字报纸受众的最早群体是互联网用户，移动互联网业务的优势不仅体现在移动性上可以"随时、随地、随心"地享受互联网业务带来的便捷，还表现在更丰富的业务种类、个性化的服务和更高服务质量的保证，这些优势无疑使越来越多的人更热衷于在互联网上阅读报纸。目前数字报纸的展现形式已经不再单纯的只是网上阅读，用户还可以通过视频、音频等在网上阅读报纸，这些技术给公众带来的视觉上的冲击力也使数字报纸用户不断增加。个人电脑配置越来越高，显示器越来越薄，这些条件都使数字报纸 PC 用户不断增加，可以说 PC 产业的飞速发展的同时促进了数字报纸行业的发展。

2. 移动用户

随着数字报纸出版产值不断提高，其对传统报纸出版的颠覆作用越来越明显，手机、电子阅读器等形式对数字报纸出版带来的变化逐渐引起政府部门的重视。同时，以出版社和个人为代表的内容提供商对于数字报纸出版态度的放缓，对移动阅读的发展起到很大的促进作用。

据艾瑞《2012－2013 年中国数字阅读用户行为研究报告》显示，手机阅读用户已经超越 PC 阅读用户，并且发展趋势明显，移动终端阅读已成为人们生活中重要的一部分。其所产生的市场效应也是潜力巨大。

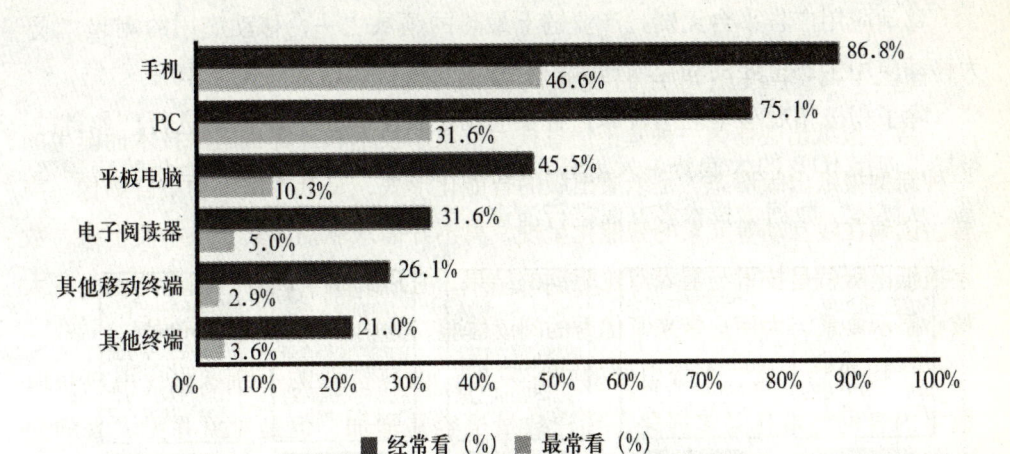

```
手机          86.8%
              46.6%
PC            75.1%
              31.6%
平板电脑      45.5%
              10.3%
电子阅读器    31.6%
              5.0%
其他移动终端  26.1%
              2.9%
其他终端      21.0%
              3.6%
```
■ 经常看（%）　■ 最常看（%）

图 1　2013 年中国数字阅读用户使用过的数字阅读终端

2013 年中国数字阅读用户在手机和平板电脑上使用的阅读类 App 类型中，图书平台、新闻聚合、文库类 App 使用度最高，相反垂直类使用度较低。分析认为，无论在手机还是平板电脑上，用户的阅读渠道都比较趋同，更愿意在内容量丰富、选择较多的平台聚合型 App 上获取数字阅读服务。

总体来说，移动阅读市场 2013 年收入规模处于稳定发展状态，受新型资讯获取方式（新闻客户端、微博）的冲击，手机报收入下滑幅度较大，越来越多的报社考虑在自媒体平台中发布数字内容，利用其巨大的用户资源优势实现内容的传播，这种"绑架"式的数字出版形式也是一种无可奈何的选择。

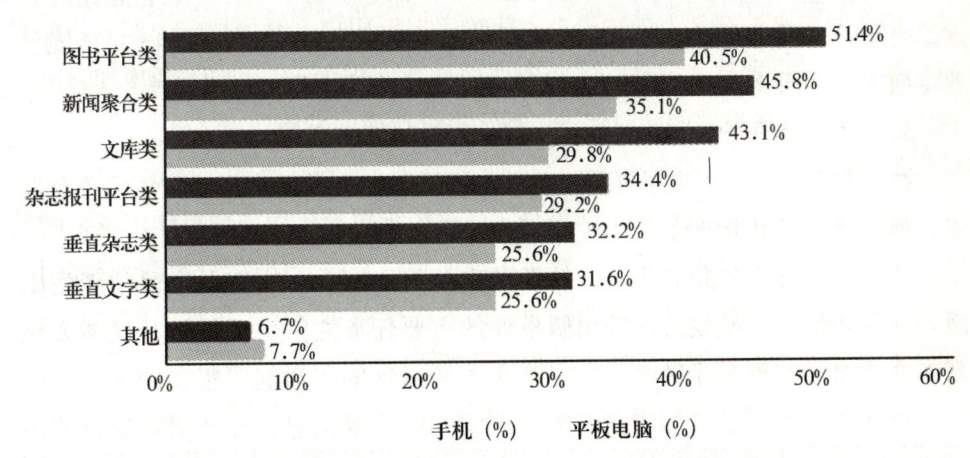

```
图书平台类      51.4%
                40.5%
新闻聚合类      45.8%
                35.1%
文库类          43.1%
                29.8%
杂志报刊平台类  34.4%
                29.2%
垂直杂志类      32.2%
                25.6%
垂直文字类      31.6%
                25.6%
其他            6.7%
                7.7%
```
■ 手机（%）　■ 平板电脑（%）

图 2　2013 年中国数字阅读用户在手机和平板电脑上使用的阅读类型

移动应用广告平台无疑是产业链上最热的领域之一，移动应用的崛起，成为移动应用生态重要的利益输送者，对行业发展有着很大的促进作用。

除了积极拓展移动应用资源，各个应用广告平台也在积极地进行产业链的布局，迎接 RTB 的大趋势、发展移动端的 DSP 和 SSP，进行本地化的营销等等。从媒体、数据、技术多方面进行演进。

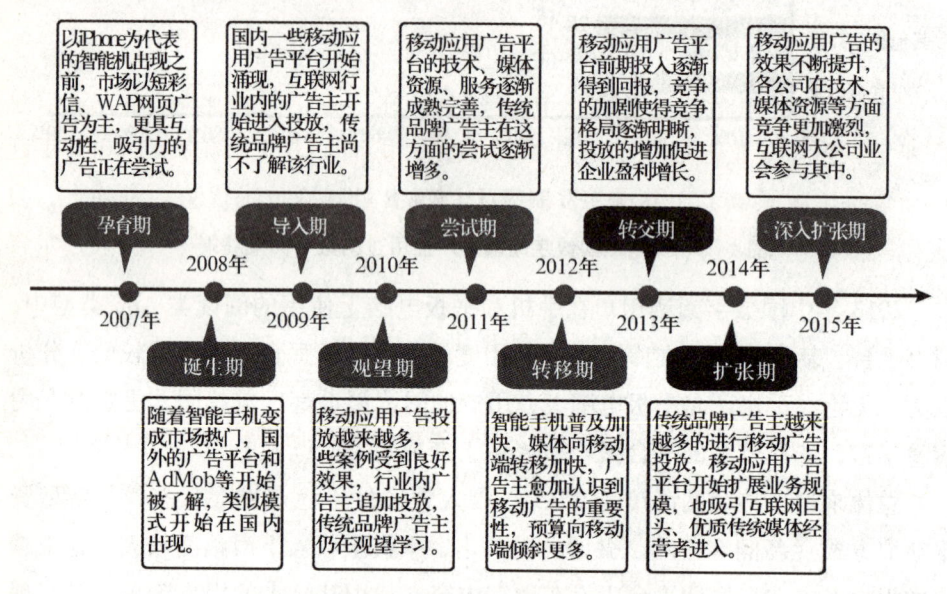

孕育期	导入期	尝试期	转交期	深入扩张期
以iPhone为代表的智能机出现之前，市场以短彩信、WAP网页广告为主，更具互动性、吸引力的广告正在尝试。	国内一些移动应用广告平台开始涌现，互联网行业内的广告主开始进入投放，传统品牌广告主尚不了解行业。	移动应用广告平台的技术、媒体资源、服务逐渐成熟完善，传统品牌广告主在这方面的尝试逐渐增多。	移动应用广告平台前期投入逐渐得到回报，竞争的加剧使得竞争格局逐渐明晰，投放的增加促进企业盈利增长。	移动应用广告的效果不断提升，各公司在技术、媒体资源等方面竞争更加激烈，互联网大公司业会参与其中。
2007年 / 2008年	2009年 / 2010年	2011年 / 2012年	2013年 / 2014年	2015年
诞生期	观望期	转移期	扩张期	
随着智能手机变成市场热门，国外的广告平台和AdMob等开始被了解，类似模式开始在国内出现。	移动应用广告投放越来越多，一些案例受到良好效果，行业内广告主追加投放，传统品牌广告主仍在观望学习。	智能手机普及加快，媒体向移动端转移加快，广告主愈加认识到移动广告的重要性，预算向移动端倾斜更多。	传统品牌广告主越来越多的进行移动广告投放，移动应用广告平台开始扩展业务规模，也吸引互联网巨头、优质传统媒体经营者进入。	

图3　移动数字出版广告营销市场预测分析

传统报业涉足移动互联网的广告较少，产品、资源、技术、运营思路的有效整合不够，因此需要增强相应的数据分析和营销能力。2012-2013年传统报业将数字内容向移动互联网进行重心转移，以保持传统广告合作优势。

3. 公共设备用户

在公共场所以大型电子屏幕、公共电视屏幕、触摸屏为报纸载体的受众群体，都属于数字报纸的公共用户。

数字公共设施公共文化服务体系的重要组成部分。它惠及全民的新闻出版公共服务体系，是发展新闻出版事业的重要任务之一，是维护和发展大众基本文化权益的重要途径之一，对于文化及消息的传播起了很大的作用。很多公司通过大型触摸屏向消费者传达新闻、广告等信息，在消费者受益的同时，也对公司的文化起到了宣传性的作用。一些报社利用大型触摸屏向大众展示出版的报纸、期刊等，大型触摸屏满足了消费者对于直观和易用的用户界面的需求。

三、数字报纸技术提供商的发展现状与规模

（一）北京方正阿帕比技术有限公司

北京方正阿帕比技术有限公司（以下简称"方正阿帕比"）是方正信息产业集团旗下专业的数字出版技术及服务提供商。方正阿帕比自2001年起进入数字出版领域，在继承并发展方正传统出版印刷技术优势的基础上，自主研发了数字出版技术及整体解决方案，已发展成为领先的数字出版技术提供商。

目前，方正阿帕比数字出版系统提供包括电子书、数字报、数字博物馆、各类专业数据库及移动阅读的技术解决方案，并提供丰富多样的数字资源产品的运营服务。中国90%的报业集团、800多种报刊正在采用方正数字报刊系统同步出版数字报纸。此外，全球8000多家学校、公共图书馆、教育城域网、政府、企事业单位等机构用户应用方正阿帕比数字资源及数字图书馆软件为读者提供网络阅读及专业知识检索服务。

在传统出版领域，超过90%的报社使用方正的采编和排版系统，方正阿帕比数字报制作发布系统继承了方正20余年在报业出版领域的技术积累和合作优势，使数字报刊系统与之前的方正报业采编、排版、输出、资料存储等系统和管理流程一脉相承，无缝连接，从而避免报社重复性技术、设备和管理投入，为报社提供了专业、高效的数字报刊出版解决方案。

（二）青苹果数据中心

青苹果于1991年筹建，1992年注册，二十多年来，主要从事电子出版物、数据库产品的开发、出品、销售，完成了100多项国内外大型数字化工程，逐步从单纯产品制作转向多种经营，已成为中国主要的数字化产品制作商和内容供应商之一。通过长期的技术改进，青苹果已形成成熟而独特的数字化生产工艺，完善的生产流程，可以制作不同功能需求的大型数据库和电子出版物。根据国际市场的普遍需求，青苹果先后开发了适合

多语言的数据库检索平台、数据质量控制平台和版式重构技术。青苹果的主要客户现为报社、出版社及图书馆，其主营业务数字化产品制作，包括网页、电子图书、电子期刊、电子报纸、手机出版物和数据库产品；向外国政府和企业提供数字化产品的外包服务；数字化产品内容服务等。2009年7月，青苹果搬迁至长沙市青竹湖国际会展中心，连续三年名列长沙市服务外包十强企业之一。

青苹果在湖南、北京、山东、新疆、云南、香港、美国有8家独资和合资机构，生产场地总计超过35000平方米，年生产能力达到300亿汉字，报刊制作年产量达到250万版面，是全球规模最大的中文数据处理中心。

（三）北京高术致力传媒技术发展有限公司

北京高术致力传媒技术发展有限公司成立于2002年，是从高术科技公司（成立于1994年）的媒体事业部独立出来的高新技术企业。高术致力为国内新闻出版行业，提供行业应用系统解决方案。

高术致力专注于电子出版业、传媒行业的信息化建设综合解决方案。产品主要有报业综合一体化信息平台、数字报业技术平台、全媒体内容生产平台、采编管理系统、全媒体数字资产管理系统、绩效考核系统、数字报发布系统、网站内容管理系统及流媒体管理系统、新闻图库管理系统、广告业务管理系统、发行业务管理系统等。高术致力在报业拥有包括中央级报、省级和地市级党报、中央级行业报、专业传媒出版集团等超过百家的长期合作单位。

高术致力是经过政府主管部门认证的高新技术企业、软件企业。公司有30余项具有自主知识产权的软件产品、系统，并获得北京市6项自主创新产品证书。公司于2008年、2009年分别获得了北京市科委和国家科技部创新项目立项支持。

高术致力遵循软件工程规范，建立了一套完整的软件开发和质量保证体系。公司的技术管理部负责制定、实施、监督软件研发生命周期各环节的规范和规则，三个研发部门及质量保障部则按规程开展业务需求调研、软件设计与开发、测试与质量管理等工作，产品部门负责将研发成果转换为行业应用解决方案。

四、数字报纸出版盈利模式及状况

(一) 盈利模式

从数字报纸发展产业链的角度分析,可分为如下几种赢利模式:

1. 平台服务商的盈利模式

平台服务商是专门为数字报纸出版活动提供内容增值渠道、技术支撑的服务商。一方面通过合作经营,借助平台硬软件弥补出版企业的不足,另一方面借出版业的经营来拓展平台的业务范畴,两者结合形成资源的优势互补。

2. 硬件生产商的盈利模式

硬件生产商是生产数字报纸内容阅读载体的厂商,包括计算机、手机、电子阅读器和教育辅助类电子产品等制造商。苹果 ipad、汉王黄金屋、方正文书等阅读器丰富并刺激着电子阅读器的市场,通过销售硬件产品盈利,依靠电子设备的供应脱颖而出,电子阅读器的盈利模式依赖于植入式广告和内容下载业务。

3. 网络运营商的盈利模式

网络运营商是数字内容的传输方,国内主要是中国移动、中国联通和中国电信三大通讯网络运营商,其介入数字报纸出版的途径主要有手机出版、博客网站等。读者可以通过手机报等方式查看报纸内容。

4. 内容提供商的盈利模式

内容提供商是数字报纸内容的源产地和供应方,成员多的传统报纸出版商,也是崇尚内容为王的忠实拥簇者。在长期出版发展过程中,内容产品是作为利润源出现的,盈利模式自然以产品为中心,以发行码洋为衡量标准。数字时代,内容提供商应对新技术挑战时数字出版之路步履维艰,不得不探索工具书检索、线上增值服务、二维码等新的盈利模式。

2013 年数字报纸出版整体收入为 58 亿元,其中,手机报纸收入规模为 46.4 亿元。

（二）数字报纸的新技术及应用情况

1. APP 版数字报纸

APP 版数字报纸是一种移动客户端应用程序，主要在手机、平板电脑等终端上运行，通过应用程序展示报纸内容，是数字报纸从 PC 端向移动终端转移的方式。

2. "3G"、"4G" 助力手机报刊升级

随着国内 3G、4G 等基础运营网络的发展，通过无线方式实现数据传输得到了广泛的使用。数字报刊也通过移动网络从新闻出版单位向公众传播。手机报是"一种将纸质报纸的新闻内容，通过移动通信技术平台传播，使用户能通过手机阅读到报纸内容的信息传播业务"，目前主要有彩信版和 WAP 网站版两大类。3G、4G 的发展促进了数字报纸通过移动互联网络传播和使用。目前有部分新闻出版单位尝试建立数字报纸移动站点，通过 3G、4G 进行数字报纸的发行。

3. "二维码"新闻

二维码新闻拓展了报纸有限的版面，如果它链接的是多媒体信息，则让新闻报道的感官体验更加真实、生动。同时，也可以用预先印制好的二维码链接对新闻事件的追加报道，或是对即将发生的新闻事件进行实时报道，打破报纸在出版时间上的限制。

（三）数字报纸发展存在主要问题

我国数字报纸出版产业面临着众多问题，其中包括盈利方版权、产业链等。这些问题不仅内部构成因素复杂，而且与其他问题相互作用，使得影响复杂化。而盈利模式构建不当及其导致的不良影响，将减少资本和人才等因素进入该行业的积极性，很容易导致全行业的发展受阻。要加强数字报纸出版盈利模式的研究，推出适合各企业自己的特点的盈利模式，加快数字报纸出版产业发展进程，是一项重要的议题。

我国数字报纸出版盈利过程中的主要问题表现在如下几点：

1. 受众免费获取内容的惯性

当下，尽管网络版权保护环境一再改善，网民仍能较方便地在网上免费

获取、阅读所需的内容。但受众因免费获取服务的惯性，并不容易做出付费的改变。数字报纸发展至今，作为印刷媒体媒介融合的重要举措形式日渐多样，且不断趋于成熟。但目前绝大多数数字报纸仍然免费，而且内容仍较为容易地通过报社网站、门户网站等途径免费阅读，弱化了受众付费阅读报纸的意向。

2. 行业发展数字报纸的意愿有待提高

近几年来中国报业发展速度虽有所放缓，但总体规模仍不断扩大，部分报纸对数字报纸的风险承受意愿有限。可以说，中国报业还处在稳定发展时期，尚未需要调整赢利模式来增加报业收入。对于全国性报纸而言，如《人民日报》开展了数字报纸收费的尝试，尽管其依托报纸本身的重要地位取得一定成果，不过推出后很快便实行当日免费阅读；而其他报纸尚未做出类似尝试。

3. 版权环境与政策支持的有待加强

受众免费获取内容惯性的背后，是中国互联网内容版权保护的困境。收费后的数字报纸吸引的读者会减少，这在客观上会减少广告收入，减少的广告收入能否通过数字报纸收费的途径来实现平衡，也是难题。目前，对报纸发行量的计量办法仍是以纸张印数来计算，换句话说，如果把数字报纸发行量也作为实际发行量计算的话，或许对数字报纸的收费发行能起到刺激作用。

4. 市场认可度不高

数字报纸的发行量尚未被广告行业充分重视。在一些广告部门的运作中，网站广告更多地以打包、套餐与纸报广告捎带的形式出售。值得注意的是，随着互联网的普及，人们为获取信息求诸报纸的意愿不断下降，青年一代更加倾向于从互联网了解信息。

5. 数字报纸的创新不足

就目前运营比较成熟的收费数字报纸而言，数字报纸应更好地依托互联网传播的特点，提供更加丰富完善的多层次服务。纵观收费模式较为成功的数字报纸，大多文图并茂，功能丰富，互动性强。读者不仅可以"阅读"到报纸内容本身，更"享受"浏览数字报纸的过程。这也非目前大多数数字报纸服务提供者所能达到。

五、总结与展望

（一）总结

数字报纸出版成为全球出版人的聚焦点，与其说是吸引力，不如说是一种不可抗力。尽管世界各国的数字化市场存在着巨大差异，但以秒为计量单位的传播更新速度及难以预测的未来，令国际书报业深感数字化带来的挑战与风险。

尽管数字报纸出版在产品形态、服务模式上有了极大的变化，可谓"另起炉灶"，但无论是传统报纸出版还是数字报纸出版，要解决的仍然是阅读需求，想做好阅读的生意自然离不开出版人的妙手。在内容上的控制力，对阅读市场走向的敏感与引导力无法一蹴而就，因此，对数字报纸出版企业来说，必须尊重传统报纸出版的价值，通过合理分成，与传统报纸出版商形成利益共同体，共享数字阅读的蛋糕。

对于数字报纸出版产业而言，没有内容资源、人才、技术、资金的融合，数字化转型无法成功。只有全身心投入、通力合作，数字报纸出版才有未来。

（二）建议和展望

中国数字报纸要持久发展，可以从以下几个方面做出提升：

第一，利用自身独特的政治优势积极进行产业布局。由于我国的报业集团多是以各级机关报为旗舰来组建的，为当地党和政府的中心工作尽职尽责，自然也具有很强的政治优势。报业应充分利用这种优势积极进行布局，为自己的未来转型争取最大的"势能"。具体说来，可以进行如下布局：尽快在行政区划内整合资源。通过对报业市场的有效掌控，可以获得如下优势：首先，通过区域化整合实现自身的转型。当前，我国传统媒体面临着严峻的挑战，转型就成为极其痛苦但又不得不实行的难题，规模化、集团化和多产业协同发展是方向，而区域化整合无疑是实现这一方向的有效途径。其次，控制信息源。媒体竞争的根本是信息源的竞争，无论是传统媒体和新媒体，谁能够掌控信息源谁就能在未来的竞争中抢占战略高地，而进行区域化整合无疑可以在当前的条件下最大限度地掌控信息源。

第二，积极开拓新兴城镇的报业市场。城镇化是报业发展的前提，随着我国城镇化进程的加快,将会出现一些新的报业市场,这就需要报业深刻把握和分析这些市场,并根据这些市场的特点而采取有效的措施来激活当地报业市场。

第三,积极把握新兴的行业。互联网技术带来的第三次工业革命使得我国的诸多行业都正在发生颠覆性的变化,如蓬勃发展的互联网金融业、电子商务业、养老业和旅游业等,这就要求报业深刻分析这些行业变化,并及时抓住这些机会。

第四,把报业作为"现金牛",提升效益。从长远来看,报业无疑是衰落的,但是从近期来看,很多报纸还是不错的现金流和利润来源,报业可以充分利用报纸的这种特点,提高管理水平,尽可能多地获取利润,为未来的转型积累资金。

第五,积极向新媒体转型。在行业出现颠覆性变化的前夜,唯有彻底转型才是出路。一方面,对于小型的报纸来说,可以培养自身某一方面的核心能力,力争成为可以借助多元平台传播的优质内容提供商。另一方面,按照"以用户和市场为导向,以技术为驱动,以平台为基础"的要求转型为大型的智能信息服务平台,彻底解决信息过载时代的"信息过多过滥与有效信息又极度匮乏"的悖论。当然,无论是何种新媒体转型的实践,关键是要从适合传统媒体的"内容基因"彻底转型为适应新媒体的"技术基因"。

第六,建立起适应新媒体、投资业等行业的新机制、新规则。无论是新媒体还是投资业等行业,对于报业来说都是崭新的行业,尤其是这些高风险高收益的新行业已经建立起了一整套成熟的机制和规则以及高度竞争的企业文化,如管理层持股制度、市场化的竞争和薪酬机制等,这和报业现有的机制、规则和企业文化都极其不兼容。新媒体和投资等行业采取的是事前制定出清晰的责权利的方式和方法,而传统报业则经常采取"做成了再论功行赏"的办法,这无疑难以吸引到高素质的人才,更难以建立起一整套有利于报业成功转型的体制、机制。

附　录

国外数字报纸发展现状与启示

1. 国外数字报纸发展现状

国际出版产业的数字化实践已经有 10 多年,对于出版产业而言,数字出版的技术迅猛发展,网络的全面普及,并不是单纯的宣示着印刷时代的终结,而是伴随着一个纸质与电子,印刷与数字共生的时代,这是一个出版产业的过渡时期,这个过渡期无人能预言有多久。美国的各大报业、出版集团无一例外的都很重视数字技术的运用,对网络化生存也保持着高度的敏感,积极的推进这数字出版的进程。

报纸受网络媒体冲击的程度好于预期,且各洲呈现差异发展。日本《朝日新闻》是国外数字出版发展的一个的成功例子。

纸报的发行量下降,是全球报刊行业无法逃避的问题,但是数据显示《朝日新闻》的发行量仍然在700万份以上。

朝日新闻社全媒体推进之路可以说是新媒体时代日本报社生存与发展状态的一个缩影。这家媒体集团麾下有《朝日新闻》、朝日电视台、朝日广播电台等媒体。1995年,朝日新闻社开设了自己的新闻门户网站asahi.com,成为全世界最早的大型新闻网站之一。该网站在2007年曾分别创下月网页浏览量3亿次和日浏览量2000万次的纪录。遇到重大事件,网络、电视、广播和报纸互动,全方位的报道逐渐成为常态。

与我们熟悉的商业门户网站有所不同,asahi.com的盈利不仅依靠广告。由于依托有130年历史的朝日新闻社,它既有其他网络媒体所不具备的巨大文献库,也拥有专业迅速的多媒体新闻网。这也为它提供个性化新闻定制、历史文献查阅等服务提供了基础。从asahi.com的数据库中调取一条有文献价值的报道需要105日元(约合1.3美元)。

网络上可免费获得的资讯在一定程度上对日本传统媒体造成了冲击。于是,日本传统媒体发挥内容制作方面的优势,设法让用户觉得花钱购买这些内容物有所值。有了好的内容作保障后,传统媒体开始试水收费的网络版。朝日新闻社于2011年5月推出收费的"朝日新闻Digital",同时原有的免费新闻网站仍然保留,当然免费公开的只是新闻的一部分,如要阅读全文则需要花钱订阅。该新闻社希望用这种方法弥补其报纸发行量下降的损失。

朝日新闻社还推出数种灵活的个性化付费服务。比如,其子刊《日刊体育》在20世纪90年代就推出了手机定制新闻服务。每个月支出105日元,就可以每天收到棒球、足球和时事热点新闻短信。随着近几年智能手机的普及,这种服务也逐渐由短信转变为手机应用程序。

除了自己的服务,朝日新闻社还与其他新媒体展开合作。比如为iPad电脑、安卓智能手机等移动终端提供电子报应用程序，或者作为内容提供商，将《朝日新闻》的著名专栏《天声人语》打包整合进电子词典等等。如今，在日本的各种新媒体平台中，朝日新闻社的身影几乎无处不在。

除报纸内容向移动终端扩展外，朝日新闻社旗下的电视台也把节目推向手机等终端。日本于2006年4月开始推出面向移动终端的单波段地面数字电视广播，用户使用带单波段接收功能的手机、笔记本电脑、汽车导航仪、掌上游戏机、便携式电视机等就能收看或录制电视节目。目前，朝日电视台的单波段电视节目包括电视剧、旅游信息和足球、棒球等体育节目的直播等。可以说，日本大型报业集团已经朝着实现随时随地用各种终端获取信息的全媒体目标迈出了脚步。

2. 国外数字报业给我们带来的思考

根据目前数字报刊出版的局势来看，内容是王道，强大的内容资源是数字报出版商的基础，参考国外的发展较好的数字报企业，对我国数字报发展有如下几方面供参考：

（1）丰富的内容积累是数字报出版业务的基础。

（2）数字报刊生产加工可为数字出版企业带来丰厚的商业回报。

（3）为客户提供全面、个性化的信息与知识服务是数字报刊的发展趋势。

（4）传统报刊出版单位成为数字报刊出版产业的主体，但技术提供商是产业链中不可缺少的一部分。

（5）国际数字报出版集团迫使我们要加快数字报纸加工出版的步伐。

（作者单位：北京方正阿帕比技术有限公司）

2013–2014 中国互联网期刊出版产业年度报告

李广宇　戴铁成

一、互联网期刊出版产业概述

互联网期刊出版是相对传统纸质期刊出版而提出来的，它包含两个方面的内容：传统纸质期刊的数字化，并在互联网上出版；以期刊为主要内容的包含文献和学术论文等在内的系列知识库在互联网上的出版。

2013年互联网期刊出版产业的发展平稳，主要出版商仍然是中国学术期刊（光盘版）电子杂志社和同方知网（北京）技术有限公司组成的产业集团（以下简称同方知网）、万方数据科技有限公司（以下简称万方数据）、重庆维普资讯有限公司（以下简称维普资讯）、龙源数字传媒集团（以下简称龙源数媒）。这四家主要的传统期刊互联网出版商几乎占据了绝大部分的互联网期刊出版市场份额和生产规模。

（一）传统期刊互联网出版商总体情况

2013年，传统期刊互联网出版保持稳定增长，整个行业数字加工能力基本保持稳定增长，年实现数字期刊论文超过了1000万篇。营业收入也保持了同步增长，销售收入超过了12亿元人民币大关，较2012年增长超过12%。

（二）传统期刊互联网出版生产规模年度变化情况

目前传统期刊互联网出版商基本都已经拥有了各自的专业数据加工生产线和较大规模的生产能力，确保及时实现传统期刊的数字化加工和互联网出版的及时性和可靠性。2013年，中国期刊数据库各主要企业期刊资源年度加工情况见表1。

表1 中国期刊数据库各主要企业期刊资源2013年加工情况

出版能力＼出版单位	同方知网	万方数据	维普资讯	龙源数媒
出版文献篇数	400万		500万	

同时，各传统期刊互联网出版商为了保证企业的可持续发展，满足产业未来发展的海量内容加工和供给需求，拓展市场领域，挖掘市场潜力，不断建设数字生产加工基地和分公司，努力形成各自的独有优势。具体情况如表2。

表2 中国期刊数据库各主要企业加工基地、分公司和资源建设情况

企业名称＼具体分项	加工基地和分公司建设情况	资源建设情况
同方知网	该公司新的数字生产加工基地已经投产，建成后将新增生产规模为期刊15万本/年；博硕论文40万本/年；会议论文50万篇/年；报纸160万篇/年；工具书500万条/年；年鉴、统计年鉴2000本/年；各专业知识300－350万篇/年；优先数字出版3000种/年；国内外文献整合：200－500种数据库；年产能力已经达到500万篇。该数据生产线采用了最新的基于图像的结构化自动标注技术、双编改校对技术以及现代化的数字化生产制作平台，新的数据加工技术已经获得了多项国家发明专利。在质量保证方面，对于结构化数据加工过程中的关键环节以及最终的产品，根据其特点选取合适的检验方法和抽样标准对加工质量进行检验，系统自动对每个生产人员的质量进行统计分析，根据分析的结果	《中国学术期刊网络出版总库》收录1915年至今的我国学术期刊6930种，《中国知识资源总库》已经囊括我国90%的信息资源，包括8000多万篇期刊、学位论文、会议论文、以及报纸、年鉴、统计年鉴、工具书、专利、标准、国学古籍、图书、国外数据库等产品，涵盖了学术、文艺、文化、科普、高等教育、基础教育、医药卫生、农业工业等出版内容。

续表

企业名称 \ 具体分项	加工基地和分公司建设情况	资源建设情况
同方知网	自动按预先设定的规则调整各加工人员的抽样检验方案。该项目建成后将成为华北地区最大的数字加工基地。	
万方数据	公司目前建有智库泉数据处理有限责任公司、石家庄智库科技有限公司,全部为数字化自行加工。该生产线采用了高清晰扫描、OCR识别、人工智能标引、PDF制作技术等,是国内最现代化数据加工基地,全套规范化加工生产线。公司在生产加工方面建立了严格的质量管控体系,2003年4月公司通过ISO9001：2000版质量管理体系认证,扫描、识别、文摘、标引每道工序均有严格的加工流程及作业文件把关,对于信息资源产品的质量目标是交付合格率为100%。	资源包括中国期刊、学位论文、会议论文、图书、新方志、标准、专利、专业数据等诸多文献类型海量文献,并与外文文献、医药文献、基础教育文献、特种文献及视频库等共同构成了覆盖所有学科、专业范围的巨型信息内容数据库平台,通过知识服务平台和各种行业产品与服务,为国内外广大客户提供信息服务。
维普资讯	具备自主生产的能力,建有全套数字化加工生产线,拥有自己的数字化加工中心,主要从事文档资料数字化加工、图像压缩及处理、信息检索等服务,日加工能力期刊600本左右,文章3万篇左右。	《中文科技期刊数据库》收录了中国境内历年出版的中文期刊9000余种,全文3500余万篇,引文4500余万条,分三个版本（全文版、文摘版、引文版）和8个专辑（社会科学、自然科学、工程技术、农业科学、医药卫生、经济管理、教育科学、图书情报）定期出版发行。
龙源数媒	中国北京出版创意产业园区成员；另外,分别在天津数字出版基地、上海张江数字出版基地建立了分公司,广州、南京、兰州建立了办事处,同时扩大了海外市场的营销力度,除多伦多外,又在旧金山增建营销办公室。在北京、天津、兰州设有数据加工基地。	人文大众类期刊已达4700多种,类别涉及时事、财经、党政、文学、医药保健、运动体育、综合文化、教育、军事、家庭、情感等诸多方面。代表性的独家签约刊物有：三联生活周刊、看天下、财经、第一财经、故事会、人民教育、读者、女友等。国家期刊方针双效双百期刊和省级优秀期刊占70%以上。

（三）传统期刊互联网出版市场占有率年度变化情况

"十二五"期间我国数字出版产业营销收入增长依旧迅猛。2012 年数字出版产业营销收入为 1935.49 亿元，到 2013 年底达到 2540.35 亿元，增幅为 31.25%。而传统期刊互联网出版市场营销收入则从 2012 年的 10.83 亿元增长到了 12.15 亿元，增幅为 12.19%。整个行业收入规模增速远低于数字出版产业收入增速，规模明显偏小，约占整个数字出版行业的 0.48%（见表 3）。虽然年度增长额度相对平稳，但是在整个数字出版产业收入规模中所占比例自 2009 年开始，连续五年呈现下降趋势。如何做大传统期刊互联网出版的市场规模，仍然是全行业面临的共同课题。

表 3　近 3 年传统互联网期刊占整个数字出版行业规模比例

分项 \ 年份	2011 年	2012 年	2013 年
数字出版产业收入规模（亿元）	1377.88	1935.49	2540.35
传统期刊互联网出版规模（亿元）	9.34	10.83	12.15
互联网期刊与数字出版行业比	0.68%	0.56%	0.48%

二、互联网期刊出版推广销售策略及赢利情况分析

（一）总收入状况及赢利模式概述

总体来看，各家传统期刊互联网出版商的经营模式基本相同，主要包括网上包库、镜像网站、流量计费等方式。网上包库即用户按一定期限购买数据库使用权限，通过远程登录服务器获取服务，这种方式不需要用户维护服务器等硬件设备，也不需要负责数据更新等繁琐工作，主要用户群包括网络条件较好、使用频率较高的中小机构用户，如中小科研机构、企业、中小学等；镜像网站即机构用户购买数据库，并在本地服务器安装，在自身局域网范围内使用，这种方式适合于硬件条件较好、有内部局域网的机构用户，如高等院校、科研机构、公共图书馆、党政机关、企业、中小学等；按流量计费，读者购买专用账号下载，通过购买专用卡、银行卡、

电信卡等付费。

从收入方面来看,中国学术期刊(光盘版)电子杂志社和同方知网(北京)技术有限公司2013年期刊数据库的销售收入已超过7.6亿,万方数据2013年的营业额超过3亿元,重庆维普资讯有限公司2013年的营业额超过0.9亿元,龙源数字传媒集团公司2013年营业收入为0.65亿元。四家出版商中,中国学术期刊(光盘版)电子杂志社和同方知网(北京)技术有限公司市场规模最大,销售规模保持高速稳定增长。

表4 中国互联网期刊主要企业近5年年度销售收入表(亿元)

	同方知网	万方数据	维普资讯	龙源传媒
2009	4.5	1.6	0.3	0.28
2010	4.4	2.2	0.51	0.38
2011	5.3	3.0	0.62	0.42
2012	6.5	3.1	0.73	0.5
2013	7.6	≥3	0.9	0.65

(二)传统期刊互联网出版不同销售模式收入情况

总体来说,包库模式占总收入的比例不断提高,同时,镜像站点模式的收入比例不断降低。

1. 同方知网

同方知网的机构用户总数逾6500家,在各个行业的用户数量和市场占有率分别为:本科院校100%;高职高专60%;省级、副省级以上图书馆91%;地级市以上图书馆21%;科研机构200多家;政府机关近500家;军队用户近百家;医院上千家,其中三级医院市场占有率为85%;企业约1000家;中小学600余家。此外,海外机构用户遍布美国、德国、澳大利亚、日本和港澳台等30多个国家和地区,用户有500多家。同方知网2013年营业收入为7.6亿元,主要包括包库、镜像站点、和流量计费三种形式。其中包库收入为5.1亿元,镜像站版收入为2.0亿元,流量计费收入约为0.5亿元。各项分类收入所占比例见图1。

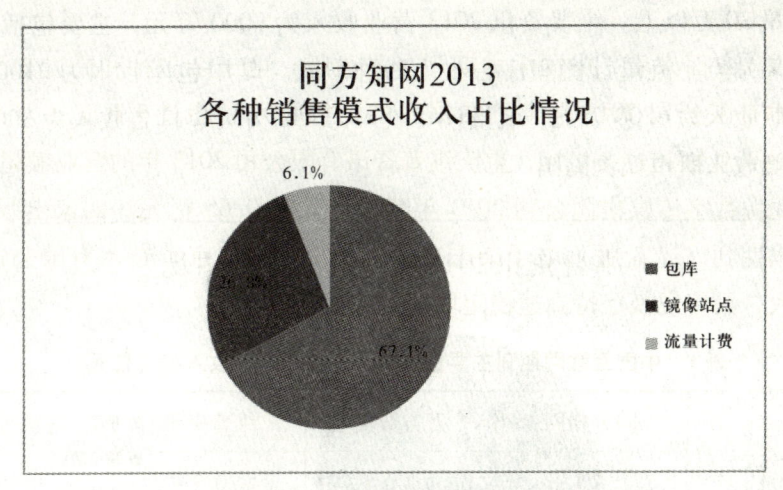

图1 同方知网2013年各种销售模式收入分类

从图1可以看到，同方知网营业收入中网上包库占据了总营业收入的三分之二。对比2013年的包库收入占比67.1%，2012年的58%，所占比例不断提高，而这种增长主要来自于镜像收入所占比例的不断下降，见图2。

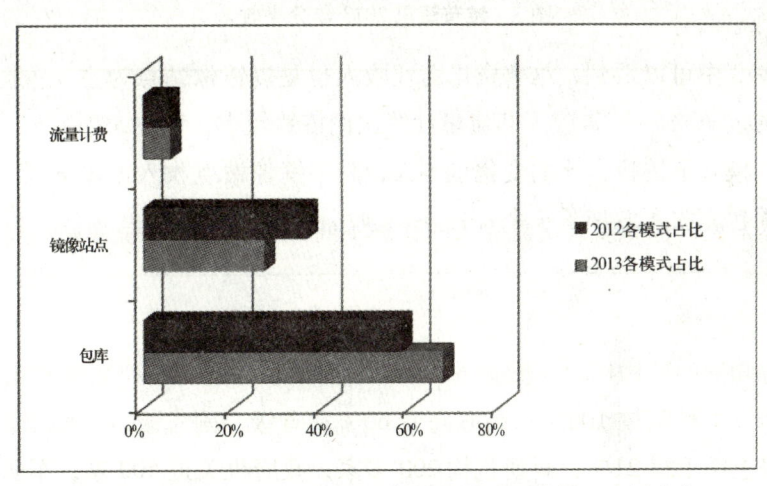

图2 同方知网2012－2013年各销售模式下的收入比例变化

2. 维普资讯

维普资讯市场主要是面向国内外教育机构、科研机构、企业用户、个人用户提供全面的中文期刊数据库服务。其战略目标是做中国最具影响力的数据库供应商，业务模式以直销为主，网络销售、电话营销为辅；售后服务以上门服务为主，网络更新为辅。2013年维普资讯拥有单位用户数量6000余家，个人用户数量30万以上。维普资讯2013营业收入为9000万元，主要包括网上包库、镜像站点、流量计费和广告收入四种形式。其中包库收入为2100万元，镜像站版收入为6200万元，流量计费收入为450万元，广告收入为300万元。各项分类收入所占比例见图3。

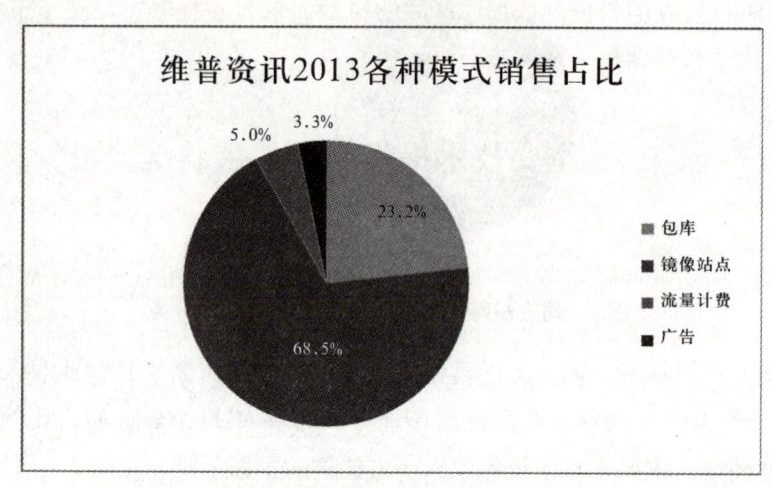

图3 维普资讯2013年分类收入

从图3中可以看到，维普资讯营业收入也是以镜像站点为主，占据了总营业收入的近70%。广告收入和流量计费比例依然较小，均在5%以下。

不同模式下销售占比的变化也不大，其中镜像站点收入占比下降了3个百分点，而包库收入增加了4个百分点。（如图4）

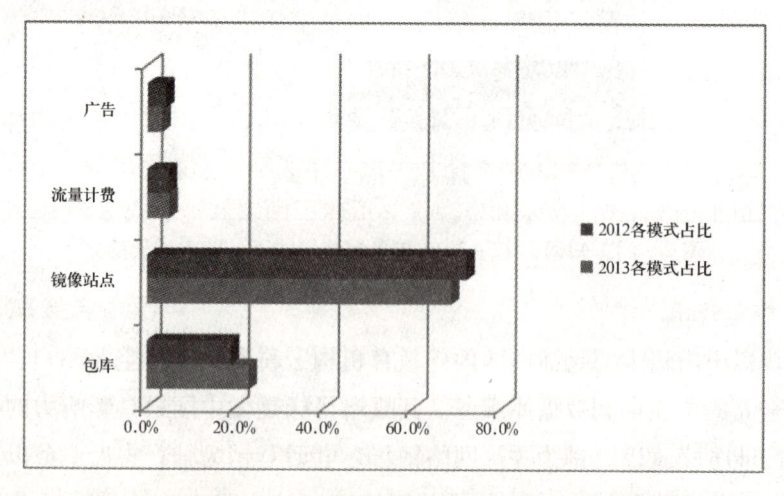

图4 维普资讯2012－2013年各销售模式下的收入比例变化

3. 龙源数媒

龙源数字传媒集团 2013 营业收入为 0.65 亿元，较 2012 年增长了 30%，产品的充值付费已经成为龙源的主流付费模式。由于手机阅读的模式可以防止内容的无限传播。充值模式比包库模式和流量模式更符合用户的需要，也能更好地体现版权资源的价值。数据库产品的付费需求日益提升，反映了市场的刚性需求。这个收益比例正在逐步上升。

三、主要技术提供平台发展状况

（一）同方知网

同方知网是清华大学建设的国家知识基础设施（CNKI），以知识文化服务回报社会的重要窗口，承担了四个"五年计划"的国家重大出版工程和"国家级重点新产品重中之重"项目，自主开发了一大批国际先进的数字出版、知识管理、知识服务技术，截止 2013 年底，与全国知识界、出版界等合作，建设的《中国知识资源总库》已经囊括我国 90% 的信息资源，包括 10600 多万篇期刊、学位论文、会议论文、报纸、年鉴、统计年鉴、工具书、专利、标准、国学古籍、图书、国外数据库等产品，涵盖了学术、文艺、文化、科普、高等教育、基础教育、医药卫生、农业工业等出版内容，实现机构用户 6500 家，终端用户数超过 5000 万人，海外用户遍及 100 多个国家与地区。同方知网还率先启动了学术期刊优先数字出版，确定了"单篇定稿出版"和"整期定稿出版"两种优先数字出版方式，以及与各期刊的优先数字出版合作模式，并成功签约 400 多家期刊杂志社，帮助期刊出版单位实现了从传统出版向数字出版转型。2013 年，公司已与约 1000 家学术期刊单位合作实施优先数字出版。

同方知网凭借自己的技术和资源优势承建了国家和地方众多政府、企业机构支持决策的信息管理、知识管理工程，其核心产品为《中国学术期刊网络出版总库》、《中国优秀博硕士学位论文全文数据库》、《中国年鉴全文数据库》、《中国工具书网络出版总库》、《CNKI 三农网络书屋》。目前该公司承担着 2012 国家支撑计划项目"学习需求驱动下的数字出版资源定制投送系统及应用示范"，该项目研发面向专业机构、群体与个人的数字化学习与研究平台及其定制化的数字资源服务支撑系统，支持按需出版产品，策划、创作、编辑、制作与准确投送发行的数字出版及其市场营销运营,在书、报、刊、音像、电子等专业出版领域开展应用示范。支持按需出版选题策划的知识资源需求分析系统,能够从国际国内海量专业文献中,发现各学科专业的研究热点、学术增长点和各行各业的知识应用趋势;从学习社区与机构和个人数字图书馆的用户行为中,挖掘各类用户群的知识资源建设结构及其资源采购模式、学习与研究主题及其内容需求、出版物再版需求和新出版物的出版需求,并对需求群体及其数量做出统计预测。

1. 资源建设

同方知网以提供知识服务为目标,不断完善产品种类,提高服务质量。除了以收录学术期刊为主的《中国学术期刊网络出版总库》外,还分别建设了《中国高等教育期刊文献总库》、《中国精品科普期刊文献库》、《中国精品文化期刊文献库》、《中国精品文艺作品期刊文献库》、《中国党建期刊文献总库》、《中国经济信息期刊文献总库》、《中国政报公报期刊文献总库》、《中国基础教育期刊文献总库》等八大非学术期刊库,期刊种类已涵盖理、工、农、医、政治、军事、法律、教育等学术领域,同时涉及文艺、文化、科普、党建等休闲娱乐和信息领域。

2012年,自然科学类期刊收录约4400种,社会科学类期刊收录4500多种,总计8900多种。

2013年,自然科学类期刊收录5300多种,社会科学类期刊收录4700多种,总计超过10000种。如表5所示。

表5 同方知网近2年期刊收录情况

2012年			2013年		
学术类		总计	学术类		总计
自然科学	社会科学		自然科学	社会科学	
4400	4500	8900	5300	4700	10000

2. 加工规模

同方知网新的数字生产加工基地已经投产,新增生产规模为期刊15万本/年;博硕论文40万本/年;会议论文50万篇/年;报纸160万篇/年;工具书500万条/年;年鉴、统计年鉴2000本/年;各专业知识300-350万篇/年;优先数字出版3000种/年;国内外文献整合:200-500种数据库;各类外部合作加工业务：100万本的能力。2013年加工期刊316万篇；学位论文33万篇；会议28万篇。

3. 营收情况

同方知网2013年营业收入为7.6亿元，其中包库收入为5.1亿元，镜像站版收入为2亿元，流量计费收入约为0.5亿元。营业收入较2012年增长17%。

2013年下载量7.1亿篇次，日均下载195万次；年访问量（登录、检索、浏览、下载）186.2亿人次，日均访问量510万人次。

4. 年度革新

在传统出版向数字出版转型过程中，公司对数字出版和增值服务业务积极实施业务转型，推出了基于数字出版权的文献版权共有合作出版业务、基于内容资源的信息服务系统软件技术业务和知识数据库出版与知识服务、互联网广告等新兴业务，继续保持了市场领先的地位。

在数字出版领域，一方面，公司在原有的基于文献版权许可的汇编出版与文献服务业务方面加大整合和市场拓展力度，规模化开拓医药卫生机构、党政机关与社会团体、企业、科研机构等中小机构市场，并引入手机、平板电脑等移动服务新业态；另一方面，该公司不断培育基于数字出版权的文献版权共有合作出版业务，与国内外出版业"共享内容资源、共享技术资源、共享平台资源、共享市场资源"，为各出版社打造自主运营的云采编、云加工、云出版、云发行、云服务平台，构建资源共享机制下的盈利模式。2013年，该公司还推出了中文创新点数据库（科技）、学术文献评价参考系统、生命科学知识元数据库与数字化学习研究平台。

在增值服务领域，该公司在加快软件产品化、服务化的同时，面向客户需求不断实施创新，推出了互联网信息监管系统、学术不端文献监测平台、科研管理系统、科研人才管理系统等产品，并与学术期刊优先出版业务结合，加快文献发表的速度、优先获取优质内容资源、加强文献评价。2013年，该公司还完成了出版物内容发现引擎的系统设计与核心技术开发，为新业务的培育奠定了基础。

（二）万方数据

万方数据股份有限公司是国内最早从事信息内容服务的股份制高新技术企

业之一，目前拥有在职员工近千人，其中硕士以上学历约占25%，专业技术人员占70%。10年来，公司保持稳定的快速发展，已经发展成为一家以提供信息资源产品为基础，同时集信息内容管理解决方案与知识服务为一体的综合信息内容服务提供商，形成了以"资源+软件+硬件+服务"为核心的业务模式。

公司以客户为导向，依托强大的数据采集能力，应用先进的信息处理技术和检索技术，为科技界、企业界和政府部门提供高质量的信息资源产品。在丰富信息资源的基础上，万方数据还运用先进的分析和咨询方法，为用户提供信息增值服务，并陆续推出万方医学网、万方视频知识服务系统、科技创新辅助决策支持系统等一系列信息增值产品，以满足用户对深度层次信息和分析的需求，为用户确定技术创新和投资方向提供决策。

在为用户提供信息内容服务的同时，作为国内第一批开展互联网服务的企业之一，万方数据坚持以信息资源建设为核心，努力发展成为中国第一的信息服务供应商，开发独具特色的信息处理方案和信息增值产品，为用户提供从数据、信息到知识的全面解决方案，服务于国民经济信息化建设，推动中国全民信息素质的成长。

1. 资源建设

万方数据资源包括中国期刊、学位论文、会议论文、图书、新方志、标准、专利、专业数据等诸多文献类型海量文献，并与万方数据的外文文献、医药文献、基础教育文献、特种文献及视频库等共同构成了覆盖所有学科、专业范围的巨型信息内容数据库平台。

核心期刊收录标准以中国科技信息研究所、南京大学社科引文研究中心和北大图书馆核心期刊目录为准，收录非医学核心期刊有1300余种，覆盖全部领域和专业范围。

2. 生产规模

该公司目前建有智库泉数据处理有限责任公司、石家庄智库科技有限公司等生产基地，全部为数字化自行加工。公司为了不断的超越自我，在生产加工方面严格把关，在2003年率先通过了ISO9001：2000版质量管理体系认证，在加工工艺方面，对每道工序如：扫描、图像识别、文摘、标引等均制定了严格的加工流程，并制定了相应的作业文件来严格把关，从工艺上保证了信息资源产品的质量合格率为100%。

3. 营收情况

万方数据的数据库产品形式主要为：网上包库、镜像站点、流量计费三种形式，广告方面已开通主要在线服务站点广告经营业务，制定了完整的广告招商和管理方案。2013 年，该公司营业总规模收入超过 3 亿元，与 2012 年基本持平。

（三）维普资讯

维普资讯有限公司自 1993 年成立以来，一直致力于电子与网络信息资源的研究、开发和应用。公司的业务范围包括数据库出版发行、知识网络传播、期刊分销、电子期刊制作发行、网络广告、文献资料数字化工程以及基于电子信息资源的多种个性化服务。

1. 资源建设

该公司拥有自主开发的中文搜索引擎技术，强大的文献数字化加工能力，以及遍布全国的营销服务网络。2013 年公司采购和获取近 8000 种期刊的纸刊与版权授权。通过邮局、书商以及自行订阅等方式获取期刊资源。通过与期刊社签授权协议获得版权资源。收录核心期刊 1500 余种（以北京大学图书馆《中国核心期刊要目总览》为准），覆盖各个学科类别。日加工能力期刊 600 本，文章 3 万篇。

2. 生产规模

该公司具备自主生产的能力，建有全套数字化加工生产线。

2013 年加工文献 500 余万篇。

3. 营收情况

该公司营收构成主要来自传统数据库业务、网络内容提供服务及广告收入。从产品形式上主要为：网上包库、镜像站点、流量计费三种形式。

2013 年该公司中心站点下载量 2500 余万篇次，浏览量可达到 8 亿人次，拥有机构用户数量 6500 余家，个人用户数量 50 万以上。在市场占有率方面，高校占 80%，公共图书馆 60%，科技信息所 90%，医院 30%，科研单位 50%。

2013 年该公司营业规模超过 0.9 亿元，其中包库收入 0.21 亿元，占总收入的 23.2%，镜像站点收入 0.62 亿元，占总收入的 68.5%，流量计费 0.045

亿元，占比5%。该公司2013年广告收入0.03亿元，占比3.3%。

4. 年度革新

2013年，该公司采取的革新措施包括：加强网络硬件条件，改善网络访问速度；改善查询功能，提高检索准确率和检全率；网站全新改版，资源整合，深度知识挖掘。在营销方面扩大销售队伍，寻找市场空白；创新产品，提供更多服务。

（四）龙源数媒

2013年，龙源数媒处在高速发展期，公司规模不断扩大，特别是在以人文大众类期刊杂志为基础，移动互联网为特征的"大众知识阅读"方面独树一帜。2013年手机龙源网获得第三届中国出版政府奖，标志着龙源作为一个民营企业已经正式进入中国数字出版的主力阵营。

1. 资源建设

人文大众类期刊已达4700多种，鉴于用户市场（全国公共文化社区建设）的变化，龙源已经从单一的期刊资源改变为以期刊为主，图书、作者、音视频资源综合建设的新的发展阶段。类别涉及时事、财经、党政、文学、医药保健、运动体育、综合文化、教育、军事、家庭、情感等诸多方面。代表性的独家签约刊物有：三联生活周刊、看天下、财经、第一财经、故事会、人民教育、读者、女友等。国家期刊方针双效双百期刊和省级优秀期刊占70%以上。

2. 生产规模

2013年度数字化的生产规模已经实现行业全覆盖。产品体系包括"数字文化社区""数字农家书屋"、"数字职工书屋""党政数字学习平台"等在内数字公共文化服务平台以及党政数字学习平台、数字教育资源平台、企业数字学习平台以及面对不同用户人群的客户端、知识库160多个。2013年产值比2012年增长30%。数据加工由自建的专业团队完成。15年来形成了一整套数据加工的标准、模式和技术手段和体系。是中国新闻出版研究院牵头组织的"数字出版系列标准"组的组长单位。2013年在文本基础格式的数据加工基础上，创新发展了适合互联网、移动互联网的不同数据形态，包括智能标签化和富媒体数据加工等。数据错误率已经到达国家对传统出版错误率要求的万分之三的标准。

3. 营收情况

数据库产品的充值付费已经成为龙源的主流付费模式。由于手机阅读的模式可以防止内容的无限传播。充值模式比包库模式和流量模式更符合用户的需要，也能更好地体现版权资源的价值。数据库产品的付费需求日益提升，反映了市场的刚性需求。这个收益比例正在逐步上升。

该公司 2013 年总收入 0.65 亿元，主要为充值付费形式。年度点击阅读率超过 1 亿次。

4. 年度革新

龙源数媒在 2013 年取得的重大技术革新体现在两个方面，一个是技术实现层面，一个是内容应用层面。除了统一汇编平台、数字数据应用和共享平台为移动阅读的技术创新外，还研发了服务于图书馆的二维码扫描借阅系统。移动产品方面推出以社区化为特征的付费阅读产品《读品》、体现 HTML5 技术的龙源网以及体现智能推送技术和语义技术的《心理健康知识库》产品。其中移动智能推送系统和心理健康知识库获得上海市和北京市创意文化产业扶持资金的支持。

四、年度影响互联网期刊出版产业发展的重要事件

1. 自然出版集团收购瑞士 OA 出版商

2013 年 2 月，拥有《自然》杂志和其他 81 种学术期刊的 NPG 宣布，它收购了 Frontiers 的控股权，双方建立战略联盟，共同推动全球公开科学运动。Frontiers 总裁、神经科学家卡米拉·马克拉姆继续留任，并将按照其原有平台、品牌和政策运作。

Frontiers 在其官方网站声称，两家出版商将努力通过开放获取出版模式和公开科学工具，促进研究人员改变科学交流的方式。此外，双方将共同致力于公开科学工具、网络和出版程序等方面的创新。除了出版 30 种 OA 期刊外，Frontiers 还为众多科技人员提供一个社交网络平台——不仅可以分享学术研究信息，还能获得新闻、就业职位、各类会议和事件等信息。

有媒体分析指出，这意味着传统科学期刊出版模式将受到越来越大的冲

击，而免费开放获取很可能成为科学期刊出版新潮流。

2. "2013 中国国际影响力 TOP 学术期刊"名单公布

2013 年 12 月，中国学术文献国际评价研究中心联合清华大学图书馆、中国学术期刊（光盘版）电子杂志社共同发布《中国学术期刊国际引证年报（2013 版）》及"2013 中国国际影响力 TOP 学术期刊"名单，科技界和社科界 462 种学术期刊分别入选"2013 中国最具国际影响力学术期刊"、"2013 中国国际影响力优秀学术期刊"两个子名单。

《中国学术期刊国际引证年报（2013）》在 2012 年版的基础上做了三大重要改进。首先，除了继续以 WOS（美国汤森－路透公司"科学引文数据库"总称，包括 SCI、SSCI、A&HCI 等著名数据库）的国际期刊为统计源外，增选了 14 个国家和地区的 410 种与中国研究相关的人文社科学术期刊，以更为全面地反映我国人文社科期刊的国际影响；其次，首创基于"他引总被引频次/他引影响因子双指标归一化向量平权统计模型"的"期刊国际影响力指数"——CI，显著改善了期刊影响力指数排序的合理性，有效地抑制了影响因子单一指标排序引发的"引文操纵"；第三，采用大数据分析方法对引证文献的来源期刊进行相关性分析，消除了明显不当的期刊互引数据，提高了计量指标的可信度。

研究人员对 WOS 国际期刊与此次入选名单的中国期刊进行了统一排序发现，不少非 SCI 和 SSCI 期刊的国际影响力，已能比肩和超过 SCI 和 SSCI 收录的众多国际期刊。此外中文期刊的国际影响力已平均高于大部分日文、俄文、法文等非英语 WOS 期刊。

业界专家认为，这意味我国互联网期刊传播平台已具有较强的国际影响力，中国不少学术期刊正积极跻身国际品牌阵营。

3. 2013 年期刊数字阅读影响力排行榜发布

2013 年 11 月，龙源期刊网联合中国新闻出版研究院共同发布"2013 期刊数字阅读影响力 TOP100"。

排行数据显示，国内公共图书馆受众的阅读兴趣比较广泛，其中阅读率最高的是财经商业类和文学文摘类，二者相加占到 46%；其次是时政人物类、生活类和专业类刊物。

国内党政机关数字阅读影响力期刊 TOP100 排行呈现除了生活和文学文摘

类以外，占比最大的是时政人物类，"红"色期刊入榜体现出鲜明的党政色彩，榜单排名前三的《三联生活周刊》、《公务员文萃》、《党建》都是此类期刊，此外还有《公务员文萃》、《领导文萃》、《法制与社会》、《领导之友》、《党政干部学刊》。

4. 数字出版业明确提出"大数据出版"模式

2013年7月，在第五届中国数字出版博览会上，同方知网数字出版集团明确提出"大数据出版"概念。同月，在由清华大学图书馆、敦煌研究院等单位主办的2013年中文数字出版与数字图书馆国际研讨会上，同方知网"大数据出版"模式再次受到国内外图书馆界、出版界、学者界高度关注。

"大数据出版"模式强调期刊、图书等内容出版资源"碎片化"程度以及知识细颗粒度，主张对整本期刊、图书中的内容进行主题标引、分类、加工，产生一个个知识最小单元，并基于互联网阅读需求的大数据分析，动态重组为网络化的知识单元块，最终与互联网阅读大环境形成"强耦合"。

业界专家认为，基于碎片化内容生产的"大数据出版"模式，若能将网络化的知识单元块真正嵌入APP终端阅读软件或微信、微博、网络论坛等载体中，由网民读者自行选择——仅粗略了解某个知识点，还是点击知识点链接阅读整个知识模块，不仅将打破如今专业图书或期刊发行量小、传播范围有限的困境，更将化解互联网"浅阅读化"的发展趋势。

五、总结与展望

2013-2014年，我国国民数字化阅读方式接触率首次突破半数，达到历史最高点，带动期刊阅读需求持续增长，互联网期刊出版市场基础较前一阶段更加稳固，行业规模继续保持稳定的增长速度。传统期刊互联网出版在整个数字出版行业的比例达到0.48%，我国互联网期刊发展正呈现出内容服务互动化、数字媒体移动化、赢利模式多元化等趋势。

传统期刊数字化转型成为业界共识，数千家科技学术类期刊和学报编辑部继续面临数字化升级探索与转企改制的双重挑战；同方知网等国内大型期刊数据库企业开始试水转型，并认真思考期刊集成化数字出版未来发展方向，即从面向期刊资源的文献检索服务，转变为面向知识直接发现与定制推送的知识服务。

此外，盈利模式单一、编辑与技术人才短缺、传统期刊网络化出版质量把关及数字内容版权等问题，仍有待进一步解决。

在互联网期刊出版平台方面，一些传统期刊社以合并重组等方式进行集团化尝试，并通过整合资源、技术、资金等打造自身的期刊网络出版平台，或与同方知网等技术解决商进行技术平台等方面的合作尝试，这些举措将加快传统期刊社的快速转型，提高传统期刊内容数字转化与内容传播的效率。

（一）总体态势

1. 传统期刊互联网出版稳定增长，数字加工能力进一步提高，同方知网等大型期刊数据库生产商已初步建成数字生产加工基地，产业规模持续扩大。2013年行业总销售收入接近12.2亿元，较2012年增长12.19%。其中同方知网2013年营业额超过7.6亿元，占销售总额比例约为62.3%；万方数据股份有限公司2013年营业额超过3亿元，占销售总额的比例约为24.6%；重庆维普资讯有限公司2013年营业额达到0.9亿元，占销售总额的比例约为7.4%；龙源期刊网2013年营业额达到0.65亿元，占销售总额的比例约为5.3%。

2. 利用数字化信息新技术打造全流程出版管理体系，成为2013年期刊出版数字化升级主导方向之一。2013年以前，国内多数期刊出版机构虽已利用ERP管理系统，实现了基础数据、发行、储运、财务等环节的数字化内部经营管理，但作为期刊数字化转型最核心环节的内容生产仍采用传统编排模式，导致期刊互联网出版与商业运营迟迟无法真正开展起来。

2013年，针对上述问题，国内大型数字出版技术商纷纷推出各自的数字出版整体解决方案，不仅为期刊出版社提供编纂、审校、管理和动态出版的全流程数字化出版生产系统解决方案，更将其与期刊社已有的ERP管理系统、出版发行系统有机融合起来。其中，由同方知网自主创新开发的腾云数字出版系统在多标准XML文档统一管理、纯XML查询、XML碎片化管理、DTD规则以及云计算机技术等方面取得重大突破，提供出版协同编纂系统、期刊优先出版系统、数字化加工标引系统、内容资源管理系统、数字资源发布运营平台等个性化定制工具，支持基于内容对象的数字内容创作、期刊数字产品的多形态生成，实现期刊内容一次制作、多元发布，从而提升期刊数字化升级转型的效率。

3. 学术期刊评价标准日益完善，科技与社科期刊国际影响力凸显。从国际角度全面揭示、客观评价我国学术期刊的学术影响力，有益于国内外广大作者、订户、读者对中国学术期刊的选择，促进国内外学术交流与我国学术研究国际水平的提高，探索中国科学文化走向世界的方向和途径，有利于期刊自身的国际化建设，以及各级期刊主管、主办部门对学术期刊"走出去"的合理布局和政策设计。

近年来，美国汤森—路透公司期刊引证报告（简称 WOS－JCR）中的期刊影响因子大小，被普遍地误认为评价学术期刊质量优劣的主要甚至是唯一指标，尤其是将其盲目地用于评价论文的学术价值，使我国大多数学术期刊在国际影响力评价缺失的情况下陷入了严重的被动局面，导致大量学术论文外流，已构成对我国学术期刊生存与发展、科研信息支撑体系和中国科学文化"走出去"的重大挑战。

为了应对这一严峻形势和满足国内外有关方面的需求，政府主管部门及业界开始尝试建立能全面反映我国学术期刊影响力的评价体系。2013 年，无论是国家新闻出版广电总局开展的"百强报刊"推荐评选，还是中国学术文献国际评价研究中心公布的"2013 中国国际影响力 TOP 学术期刊"名单，均从不同的角度真实反映出我国学术办刊水平与国际影响力。值得一提的是，2013 年我国学术期刊评价研究已开始突破以往文献计量学评价与同行评议评价的模式局限，借助大数据内容挖掘技术与科学文献定性评价相关标准，从而更客观公正定性评价我国和世界各国科学文献学术质量与国际影响力。其中，由同方知网承担的国家文化产业发展专项资金资助项目——"世界科学文献定性评价统计数据库"就是类似的重要尝试。

4. 期刊数字化阅读加快融入社交网络。2013 年，互联网期刊阅读平台不再拘泥于个人的数字化学习与研究，开始向学术交流、成果分享等社交功能衍伸。如同方知网在其数字化学习平台 2013 升级版中新增"学者圈"功能，能根据发文、研究领域、工作单位自动推送学者，帮助读者快速建立学者关系网，扩大自己的学术影响力，还可以快速找到感兴趣的学者，实现在线学术交流与探讨；美国著名社交杂志 Flipboard 在 2014 年中文新版本中提供用户自建杂志功能，并宣称之后还会增加微信等合作方。有业内人士甚至开始抛出"期刊未来在社交网络公众平台"之类的观点。不难看出，社交化的期刊阅读平台不再仅仅停留在满足人们静态阅读的需求，还可满足人与人之间关系拓展的需求、信息构建与社群传递的需求，以及内容欣赏与互动展示的需求。

5. 用户辐射海内外各个行业。2013年，传统互联网期刊在海内外高校、政府、公图、企业、医院等各行业中的覆盖率持续扩大。其中，同方知网国内外机构用户达26000多家，在国内高校（含职院）、科研机构的市场占有率已达100%，同时覆盖亚、美、欧、澳40个国家和地区，包括世界前500强大学的34.2%、港澳台所有高校、美国76%的卡耐基研究型大学、日本、韩国80%的A类大学、澳大利亚77%的五星大学等，免费浏览的日访问量为500万人次；每年付费用户约300万人，年增长60%。此外，万方数据在高校、公图、科研等机构的用户占有率也超过了80%。

（二）主要问题

1. 盈利模式仍显单一

2013年，互联网期刊盈利模式仍以数据库销售或有偿收费下载为主，广告为辅，市场缺乏足够的增长刺激点，0.48%的增速折射出行业发展后劲不足的问题。

从2013年同方知网经营收入来看，7.6亿元的年销售额使之继续成为学术与专业网络出版行业的领跑者，但镜像与包库仍是其互联网期刊数据库收入的主要来源，广告营收甚微。这是因为学术与专业网络出版内容主要为科学严谨的学术文献，不适合采用其他行业通用的广告植入形式。目前，包括同方知网、万方数据、维普在内的传统期刊互联网出版商多采取在网站上另置广告的形式。如同方知网利用十几年发展塑造的品牌形象，吸引了很多学术期刊杂志社、研究所、研究学会以及高水平会议的广告投放。这种广告形式符合学术传播的特点，具有一定的针对性，但缺点是无法形成规模化的广告营销，因而收益极其有限。

反观多媒体文化期刊出版领域，除了《开啦》、《LAN澜》等主打名人营销牌的个别成功案例外，大部分多媒体杂志或期刊发行平台由于缺乏足够的品牌影响力，读者规模有限且黏性不高，因而也无法有效吸引广告主的投放

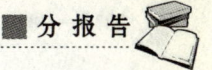

兴趣。

面对趋于饱和的竞争市场，互联网期刊出版商应积极研发新技术、开发新产品，寻找新的增长点；另一方面应该积极开拓市场，巩固已有的市场占有率。

目前，同方知网开始尝试向数字出版服务商转型，凭借其在期刊资源与技术平台等方面的优势，为学术期刊社打造集编辑出版、发行营销为一体的"超市型"数字出版平台，助推传统期刊社数字化升级转型。龙源期刊则将以移动应用商店视作新的赢利点，此外还以"付费+增值"与"免费+广告"两种模式帮助杂志社进行数字化转型。

2. 版权问题仍然严重

近几年，传统互联网期刊出版商的版权支出费用不断提高，传统期刊互联网出版的版权基本得到期刊社与作者的认可。与此同时，由于资源竞争持续加剧，数字版权侵权问题开始从传统期刊社和作者向互联网期刊出版业内延伸。个别经销商利用其搜索引擎技术，以及一些数据库购买单位版权意识不强的弱点，规避数字内容版权风险，对业内竞争对手的期刊资源进行侵权盗用，构成了行业内的不正当竞争。

由于数字期刊出版产品用户规模庞大，内容易拷贝复制，因此对数字内容终端侵权下载的监控存在一定难度，且盗版者具有分散、匿名等特点，使行业内部侵权的问题正逐渐成为伤害大部分互联网期刊数据库合法利益的毒瘤，严重阻碍了行业正常、健康的发展。

因此，加强互联网期刊出版行业内部版权管理已是形势所迫，如何从源头上遏制侵权问题，形成数字版权司法保护、行政保护以及技术保护的有效结合，应成为下一阶段政府相关主管部门优先考虑的问题。

（三）未来走向预测

1. 互联网期刊出版将更加注重对读者行为大数据的研究，并基于读者需求提供个性化可定制的增值服务

互联网期刊出版不再仅仅强调资源的简单整合与叠加，而是更加强调消费型用户行为信息数据的积累与分析，尽可能描述细粒度用户行为特征，如到达页面、停留、下载、关闭、空间时间分布、热点互动等行为，通过发现用户的

阅读与研究习惯寻找潜在需求，并通过技术手段提供动态实时的增值服务，如基于时间、主题、学科、热点等维度的期刊内容在线推送。此外，互联网期刊出版商还可以基于用户信息数据库，实现一些特色主题产品的按需出版，或者为机构、企业、科研、高校等机构提供专业的信息咨询服务。

2. 学术期刊出版将以学科专家办刊为主，出现编辑与出版"两分开"的新兴办刊模式

在期刊体制转型和数字化变革的大背景下，学术期刊出版者将不再以发表论文、报道成果为目的，而是要以引导新兴学科发展为目标，敏锐发现新学科的增长点，把握发展方向，并深入了解研究人员及其需求，贴近作者、读者及审稿专家，为他们的研究活动提供情报和学术交流活动。因此，学术期刊将转变为学科专家办刊为主。

而适应学科专家办刊的期刊经营模式，将是编辑、出版的"两分开"，即学术期刊编辑继续留在高校或科研机构，充分融入学术研究的过程中，出版发行则交给互联网期刊出版商，在明确双方责、权、利的基础上，可以使学术期刊更好地走向并适应市场，实现编辑者与出版者的双赢，也可让市场来选择期刊，没有出版和发行价值的期刊将会自然退出。

3. 抢占出版制高点切入国际市场

以往，我国出版业走出去的主角是图书，而期刊业则是引进得多，输出得少。出版业担负着文化交流的重任，期刊的时效性，更有利于让海外读者近距离地了解中国人和中国人的社会生活。

优秀的期刊应该率先行动起来，但进入国际市场不可以按常规出牌，必须发挥优势，另辟蹊径，抢占市场制高点，从而打破已有格局，形成难以突破的竞争壁垒。

我国在科学研究领域虽无诺奖获得者，但不乏学术大师、创新思维敏锐的科学家、边缘与交叉学科的高水平研究团队，特别是在哲学社会科学领域，优秀的中国传统文化和中国特色社会主义的伟大实践相结合，必将产生对世界有深刻而独特影响的思想文化精品，形成具有鲜明特色的新学科。因此，如何创办出引领世界学术研究方向的带头学术期刊，将是中国学术期刊顺利"走出去"的重要条件。

此外，由于语言文字、发行渠道等方面的限制，过去中国期刊出版"走出

去"主要靠翻译输出,但中文作为中国文化的主要载体,学术期刊特别是社科类期刊的翻译出版将会丢失中国文化本色甚至核心学术内容。多媒体数字出版物可以更好地展现汉语言的文化背景,将是帮助外国人准确理解中国出版物内容的有效手段。此外,还可以构建网络互动的国际化研究和学习平台,充分考虑国外读者的特殊阅读习惯,推动使读者、作者直接交流。

4. 专业化知识服务将成为未来互联网期刊跨越发展的重大契机

近年来,国内外期刊出版集团越来越强调专业化知识服务产品与平台的研发。如美国"汤森路透"集团打造的专业化金融服务平台、全球最大医学科技出版商"爱思唯尔"推出的Clinical Key医学平台、英国培生教育集团提供的在线教学服务、全球最大的科技出版集团之一"斯普林格"打造的《生命科学实验方法库》,以及同方知网研发出的《实用农业技术知识库》等。

英国出版科技集团全球总裁乔治·卢赛斯甚至提出,应该将客户和消费群分类并且定向化,要以消费者的需求为出发点定制内容和商业模式并创造产品。

毫无疑问,基于文献检索与内容增值的信息传播,转变为面向各行业知识管理与专业化应用的知识服务,将是信息服务未来发展的必然趋势。而对于专业化知识服务支撑各行各业战略管理的实现途径,国内外互联网期刊出版业界的共识则是:

首先,必须通过文献主题标引,实现面向问题与对象的查全查准;

其次,针对性地结合各行业特有知识结构体系及其动态特征,提供专业化的行业知识内容产品,同时借助XML碎片化加工、动态重组等知识管理技术,提升机构内部知识、情报、档案等内部资源的开发与利用效率,最终营造学用相长、良性循环的组织学习环境。

[李广宇单位:中国新闻出版研究院数字出版研究所;戴铁成单位:同方知网(北京)技术有限公司]

2013-2014 中国网络游戏出版产业年度报告

中国版协游戏工委　国际数据公司

从用户基数与增长、应用品类与数量、产业规模与增速、资本关注与热情、创业激情与热度等多个维度以及中国文化创意产业的大发展与大繁荣，为中国游戏产业的融合与发展提供了良好的契机。2013年，中国客户端游戏市场仍然稳步增长，主要网页游戏公司相继进行IPO。2013年，中国网络游戏市场（包括客户端网络游戏、网页游戏市场和社交游戏等）的实际销售收入达到718.4亿元人民币，同比增长了26.1%。2013年，中国游戏市场整体收入增幅相比2012年有一定提升。预计2014-2018年，中国游戏市场营收复合增长率为23.5%。

网络游戏对文化产业影响深远。从网络游戏在文化产业的所属位置来看，网络游戏处于文化产业的外围层，但是凭借其灵活的市场化运作及互联网思维，深刻的影响中国文化产业，并且对于盘活文化相关产业具有积极的作用。我们仅从文化产业利用资本运作包抄游戏产业即可看出，网络游戏对文化产业较为深刻的影响。如2013年掌趣科技收购动网先锋、华谊兄弟收购银汉科技、博瑞传播收购漫游谷、神州泰岳收购天津壳木等。

中国游戏出海之路更加畅通。2013年，中国自主研发网络游戏海外市场销售收入达到18.2亿美元，比2012年增长了219.3%。主要表现在：第一，出口总额继续高速增长；第二，出口产品数量增多；第三，出口范围进一步扩大，持续开拓新兴市场。未来几年中国自主原创游戏海外出口有望继续保持强劲增长势头。在2013年中国自主原创游戏海外出口过程中，网页游戏和移动游戏的市场表现最为突出。

一、中国网络游戏市场规模

（一）2013年中国网络游戏市场实际销售收入

2013年，中国网络游戏市场（包括客户端游戏、网页游戏、社交游戏等）实际销售收入达到718.4亿元人民币，比2012年增长了26.1%。

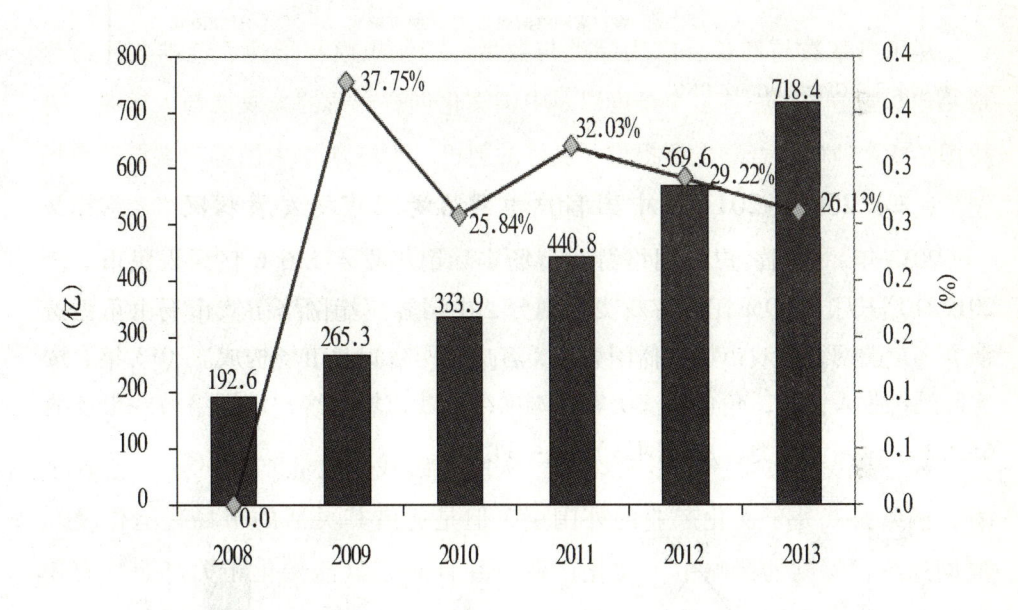

图表数据：
- 2008年：192.6亿，0.0%
- 2009年：265.3亿，37.75%
- 2010年：333.9亿，25.84%
- 2011年：440.8亿，32.03%
- 2012年：569.6亿，29.22%
- 2013年：718.4亿，26.13%

数据来源：GPC, IDC and CNG

（二）2013年中国网络游戏细分市场实际销售收入

2013年，中国网络游戏市场实际销售收入构成如下：客户端网络游戏市场实际销售收入536.6亿元，市场占有率达到74.7%；网页游戏市场实际销售收入127.7亿元，市场占有率达到17.8%；社交游戏市场实际销售收入54.1亿元，社交游戏市场占有率为7.5%。

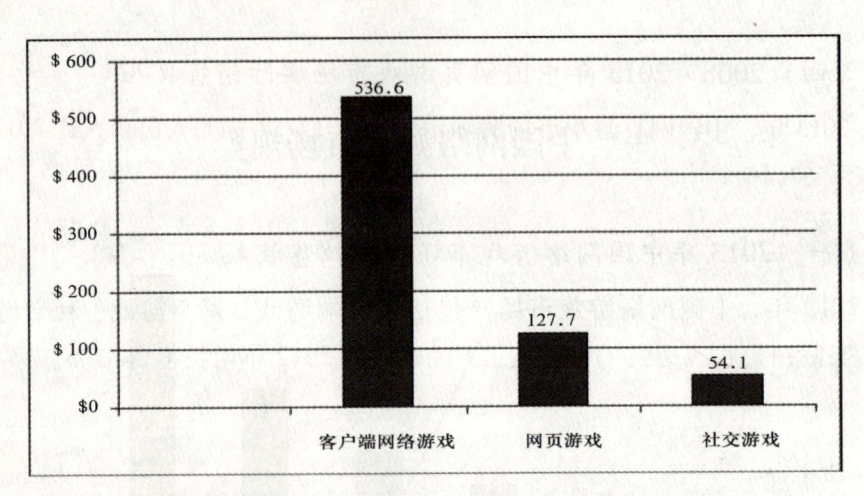

[图表：2013年中国网络游戏细分市场实际销售收入（单位：美元）]
- 客户端网络游戏：536.6
- 网页游戏：127.7
- 社交游戏：54.1

数据来源：GPC，IDC and CNG

（三）2008－2013年中国客户端网络游戏市场发展状况

2013年，中国客户端网络游戏市场实际销售收入536.6亿元人民币，比2012年增长了18.9%。按游戏类型划分，中国客户端网络游戏市场由角色扮演类客户端网络游戏市场和休闲竞技类客户端网络游戏市场构成。2013年，按实际销售收入计算，角色扮演类客户端网络游戏市场占客户端网络游戏市场的65.8%，休闲竞技类客户端网络游戏占34.2%。

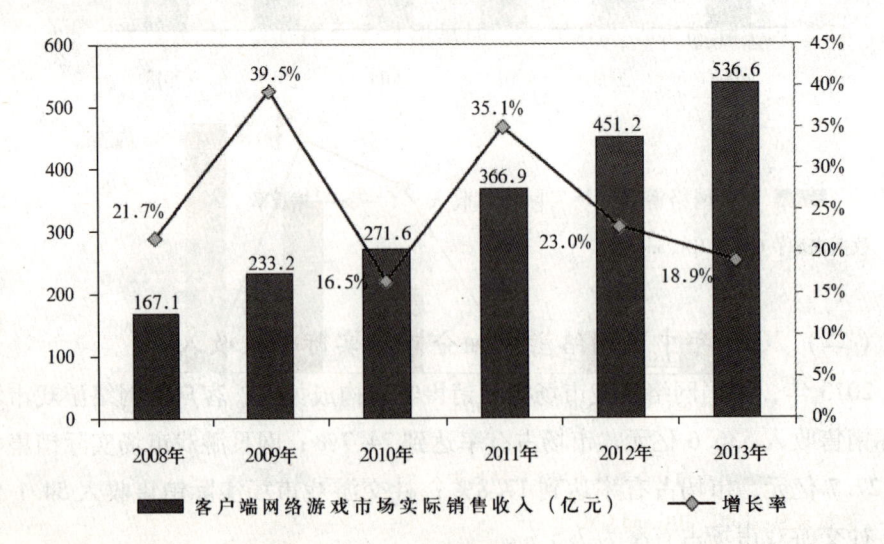

[图表：2008－2013年中国客户端网络游戏市场实际销售收入及增长率]

年份	实际销售收入（亿元）	增长率
2008年	167.1	21.7%
2009年	233.2	39.5%
2010年	271.6	16.5%
2011年	366.9	35.1%
2012年	451.2	23.0%
2013年	536.6	18.9%

数据来源：GPC，IDC and CNG

(四) 2008—2013年中国网页游戏市场实际销售收入

2013年，中国网页游戏市场实际销售收入127.7亿元人民币，比2012年增长了57.4%。

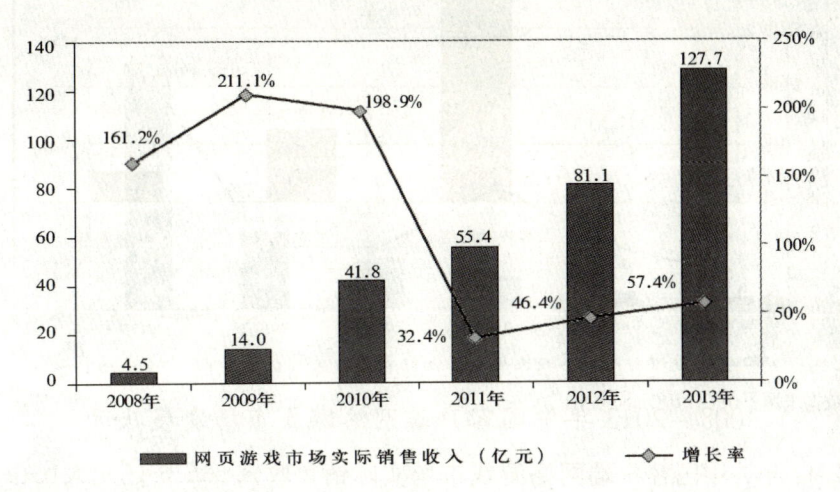

数据来源：GPC，IDC and CNG

(五) 2008—2013年中国社交游戏市场实际销售收入

2013年，中国社交游戏市场实际销售收入54.1亿元人民币，比2012年增长了45%。实际销售收入有增长，但是增长率下降了。

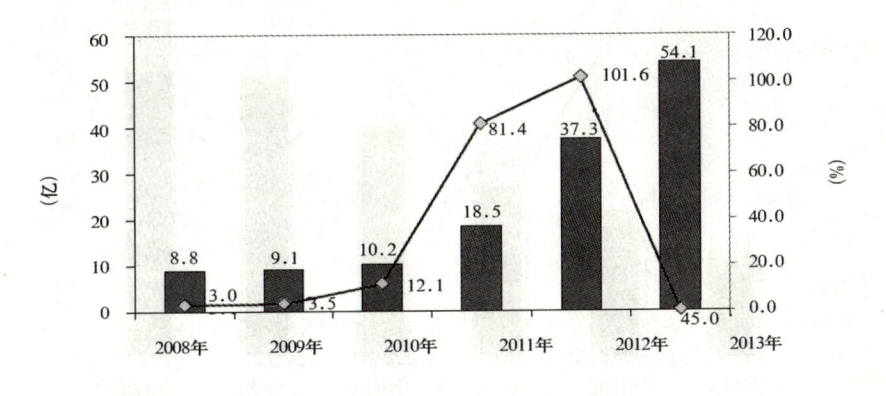

数据来源：GPC，IDC and CNG

（六）中国自主研发网络游戏海外市场实际销售收入

2013年，中国自主研发网络游戏海外市场销售收入达到18.2亿美元，比2012年增长了219.3%。

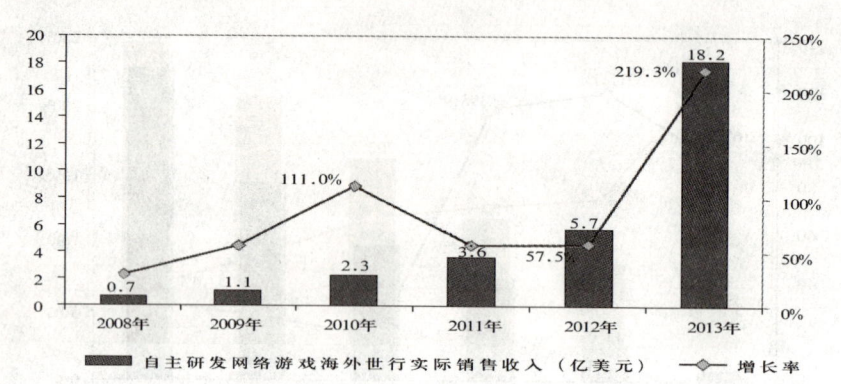

数据来源：GPC，IDC and CNG

二、中国网络游戏用户状况

（一）2008-2013年中国客户端网络游戏用户数

2013年，中国客户端网络游戏用户数量约达到1.5亿人，比2012年增长了7.1%。

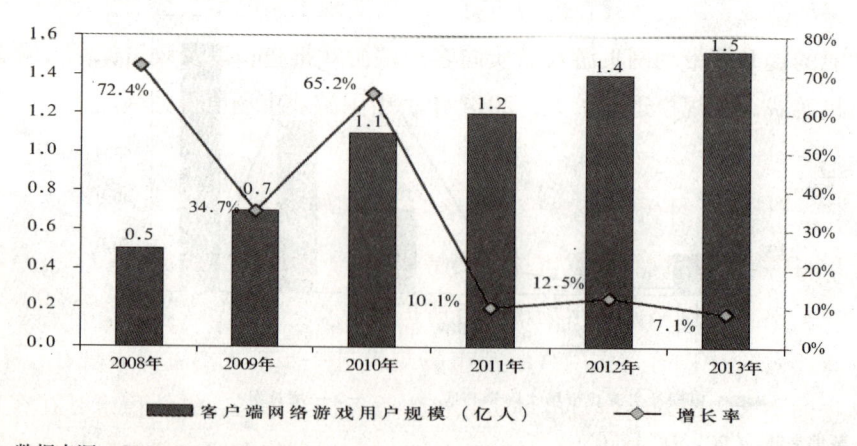

数据来源：GPC，IDC and CNG

(二) 2008-2013 年中国网页游戏用户数量

2013 年，中国网页游戏用户数量约达到 3.3 亿人，比 2012 年增长了 21.2%。

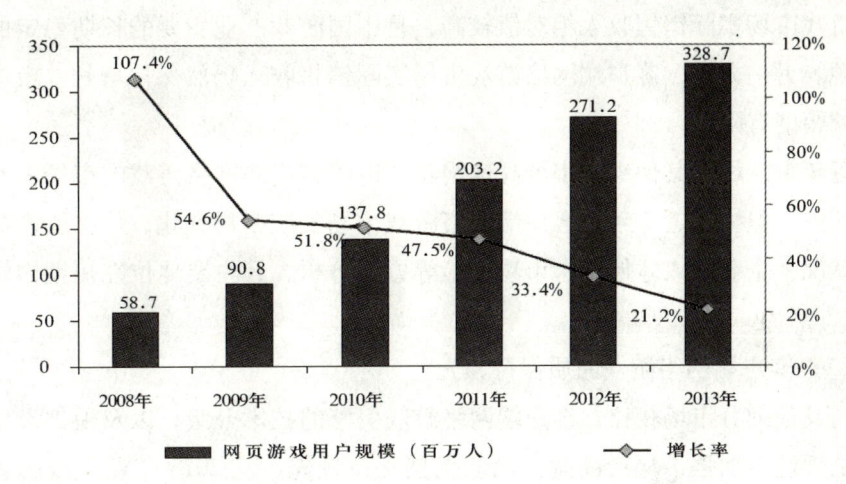

数据来源：GPC，IDC and CNG

三、中国游戏行业细分市场发展状况

2013 年，中国游戏出版产业持续保持快速增长，客户端网络游戏、网页游戏、移动游戏、单机游戏在内的所有领域均实现不错的增长势头。此外，浏览器性能的提升将带动网页游戏品质向客户端游戏推进，以及政策原因，可能使得单机游戏市场规模迅速扩大，2014 年，中国游戏市场值得关注。

(一) 2013 年中国客户端网络游戏市场分析

1. 中国客户端网络游戏市场发展特征

（1）客户端网络游戏市场规模有所扩大

2013 年，中国客户端网络游戏市场规模进一步扩大。主要表现在：第一，角色扮演类客户端网络游戏市场实际销售收入持续增长，继续稳定其在客户端市场的中流砥柱地位。第二，休闲竞技类客户端网络游戏市场实际销售收入提速增长，增长速度高于去年。第三，新兴类型如 MOBA 等快速增长，与玩法改良的新资料片、微端产品共同推进客户端网络游戏市场实际销售收入增长。

（2）客户端网络游戏市场规模依然占据主力地位

从市场份额看，客户端网络游戏市场依然占据主力地位。一方面，客户端网络游戏市场实际销售收入绝对值较高，是中国游戏产业主要的长期稳定的收入来源。另一方面，客户端网络游戏市场实际销售收入仍然保持增长，市场份额缩减幅度有限。

近年来，尽管其他细分市场高速增长，造成客户端网络游戏的市场占有率逐渐缩减，但纵观近 5 年来客户端网络游戏市场发展格局变化，从主要产品的营收状况、企业的人才储备、市场经验等方面分析，其主要地位在短期内难以撼动。

（3）客户端网络游戏品质保持领先

与其他细分市场相比，客户端网络游戏引擎的技术升级，以及硬件设备的图形处理能力加强，让产品画面品质仍然保持领先。从 2013 年新上线的客户端游戏作品来看，如《圣斗士星矢 OL》采用像素级贴图技术，真实还原原版角色形象。《笑傲江湖 OL》采用 Angelica 3 引擎制作出高清电影级别游戏场景，并通过虚拟生态技术，都能让用户在游戏世界中真实体验昼夜、四季变化，有效保证游戏画面品质。

（4）企业积极整合上下游资源

2013 年以来，客户端游戏企业纷纷探索游戏出版产业上下游资源整合的机会，不断延伸产业链条、拓宽产品销售渠道、推进自家平台建设，主要表现在：第一，全球化，如完美世界的 PWIE 海外进出口平台、PWIN 全球投资计划、ARC 网络游戏标准化平台等。第二，整合移动端资源，如网易推出移动分发平台，着重整合自身在新闻、邮箱等方面巨大的用户流量资源；盛大推出 G＋平台，意在通过整合自身庞大游戏用户群体，形成移动端的游戏账号管理平台。

2. 中国客户端网络游戏市场发展驱动因素

（1）研究和满足消费需求能力强

客户端网络游戏发展时间长，企业对消费者的深入研究和满足能力是维持客户端网络游戏市场收入增长的积极要素，主要表现在：第一，线上游戏与线下比赛结合发展，满足消费者的实际需求，如联众与三亚市文化广电出版体育局联合举办三亚扑克锦标赛。第二，保持游戏平衡性，取消出售对游戏核心玩法产生影响的道具。如部分休闲竞技类游戏以游戏周边道具为主要盈利点，出售纪念品、比赛门票、装饰品等周边道具；第三，降低金钱投入对游戏性的影响。如部分角色扮演类游戏则取消或弱化了游戏内置商城，将道具付费模式转变为交易收费模式。

（2）用户付费习惯与付费渠道相对成熟

相对于其他细分市场，客户端网络游戏的用户消费习惯已经形成，主动付费型用户成为稳定核心用户群体，带动活跃型付费用户、围观型付费用户数量增长，用户付费意愿和消费能力普遍较强。同时，客户端网络游戏经过多年发展，收费方式历经"免费－收费－'免费'"的螺旋式上升过程、支付渠道安全、稳定、便利。通过骏网一卡通、支付宝等线下、线上的各种交易平台，提供从家庭、工作单位到网吧等不同游戏地点的快捷型小额支付通道，为用户迅速消费提供便利接口，增加理智型、非活跃型、游离型付费用户的付费机会，提升了客户端游戏市场的整体付费率。

（3）技术团队相对稳定，研发水平较高

客户端网络游戏企业技术团队稳定，美术、3D动画等制作水准起点高，经验丰富，博取众家之长。由于客户端网络游戏利润率较高、现金流较为充裕，在企业开发团队中，待遇优厚，人员稳定，聚集雕塑、美术、音乐、策划、程序等各方面高端人才。

同时，画面品质是客户端网络游戏的核心竞争优势之一，各大型客户端研发企业在美术、3D动画开发等方面投入上千万元开发图形引擎和运动捕捉设备，产品研发周期较长，精品化条件成熟。如完美世界采用了世界上最先进的一套运动捕捉系统，通过舞者跳舞时身上的45个光学点，以及身旁20台摄像机全方位的拍摄，将捕捉到的真实人物的动作表情嵌入到游戏当中。

（4）资本和经营经验积累雄厚

客户端网络游戏企业依托资本积累和经营经验，扩展业务范围。客户端网络游戏起步较早、产品生命周期较长，一方面，客户端网络游戏企业通过投资、并购等方式向网页游戏、移动游戏等细分市场横向发展，吸收相关人才、团队，扩展相关用户渠道、平台、开发相关游戏产品。

另一方面，客户端网络游戏企业凭借经营经验，推出涵盖客户端、网页和移动市场的游戏服务平台，为用户提供在不同平台上登陆游戏的快捷通道，提供不同表现形式的游戏产品，提供多端游戏间的数据互通服务，以此获得用户支持，从低成本高增长的细分市场中获得进一步发展动力。

3. 中国客户端网络游戏行业发展阻碍因素

（1）客户端网络游戏投入高

一款客户端网络游戏的开发、运营成本投入动辄达到四五千万元以上、开发团队过百人、开发周期两年以上，导致客户端网络游戏行业投入高、见效慢、风险大，形成了游戏产业中最高的进入门槛。新企业不愿进入，老企业坚守意愿动摇，影响客户端网络游戏行业发展。

同时，客户端网络游戏较长的开发周期使得新产品较难适应用户快速变化的新需求，再度增加了产品投入市场的难度。此外，客户端网络游戏行业目前处于新老产品交替时期，获取新用户上的难度也超过网页游戏与移动游戏。上述因素导致企业增长数量远远滞后于其他细分市场。

（2）研究和进入新兴行业迟缓

由于客户端网络游戏收入稳定、利润较高，在各类游戏产品中占有明显优势，导致客户端网络游戏企业忽视了网页游戏、移动游戏市场的发展，省悟晚、转型慢，在新兴商业机会的把握时机方面滞后于创业型中小企业。

在网页游戏和移动游戏发展初期，一方面，客户端网络游戏企业具有较强优越感，不愿尝试利润率更低、发展前景不明、产品画面质量不如客户端网络游戏产品的网页游戏和移动游戏产品。另一方面，客户端网络游戏企业架构庞大、人员结构复杂、业务分工过细等原因，对网页游戏和移动游戏的认知有别于创业型中小企业，导致企业转型速度慢，难以舍弃现有业务或产品迅速投入新兴市场。

（3）产品研发难度高令人才望而却步

客户端网络游戏强调画面品质的思路无形中抬高了人才进入门槛，增加了投入成本。实际上，客户端网络游戏针对研发的投入主要来自人力成本，新技术在研发、应用过程中需要增加新的技术人员，但新人引进困难，培养新人又消耗老员工的时间与精力，导致产品的整体研发投入日益高涨，时间成本逐年攀升，产品变现期滞后，产品投入市场风险系数增加。

同时，新业务对人才的吸引力相对不足，相对于现有的客户端网络游戏业务，网页游戏与移动游戏业务的开发周期更短，而客户端网络游戏开发工作强度更大，但工资、奖金待遇相对较低，职业上升空间有限，新业务人才有可能陷入"高不成、低不就"的两难境地，拖延了企业拓展新业务的速度与效果。

（4）高额推广成本拉低产品利润

相对于网页游戏与移动游戏，客户端网络游戏的推广成本高达数百倍。不仅包括空中推广，还包括落地推广。涉及传统广告、网络广告、网吧推广和公关活动等多个层面，推广成本巨大，消耗企业营业利润与现金流，影响企业对新产品和新业务的投入。

网页游戏与移动游戏的兴起，抬高了客户端网络游戏在网络推广方面的成本，降低了新用户获取的效果。同时，由于推广手段相对固化，网吧推广和公关活动成本高速攀升。传统广告如电视广告、地铁广告、公交广告、楼宇广告费用高昂，选择媒体限制较多，效果难以估量，因此推广成本问题是客户端网络游戏现阶段发展中亟待解决的重要问题。

4. 中国客户端网络游戏行业发展趋势

（1）市场细分推动行业规模扩大

客户端游戏市场正进入一个重要的调整阶段，产业将进一步细分，部分承载潜力的细分市场逐步繁荣，并升级为客户端游戏市场总体收入增长的支撑点。一方面，细分化发展的结果是覆盖不同细分用户群，以满足多层次用户对于游戏的不同需求。同时，更加细分的客户端游戏市场将吸引大量用户进入，而拓展出的新用户群体有可能逐渐形成细分用户文化圈，推动相关市场规模扩大。2013年《DOTA2》等竞技类客户端网络游戏，通过电视转播、线上线下比赛等推广方法，进一步提升其在用户中的影响力，甚至形成了特有的用户群体。另一方面，部分细分市场上的产品还处于商业化前期，用户的付费意愿和付费能力还有待挖掘。所以在用户规模日益扩大的情况下，市场蕴藏巨大潜力。

（2）行业发展面临的挑战相当严峻

随着其他细分市场的营业收入水平继续走高，客户端游戏独大的绝对市场份额将逐渐松动。目前，客户端网络游戏在用户数量上已被网页游戏和移动游戏赶超。由于其他新兴细分市场正处于孵化培育阶段，其整体付费率和付费能力暂时还无法媲美客户端游戏市场。不过，仅从产品收入角度看，部分高收入网页游戏产品和移动游戏产品已经与客户端游戏产品不相上下，其盈利周期也在不断延长。境外游戏市场已有的苗头，如日本移动游戏《智龙迷城》在今年上半年长期单月收入保持在1亿美元左右。

（3）产品研发体现单一产品专属特色

用于单一产品的专属技术将成为未来发展趋势。在今年新上线的客户端网络游戏中，大部分产品都经由三至五年的反复打磨，其研发周期超过以往。若从技术层面来讲，在研发期间被应用到游戏产品中的新技术，一般都会在产品上线后立竿见影。但是，超长的研发周期注定了大部分易被迭代的新技术不能应用到下一个项目，结果造成部分新技术成为产品专属特色。因此，大量客户端网络游戏将对各自专属技术加以利用，以提高产品的差异化竞争能力。

（4）选择多平台拓展发展空间

从合作的角度来看，客户端网络游戏企业横跨网页、移动游戏多平台化发展，是深入整合行业资源的代表，是构建"优势互补、资源共享、共同发展"新型产业发展关系的内在要求，这有利于合作企业在产品、用户和渠道方面各取所需、互利共赢。并且，平台化思路强调企业在某个层面的"根植"性，不仅涵盖企业在用户资源掌握和获取方面的作用，还包括企业在游戏产品进出口领域的张力。

此外，从竞争的角度来看，企业多平台化发展也是基于对用户价值的挖掘，能够给予广大用户充分的游戏消费选择，也是企业拓展游戏用户资源和巩固企业市场地位的内容和路径。

（二）2013年中国网页游戏行业分析

1. 中国网页游戏行业发展特征

（1）市场规模稳步增长

2013年网页游戏市场继续保持良好发展势头，市场规模稳步增长，产品结构得以优化，增长速度接近市场整体速度，从急速增长阶段进入规范化增长阶段。主要表现在：第一，网页游戏市场竞争从无序转向有序，竞争规则基本确立；第二，网页游戏企业的经营水平逐渐拉开，市场格局基本确立；第三，精品化产品形成良好的口碑效益，最优盈利模式逐渐显现。

（2）产品数量出现下降

随着网页游戏市场竞争进入新的阶段，移动游戏等新兴市场的异军突起，加快了网页游戏企业的退出过程。部分在网页游戏市场中未获得良好发展的团队，转向移动游戏等新兴蓝海。由于开发团队数量下降，网页游戏市场中新产品投放市场的速度开始放缓。2013年网页游戏市场上有过开服记录的上千款游戏中，能够实现盈利的产品不足三分之一，大量产品由于难以获取用户而无力维系。伴随着用户对产品要求的提高，网页游戏市场逐渐呈现出新生产品少于停运产品的退潮现象。

（3）游戏品质进一步提高

由于新技术与开发工具的普及和应用，网页游戏的画面品质进一步提升，甚至开始接近部分客户端游戏的制作水准。2013年，《Touch》等部分以Unity 3D引擎为主打的网页游戏进入市场。3D网页技术能够为用户提供更强的视觉效果，3D游戏引擎也能给游戏中角色提供更好的动作表现，产生更强的立体感和代入感。除3D游戏外，在Flash11等网页游戏技术的支持下，新款2D网页游戏产品在画面渲染、技能特效以及游戏流畅性等方面也超过以往。此外，微端网页游戏也开始快速发展，通过驻留在用户电脑上的微型客户端，能够在画面材质等方面追赶客户端网络游戏的水平。

（4）运营及营销集中度高

目前，国内少数大型运营平台已经占据了市场的主要份额，网页游戏运营以及销售渠道集中度进一步提高。主要表现在：第一，大型运营平台依靠互联网应用获取用户，用户黏着度较高。对于游戏研发商而言，拥有用户成本优势，较易聚拢优质产品资源。第二，大型运营平台积极以"独代"方式买断优秀产品资源，在代理协议中加入排他性条款，形成游戏产品的专属优势，进一步扩大对游戏用户的吸引力，将更多游戏用户沉淀于平台上，形成良性循环。

2. 中国网页游戏行业发展驱动因素

（1）精品化成为市场增长的重要动力

精品化成为促进网页游戏市场增长的主要推动力。第一，在运营方面，网页游戏企业通过前期市场调查将用户群体进行细分，然后针对目标用户的实际需求进行按需研发，并在推广期间利用游戏特色进行宣传，这种精细化的运营策略不仅增加了用户数量，还提升了用户转化率。第二，在研发方面，游戏企业基于对用户行为数据的采集和分析工作，细致研究用户登录时间、社交属性等内容，将用户在付费能力和付费意愿上做出进一步细分，这种精品化的研发理念有利于优化用户体验，提高产品品质，进而获得更高的市场收入。两者结合，形成了《街机三国》、《女神联盟》等新一代网页游戏的精品化优势。

（2）研发商收缩战线探索集约化经营

在游戏产品逐步走向精品化背景下，网页游戏市场出现了新的发展思路，即"压缩产品数量、聚焦集约化经营"的战略部署。

网页游戏的实际利润取决于用户生命周期价值与单个用户获取成本之间的差值，相对于"以量取胜"的粗放式经营来说，集约化经营可以有效节省企业推广成本，降低获取单位用户的投入；集中优势研发力量推出的产品又能吸引用户长期留存并提升付费意愿，从此获得理想的用户生命周期价值。

（3）自有用户规模形成马太效应

2013年，网页游戏产品越来越重视用户社交层面的设计，使得用户获取来源更倾向于带有社交功能的互联网应用平台，此类平台依靠杀毒、社交、视频等应用聚拢互联网用户，并通过优质产品沉淀游戏，马太效应逐渐显现。首先，在优质平台的精品化产品中，游戏用户逐步通过产品提供的社交网络接口，将现实关系引入游戏世界，带动了精品游戏的用户自增长。其次，网页游戏重度用户中逐渐开始出现类似于客户端游戏的社团组织。在网页游戏产品更替过程中，整体或者部分旧有游戏中的社交关系向优质平台中的新游戏产生迁移，形成精品游戏的口碑传播效益。

3. 中国网页游戏行业发展阻碍因素

（1）用户游戏时间与消费分流

尽管在移动游戏等新兴细分市场高速扩张冲击下，网页游戏市场仍旧保持较高的增长速度，但是网页游戏的市场份额却变化不大。移动游戏与网页游戏同属"轻游戏"范畴，目标用户群体存在一定重叠；同时，移动游戏具有便携、触控操作等特性，更加迎合"轻游戏"用户碎片化娱乐需求，致使部分网页游戏的用户消费开始流向移动游戏市场。

（2）研发及推广成本攀升

受网页游戏市场产品研发及市场推广成本的进一步攀升，网页游戏产业链上游竞争加剧；研发企业利润空间遭到挤压，市场生存压力增大。第一，精品化策略对于游戏产品内容和画质标准的提高,直接造成工期延长、薪资上涨,研发阶段的各项投入明显增加。相比去年,2013年单款网页游戏的研发成本已经接近千万。第二,网页游戏用户不断成熟,对于游戏消费和广告点击愈加理性,结果导致广告转化率下降、有效点击次数减少、冲动消费几率变低,网页游戏的推广成本上升。单个用户获取成本在2013年年初为10元,而年底已经攀升到15元以上。

(3) 开发成本与市场风险制约3D网页游戏普及

虽然Unity 3D、ELF精灵、炫光等引擎技术为3D类网页游戏产品疏通技术壁垒,市场中3D类网页游戏数量逐步增加。但是基于开发成本和市场风险考虑,目前大力普及3D类网页游戏还面临较大市场阻力。在研发方面,由于开发3D类网页游戏耗时耗力耗财,甚至需要成立专门的团队从事3D建模与实现等工作,中小游戏企业一般难以承受,即使大型游戏企业也需要综合考虑项目整体工作量,以及应对项目可能引发的蝴蝶效应。

在运营方面,运行3D类网页游戏需要用户下载插件或者微端,增加了用户进入游戏的等待时间和操作步骤,用户流失率较高。同时,在依靠用户流量获得收入的联运模式下,3D类网页游戏在大多数平台上都较难获得足够的推广支持。

(4) 开发商议价能力比较弱

目前,网页游戏市场中绝大部分用户资源处于少数平台掌控之中。

对于游戏研发企业而言,联运模式导致游戏研发企业与用户基本处于隔绝状态。网页游戏平台在为产品带来大量用户的同时,也成为了游戏研发企业与用户接触的障碍。

平台在与研发企业进行分成议价的时候更加强势,如自行设定分成比例并随意提高。游戏研发企业处于相对弱势地位,推广成本难以控制,亦难以获得支持企业长远发展的利润。

4. 中国网页游戏行业发展趋势

(1) 行业进入成熟发展期

网页游戏市场即将进入成熟发展期,市场规模还将保持稳步增长,但随着收入总量基数越来越大,未来市场将难以出现更快速的增长,同比增长率可能呈现下降趋势。网页游戏市场产业链逐步健全,盈利模式与市场格局基本稳定，未来市场几乎不会出现较大波动。网页游戏用户群体特征已经清晰，用户获取方式相对固定，细分市场内用户横向流动的迹象逐渐明显。因此，优化用户游戏体验、提高用户留存几率、挖掘用户付费能力，将是网页游戏市场今后发展的主要方向。

（2）游戏品质逐步上升

在整个网页游戏市场中，游戏企业越来越倚重用户生命周期和高收入游戏产品，整个产业链形成重视产品品质的良性循环，"产品为王"将成为重要趋势。

网页游戏用户需求的升级和观念的转变，正在推动网页游戏市场进入调整上升阶段。第一，随着平台和渠道对于产品要求的提高，网页游戏市场中低品质游戏生存空间进一步收缩，市场资源开始向高品质产品倾斜；第二，网页游戏市场愈加成熟，"优胜劣汰"促使游戏企业的竞争核心和盈利思想逐步转移至产品价值的竞争，集中优势资源研发高品质产品成为潮流。

（3）技术与玩法创新能力不断增强

近年来网页游戏技术在多个方面实现关键突破，部分游戏企业更是大胆启用新技术，主动争取先动优势，网页游戏因此将衍生出大量新类型、新玩法产品，市场将呈现多种类型游戏共同发展局面。

技术升级与创新激发了游戏企业在研发和运营上的市场活力，有创新特点的网页游戏脱颖而出。随着 Flash 增强对键盘操作反应能力，动作类游戏逐渐成为网页游戏主要细分市场之一；页面处理技术的提高，使网页游戏内置语音视频功能得以实现；3D 技术进步增强 3D 类网页游戏市场竞争力；云计算新技术可支持客户端游戏功能在 Web 端上实现。

（4）用户资源争夺更加激烈

部分网页游戏运营平台尽管用户主体为自有用户，但随着互联网企业全领域发展，以及大型企业逐步拓展业务范围，平台间自有用户将会出现交叉重叠现象，平台间关于用户的争夺战亦将激烈。因此，为了阻止用户与其他平台及相关软件进行接触，平台将采用"坚壁清野"的商业战术自建壁垒。首先，各浏览器纷纷提供"默认浏览器"功能，即希望自家产品被设定为默认浏览器，以此垄断用户；其次，安全软件、输入法、视频播放器等个人电脑上的常用工具，都有可能成为网页游戏运营平台争夺用户的战场；再次，"独代产品"的经营策略将被更加广泛的应用。通过游戏名称的唯一性，平台能够扩大主动搜索的用户数量，达到聚拢用户的目的。

（三）2013 年中国原创网络游戏海外市场状况

1. 中国原创网络游戏海外市场发展特征

（1）原创游戏海外出口继续保持高速增长

2013 年中国自主原创游戏海外出口继续保持高速增长。主要表现在：出口总额继续高速增长；出口产品数量增多；出口范围进一步扩大，持续开拓新兴市场。

保持高速增长的原因，主要是：移动游戏和网页成为海外出口的新锐力量；客户端网络游戏持续增长；更多企业不再局限于简单的授权出口模式，开始尝试多种模式，提高了海外收益。

未来几年中国自主原创游戏海外出口有望继续保持强劲增长势头，移动游戏的巨大全球市场前景是这种增长势头的主要支撑点。

（2）移动游戏和网页游戏海外出口势头强劲

在 2013 年中国自主原创游戏海外出口过程中，网页游戏和移动游戏的市场表现最为突出。主要表现在：网页游戏大量借鉴了客户端网络游戏的出口经验，并且结合网页游戏自身推广优势；在移动游戏领域，中国原创移动游戏的盈利模式呈多样性，且在把握用户心理、引导消费方面优势明显；全球平台化趋势使得移动游戏和网页游戏获得更多助力。

（3）建立子公司海外直接运营成为更多公司选择

尽管海外授权方式简单易行，且风险较小，但中国游戏企业海外出口趋势中，建立海外子公司，直接经营，已经成为更多公司的选择。这种趋势的主要驱动因素是：一是，可以获得更大的收益；二是，有更大的自主权和灵活性；三是，公司可以真正深入了解当地的用户行为和习惯，为未来进一步深度挖掘当地市场做准备；四是，便于与当地合作伙伴建立长期稳定关系。

从各大公司对海外市场愈加重视的趋势来看，建立海外子公司直接运营将会是未来几年更多公司的选择。

（4）并购成为海外拓展重要手段

由于《英雄联盟》全球的成功，以及《火炬之光 2》击败《暗黑 3》获得海外媒体大奖，中国游戏企业海外并购的效果在2013年充分显现，这也使得过去几年在海外并购方面先行一步的腾讯（收购美国的 Riot Games 出品《英雄联盟》）和完美世界（收购美国 Runic Games 出品《火炬之光2》）引来众多效仿者。

海外并购的重要性在于：首先，可以短时间获得完整的团队，省去重建团队时间；其次，避免了海外最大的障碍——人才问题；再次，可以真正实现本地化思维，开发出从文化到习惯最适合本地的产品。

（5）紧密结合政治经济交流机会

由于中国游戏企业对于海外市场的越加重视，深耕海外市场成为战略决策。2013年更多企业开始紧密结合政治经济交流的机会。完美世界的CEO萧泓作为第一个游戏公司代表，随国家领导人访中北美，以及在10月份印尼举行的亚太经合组织峰会上，部分中国游戏企业代表参与，这些都是海外出口的新现象。这种趋势说明：第一，中国网游企业越加重视全球市场，对海外区域市场建立长期运营规划；第二，中国网游企业希望在当地融入经济主流；第三，意识到开拓新兴市场，如获得政府和当地机构支持将会事半功倍。

2. 中国原创网络游戏海外市场发展驱动因素

（1）全球游戏用户规模持续扩大

随着移动游戏的高速发展，以及智能手机产品的进一步普及，全球游戏用户规模持续扩大。海外用户规模的扩大进一步推动了中国游戏产业海外游戏的拓展力度。全球游戏用户规模扩大主要得益于三个方面：首先，互联网进一步普及，全球互联网用户总数持续增长；其次，智能手机的普及导致手机互联网用户规模大幅增长；再次，更多互联网用户转化为游戏用户。

（2）全球化平台让走向海外门槛降低

随着移动游戏的崛起，类似苹果商店等全球化平台，让中国游戏企业走向海外门槛大大降低。与传统客户端网络游戏出口相比，移动游戏的海外出口的优势体现在：一，较之传统客户网络游戏，移动游戏出口所需资金较少；二，由于环节的减少，产品在海外上市所需时间大为减少；三，沟通工作量大大降低。

（3）政府等各方相关支持力度加大

近年来，作为出版产品出口新锐力量，游戏产业在中国"出版走出去"的进程中，因为其创新和开拓，受到了各方重视。政府和相关各方的支持力度加大，使得中国游戏作品出口获得了更大助力。首先，相关政策对于游戏出口支持力度进一步加大；其次，主流媒体对于中国游戏出口进行了大量积极报道。完美世界、游族网络等登上中央电视台《新闻联播》；最后，包括中国驻新加坡大使、中国驻韩国大使等会见了中国游戏企业代表完美世界 CEO 萧泓，表达了对于中国游戏海外拓展的支持。

3. 中国原创网络游戏海外市场发展阻碍因素

（1）创新不足影响企业深耕海外市场能力

尽管中国海外出口强势增长，但不少中国游戏企业在设计、体验、操控、UI 等诸多创新方面尚有不足之处，导致海外市场深耕能力不足。主要表现在：国内部分企业在技术研发、用户体验方面创新不足，导致产品竞争力不足；中国游戏市场"渠道话语权较大"现象由来已久，研发商常常处于弱势地位，海外营运经验不足，无创新可言。

（2）对海外用户缺乏了解

不少游戏企业出口海外还停留在海外授权的初级阶段，对于海外用户缺乏深入了解。这种缺乏了解主要表现在：对海外用户受政治、经济、文化、宗教等环境差异影响了解不够；对海外用户游戏消费需求复杂多样性了解不足。此外，过去中国游戏企业海外出口只重视产品和项目如何走出去的思想，致使中国游戏企业在国际化经营中的危机应对和公关能力不高，难以适应当前需要。

（3）海外出口企业依然存在各自为战问题

目前游戏领域全球化产业链条逐渐形成，但由于中国游戏企业间各自为战，仅仅动用自己的商业模式和资源，海外拓展时间较长、风险较大、代价较高。首先，单打独斗的海外出口模式，难以形成成本和渠道优势；其次，面对复杂的国外政治、经济环境，独立的中国游戏企业缺乏抗风险能力；再次，企业各自为战，无法分享海外营运经验。

4. 中国原创网络游戏海外市场发展趋势

（1）移动游戏将会成为出口中坚力量

随着全球移动互联网的爆发式增长，世界移动游戏市场具有极大的增长空间。未来几年中，中国移动游戏的出口将成为整个游戏出口的重要组成部分。

主要原因：一是全球游戏市场的高速成长；二是中国移动游戏企业起步迅速；三是移动游戏因其特点，易于被更多不同文化背景的人接受；四是全球性的平台将极大助力移动游戏的全球化。

（2）全球投资成为趋势

投资与并购已经成为中国游戏企业全球化拓展的重要手段，而这种重要性随着移动游戏的崛起而加深。将投资视线从局限于中国内地拓展到全球，是未来几年中国游戏产业投资的方向。这种投资的重要特点是：投资全球化，合资与全资收购并举；注重投资中小工作室；投资不仅限于游戏开发，也开始偏重于运营和渠道。

（3）中国游戏企业尝试海外联合研发、独立运营等出口模式

一些领先的中国游戏企业已经开始汲取全球优秀IP、人才、经验等资源，尝试面向全球市场的联合研发、独立运营等海外出口模式。联合研发主要针对市场竞争相对激烈的国家和地区，中国游戏企业以联合研发的方式可以充分整合合作企业的技术、运营和服务等资源，以及直接获取目的市场用户需求和市场状况等大数据，进入目的市场。独立运营主要针对市场成熟度较高的国家和地区，中国游戏企业通过设立海外子公司，完全掌握海外市场原始数据和用户需求，而且便于日后建立"全球研发全球运营"的研发和运营体系。

（4）加强企业间合作提升产品质量

目前，中国网络游戏出口规模已经翻了六倍，据中国版协游戏工委《1-6月中国游戏产业报告》显示，仅2013年1-6月，中国自主研发网络游戏的海外出口实际销售收入达到29.5亿元人民币，同比增长达161.1%。越来越多的中国游戏企业以各种形式进入国际市场，使得更多资源得以在全球范围内流通，从而形成了全球性游戏产业生态链。对于中国游戏海外出口而言，中国游戏企业间加强合作，有利于提升产品质量和管理效率，有利于调整优化海外地区产品结构和市场结构，有利于丰富中国游戏海外出口类型和数量，从而填补海外细分市场，进一步提高中国游戏海外市场的核心竞争力。因此中国游戏企业间的强强合作，包括研发和渠道的协调将会有利于中国游戏海外出口发展，有助于中国游戏企业更好地融入全球化生产链，推动中国游戏企业和行业的进步与升级。

四、年度影响网络游戏出版产业发展的重要事件

1. 2012年游戏产业年会在苏州召开，2012年游戏产业报告发布

2013年1月8日由中国出版协会主办，中国版协游戏工委和苏州市相城区人民政府共同承办的2012年度中国游戏产业年会在苏州盛大开幕。本次年会的主题是"游戏悦动生活"，年会将通过大会、颁奖典礼、论坛和游戏秀等系列活动，对2012年中国网络游戏出版产业的发展现状进行总结，交流经验，并对贡献突出和表现优异的企业和个人进行表彰。

2. 国家新闻出版广电总局组织中国7家游戏企业组成的联合展团亮相2013美国E3游戏展，引欧美游戏开发公司关注

2013年6月11日国家新闻出版广电总局组织国内的巨人网络、北京掌上飞讯、上海骏梦、成都博瑞梦工厂、上海三七玩广州分公司、蜗牛公司、17173.com等参加了此次展览。为了更好地发挥参展效应，经过半年的精心准备，环球公司在展会上订购了展台以及相应的办公设备、网络设备和5台32英寸液晶显示器，免费给参展游戏企业使用。展会首日，7家企业携带了数十款原创新产品，进行了50多次业务洽谈。参展的中国企业普遍认为，总局为游戏企业组团参展的形式不仅为中国游戏企业走出去搭建了良好的发展平台，同时也让中国游戏出版精品能更好地走出去积累了积极有益的经验。

中国游戏联合展团亮相展会也引起了欧美的EA、暴雪、育碧等大型游戏开发公司的注意，他们在展会首日纷纷以不同的形式与中国游戏企业进行商务沟通和业务洽谈活动。境外游戏企业普遍认为中国的游戏市场规模巨大，玩家众多，有极大的发展空间，尤其是网络游戏的发展更是领先于世界游戏产业。

3. 国家新闻出版广电总局下发《关于公布第八批"中国民族网络游戏出版工程"项目的通知》

为繁荣发展中国民族网络游戏出版产业，提高中国网络游戏企业的科技创新能力，增强中国民族网络游戏在游戏市场中的竞争力，满足人民群众特别是青少年文化娱乐需求，原新闻出版总署自2004年以来组织实施"中国民族网络游戏出版工程"（以下简称"民族网游工程"）。截至2012年12月，"民族网游工程"

已分七批推出具有中华民族优秀文化特色、内容健康向上的网络游戏出版项目总计148个。2013年7月19日第八批"民族网游工程"项目论证评审结果揭晓，在总计104家游戏企业申报142个项目中，最终确定《光荣使命》等25个项目作为第八批"民族网游工程"项目。

4. 第十一届ChinaJoy在上海举行，中国国际数码互动娱乐产业高峰论坛（CDEC）及CGBC等分论坛同步召开

2013年7月25日，第十一届ChinaJoy展在上海新国际博览中心举行，本届ChinaJoy以"游戏演绎梦想 移动畅想未来"为主题，吸引了来自欧洲、美洲、日本、韩国、东南亚各国、中国内地以及台湾、香港等30多个国家和地区从事数码互动娱乐业的产品商、渠道商、技术研发商、投融资以及广告等多家相关企业，总数达300多家、参展产品多达600余款，展厅面积达75000平方米。

5. 央视播出中国首部游戏纪录片《游戏·人生》

这部纪录片的播出代表主流舆论开始正视游戏行业，是对游戏从业者的一种鼓励。《游戏·人生》反映了游戏行业从业者、玩家以及电子竞技选手等人群生活状态。制作团队选择了十余位与网游产业相关的人物，讲述了他们的生活故事。同时，在讲述每个游戏产品的过程中，也全面阐述游戏产品从开发、运营到市场宣传等环节，以及游戏团队与产品之间的故事，让人们更加深入的了解网游产品，展现这个行业鲜为人知的一面。

6. 中国成Gstar游戏展最大外国展团，超30家厂商参展

全球四大游戏展会之一的Gstar在韩国釜山举办，这个展会其实也可以称为韩国的ChinaJoy。借地利之便，中国厂商再次成为Gstar上规模最大的外国展团，腾讯、网易、畅游、完美世界等超过30家中国厂商的大规模参展，韩国方面表示："中国风"逆袭"韩流"，将有可能带来新一轮中国网游强势进入韩国市场的风潮。

五、总结与展望

（一）总体态势

1. 中国游戏出版产业继续保持较快增长

2013年，中国游戏出版产业继续保持快速增长，主要表现在：第一，包括客户端网络游戏、网页游戏、移动游戏、单机游戏在内的所有领域均呈现不错

的增长势头；第二，移动游戏市场异军突起，成为2013年网游市场增长的新力量；第三，单机游戏市场回暖，增幅明显；第四，客户端网络游戏和页游市场继续稳步增长。

总体看来，由于3G、4G的推广普及提供了移动游戏的巨大发展动力，浏览器性能的提升带动网页游戏品质向客户端游戏推进，以及政策原因可能促进单机游戏市场迅速扩大，将成为未来几年整个游戏市场保持增长的重要支撑点。

2. 游戏总量显著扩大 精品数量有所增长

2013年，中国游戏产业产品规模显著扩大，由于移动游戏产品数量呈现爆炸式增长，同时页游产品和客户端网络游戏产品稳步增长，使得游戏产品整体数量大幅增长。

本年度，游戏产品另一个特征就是精品数量有所增长。一方面，市场的激烈竞争倒逼企业进行精品化战略。另一方面，国家新闻出版广电总局、相关行业协会一直坚持鼓励扶持精品力作的宏观政策主线，通过设立中国出版政府奖、中国民族网络游戏出版工程、"原动力"中国原创动漫出版扶持计划、中华优秀出版物奖、中国"游戏十强"等扶持与奖励措施，充分调动游戏企业精品创作的积极性，激励游戏企业提升原创游戏艺术价值。

3. 宏观政策为游戏产业发展提供新机遇

2013年8月，国务院印发《关于促进信息消费扩大内需的若干意见》则明确提出，要大力发展数字出版、互动新媒体、移动多媒体等新兴文化产业，2013年11月，中国共产党十八届三中全会继续强调了"文化强国"概念，并指出将完善文化市场体系，提高文化开放度。国有文化企业在市场化过程中，能最大化的发挥企业向市场化转变中的优势。民营企业，尤其是市场化运行良好的龙头民营企业，可以渗入到更多的文化领域，从而做大规模。文化开放或有进展，国内外联营、传统和新兴媒体合作可期。在此大方向下，我国游戏出版产业势必迎来重大利好。

4. 大部制调整给游戏产业带来积极影响

2013年3月22日，国家新闻出版广电总局挂牌成立。部委合并调整后，作为新闻出版广电领域的重要组成部分的游戏出版产业将有望获得更大的支持力度。

2013年7月，国务院公布国家新闻出版广电总局"三定"方案。在机构设置上，国家新闻出版广电总局加强了产业融合、新兴业态的管理力度，推动数字出版、三网融合、新媒体、文化与科技融合方面的发展。这些举措将在产业链整合、多元化经营，以及产业链间互动带来积极影响。

5. 硬件搭台软件唱戏，2013年成游戏多终端化突破年

最近几年智能手机和平板电脑的持续热销，使得移动游戏获得了极大的发展前景。2013年中国市场移动游戏出版呈现爆炸式发展，使得游戏多终端化不再是一个概念，而是真实呈现在用户的使用体验中。

2013年游戏多终端化另一大表现就是客厅娱乐设备的多样化，包括小米、阿里、百度，以及完美世界等公司相继推出"电视盒子"类产品，游戏成为"盒子"所倡导的"客厅娱乐"中的重要内容。此外，随着上海自贸区的成立，游戏机政策也有所调整。游戏机出版产品在中国被广为看好，使得平板电视迅速成为下一个值得期待重要的游戏终端。

6. 吸引投资能力最强产业之一

游戏出版产业在2013年吸引投资能力进一步加强，主要体现在：第一，继2007年后，再次有多家游戏企业集中上市；第二，游族信息借壳梅花伞，成功登陆A股，为游戏企业国内上市另辟蹊径；第三，投资方除游戏业内公司、专业投资机构外，来自出版传媒、电影电视、机械仪表、造纸印刷、服装纺织等传统行业的企业（包括不少上市公司）投资游戏企业；第四，同时，游戏公司估值可观，收购溢价基本达到10倍以上，甚至接近或超过30倍。

（二）主要问题

1. 成本压力增大阻碍中小企业成长

尽管进入游戏领域门槛降低，但开发和运营成本压力增长，不仅人员成本迅速增加，同时，整体开发运营成本也迅速飙升。成本压力增大造成的阻碍主要表现为：第一，尽管进入游戏行业相对更加容易，但资金缺乏让成长壮大更加困难；第二，成本压力增大，迫使一些企业以追求利益为前提，急功近利，难以专心打造精品；第三，中小型团队经营企业经验不足，项目进度拖延导致管理成本相对较高。

2. 知识产权问题依然存在

尊重知识产权在过去数年中受到了各方重视，但部分企业意识上依然不足，自觉保护版权的氛围还不浓厚。知识产权问题在2013年主要表现在：第一，不够重视上游版权导致纠纷（金庸维权事件）；第二，游戏产品间抄袭盗版现象依然存在；第三，擦边球现象较多；第四，滥用国外版权现象依然存在。

3. 管理滞后产业进步

随着网页游戏市场和新兴的移动游戏市场的快速成长，运营及推广模式发生变化，为内容质量管理增加了难度。由于网页游戏和移动游戏市场广泛采取联合运营、联合推广模式，渠道分散，质量控制环节标准缺失、管理松散，逃避产品前置审批环节直接推送给用户；甚至利用市场监管部门多头管理，擅自添加不良内容；市场推广更不择手段，导致恶意扣费、木马病毒、低俗营销等不良现象肆意猖獗；缺乏政府部门督导和统一平台监管，难以为用户提供安全、放心、健康的游戏娱乐环境，造成用户付费意愿不高、口碑不佳，阻碍市场进一步发展。

4. 人才不足制约产业发展

高速增长的游戏产业凸显了企业人才不足问题，导致挖墙脚等恶意争抢人才等现象时有发生，并滋长了整个游戏市场人才的浮躁。中国游戏产业人才培养不足，主要原因有：第一，尽管目前开设动漫游戏专业的学校日益增多，但一方面依然不能跟上整体游戏产业的发展速度；第二，不少高校动漫游戏教学较偏重灌输理论知识，难以使学生将理论与实践相结合；第三，企业内部培训不足；第四，社会培训机构缺乏且水平不高；第五，缺乏向国外先进研发学习的渠道。

5. 境外游戏中国概念股表现不佳，游戏企业赴美上市意愿减弱

过去几年间，中国概念股因各种原因造成在美品牌受损，成为整体表现低迷重要原因之一。中国游戏上市企业受此拖累也未能幸免。这种情况极大影响了中国游戏企业在海外股票和投资市场的发展。

在美上市的中国游戏企业，进入2013年后股价虽然略有复苏，但与其创造的可观营业额和利润相比，价值依然被严重低估。巨人网络已经开启私有化进程。同时，更多游戏企业避开美国市场，寻求其他地方上市，如2013年3家游戏企业均选择赴港上市。中国概念股在美所受影响，将对未来致力美国上市的中国游戏企业产生消极影响。

（三）未来走向预测

1. 驱动因素

（1）用户规模持续扩大

2013年整体用户规模持续扩大，也进一步推动了游戏产业的持续增长。2013年客户端网络游戏、网页游戏和移动游戏用户数分别达到历史最高水平。游戏用户规模持续扩大主要基础在于：第一，网民总数持续增长；第二，网民中的游戏玩家比例进一步提升；第三，手机网民规模大幅增长；第四，各大互联网平台相继扩大开放规模，提高游戏用户渗透率。

总体看来，未来虽然由于用户基数太大造成用户增长率放缓的趋势不可更改，但其中游戏玩家数，尤其是手机游戏用户数还有很大增长空间，将成为未来几年整个游戏市场用户数量保持增长的重要支撑点。

（2）消费意愿与消费能力双轮驱动

除消费能力持续增长外，消费者对个人经济状况和消费意愿的乐观程度，依然保持稳定增长，调查显示2013年第三季度中国消费者的消费意愿达到三年内新高。有更多的消费者表示会将可支配现金用于更加广泛的领域，如购买高新技术产品以及娱乐等。直接反映在游戏产业的促进作用，除了直接游戏消费提升外，还促进了智能手机等游戏设备、通信、互联网等游戏产业链的消费。而这些产业链消费反过来也进一步促进游戏直接消费。

（3）游戏领域进入门槛降低

随着2013年移动游戏的高速发展，游戏领域进入门槛正在降低。目前发展比较好的企业有中国手游集团、掌趣、触控、顽石互动及广州银汉等，都有很好的产品基础，与客户端网络游戏时代只有拥有高技术和巨额资金的公司才能进入相比，游戏领域进入壁垒正在消除。

相对于客户端网络游戏和网页游戏而言，以下几个要素导致移动游戏进入门槛降低：第一，较少的启动资金；第二，较少的开发人才需求；第三，技术门槛较低；第四，开发时间相对缩短；第五，平台（如苹果商店）的助力意味着用较少的推广成本也可能获得更大收益；第六，各种大众化的创意更有实现的可能。

（4）资本助推游戏产业增强竞争力

由于游戏产品的开发和运营所需资金越来越多，成本压力越来越大。随着吸引投资能力进一步增强，资本在游戏产业的发展中发挥越来越重要的作用。

企业获得资本支持后，对于游戏产业的助力主要表现在：第一，投资研发产品的能力增强；第二，可以增强运营实力；第三，可以招募更多人才；第四，资本支持的游戏企业增强并购实力，由于游戏企业的专业度较高，提高并购成功率；第五，延长了游戏产业链，向上延伸可以扩大游戏上游内容实力（如收购版权），向下扩展可以提高游戏附加值（如游戏衍生品）。

2. 发展趋势

（1）移动互联网成为必争之地

移动互联网的快速发展导致移动游戏呈现巨大的市场前景。中国大多数游戏企业都移动互联网化。主要表现在：第一，大多数客户端游戏企业与网页游戏企业均布局游戏领域或已推出移动游戏产品；第二，部分游戏企业基于同一IP推出客户端网游/网页游戏以及移动游戏；第三，个别原来专注客户端游戏和网页游戏的企业全面转型移动游戏。

（2）平台模式提升游戏产业集中度

平台对于移动游戏和网页游戏的发展带来了极大的影响。一方面，平台整合互联网用户资源与游戏研发资源于一体。以腾讯、百度、360为代表的互联网用户平台展开与网页游戏、移动游戏开发商的联合运营，通过对自有用户群体的数据监测与游戏开发相结合，深入挖掘用户需求，实时提供用户反馈数据供开发商优化产品，快速拓展游戏用户的受众范围。另一方面，平台扮演了资源整合者的角色，以完美世界、腾讯、盛大为代表的大型游戏企业通过对上下游产业链相关企业、国内外游戏企业的投资、并购。实现全球化研发与运营资源整合，客户端、网页、移动游戏不同类别的游戏用户资源整合，提高游戏产业集中度。

（3）娱乐方式多样化带来游戏新商机

随着互联网技术的革命，电视、电脑、智能手机、平板电脑、阅读器、可穿戴产品等均可能成为新兴娱乐的载体，在数字娱乐领域创造出前所未有的商业机会。更多商业机会主要体现在：第一，游戏内容丰富化导致游戏领域本身出现更多商业机会；第二，包括新兴硬件设备等在内的游戏产业链随之丰富化，向上下游扩展出更多商业机会；第三，娱乐方式多样化带来与视频、影视等深度融合，向外扩展更多商业机会。

(4) 线上线下互动培养新增长点

过去数年中简单的线下活动宣传品牌的做法，已经被进一步的线上线下深度互动代替。线上线下活动的结合主要方式有：第一，线上比赛影响力巨大，线下比赛补充（如：DOTA2）；第二，线下比赛影响力巨大反过来拉动线上游戏（如：联众承办的国际棋牌大赛）；第三，借势已经影响力巨大的品牌活动（如：中国好声音或NBA）；第四，异业合作活动进一步深入。

(5) 借道全球性平台进入国际游戏市场

游戏的全球化程度加深，导致更多中国游戏企业将目光放在全球市场。借助全球平台，降低了"走出去"的门槛，中国游戏企业在海外拓展领域将会面临更多商业机会。降低的门槛包括：资金成本；时间成本；沟通成本。借助苹果商店等全球平台，不仅易于将产品输出到全球市场，同时，企业也有可能在开发产品时，即可定位全球市场。

(6) 后起优秀游戏企业成为资本市场常客

自2007年完美世界、巨人、网络和金山四大游戏企业上市，期间还有国内首家登陆纳斯达克的手机游戏企业，中国手游集团及国内上市的掌趣等移动游戏公司上市，时隔六年后的2013年，游戏公司再次呈现密集上市现象。包括IGG、云游科技、博雅互动等游戏公司登陆港交所，游族信息借壳梅花伞登陆A股市场等。随着移动互联网发展突飞猛进，更多的中国游戏企业获得了新的发展契机，将继续谋求上市以期获得更大发展。这种趋势主要表现为：第一，国家2014年放开IPO之后，不少企业可能未来不长时间内启动国内上市进程；第二，移动游戏成为上市主要题材；第三，国内并购（或借壳）和海外上市并举。

附　录

2013年海外游戏市场综述

2013年海外游戏市场增长势头明显，特别是移动游戏发展强劲，其市场份额逐步扩大。2013年，移动游戏的市场份额已经占到18%，增长速度远在其他细分游戏市场之上。受到智能手机、平板电脑等智能终端的快速普及，以及 3G、4G 等高速移动互联网络的建设和推广，2013 年移动游戏市场规模超过 120 亿美元，是掌机游戏市场规模的两倍多。

在客户端网络游戏方面，受到几款大型多人在线 MMO 游戏刺激，以及新一代游戏引擎的投入使用，客户端网络游戏继续稳固第二大游戏市场，无论在画面表现还是操作体验上，都较以往呈现出新气象。

由于欧美市场还没有完全摆脱经济危机的困扰，游戏市场整体增长幅度有限，但对比其他行业，游戏行业却是文化产业的重要增长动力。而在新兴的亚洲和拉丁美洲游戏市场，其增长速度均在 10% 以上；亚洲游戏市场更是凭借稳健的经济发展环境，一跃成为全球最大游戏市场。

整体来看，网络游戏和免费模式成为未来游戏产业发展的重心。一方面主机游戏等产品的在线化和平台化为传统游戏出版商升级和转型提供了发展契机，另一方面移动游戏等产品的微交易和道具收费等商业模式给游戏企业增加和扩大赢利点创造了商业空间。

1. 北美市场

（1）美国

由于美国家用游戏主机和掌机的传统积淀，美国电子游戏产业的核心仍是专用设备游戏或者单机游戏，伴随新一代主机以及产品的推广，游戏产业销售额得以进一步拉升。但是随着电脑以及网络的进一步普及，特别是移动互联网和智能手机等移动终端的普及，美国游戏用户低龄化趋势愈加明显，移动设备的使用频率也呈现上涨趋势，移动游戏在整个游戏行业中的位置越来越凸显，占据的份额也越来越大。

美国作为全球领先的游戏研发国家，其技术实力和人才积累为美国游戏市场的发展和扩大奠定了重要基础。而互联网的发展则大大刺激了 PC 游戏、社交游戏和移动游戏，甚至影响了传统视频游戏市场的商业模式。

数据显示，2013 年美国的游戏用户规模达到 2.25 亿人；其中 PC 游戏用户为 1.53 亿人，移动游戏用户规模达到 1.26 亿人，在线休闲游戏用户数量约为 9660 万人，社交游戏用户数量约为 8030 万人，在线主机游戏用户数量约为 4330 万人。

在线游戏在美国经历了几年的快速扩张时代，PC 游戏、MMO 游戏以及社交游戏因为相对廉价的消费，成为经济不景气环境下美国消费者娱乐方式的重要补充。在此影响下，2013年美国游戏出版商纷纷扩大内容提供服务，新推出的更新包和资料片成为持续推动用户消费的刺激因素。数据显示，2013年美国在线游戏收入增加了9%。

大型多人在线游戏（MMO）的扩展带动了数字游戏领域的活力，而且凭借强大的吸引力和易于入手性，成功培养起一批批忠实用户。免费游戏为美国MMO游戏市场贡献了一半以上的收入，而且相应的用户群也表现出逐渐扩大的趋势，推动相关游戏收入增涨。2013年以来，微交易模式正在MMO游戏市场逐渐扩散，这种模式不仅能够方便游戏用户获得相关物品，而且能够形成游戏开发商在"盈利—研发"上的正向循环。

与MMO表现类似的还有FPS、RTS等游戏类型，新型PC凭借强大的计算和处理能力开始吸引更多的视频游戏，成百上千万游戏用户同时在线成为可能。美国游戏用户的消费习惯也正在见证这一变化，即在线游戏时代超越传统视频游戏时代。

美国移动游戏用户规模已经十分庞大，并且这一群体的增长速度仍将远远快于社交游戏、网络休闲游戏以及在线主机游戏等已然成熟的游戏类别。调查显示，2013年美国有一半手机用户成为移动游戏用户，占美国总人口的39.8%。

2013年美国移动游戏市场收入增长至17.8亿美元。其中，移动游戏下载所产生的收入在美国移动游戏收入中占比最大，其次是游戏内消费收入，而游戏内广告收入的占比相对较低，仅为2.97亿美元。

休闲游戏、社交游戏和主机游戏市场并没有被游戏开发商放弃，PC游戏和主机游戏市场实际销售收入仍然可观。其中，休闲类用户的兴起不仅为美国博彩业增加了来自诸如Facebook等社交平台的收入，而且促进了大量社交游戏的推出。

至于社交游戏，同样是美国在线游戏市场中必不可少的一环。近些年来社交网络ING网站如Facebook、MySpace等已经演变成为社交游戏的重要分销平台，推动社交游戏走向一个新的阶段。最近的数字显示，约五分之一美国人口接触过社交游戏。社交游戏因为操作简单、前期成本低、花费时间短和较低硬件要求，获得非核心视频游戏用户的喜爱和参与。

今年，Facebook 已与多家游戏开发商就发行服务展开了合作，社交游戏类型的多样化时代由此逐步展开，一个显著的现象是，社交网络上的视频游戏备受美国用户关注。不难看出，社交游戏之所以能够成为新的游戏类型，离不开社交网络人口的增加、新型游戏产品的补充和推陈出新的营收方式。在以上因素的共同作用下，不仅用户的游戏选择更为自由，而且益智、策略等社交游戏的发展使其市场覆盖更加广泛，游戏用户数量因此得到增加。最新数据显示，社交游戏用户月均消费更是超过了 30 美元。同时，社交游戏每天占据了美国游戏用户 18% 的游戏时间，仅次于主机游戏 5%。

（2）加拿大

加拿大作为北美市场的一部分，具有同美国相近的市场表现，但其国情也决定了别于美国的市场特征。经过早期单机游戏时代技术以及人才的累积，加拿大如今拥有大量游戏研发人才，已经发展成为游戏产品开发集中地。

同时，受税收优惠等政策驱动，加拿大游戏产业充满了多样化和创造性的发展土壤，加拿大在游戏研发上一直是先驱，吸引了包括 Activision、迪斯尼、EA、MicrosoftGames 和育碧等游戏开发商在加拿大设立了分支机构。尽管今年加拿大游戏行业出现了部分开发商裁员和工作室关闭的情况，但游戏行业整体从业人员依然呈增长态势。同时，游戏产业给加拿大国民生产总值（GDP）带来 32 亿美元的收入，对整个加拿大经济增长创造了积极的影响力。

目前，加拿越来越多的成年人开始成为游戏用户。调研显示，58% 的加拿大人为游戏用户，而且 6 成左右的家庭都拥有游戏机。

如今移动游戏开始成长为加拿大重要细分市场，约 8 成加拿大家庭拥有智能手机或者平板电脑等智能移动终端。其中，移动终端中视频游戏的使用率已经达到 25%，成为加拿大游戏用户备受欢迎的游戏方式之一。多数游戏开发商因此积极从事移动游戏开发，这类开发商约占据了加拿大游戏行业的 84%。事实上，多年专业人才储备为加拿大移动游戏崛起奠定了深厚基础。作为新兴的游戏行业分支，移动游戏市场需要一大批创造性的新生代研发、运营人才，设计和开发用户喜爱的游戏尤需高度的智慧和创意。

目前，加拿大娴熟的游戏开发人员已经增加到 17000 人左右，其中新生人才主要来自加拿大游戏行业的知名院校。例如，不列颠哥伦比亚省的数字媒体中心；安大略省的谢里顿学院、辛尼加学院和百年纪念学院；魁北克省的马特恩学校、舍布鲁克大学和 NAD 中心（国家动画设计中心）；以及新斯科舍省的阿卡迪亚大学。同时，加拿大在薪酬成本上具有一定竞争优势。一方面能够在域内招揽到高学历、高技能的移动游戏研发人员，一方面高级运营以及设计人员的薪酬和福利支出要低于欧洲和美国的中心城市水平，从而为移动游戏开发商专心设计开发游戏产品创造了良好的技术和人员环境。

也许是文化相近的原因，许多欧美移动游戏产品经常选择在加拿大地区先行上架，加拿大移动游戏市场因之受益匪浅。移动游戏市场中游戏机制、盈利机制、用户获取、用户留存以及市场营销推广模式都从中得到有效的修订和完善。而因此率先获取的用户数据、市场数据等第一手相关数据，也成为日后加拿大移动游戏研发推广的重要参考。

另外，凭借联邦政府的研究开发税收信贷以及各省政府的大力支持，加拿大为游戏出版企业构筑了一个较具吸引力的商业营运环境，同时汇集了多个移动游戏开发商，如 Ubisoft 旗下的 Gameloft 分公司，BonnierAB 旗下的 TocaBoca 分公司等游戏开发商。

2. 拉丁美洲市场

伴随着互联网宽带和智能终端的快速普及，拉丁美洲游戏市场呈现出巨大的发展机遇。一方面得益于拉丁美洲是全球互联网人口增长速度最快的地区之一，其互联网渗透率已经超过 40%；另一方面是因为拉丁美洲拥有 6000 万部智能手机，年度增长率高达 100%。

受上述因素影响，拉丁美洲游戏行业显示出巨大发展潜力。2013 年拉丁美洲游戏市场规模已经达到 30 亿美元，占到全球游戏市场的 4%；市场实际销售收入同比 2012 年增长 11%，为全球游戏消费增长幅度最高的地区之一。

调查显示，作为拉丁美洲地区最大的游戏市场，2013 年巴西电子游戏市场实际销售收入超过 10 亿美元，同比 2012 年增长 7.6%。预计随着智能手机、平板等智能终端的普及、国家宽带的建设和新一代游戏主机的推广，巴西电子游戏市场规模还将进一步扩大。

数据显示，拉丁美洲互联网用户数量在过去的一年中增加了 12%，达到 2.5 亿，且用户月度社交网络在线时间超过 10 个小时，为全球平均值的两倍。而拉丁美洲的几大国家，如阿根廷、巴西、哥伦比亚、墨西哥的社交网络用户比例分别为 47%、44%、37%、42%。

目前，拉丁美洲活跃游戏用户数量达到1.15亿，在总人口（6亿人口）中的比重达到19.2%。其中，巴西的游戏用户数量已经突破4500万；同时，40%以上的拉丁美洲互联网用户都进行社交游戏；此外，5成左右拉丁美洲智能手机拥有者为游戏用户。

3. 欧洲市场

（1）德国

随着德国游戏产业链的进一步丰富和完善，移动网络游戏等新休闲娱乐体验为德国市场注入了鲜活血液。2013年，德国游戏产业实现了19亿欧元（约合25.8亿美元）的收入，较2012年同比增长了3.5%。德国游戏市场成为欧洲地区游戏领域盈利最多的国家之一。

游戏产业已经成为德国经济中最为稳定的产业之一，随着市场中多维娱乐元素的出现和技术的革新，德国游戏市场将会掀起下一个热潮。事实上，德国游戏产业能够成长到如此规模，离不开本国完善的高端人才输出体系和游戏研发运营产业链。

第一，德国目前大约有40所公立、私立大学设立游戏相关专业，而国内高素质的从业人员以及来自世界各地的专业人才为德国大约275家PC游戏开发商和运营商提供了强力支撑。

第二，德国已经在国内打造出7个大型游戏产业集群（包括汉堡、柏林、勃兰登堡、汉诺威、北莱茵—威斯特法伦州、法兰克福、巴登—符腾堡州），而且每个产业集群都各具特色。

第三，50%以上德国游戏企业积极从事网络游戏开发运营工作，德国目前已经发展成为全球在线游戏和社交游戏研发中心之一。同时，成本控制温和、基础设施优良和大量人才聚集的成功组合，也使德国因此成为众多初创企业的首选之地。即使在国际游戏行业商贸活动上，像GDC欧洲、德国科隆游戏展、CasualConnectEurope会议等每年都会吸引成千上万来自全球各地的专业人士和游客，使得德国游戏产业成为国际游戏界的焦点。

数据显示，2013年德国游戏用户总数超过2500万人，其中，网络游戏用户规模高达1450万人，约占总人口比例17.7%（人口8200万人）。在过去十年里，德国网络游戏用户创下了两位数的增长纪录，即使在游戏时长上，德国网络游戏用户同样花费了53%的游戏时间，而且还在进一步增加。除了大型多人在线（MMOG）游戏，德国网络游戏用户最为感兴趣的还有休闲游戏和益智策略类游戏。

在德国4000多万社交网络用户中，大约96%的用户（14-29岁）至少属于一个社交网络，大约88%的用户曾进行过网络游戏，其中59%的用户选择社交平台进行游戏。一个有趣的现象是，德国社交游戏中27岁女性用户最为常见，这颠覆了以往社交游戏的用户结构。

另外，德国游戏用户多平台特征相当明显，每个用户平均使用4.1个平台。而且使用智能终端进行游戏的德国用户也越来越多，其规模约为游戏用户总数的1/5。

在德国，网络游戏借助智能终端等新型设备实现了更加多元化的发展，而新型安全支付系统既充分保障了德国用户的消费安全，也为网络游戏行业创造了巨额收入。实际上，尽管德国网络游戏市场中三分之二网上成交额由传统支付方式完成，但是这种模式正呈逐年下降的趋势。微交易等众多商业模式如雨后春笋般生长起来，为德国网络游戏市场注入新鲜活力。目前，德国重要的小额支付系统包括PayPal、ClickandBuy、WEB. Cent和T-pay等。

德国还是全球最大的社交游戏市场之一。尽管德国社交网络由Facebook主导，但是VZNetworks、Wer~Kennt~Wen等本土社交网络同样具有强大吸引力，都为德国社交游戏市场的繁荣发展作出了重要贡献。值得一提的是，在社交网络站点以及社交游戏内植入广告的方式，也成为游戏企业导入用户和实现盈利的重要补充。调查发现，约有一半的用户表示留意到游戏中的广告，而且有三分之一的用户曾主动点击过。此外，短信支付等新交易方式也为德国社交游戏提供了发展便利，目前已经有近70万社交游戏用户通过此种方式完成交易。

同时，移动游戏消费开始在德国进一步普及。2013年德国移动游戏市场的实际销售收入已经占到游戏市场总收入的8.1%，针对手机和平板的游戏APP出售数量高达1300多万，而且在每天的游戏时间上，移动游戏已占据15%。

（2）俄罗斯

俄罗斯一直是一个以PC为导向的游戏市场，特别是在俄罗斯正式加入WTO后，俄罗斯游戏产业开始走向规范化和国际化，市场规模呈现高速增长。数据显示，2013年俄罗斯网络游戏市场规模较2011年翻了一倍多，达到11亿美元，成为欧洲地区第二大网络游戏国家。

俄罗斯网络游戏市场之所以发展迅速，离不开新技术发展和产业积累对于市场的双重刺激。一方面，从俄罗斯游戏研发的技术水平来看，单机游戏的强大技术积淀为网络游戏研发提供了先天的便利；另一方面，俄罗斯民族一向具有文化创意天赋，数据显示，俄罗斯文化创意产业对GDP的贡献超过6%。

另外，社交游戏、移动游戏、大型多人在线（MMOG）游戏等有效避免了盗版弊端，刺激俄罗斯游戏市场更加活跃，同时也给网络游戏创造了巨大的发展空间。

目前，俄罗斯拥有4000万网络游戏用户，占总人口（1.4亿人口）比重33.1%，其人均国民收入已经迈入"高收入国家"水平，达到12700美元。与之相符的是，俄罗斯游戏用户付费意愿较高，大约10%的用户月度游戏消费高达5000美元。同时，高达69%的用户愿意为免费增值网络游戏付费。

调查显示，俄罗斯社交媒体用户占总人口比重为全球最高，其本土最大社交网站VK的活跃用户约为1亿人，Facebook在俄罗斯也已经发展到700万活跃用户。

在社交游戏领域，俄罗斯社交游戏市场表现出与巴西等金砖国家相同的特征，既高度饱和又显得零散。同时，投放社交游戏的平台基本分散于VK、Mail.ru和Yandex等俄罗斯本土社交平台。

在移动游戏领域，俄罗斯移动游戏市场起步晚、规模小，但是发展速度较快，2013年同比增长36%，远在其他细分市场之上。受到手机等智能终端的快速普及，以及高速互联网的搭建影响，俄罗斯移动游戏市场前景乐观。

数据显示，2013年俄罗斯市场中Android系统智能手机的出货量几乎翻了一倍，占据总出货量的71%；iOS和WindowsPhone系统智能手机基本维持在8%左右。而且，俄罗斯智能手机的普及率并没有出现放缓的迹象，进而为移动游戏的发展扩大提供了持续动力。

至于大型多人在线（MMOG）游戏，则是俄罗斯游戏用户最受欢迎的游戏类型之一。在网络游戏市场实际销售收入中，MMOG游戏贡献最高，创造了6成以上的营收。而且，MMOG游戏也是用户投入时间最多的类型，数据显示，俄罗斯游戏用户每天进行MMOG游戏的时间占比高达1/5。

（3）英国

尽管英国经济尚处于"三重底衰退"边缘，但游戏领域在就业率、投资额和新成立企业上增加明显，游戏产业成为拉动英国经济的新引擎。2012年，英国游戏产业对GDP的贡献上升到9.47亿英镑（约合14.5亿美元），市场规模同比增长4%；直接或间接为英国创造的税收收入达到4亿英镑，同比2011年的3.76亿英镑增长了6.4%。

回顾2008-2011年间，因为受到主机游戏开发商裁员和行业收入下滑影响，英国游戏产业经历了较为困难的时期。但近年受到移动游戏市场的带动，英国游戏产业开始走向复苏。

而且，英国政府推出的游戏产业减税政策，也已经起到了积极的刺激作用。这一政策有效降低了游戏企业开发成本，促进了暴雪、微软、Konami和GREE等国际大公司对英国工作室的投资。数据显示，2011年英国工作室吸引投资总额为4.11亿英镑（约合6.2亿美元），而到2012年已经上升至4.27亿英镑（约合6.5亿美元）。同时，雇佣的游戏开发者由2011年的8888人上升到2012年的9224人，间接创造的就业机会也由2011年的16250个增长到2012年的16864个。

另外，英国具有良好的游戏人才积累，这也成为吸引国际投资的一个重要参考因素。无论是在基础设施上，还是在人才培养上，英国已经形成了较为完善的产业链。在英国游戏行业内，80%以上的从业人员取得了大学及以上学历，而且约有100所大学开设游戏开发专业和课程。

2012年，英国活跃游戏用户数量达到3360万，同比2011年增长9%。相对于只有6323万人口的国家来说，英国活跃游戏用户的比例高达53.1%。同时，英国活跃互联网用户（10-65岁）为5010万，这给英国网络游戏产业的发展创造了巨大空间。值得一提的是，目前英国付费游戏用户规模为2150万人，占英国总人口的34%，付费游戏用户比重高达64%；英国游戏用户每天花费在移动游戏上的时间占比仅次于主机游戏和PC/Mac游戏，达到17%。

如今，移动游戏为英国游戏产业提供了增长机遇。英国智能手机和平板电脑等智能终端正处于不断增长的上升时期，给移动游戏带来了大量的发展机会。而英国固有熟练且有创意的从业人员，也给英国移动游戏产业的投资率和就业率带来进一步增长空间。此外，英国游戏开发者的重心也从PC游戏和主机游戏转向移动游戏。

数据显示，英国移动游戏产业一个鲜明的特征是"年轻、独立、移动"。首先，英国448家工作室中超过一半成立于2008－2012年间；其次，英国游戏工作室逐渐脱离开发商，成为独立的机构。其中，83%成立于2011－2012年间的工作室属于独立工作室；最后，目前英国37%的工作室专注移动领域，而在2010年这一数字仅为19%。同时，2011－2012年间新成立的工作室，对于移动领域更为关注，其中大约53%的工作室专注于移动游戏的研发。

（4）法国

电子游戏产业是法国四大文化产业之一，其收入水平已经超过电影业、视频和音乐产业。2012年，法国电子游戏产业实际销售收入（软、硬件）达到31亿欧元，尽管实体销售额出现大幅下降，占有总市场份额35%的网上销售却增长了20%，互联网和移动技术推动着游戏产业稳定发展。

目前，法国拥有300多家游戏开发商，从业人员超过5000人，给信息工程、软件、信息安全和技术服务等相关领域间接创造了上万个工作岗位。但就游戏制作数量来看，法国已经成为仅次于美国的世界第二大电子游戏生产国，尤其在社交游戏及移动游戏市场上更是表现出强劲的增长力。数据显示，80%以上法国制作的视频游戏用来出口世界各地。

值得一提的是，法国电子游戏产业具有丰富的创造力，而且精品化程度高。以研发为例，法国游戏企业每年的生产预算超过5亿欧元，为高质量游戏产品奠定了经济基础。在游戏企业创造力上，法国电子游戏行业还孕育了许多创新性中小型企业和微型企业，其中大约32%的企业为近一两年兴起的。

尽管全球性金融危机席卷法国，且法国至今仍未摆脱低迷阴影，但是游戏产业成功抵御了危机的冲击，而其稳定的发展成为法国文化产业的亮点。这主要得益于近10年来游戏产业良好的积淀，游戏用户以及新型消费的不断成长和扩展，同时得益于法国政府对"'数字经济'限制最少、扶持最大"的税收优惠政策。

法国政府对于游戏产业的各种支持，有效促进了游戏行业的发展。具体包括：

1. 研发支持。研发税收抵免政策：可以使游戏企业在为研发人员上缴社会保险金时获得减额，该体制中的这项补助是在企业每年的盈利中直接减税，其金额可达企业研发支出的30%（第一年为40%）。

"新兴创新公司（Jeune Entreprise Innovante，JEI）"政策：该政策使得游戏企业对于研发人员工资中企业分摊的社会保险部分，享受阶梯减免。享受该政策的公司必须满足成立不满八年的条件。

2. 生产支持。电子游戏税收抵免：这在欧洲是非常独特的政策，该政策能够帮助游戏企业节省20%的电子游戏开发支出（须符合特定条件），法国经济、财政和贸易部和国家电影动画中心（Centre National du Cinéma et de l´imageanimée，CNCI）提供资金，成立专家委员会审查符合条件的公司。2012年4月25日，欧洲委员会授权该政策延长六年（直至2017年12月）。

电子游戏支持基金（Le fonds d´aide au jeu vidéo，FAJV）：法国经济、财政和贸易部与国家电影动画中心共同提供资金，并由后者管理，旨在通过给予生产基金支持电子游戏行业的创新。

调查显示，目前法国游戏用户占总人口（6570万人口）比例38.5%，达到2530万人，其中一半以上为付费用户。就细分用户群来看，38%的法国用户（15岁以上）进行电子游戏；13%的用户利用智能手机进行游戏；超过75%的用户属于"宅男/宅女"；33%的用户属于女性，而且女性游戏用户比例的增长速度比男性快两倍（女性用户增长率为44%，男性用户增长率为22%）。

受到互联网的推动，一方面，法国视频游戏逐渐由零售转向网络下载；另一方面，随着越来越多的用户倾向使用智能手机或平板访问社交网络和App Store，93%的法国游戏企业的研发目标开始转向社交游戏和移动游戏领域。

4. 亚洲市场

（1）韩国

近几年来，韩国游戏市场一直保持着较快增长速度。尤其是2013年新任总统朴槿惠上任以来，提出了对未来国际化《五大核心产业》战略，游戏产业被列为发展首位。数据显示，2013年韩国游戏市场规模达到117.6亿美元，同比增长19.1%。其中，移动游戏发展最快，较2012年同比增长45.1%，市场实际销售收入达到8.6亿美元。

众所周知，韩国游戏产业在全球享有较高的声誉以及影响力。尽管基于传统 PC 网络游戏发展起来的网吧文化曾一直笼罩着韩国,不过这种格局正在为高速发展起来的移动游戏所打破,整个韩国游戏界的产业重心也逐步向移动领域靠拢。

目前,韩国的网络覆盖率已经达到了 78%,超过 50% 的网民的年龄不超过 35 岁。

(2) 日本

日本电子游戏市场 (viaSerkanToto, Enterbrain 定义的"电子游戏"为基于零售业的传统 PC、主机游戏软硬件市场,不包括移动平台和社交游戏) 在 2012 年中实现了 1.2% 的小幅度增长,市场收入为 46 亿美元。其中软件销售额同比增长 1.2%,为 28 亿美元;硬件销售额增长幅度略涨 5%,总额为 18 亿美元。受到任天堂新主机 WiiU 的发售、新版 3DS 的上市和索尼旗下主机和掌机降价促销活动影响,日本掌机游戏市场增长明显。社交游戏市场规模达 43 亿美元。

(3) 印度

2013 年印度游戏产业市场收入为 3.2 亿美元,同比 2012 年增长 15.5%。其中,主机游戏依然是印度最大的细分市场,实际销售收入达到 1.6 亿美元;移动游戏增长幅度最大,同比 2012 年增长 38.6%,市场规模达到 1.56 亿美元。

调查显示,印度家庭和工作互联网用户增长至 7390 万,赶超日本成为亚洲第二、全球第三大互联网人口国家,仅次于中国和美国。其中,75% 的互联网用户年龄在 35 岁以下,是金砖五国中互联网用户年龄最年轻的国家;而在所有年龄段和性别中,35 - 44 岁的女性用户是印度市场最大的互联网用户群。

得益于智能手机和平板电脑的持续普及,印度已有 50% 移动用户接触过游戏产品,移动游戏在未来几年内有望超越主机游戏成为印度最大细分市场。目前,印度移动游戏收入主要是通过和电信运营商合作的方式获得,尽管电信运营商事实上为游戏出版商提供了高达 70% 的收入,但是像 AppStore 等平台付费方式将在未来改写这一结构。

不过,印度移动游戏市场最大的发展障碍是货币化程度,印度大部分移动游戏收入来自广告,为用户提供更加多元的全球性游戏内容和增加新的收入模式,成为印度移动游戏市场进一步发展过程中需要切实解决的问题。

(4)伊朗

伊朗游戏产业是中东游戏市场的代表:游戏市场、游戏开发者、游戏开发者协会、国家级游戏展会等构建起伊朗完整的游戏产业链。

伊朗民间成立的"电脑与电子游戏基金会"(Iran Computer and Video Games Foundation)和"电脑游戏国家基金会"(National Foundation for Computer Games)等组织,为伊朗游戏开发团队提供了必要支持,电脑游戏国家基金会下属的娱乐软件分级协会(Entertainment Software Rating Association,ESRA)负责电子游戏的年龄评级,由基金会主办的德黑兰游戏展(Tehran Game Expo)亦成为伊朗规模最大的游戏展会。

在游戏研发方面,由于伊朗政府并不干预盗版行为,导致由此发展起来的游戏产业仍然是以单机游戏为主,且题材、种类多样,在此种良性竞争的环境下几乎不存在重复和跟风现象——当前没人知道怎样的题材或种类才能走红中东市场,开发者仅仅是在为自己理想的作品投入这一产业。

不过,受贸易制裁和缺乏金融性投资等影响,伊朗的游戏市场尚缺乏规范的游戏发行商及严格的政府审查标准;与此同时,游戏开发商还处于地理隔离和缺乏本地游戏开发社区的窘境之中。特别是在游戏发行环节,伊朗目前还是一个比较封闭的市场,存在的也只是相当一部分类似 DoostanCo 的区域代理商,而且他们几乎不会直接向零售商提供游戏产品。

伊朗游戏产业的发展,甚至催生了本土的游戏门户网站,所报道的内容与全球保持同步。同时,由于游戏产业对人才的需求,伊朗还于2011年成立了游戏研发学院(Game Development Institute),每年能够向中东游戏产业提供超过150名毕业生。

调查显示,2012年伊朗已经发展起来3000万互联网用户、2000万游戏用户和接近100家游戏开发商。其产品出口(由于贸易制裁、语言及文化题材,仅限于中东地区)数量亦在逐年升高。

视频游戏目前已经成为伊朗青年主流娱乐消费之一,因为伊朗并非世界版权公约成员国,盗版游戏普遍存在。因此,2-5美元的欧美盗版游戏贩售情况在伊朗大多数城市广泛存在。

在网络游戏方面,伊朗网络游戏产业发端于2010年,虽然阵容远不及单机产品丰富，却凭借一部网页游戏"Asmandez"（意为"天空堡垒"，SkyFortress）在2013年获得了德国最佳网络游戏奖。

需要指出的是，尽管目前伊朗游戏设计研发人员只有百人之多，但是这款具有象征意义的产品给予伊朗发展网络游戏的底气，伊朗网络游戏产业正在迈上正轨。

参考文献

（1）日本矢野经济研究所：《韓国スマートフォンゲーム市場に関する調査結果2013》

（2）德勤中国研究与洞察力中心：《中国两岸三地文化产业研究报告2013》

（3）comScore：《Southeast Asia Digital future in focus2013》

（4）comScore：《India Digital future in focus 2013》

（5）Digi－Capital：《Digi－Capital_ Global_ Games_ Investment_ Review_ 2013_ Q2_ Update_ E：ecutive_ Summary》

（6）ESA：《ESSENTIAL FACTSABOUT THE COMPUTER AND VIDEO GAME INDUSTRY》

（7）Portioresearch：《Mobile Applications 2013－2017》

（8）MediaBri：：《The MediaBri：Social and Mobile Gaming Report, H1 2013》

（9）Newzoo：《Global Trend Report 2012－2016》

（10）ERICSSON：《MOBILITY REPORT ON THE PULSE OF THE NETWORKED SOCIETY》

（11）Newzoo：《The US Games Market 2012》

（12）Yahoo奇摩：《2013电玩白皮书》

（13）东南亚游戏运营：《印度尼西亚游戏市场调研报告》

（14）Super data research：《Russia online games market report（付费）》

（15）Super data research：《Brazil online games market report（付费）》

（16）enterbrain：《ファミ通ゲーム白書2013》

（17）super data research：《Conquering the 1.1B Russian online games market》

(18）日本野村综合研究所：《韩国游戏市场预测》

(19）MCF：《スマホ白書 2012》

(20）MCV：《The market for computer & video games 2012 UK consumers spent £2.9bn on games in 2012》

(21）Tracey Lien：《中东生态录》

(22）Tracey Lien：《中东游戏界生态：开发者的挑战与机遇》

(23）polygon：《A 40 billion fibre optic network, the Australian games industry and a political a：e》

(24）《东南亚 6 国网游市场研究报告》

(25）友盟等：《2013 全球移动游戏产业白皮书》

(26）加拿大娱乐软件协会（ESAC）：《ESSENTIAL FACTS 2013》

(27）美国娱乐软件协会（ESA）：《ESSENTIAL FACTSABOUT THE COMPUTER AND VIDEO GAME INDUSTRY 2013》

(28）Newzoo：《2012 Country Summary Report Germany Featuring fresh research results on The German Games Market》

(29）Newzoo：《2012 Country Summary Report UK Featuring fresh research results on The UK Games Market》

(30）Newzoo：《2012 Country Summary Report France Featuring fresh research results on The France Games Market》

（本文由郑南提供）

2013–2014 中国网络（数字）动漫出版产业年度报告

曾龙文　高　巍

近年来，我国经济快速发展，社会消费结构向发展型、享受型转变，很大一部分居民的消费重心也相应的由物质层面转移到精神层面上来，极大地刺激、促进了文化产业的形成和发展。在文化产业快速崛起的带动下，我国动漫产业也得到迅猛的发展。

动漫产业，是指以创意为核心，以艺术和科技为支撑，以动画和漫画为表现形式，以创作动漫直接产品为基础，以开发产品形象衍生品为延伸，从而形成巨大版权价值链的产业。"十二五"期间，我国动漫产业规模不断扩大，成为了新的经济增长点，被称为21世纪最有希望的朝阳产业。而手机动漫作为移动通信和动漫文化应用相结合的新型业务，借助庞大的手机用户群发展动漫产业，更是开创了动漫产业新天地，形成新的手机动漫产业链，为产业带来巨大商机。

一、网络（数字）动漫生产商情况

（一）网络（数字）动漫生产商的总体状况

1. 网络动漫部分

2013–2014年，网络动漫平台呈现出群雄割据的局面。

网络动画领域，各大视频网站纷纷介入动漫产业，特别是对于日本动画等稀缺内容的抢夺尤为激烈。除了优酷土豆之外，搜狐视频也展开了日本动画资源的竞争。爱奇艺则依然保持国产动画的领先地位。动漫频道纷纷进入了各大视频网站的首页推荐位置。

网络漫画领域，依然以腾讯和有妖气两个原创网站为主。腾讯动漫平台出现多部点击量过亿次的漫画作品，腾讯在动漫产业的布局，日趋完善。有妖气在《十万个冷笑话》的成功基础之上，在 2014 年将更多的漫画作品改成动画作品。

2014 年，网络平台的流量会更多的流向动漫内容。

2. 手机动漫部分

手机动漫业务是整合传统动漫产业资源，并以短信、彩信、WEB、WAP、手机客户端等移动互联网通道为承载平台，为用户提供动画、漫画作品浏览服务和以动漫形象为核心的动漫数字衍生品服务的业务系列。根据艾瑞咨询的调研数据显示，未来三年手机动漫市场规模可达 29.75 亿元。手机动漫市场的前景广阔，为此，各方积极发力分食手机动漫市场：运营商方面，各大电信运营商主动利用先天的渠道和用户群体优势，积极抢占产业链高地，发展手机动漫业务。以中国移动为例，于 2010 年成立了手机动漫基地并大力发展手机动漫业务，给消费者带来的不只是大量国内外优秀的动漫作品，还将有动漫元素结合手机通信的全新演绎所带来的良好移动生活体验，简称之为"满足两大诉求"，一是满足"看动漫"的诉求，属于内容浏览型业务，是将适合手机观看或阅读的动漫作品以手机作为载体进行展现。目前中国移动动漫基地已开发超过 160 种手机特效，能带来纸版漫画所感受不到的情境或意境，将给客户带来良好的使用体验。二是满足"玩动漫"的诉求，属于数字衍生品型业务，是切割通信过程，把动漫元素驻留在手机屏幕上。同时，在互联网企业方面，大量的互联网公司也介入到手机动漫行业中，抢夺这一新生市场。如炫动传播、奥飞动漫等多家公司开始频频跨界经营，通过整合动漫内容、渠道，以及传统行业资源，加速企业发展；另外，视频网站土豆网日前也宣布加大在国产动漫领域的投入，以打造中国首席国产动漫视频平台。

（二）动漫产业基地建设状况

当前，传统动漫产业与智能手机新媒体的融合，也催生了一种新型的动漫基地的创立和发展，即手机动漫基地，以中国移动为主要代表。中国移动于 2010 年 4 月 26 日在厦门建立了中国移动手机动漫基地，基地在成立之初便确立了三大愿景，即"构建全新的发行平台、培育全龄的动漫文化、打造全赢的创意产业",以三大愿景全力推动我国动漫产业的发展。在经过了商用元年的初期发展阶段之后,中国移动手机动漫基地已形成了巨大的运营优势:一是产业链生态的打造。以基地模式逐渐完善产品开发流程,打造完整的链条,有利于专项产品的体系化发展,保障产品创新的及时性、完整性、有效性和可用性,也有效保障了产品研发后的专业化运营;基地三大能力平台的开放聚合包含动画、漫画、形象、剧本等全形态动漫作品的原创动漫征集与交易平台,真正打通从创作到发行的产业链上下游环节。二是优质内容的快速发行。基地模式能够对客户和市场的反应迅速,可以用最快的速度将创新产品推向全国的用户,是一种快速的业务发展模式;基地模式作为中国移动对接其他产业的统一接口,可以保证统一规划、统一实施、统一监管,有利于产品运营的规范和良性发展;在物资上,先集中力量统一研发,再大规模定制推广,可以有效地降低投资风险,获取规模效益。同时,基地模式带来的快速发行,原创者打开移动互联网内容发布通道,创造盈利模式,激励原创者创作热情。三是内容和版权的安全、合法、健康。手机动漫基地建设的动漫信息交互平台和版权服务平台,打通与传统动漫业的通道,服务于传统动漫。通过进行版权审核、登记办理、反盗版举报等,确保正版产业链的发展和各环节的信息安全,并且以完善的内容审核机制,确保质量技术、内容安全的审核。

二、网络(数字)动漫产业的生产规模与市场规模状况

(一)中国数字动漫产业链分布格局

2013年,中国数字动漫产业迎来了辉煌的一年,整个产业链中的每个环节均发生了不同程度的投资事件,这意味着中国的数字动漫产业已经开始进入资本时代。

从四个部分解读中国数字动漫产业的构成:内容、运营、技术以及平台。

1. 内容部分

内容是数字动漫产业链中的最源头,也是数字动漫产业链的上游环节,数字动漫产业链上游内容的质量直接影响终端用户的购买力。

2013年,数字动漫产业链中的内容生产商,逐渐趋于公司化、专业化和规模化。从两类机构来解读中国的数字动漫内容生产商:

第一类机构：传统的动画和漫画内容生产公司，特别是漫画公司，在2013年传统漫画出版行业大发展的前提下，逐渐形成几家初具规模的漫画工作室，如潜艇工作室、动漫堂工作室。此类公司定位在内容生产，自身不具备版权运营能力，在数字动漫领域的业务，通常以授权第三方合作为主。不过值得一提的事，漫画内容生产公司，也进入到资本市场的视野，动漫堂工作室在2013年完成了第一轮融资。

第二类机构：基于数字渠道的传播属性，为数字渠道量身订制数字动漫内容。在互联网渠道方面，主要以漫画或动画工作室为主，此类工作室在2013年可以说表现非常抢眼，创造了在互联网动漫内容的奇迹，其中代表作品为《中国惊奇先生》、《十万个冷笑话》，均是网络点击量过亿次的动漫作品。在手机渠道方面，主要是体现在手机动漫产品方面，如中国移动动漫基地的彩漫产品、中国电信动漫基地的动漫传情产品，此类产品均是基于手机应用的基础之上，将其产品动漫化，所用到的均为动漫内容中的一部分元素，如动漫形象、动漫场景等。此类公司的代表为中国移动动漫基地或中国电信动漫基地的内容合作方。

2. 运营部分

运营环节在整个数字动漫产业链当中扮演着非常重要的角色，运营型公司在中国动漫产业甚至整个版权产业，都有着非常重要的作用，但是此类公司在国内极少。

运营型公司必须具备两个基本要素：第一，对创意、作品拥有高度的商业敏感度；第二，非常了解动漫产业的运营模式，能够实现作品版权价值的最大化。

运营型公司在目前中国数字动漫产业中，有两种类型：

第一类公司为版权代理公司，属于传统的版权贸易公司，通过资金采购动漫作品数字领域的使用权，然后通过版权分销的模式，进行数字渠道的版权销售工作。2013年，主要集中在电信运营商动漫基地的CP版权代理业务。由于目前电信运营商的动漫基地已经可以保证正常的业务结算，与电信运营商动漫基地合作的CP需要持续更新的大量动漫内容，所以2013年在这部分市场，版权代理业务非常活跃。

第二类公司为专业的版权运营公司，此类公司是目前中国动漫产业最缺失的，同时也是专业性要求非常高的一类公司。此类公司的代表为：北京快乐工场文化传播有限公司。快乐工场在2013年的动漫版权运营方面比较活跃，围绕其旗下的知名品牌《神印王座》，开发包括：漫画、游戏、动画电影、周边等全版权领域产品，打造了以"漫画"为核心的动漫全版权运营模式。随着中国数字动漫产业链的逐渐完善，这种动漫全版权的运营模式，将会在未来普遍应用。

3. 技术部分

技术环节在中国数字动漫产业链中，属于支撑环节。在中国数字动漫产业的发展过程中，数字终端的硬件产品越来越多样化，随之而来的便是技术的变革，将传统动漫的内容，通过技术的转化，移植到数字渠道上进行传播；甚至直接在新型的数字终端硬件上，创建新型技术，直接颠覆传统动漫作品生产的生态链。

文化部在2013年9月，发布了"手机（移动终端）动漫内容要求"、"手机（移动终端）动漫运营服务要求"、"手机（移动终端）动漫用户服务规范"，这3项标准已在国家标准化管理委员会备案，连同2013年7月第九届中国国际动漫游戏博览会期间发布的"手机动漫文件格式"，4项标准构成了我国手机（移动终端）动漫行业完整的标准体系。"手机动漫文件格式"标准以图文并茂的形式，通过"数据类型""文件格式"等12个部分40多项条款，详细阐明了手机动漫产品创作生产方、电信运营商、智能终端和操作系统在线上传、下载使用的手机动漫文件格式。"手机动漫内容要求"全面归纳了手机动漫内容加工过程中的故事架构、镜头切分、画风实现、表现手法等创作规律。"手机动漫运营服务要求"集成中国移动、中国电信和中国联通三大运营商共同需求，推出了用于规范手机动漫运营商与内容创作生产方之间的接口。值得一提的是，为了方便手机动漫用户操作使用和保护其切身利益，"手机动漫用户服务规范"对手机动漫发行、运营、收费、用户投诉等服务行为也进行了规范。

4. 平台部分

2013年的数字动漫平台商，根据平台不同，分别呈现出迥异的特点。互联网动漫平台，由于优酷和土豆、爱奇艺和PPS等视频网站的资本整合，以及腾讯的强势介入，逐渐呈现出寡头现象；而手机动漫平台，除了电信运营商的既有阵营之外，第三方手机动漫平台则呈现出资本涌动、群雄割据的现象。

(1) 互联网动漫平台

目前中国的动漫类网站共分为三种类型，分别为：资讯类动漫网站、内容型动漫网站、"内容+资讯"型动漫网站。

2013年的互联网动漫平台，以内容型动漫网站表现最为抢眼。

第一类：资讯类动漫网站

资讯类动漫网站主要为展示动漫行业的咨询信息为主，主要代表网站有漫域网、中漫网、国家动漫产业网等。资讯类动漫网站的表现形式为动漫类门户网站，包含了门户网站的所有属性，包括新闻咨询、产业服务、作品推荐、周边开发等内容。

资讯类动漫网站的主要作用，在于为动漫爱好者、动漫行业从业者提供一个信息共享的咨询平台，如中漫网。历经数年，中漫网不断延伸构建、资源融汇和品牌化传播，已成为海内外了解中国动漫的重要窗口，是国内外动漫品牌商务推广的深度信赖的优质媒介平台。中漫网以多元包容的文化心态，积聚国内外近千名知名漫画家，孕育动漫新生代，成为中国动漫文化的创意和创新之源；以跨产业运营思路，遵循产学研一体化原则，嫁接政府、企业（产业基地）、教育学院（教学基地）、人才等多方面资源，形成独有的中漫人才智库，联合展开深度的产业分析研究和咨询服务，为中国动漫高端化、国际化提供基础条件。

第二类：内容型动漫网站

内容型动漫网站，主要是以展现动漫内容为主的网站，分为两类，分别为漫画类网站和动画类网站，其中，2013年的漫画网站，以腾讯原创动漫平台和有妖气原创漫画工厂最为活跃。腾讯动漫平台的原创漫画数量已经超过1.5万部，通过腾讯动漫平台，诞生了《中国惊奇先生》、《尸兄》、《神魔养殖场》等适合于互联网平台的作品，点击量均以亿为单位，可以说是创造了互联网动漫平台的新模式。加上腾讯动漫平台既有的动漫内容，可以说已经一跃成为中国最大的原创漫画互联网平台。有妖气原创漫画平台，经过4年的发展，也在2013年迎来了一次飞跃，完成了新一轮注资，在漫画改编动画、游戏等方面均有突破。

2013年的动画网站，频频发生投资、并购事件。视频网站第一阵营优酷、土豆完成整合，同时又引入阿里巴巴作为战略投资方，使得优酷土豆集团，进一步稳固了日本动画在中国视频网站的第一流量入口位置。爱奇艺和PPS的合并，也使得国产动画作品更为集中。一直以"宅文化"、"弹幕"概念吸引流量的"bilibili"网站，也在2013年完成了新一轮融资。

第三类："内容+资讯"型动漫网站

"内容+资讯"型的动漫网站，其典型代表为腾讯动漫频道，腾讯动漫频道在发布动漫产业资讯的基础上，汇聚了大量国内外动画和漫画内容，通过腾讯QQ客户端的用户资源，传递动漫资讯以及动漫内容。

（2）手机动漫平台

手机动漫平台，在2013年也发生了比较大的格局变化。

手机动漫平台主要分为两个阵营，一方面是以中国移动、中国电信、中国联通为代表的三大运营商手机动漫基地，另一方面是逐渐兴起的第三方手机动漫客户端。

三大运营商的手机动漫基地，以中国移动为例。

2013年，中国移动手机动漫业务全国累计收入超10.23亿元，累计注册用户达1.4亿。2013年累计引入超过700家CP，上线动漫作品超25万个，动漫形象超2600个，其中知名作品如《斗罗大陆》、《偷星九月天》、《神印王座》，知名形象如张小盒、纳尼兔等。截至2013年底，累计215家CP收入突破百万元，27部作品收入突破百万，49部作品收入突破50万元，作品累计收入第一名超1000万元，第二名超700万元，第三名超600万元。中国移动手机动漫基地可以说为产业发展提供了宝贵的参考经验。

2013年，手机动漫客户端市场，也是频频使得资本市场出手。"布卡漫画"、"魔屏漫画"等手机漫画工具，也纷纷引入资本。"魔屏漫画"更是引入了知名动漫企业"奥飞动漫"的投资。不过此类手机漫画的工具产品，一直以来是以盗版漫画内容吸引用户，发展前期一直处于野蛮生长状态。随着国内版权市场的逐渐规范化，以及腾讯动漫斥巨资引入日本集英社正版漫画内容，此类手机漫画客户端需要及时考虑转型，否则未来版权风险将是此类公司发展的隐患。

值得一提的是，"闪兔漫画"是2014年推出的一款针对青少年的手机漫画平台，专门为青少年量身订制的一个手机看漫画的平台，在漫画生产环节，颠覆了传统出版漫画的生产方式，主打"为屏而生的漫画"，在移动互联网这个层面，重新定义了"漫画"。而随着智能手机的普及，互联网用户的低龄化，相信这种"中国的、原创的、为屏而生"的漫画平台，会获得更大的市场和资本的期待。

（二）网络（数字）动漫产业生产规模及竞争格局

2013年，在产业格局方面，数字动漫迎来新的发展机遇和挑战，互联网平台级企业依据自身优势创建了用户群体庞大、体验性良好的动漫频道，而各大互联网专业动漫网站也开始向手机端拓展，各种阅读类网站、应用也纷纷增加动漫类别。与此同时，我国主要的电信运营商也不断加大对动漫的投入，形成了多方竞争的产业格局，具体来看：

第一，电信运营商内部竞争加剧，中国移动手机动漫基地在2013年完成了10亿的收入，中国电信的动漫运营中心紧随其后，全年完成1.6亿收入，而中国联通动漫运营中心也在江西成立，形成了运营商内部的手机动漫竞争局面。

第二，互联网动漫平台，由于盈利模式不清晰，一直处于烧钱状态，已经逐渐进入资本时代。目前互联网平台也仅剩腾讯动漫和有妖气两个用户级的平台领跑。

第三，手机动漫平台，尚处于起步阶段，正是盗版内容泛滥、野蛮生长的阶段。也因此催生出布卡漫画、魔屏漫画等以盗版漫画吸引用户的工具型产品。

其中，主要以两类结构为主，分别是互联网和手机平台：

1. 以网络传播为主的市场规模及分布结构

2014年1月16日，中国互联网络信息中心（CNNIC）在京发布第33次《中国互联网络发展状况统计报告》显示，截至2013年12月，中国网民规模达6.18亿，全年新增网民5358万人。互联网普及率为45.8%，较2012年底提升3.7个百分点。综合近年来网民规模数据及其他相关统计，中国互联网普及率逐渐饱和，互联网发展主题从"数量"向"质量"转换，具备互联网在经济社会中地位提升、与传统经济结合紧密、各类互联网应用对网民生活形态影响力度加深等特点。

中国网民规模和互联网普及率

年份	网民数(万人)	互联网普及率
2005	11100	8.5%
2006	13700	10.5%
2007	21000	16.0%
2008	29800	22.6%
2009	38400	28.9%
2010	45730	34.3%
2011	51310	38.3%
2012	56400	42.1%
2013	61758	45.8%

来源：CNNIC中国互联网络发展状况统计调查　　2013.12

图1　中国网民规模和互联网普及率

随着版权正版化越来越受到重视，现在很多大型出版、文化、传媒集团也逐步开始动漫网站正版化运营之路，但由于网络用户付费习惯并未养成，广告收入又难以支撑网站运营，导致版权方的收益问题仍存在诸多困扰，特别是个人作者难以获得收益保障，造成动漫网站整体运营困难。

2013年，以网络传播为主的产业规模，主要体现在两个方面。

一方面是动漫类网站对于动漫版权的采购，主要集中在以爱奇艺、优酷土豆为代表的网络动漫播出平台。2013年的版权采购，依然以大宗优质版权采购为主，重点是日本动画的采购。

2013年的几大视频网站对于动漫内容的采购金额超过5亿元人民币。

各大视频网站在2013年对于动漫类内容的主要诉求是为网站主站提供流量，并没有在动漫内容本身产生过多收益，除了少量的精品动画内容可以引进广告主之外，大部分动漫内容并无法直接从网络本身获得收入。网络部分的广告收益在未来的2-3年内会有一个放量式爆发，但近期内较难实现。

另一方面，是基于优质动漫作品改编的游戏产品，通过互联网动漫平台联合运营的方式，所产生的收入规模。这部分产业规模，主要集中在腾讯动漫和有妖气这两大平台。

动漫作品到游戏产品的转化，在未来的动漫类网站会成为流量变现的主要方式，这部分收入在2013年达到5亿元规模。

因此，2013年，以网络传播为主的动漫产业规模约为10亿元。

2. 以手机传播为主的市场规模及分布结构

截至2013年12月，中国手机网民规模达到5亿，年增长率为19.1%，继续保持上网第一大终端的地位。网民中使用手机上网的人群比例由2012年底的74.5%提升至81.0%，远高于其他设备上网的网民比例，手机依然是中国网民增长的主要驱动力。

在3G网络进一步普及、智能手机和无线网络持续发展的背景下，视频、音乐等高流量手机应用拥有越来越多的用户。截至2013年12月，我国手机端在线收看或下载视频的用户数为2.47亿，与2012年底相比增长了1.12亿，增长率高达83.8%，在手机类应用用户规模增长幅度统计中排名第一。用户上网设备向手机端转移、使用基础环境的改善和上网成本的下降是手机端高流量应用使用率激增的主要原因。

以移动终端为载体传播动漫，使得通信增值业服务和传统动漫产业都拥有了新的市场前景，众多的投资商、运营商以及动漫制作公司的投资热情将在极大程度上推动手机动漫内容的丰富与更新。手机的随身性、精准性、及时性和互动性，有助于手机动漫的精准投放和有效传播。手机动漫业务平台将动漫和手机结合，使传统动漫产业延伸到了移动通信领域，通过庞大的移动手机用户群促进动漫产业的发展。当前，我国手机动漫产业主要在内容提供方、运营商以及用户之间形成了一个完整的产业链条，同时发展出了一个全新的营销模式，即拥有动漫内容或形象版权的企业或者个人，将作品和动漫形象通过合作的方式授权给电信运营商，而运营商通过将动漫内容进行进一步的加工和整合，同时通过以自身网络渠道优势建立起来的动漫平台将动漫内容和产品推广给用户，并实现计费。在计费环节结束后，运营商与动漫企业和个人进行收入分成，构成完整的手机动漫业务营销模式。

（1）中国移动手机动漫基地

以中国移动手机动漫基地的实践为例，动漫内容的创作者和提供方通过合作的方式将拥有版权的动漫作品授权给中国移动，利用中国移动的渠道优势进行动漫内容和产品的发行，而中国移动在接受授权之后，一方面对动漫内容进行创新，通过彩信、Wap、Web及客户端等方式为用户提供丰富的动漫产品；另一方面，对动漫产品进行运营，加入用户参与元素，为个人用户提供动漫内容 DIY 的渠道，调动终端用户的积极性，促进手机动漫产业的发展。

手机动漫作为传统动漫在移动互联网的延伸和发展，其发展前景十分广阔。艾瑞咨询的调研数据显示，全国动漫爱好人群约 2.3 亿，其中 54.3% 的人对手机动漫感兴趣，有 58% 的用户愿意每月支付超过 5 元的使用费。2013－2015 年是手机动漫市场从发展到成熟的时期，愿意支付 5 元使用费的手机动漫用户预计将达到 5000 万。

自 2011 年 4 月，中国移动在全国 6 省市开启手机动漫业务试商用，基地当年就已实现收入超 5000 万元。2013 年，手机动漫基地围绕"塑品牌、促转型、提价值"的总体运营思路实现快速增长，全国累计收入超 10.23 亿元，累计注册用户达 1.4 亿。

（2）中国电信动漫运营中心

2013 年，中国电信动漫运营中心收入规模达到 1.6 亿元。

截至 2013 年 10 月底，中国电信爱动漫年度访问用户超过 1.2 亿户，预计年底将超过 1.5 亿户，全年手机流量将超过 1300G。运营中心收入规模达到 1.3 亿元，预计 2013 年全年收入将完成 1.6 亿元，其中用户订购自主订购收入将达到 1.2 亿元。而上年同期用户订购自主收入不足 600 万。

因此，2013 年以手机为传播方式的市场规模约为 12 亿元。

（三）网络（数字）动漫产业的营销模式及盈利状况

目前中国数字动漫产业链当中的四种类型公司，均有各自不同的盈利模式。其中运营型公司和平台型公司为主要盈利公司。

1. 内容型公司

内容型公司，作为数字动漫内容的生产机构，在数字领域的商业模式主要以版权分销为主，将其作品的信息网络传播权，以许可授权的方式，允许第三方机构或平台在约定的渠道范围内传播，并获得相应的收益。通常内容型公司的主要盈利点不在于数字渠道，而是来自传统线下周边衍生品的收入，所以对于内容型公司来说，数字渠道是一个非常好的推广渠道，并不是盈利渠道。

目前国内大部分内容型公司在数字领域的收入都来自于版权代理公司和视

频网站的版权采购，其版权采购收入所占内容型公司整体收入的5%。

2013年，涌现出一批专门为动漫网站制作内容的机构，如《中国惊奇先生》的内容生产方重磅漫画。同时，大量个人创作者，也纷纷加入数字动漫的内容创作，如《尸兄》作者七度鱼。腾讯动漫更是在2014年宣布以百万年薪签约七度鱼。

2. 运营型公司

运营型公司，是数字动漫产业当中盈利空间较大的公司，同时也是最关键的环节，在数字领域的盈利模式有两个方面：版权分销和版权运营。

版权分销环节，需要先对版权内容进行采购，然后对所采购的内容，针对不同的渠道，进行版权销售，从而获得收益。通常运营型公司在版权分销方面的收益毛利率在20%－30%。

版权运营环节，是整个数字动漫产业链中最重要的环节。通过对采购的版权内容，进行分拆化处理，对数字渠道中的用户做针对性的用户需求分析，策划出适合每一个数字渠道适用的产品形态，进行版权内容的再创作、再生产，继而到数字渠道的终端进行销售，实现用户的付费转换。优秀的版权运营公司，可以在数字渠道中，将动漫内容打造为动漫品牌，继而延伸到线下实体衍生品，形成动漫产业的品牌。

此类型公司的典型代表有两类：第一类，是属于自有知识产权的运营公司，如北京快乐工场文化传播有限公司。快乐工场旗下知名漫画作品《神印王座》，正在以动漫全版权的运营模式，这种多平台、多渠道、产品多样化的模式，在未来值得期待。第二类，属于版权代理公司，如炫果壳（北京）信息技术有限公司，炫果壳通过为中国移动手机阅读基地提供漫画频道技术服务，汇聚了大量数字漫画版权，已然成为国内最大的手机漫画内容机构，并在中国移动阅读基地漫画频道收入第一。

3. 技术型公司

技术型公司在数字动漫产业当中的角色非常清晰，为平台型公司提供技术支撑服务，盈利模式主要来自于用户平台的技术支撑费。以中科亚创为例，中科亚创为中国移动动漫基地提供手机动漫技术支撑服务，中国移动动漫基地根据中科亚创每年提供的服务内容，支付相应的技术支撑费用。此类公司主要集中在三大电信运营商的动漫基地平台。

4. 平台型公司

2012年，平台型公司的盈利模式分两类，分别是广告模式和付费下载模式。2013年，随着平台型公司的发展，游戏联运的模式逐渐成为平台型公司的主要收入来源。

广告模式，主要体现在动漫类网站，通过搭建动漫内容发行平台，采购优质的动漫版权内容，吸引网站流量，增加用户粘度，通过广告销售的模式实现收入。

付费下载模式，主要体现在电信运营商，通过动漫基地的建立，搭建基于手机的动漫内容发行平台，实现手机wap网站、手机客户端以及多元化数字动漫衍生品的产品传递，通过让手机用户付费下载的方式，实现盈利。

游戏联运的模式，主要是在动漫平台开通游戏频道，将平台用户引入游戏频道，通过游戏内道具付费的模式对用户收费，平台与游戏厂商以一定的比例进行分成。

以中国移动动漫基地为例，针对手机动漫业务，中国移动动漫基地开发了两类产品形态，分别为：阅读型产品和应用型产品。

阅读型产品，即原始动漫内容直接移植到手机平台上，让用户进行观看，主要产品体现为手机动漫杂志、手机漫画、手机动画等产品，此类产品的收费模式主要分两种，一种是点播计费模式，一种是包月模式。

应用型产品，即将动漫元素通过植入到传统手机应用过程中而形成的手机产品，也称之为数字动漫衍生品，其主要产品体现为：手机彩漫、手机彩像、手机桌面、手机动漫主题等应用型产品，此类产品的收费模式同样分两种，一种是点播计费模式，一种是包月模式。

以上两类产品均可通过中国移动动漫基地搭建的手机wap网站、手机客户端渠道推送至手机用户，使手机用户可直接在wap网站或客户端操作，进行付费下载。

（四）网络（数字）动漫发展地域特色与数字化制作平台建设状况

1. 网络动漫平台

基于互联网传播的动漫平台的地域分布，主要集中在北京、上海等大城市，其动漫作品本身的数字化制作，相对比较成熟，可直接将传统电视播映的内容，进行简单的技术转换，移植到互联网平台进行播放。

2. 手机动漫平台

手机动漫平台，主要集中在三大运营商。其中，中国移动、中国电信两大运营商的动漫基地已经落户厦门，以中国移动为例，目前已经推出了自己的手机漫画制作工具，并且在厦门本地搭建了几十人的手机漫画制作团队，为500多家移动动漫基地的CP提供手机漫画切图服务。可以说，目前厦门已经成为了目前中国最大的动漫数字化制作平台集散地。

随着青少年的智能手机普及程度越来越高，基于低龄用户的手机动漫平台价值逐渐凸显，以闪兔漫画为代表的基于青少年的手机漫画平台，会逐渐走入漫画作者的视野。

三、年度影响网络（数字）动漫产业发展的重要事件

1. 2013年1月17日，腾讯游戏签约集英社11部漫画的电子版发行权，并与万代南梦宫合作推出《火影忍者01》。这是集英社历史上首次在中国授权漫画电子版权，此次批量授权也堪称是中国动漫界最大规模的对外版权合作。

2. 2013年2月18日，国家新闻出版广电总局下发了《关于2012年度全国电视动画片制作发行情况的通告》。据统计，2012年全国制作完成的国产电视动画片共395部222938分钟，分别比2011年下降9%和15%，这也是自2004年以来，国产电视动画片年产量首次出现回落。在4月举行的第9届中国国际动漫节上，总局宣布不再公开动画分钟数排序，而是将评优推优放在首位，并引入了重播率等指标。

3. 2013年3月26日，人气网络漫画《十万个冷笑话》开启了"史上第一部众筹（公众集资）电影，征求十万个微投资人"活动，以此集资到其剧场版动画的启动资金。6月底，《十万个冷笑话》大电影项目在网上募集资金超过100万项目设定额，成为中国首例通过众筹方式融资成功的电影。

4. 2013年6月，广电发布《关于进一步加强国产电视动画片内容审查的紧急通知》。10月12日，央视在《新闻联播》点名批评《喜羊羊》、《熊出没》，

称这两部动画存在暴力失度、语言粗俗等问题。与此同时，十家动画制作机构和十大动画播出机构联合发出倡议，号召全行业承诺不制作、播出暴力失度、语言粗俗的动画片。

5. 2013年7月10日，文化部在中国国际动漫游戏博览会上发布消息，2012年中国动漫产业总产值达759.94亿元，较2011年增长22.23%。其中，漫画、动画、新媒体动漫方面产值分别为30.45亿元、86.41亿元和58.36亿元。

6. 2013年8月30日，国家手机（移动终端）动漫行业标准发布会在清华大学举行。11月22日，即电信爱动漫揭牌成立三周年之际，中国电信动漫运营中心联合漫友杂志、奥飞动漫、炫动卡通等100多家动漫业内骨干企业和机构，在厦门共同成立"中国新媒体动漫联盟"。

7. 2013年10月12日，国家新闻出版广电总局下发《关于做好2014年电视上星综合频道节目编排和备案工作的通知》，被称为"加强版限娱令"。其中，要求各卫视平均每天早上8时到晚上21时30分要播放不少于30分钟的国产动画片的规定格外引人注目。

8. 2013年10月14日，中国互联网上出现一则名为《领导人是怎样炼成的》的动漫视频，引起网友热议。这既是中国干部选拔制度首次通过讲故事的形式介绍，也是中国国家领导人首次以卡通角色形式出现在公众面前。

四、总结与展望

（一）总体态势

发展动漫产业，对于满足人民群众特别是青少年的精神文化生活需求，拉动文化内需，培育新的经济增长点，具有积极促进作用。手机动漫作为一个创新型的产业，正在以一个迅猛的速度增长，从2009年到2012年，手机动漫市场规模从6亿元增长到了16亿元，其中在2009年至2012年，平均增幅超过了25%，预计在未来几年，我国手机动漫产业的市场规模将持续增长，到2014年，随着我国动漫产业的发展，手机动漫的市场规模将会突破30亿元，发展前景广阔。

未来几年，我国的手机动漫将处于快速的发展时期，并将呈现出以下四个方面的发展趋势。

1. 4G成发展催化剂

随着4G商用进程的深入推进，4G终端的逐渐普及，以及动漫产品本身的丰富，庞大的手机动漫消费市场将进一步被激活。4G商用对于手机动漫的影响显而易见，带宽的提高使浏览速度更快，体验更好；智能手机的逐渐普及带来全新的感受。尤其是千元智能手机的不断推出，将使手机动漫的接受程度越来越高。

2. 内容走向"全民创作"

随着4G技术的发展，无论是动漫从业者，还是普通网友，都可在平台上在线制作、上传、下载自己创作的手机动漫，平台同时提供计费功能，能够与电信运营商、银行实现网间结算，保护创作者的利益。由此表明，平台为"全民创作"提供了机会，手机动漫能否实现跨越式发展还有赖于"全民创作"与"全民参与"，大众化和品牌化将成为手机动漫的发展方向。伴随着手机动漫业务的推广，将有望加速传统动漫产业与新媒体的融合，形成新的动漫产业价值链，成为新的业务增长点。

3. 技术标准的不断完善和渠道的多元化发展

来自政府或民间的关于对中国民族动漫产业的保护声音越来越多，中国手机动漫技术企业在政策上将享受更优惠的条件。中国手机动漫技术企业要尽快开发出符合本国市场环境的手机动漫应用技术，积极实施普及技术的蓝海战略。庞大的中国市场将允许不同的技术标准，给更多的技术公司、内容公司以更多的发展空间。

此外，在技术标准、渠道建设方面，为中国巨大的市场潜力提供了更多的发展空间。作为行业领导者的运营商，应当主导建立一个更加开放的产业价值链，通过免费WAP渠道、手机终端渠道、手机零售渠道等多元化渠道的建立，为中国手机动漫产业带来崭新的发展机会。

4. 中国移动作为运营商代表，将进一步推进手机动漫产业发展

作为当前手机动漫产业的主要发展力量，中国移动现拥有6.5亿用户使用200多种不同分辨率的屏幕、27000多种机型。中国移动可以为任何有能力的企业，免费提供导入工具。基地发布的漫画制作工具操作简单，使开发者能更加快速、便捷地制作出手机动漫产品，极大提高素材加工能力，降低开发者接

入门槛,对动漫新作的产量、产能是一个强有力的保障。2013-2015年是手机动漫市场从发展到成熟的时期,预计至2014年中国移动手机动漫基地的付费用户将达到9800万人,动漫基地用户将占手机动漫整体付费用户的50%,并预计将在2015年达到60亿规模,占手机动漫市场整体70%,进一步推动我国手机动漫产业的发展。

(二) 我国手机动漫发展面临的主要问题

手机动漫突破发行渠道薄弱的困境,为动漫产业的发展开辟了新的盈利空间,但是市场繁荣背后隐藏着许多的发展问题:

首先,手机动漫产业发展需要突破内容瓶颈。在我国现有的手机动漫运营模式中,运营商在动漫产品版权的价值链中起着主导作用,网络的质量、用户的注册和管理、费用的收取等几乎都由运营商掌控,而动漫内容提供商的作用却相对较小,这样的模式也导致了内容提供商积极性不高,内容创作成为了当前手机动漫产业价值链中最为薄弱的环节。虽然手机动漫市场发展潜力巨大,但是目前动漫内容相对匮乏,尤其是缺少富有创意的精品内容,此状况被业内所公认。手机动漫产业被"内容"拖住了前进的步伐,而这一环节的发展水平直接决定着整个产业的发展水平,内容成为了制约我国手机动漫发展的关键因素。

其次,盈利模式尚不清晰。手机动漫产业也属于新媒体动漫产业的一个分支,其当前主要的商业模式有两种。一种是内容支撑型,主要通过动漫产品的在线付费阅读或实体书的在线售卖、版权运营、卡通形象授权、基于内容的增值服务等方式获得利润;另外一种是广告支撑型,主要通过具有竞争力的内容资源吸引大规模受众,内容免费,通过广告进行交叉补贴的方式获得收入。鉴于目前我国的手机动漫业务还处于发展的初步阶段,整体的内容质量不佳、用户规模还有待扩展的现实,手机动漫产业还缺少一个清晰的盈利模式。

最后,创意型人才的匮乏,直接影响了我国手机动漫产业的发展。人才,尤其是高层次创意人才的匮乏,是造成我国当前手机动漫产业发展相对滞后的主要原因。原创作品缺乏人才,最直接的影响便是所创作的作品质量低下,缺乏黏性。

（三）未来发展建议

面对着当前发展所存在的一系列问题，我国手机动漫要实现良性、快速的发展，必须通过以下几方面的努力。

首先，产业扶持政策持续加强。政府要大力扶植，推动手机动漫内容的发展。政府应当制定相应的政策引导手机动漫发展，提供一系列措施为运营商、设备商、内容提供商提供良好的发展环境。虽然，我国政府在鼓励动漫内容原创方面作出了自己的努力，如文化部近几年每年都通过专项资金来扶持国内优秀国产原创手机动漫作品和作者，但是推动力度仍然不够，对手机动漫的扶植力度仍有待加强。

其次，要加强对手机动漫特性的研究，推动动漫内容的创新。目前，由于手机动漫还处于市场发展初期，无论是业界还是学界对手机动漫这一艺术形式都还缺少深入研究，不能等同于简单的网络娱乐型动漫，也绝不只是手机和动漫的简单相加。手机动漫行业作为经济发展的一个新增长点，其运营发展也属于市场经济的交易行为，因而，在内容题材、艺术表现等方面都应有别于网络娱乐动漫，作为产业链重要的两个环节——动漫内容提供方和运营商，首先要对手机动漫形成正确理念，在针对当前手机动漫内容研发针对性不强、许多手机动漫内容是从传统动漫中选择出来的现状，不断加强对手机动漫特性的研究，推动内容和服务的创新。

再次，重视手机动漫从业人员的培养。拥有创新思维、人文素养、文化艺术审美等综合能力的人才是手机动漫产业的宝贵财富，所以必须充分重视动漫人才的培养和储备。目前应该主要依靠和改革动漫学历教育，改变传统的模式化教育弊端，在有条件的院校开设手机动漫专业或课程，国家对这种新的教育教学模式在政策上进行大力扶持。同时，鼓励院校成立手机动漫工作室，并辅以多种扶持政策。另一方面从人才储备来讲，要从小培养孩子的创造力，青少年观看动漫作品，潜移默化地吸收动漫的语言和素材形态，从而形成一定的动画鉴赏力，为以后的动漫人才培养做好充分的战略储备。此外，除了培养既懂技术又懂艺术的设计人才外，还要培养制作管理人才及后期营销人才。

最后，建立有效的知识产权保护体系。发展手机动漫的核心政策问题是对动漫内容的版权保护问题。动漫产品的核心是动漫原创创意的知识产权，如果动漫的创意版权不能被有效保护，那么手机动漫产业的衍生开发价值就失去了意义，版权保护问题关系着我国手机动漫产业能否持续良性发展。

（曾龙文单位：北京快乐工场文化传播有限公司；高巍单位：中国移动手机动漫基地）

2013–2014 中国博客与播客出版产业年度报告

张孝荣

一、中国博客类应用与播客类应用发展概述

（一）中国博客类应用发展概述

1. 博客数量增长，活跃度持续下降

截至 2013 年 12 月，我国博客和个人空间用户数量为 4.37 亿，较上年底增长 6359 万。在网民中，博客和个人空间用户使用率为 70.7%，较上年底上升 4.6 个百分点[1]；另一方面，博客用户规模在网民总量中的比例继续降低。2013 年底，博客用户在网民中的占比为 14.2%，相比 2012 年底下降 10.6 个百分点。

此外，统计显示，博客用户活跃度持续下降。仅仅在 2013 年下半年，博客总访问次数同比下降 27.2%，总浏览页面下降 22.3%[2]。

2. 微博用户数量由高走低

2013 年，作为博客衍生的新形态，微博的发展也出现了重大转折，用户规模和使用率均出现大幅下降。根据 CNNIC 统计，截至 2013 年 12 月，我国微博用户规模为 2.81 亿，较 2012 年底减少 2783 万，下降 9.0%。网民微博使用率为 45.5%，较上年底降低 9.2 个百分点。

同时，手机微博用户数量也在下降。截至 2013 年 12 月，我国手机微博用

---

[1] 数据来源：中国互联网络信息中心（CNNIC），《第 33 次中国互联网络发展状况统计报告》，2014 年 1 月 16 日。
[2] 数据来源：CNNIC 中国互联网络数据平台（www.cnidp.cn），2014 年 1 月。

户数为1.96亿，与2012年底相比减少了596万，下降2.9%。手机微博使用率为39.3%，相比2012年底降低了8.9个百分点。

微博发展并不乐观的原因，CNNIC认为主要有两个：一方面，基于社交网络营销的商业化并不理想，盈利能力有限；另一方面来自于竞争对手的冲击导致微博用户量下降。由于手机端应用的使用独占性较强，类似平台性手机即时通信的快速发展及其对微博功能的高度重合分流了部分手机微博用户。也有分析机构认为，微博产品设计欠佳，用户运营不足，监管压力加大也是造成微博发展看空的一个重要原因。

关于微博数量下降的统计引起了争议，新浪微博发布了自身数据。根据新浪微博官方公布数据，到2013年，新浪微博用户数达到5.4亿，增长速度明显放缓。微博活跃用户保持在10%左右，即每日活跃用户达到五千万以上。人均在线时长60分钟。

3. 类博客自媒体崛起

虽然博客和微博均有下滑表现，但另外一种新形态的博客——自媒体在2013年大"火"，许多博客写作者、媒体专栏作家，以及向各大网站投稿的写手都开始自称自媒体人。所谓自媒体，可以视为是一种简化版的博客，以微信公共号为代表，信息生产和发布与博客类似，但传播途径与博客不同，自媒体的传播范围主要以通讯录里的好友为主，有的平台上，也会通过门户网站推荐给公众。

自媒体一词，在不同语境中有不同含义，大致可以分为自媒体作者，自媒体平台两大类，前者一般是个人或机构，后者一般是指通过提供自媒体服务的网站。其中最为典型的是微信公众账号，下面以此为例进行介绍。

微信公众帐号发展速度较快。2013年7月3日，在腾讯合作伙伴大会上，微信宣布已经有超过100万的公众账号，其中认证过的公众账号超过4万，超过70%是企业用户；11月18日腾讯宣布公众账号增长到200多万个，其中经认证的公众账号超5万个。

这些账号具有推送新闻信息和一定的交互功能，具有与博客类似的功能，或可视为一种新形态的博客。在腾讯公司提供的微信公众平台上，个人和企业都可以申请注册一个微信的公众号，实现内容分享。这种分享主要包括文字、图片、语音三类信息。一般来说，自媒体均可以跨平台（手机和PC平台）使用，如微信公众平台支持 PC 和智能手机网页登陆，并可以绑定私人帐号，在微信的朋友圈内进行分享。

腾讯公司看好自媒体发展，2014 年，将微信公众平台升级为公司战略级应用。此外，其他各大网站，搜狐、网易、百度和 360 均推出了各自的自媒体平台。另外，也有一些独立的科技类自媒体平台崛起。

（二）中国播客类应用发展概况

1. 播客类用户数量持续增长

截至 2013 年 12 月，中国播客类应用用户规模达 4.28 亿，较上年底增加 5637 万人，增长率为 15.2%。网络视频使用率为 69.3%，与上年底相比增长 3.4 个百分点[①]。

需要提醒的是，这里提及的播客用户数量，主要是指提供播客服务网站的注册用户，而非此类网站中能够提供视频的 UGC 用户。当前，这种能够播客服务的网站，主要是提供视频分享的网站。

目前信息流正在由文字和图片时代进而向视频时代转移，视频时代已经全面来临，视频服务是目前占用用户时间最多的移动终端内容，2013 年移动端视频流量也越来越大。笔者认为，播客类用户数快速增长，得益于以下三方面的改善：首先，移动互联网发展建设和移动视频设备为播客类应用提供了更好的使用条件，碎片化时代正在成为一个趋势。而在碎片化时代，网站提供的短视频新闻优势颇多；其次，播客类应用内容更为丰富，吸引更多网民在线收看视频；再次，播客类应用与传统电视媒体的深入合作，带动了播客类应用的发展。

2. 行业格局大幅度调整

从行业来看，2013 年，中国播客类应用行业发生显著变化：战略层面上，视频网站并购和整合力度加大，出现跨行业、线上线下等方面的整合，大幅度改变了行业格局。产品层面上，视频企业不但加强了 PC 端和移动端产品的优化升级，而且加强了与客厅娱乐相关的业务推进，围绕"家庭娱乐"推出了与播客类应用相关的机顶盒、路由器、互联网电视等硬件产品，力求打赢"客厅争夺战"。网站内容层面上，不少视频企业一方面加大自制剧的开发，以降低

---

① 数据来源：中国互联网络信息中心（CNNIC），《第 33 次中国互联网络发展状况统计报告》，2014 年 1 月 16 日。

版权购买成本、减少亏损，另一方面加强线下热播剧目的购买力度，以吸引新客户、增加广告收入。

2013年是市场加速洗牌的重要一年，一些处于第二阵营的视频网站积极寻找出路——中小视频网站或被大网站收购，或被关闭转型。手机是2013年视频行业的发展重点，已呈现井喷式增长，今年增长势头还将继续。

2013年5月，百度以3.7亿美元收购PPS视频业务与爱奇艺合并，同年10月，苏宁联合弘毅资本以4.2亿美元战略投资PPTV，对市场格局造成了强烈冲击。随着视频行业集中化加剧，落后者生存环境愈发恶劣，预计2014年仍将发生新的投资并购事件，对行业格局带来新变化。

视频分享强调"内容为王"，传统互联网视频服务商凭借多年积累基本上已经将市场瓜分完毕，企业竞争向纵深方向发展，除了横向并购外，还与上游内容制作、下游硬件厂商结合，发展模式更加丰富。在这一市场上鲜有新进竞争者加入，未来市场在视频内容、用户服务等方面的竞争将非常激烈。

3. 播客向手机快速渗透

随着千元智能手机的普及、手机上网速度的提升、资费的下调，手机播客已经拥有了一定的用户基础，并逐渐成为视频分享网站的新宠。

2013年中国手机播客市场开始了规模性商业化，手机播客流量、装机量和营收均呈现加速增长态势。截至2013年年底，中国手机播客市场基本完成了用户积累，未来一段时间，在视频内容、用户服务等方面的竞争将非常激烈。

根据艾媒数据显示，2013年第三季度中国手机视频市场规模达2.91亿元，环比增长10.6%，同比增长209.0%；中国手机视频用户规模达2.33亿，环比增长9.9%。

从手机播客的市场份额来看，艾媒数据显示，优酷视频以20.1%的市场份额暂时领先其他竞争对手，爱奇艺紧随其后，用户占比为15.2%。搜狐视频借助本季度"中国好声音"的热播吸引了大批用户，表现抢眼，目前处于第三位，占比13.6%。

（三）收入规模

1. 博客收入进一步集中

博客收入。博客行业的收入总体上约达到15亿元，明显集中于新浪、腾讯两家公司。

从新浪博客来看，截至2013年9月30日九个月广告营收22亿元（第三季度财报），较上年同期增长21%。新浪博客流量约占网站（sina.com.cn）流量1/3（33.89%），产生的收入贡献大约为7.3亿元。

从腾讯博客来看，截至2013年9月30日（第三季度财报），网络广告业务收入为人民币13.9亿元，比上一季度增长7.2%。腾讯博客（qzone.qq.com）流量约占网站（qq.com）流量的1/2（51.57%），以此推算，产生的收入贡献大约为7.1亿元。

尽管其他网站也有博客服务，但是由于自身博客规模有限，因而产生的收入贡献也非常有限。例如，从排名第三的网易博客来看，网易2013年第三季度广告服务收入为2.99亿元人民币（4882万美元），但是网易博客流量贡献仅为1.28%，直接的收入贡献为300余万元，显然对行业整体收入影响不大。

从整体来看，与往年相比，专业博客托管网站收入总量大幅下滑。仅有少数BSP继续维持免费服务。如博客网、博客园这样的专业博客服务提供商，通过免费blog吸引注册，通过网络广告获取收入，网站收入规模均在百万人民币级。（注：由于经营不善，2013年3月31日，中国博客网blogcn.com宣布关闭所有免费博客，并清除所有免费用户全部数据。）

微博收入。2014年3月新浪微博招股书显示，新浪微博在2013年度广告和营销收入约为8.9亿元（总收入为1.48亿美元，其中来自阿里巴巴的高达4913.5万美元，占比三分之一），除品牌广告之外，更多存在于新浪微博广告位上的是中小企业推广，特别是淘宝商家。后者是影响微博广告收入的重要原因，得益于阿里巴巴的贡献。如果不考虑计入的阿里收入，新浪微博仍然亏损。

自媒体收入。当前，各自媒体平台尚处于投资建设阶段，未有明显的收入。

2. 播客类应用收入规模

由于播客类应用用户持续增加，视频分享网站平台价值凸显，广告厂商加大了在视频网站的投入力度，市场空间持续快速增长。艾瑞咨询数据显示我国播客类行业收入2013年达136.5亿元，预计2016年将达到332.3亿元，市场空间较2013年增长143%。

从总体来看，播客类应用60%的用户流量由大剧贡献，大剧营销已经成为视频营销的主战场。艺恩咨询的数据显示，网络播放量 TOP30 的大剧网络总播放量在腾讯视频总播放量高达 84.13 亿次，自成立上线至今，共 104 部热播剧播放量成功破亿，创下播放量全网第一的最高纪录。

随着视频广告的发展，在内容为王的视频行业，外在的广告创意形式也越来越重要。Millward Brown 最新发布的《视频广告投放趋势洞察》显示，广告主在 2014 年更加追求创意与媒体产品（比如定制剧目、软植广告等）的深度结合，其中冠名赞助、频道合作、病毒视频以及微电影等，都是广告主乐于尝试的新形式。

据中国互联网络信息中心的数据显示，受益于三网融合政策和宽带升级契机，IPTV 进入快速扩张期，2013 年轻松突破 3000 万户，市场规模估计可达到 28 亿元。业界最热的 OTT 电视（主要指互联网电视盒子）上半年已卖出了 600 万台，而上一年全年盒子销量仅为 200 万台。

二、主要博客与播客类应用服务商发展情况

（一）博客类网站竞争格局

综合 Alexa 流量、百度权重和谷歌网页级别等因素，国内前 10 名的博客服务商排名如下：

表1 国内主要博客服务商[①]

排名	网站	网址
1	新浪博客	http：//blog.sina.com.cn/
2	网易博客	http：//www.blog.163.com/
3	腾讯博客	http：//blog.qq.com
4	凤凰博报	http：//blog.ifeng.com/
5	点点网（轻博客）	http：//www.diandian.com/
6	搜狐博客	http：//blog.sohu.com/
7	天涯博客	http：//www.tianya.cn/blog/

---

① 数据来源：chinaz.com 网站排行榜 2014.2。

续表

排名	网站	网址
8	36氪	http：//www.36kr.com
9	Lofter（163）	http：//www.lofter.com
10	博客园	http：//www.cnblogs.com/

从上面统计中可以看出，博客市场的竞争者主要来自三个层面：一是大型网站的博客频道，如新浪博客、网易博客、搜狐博客和腾讯博客；二是新兴的博客托管商，如博客园、36氪和LOFTER、点点网；三是二线网站的博客频道，如凤凰博客和天涯博客。

在前10名博客服务商中，有6家来自门户网或者大型网站的博客频道；有3家来自独立博客。值得一提的是，新兴网站自媒体平台36氪异军突起，2014年进入博客行业前十名，而轻博客点点网排名有所退后。

当前竞争格局中，除几大门户网站之间的竞争外，主要竞争关系就是门户网站博客与独立网站博客。在博客市场整体大不如前的状况下，门户网站博客凭借整体流量和品牌优势，依然能够对网民具有较大的吸引力，且这类网站内容丰富，适合各类网民的需求，对保证网民规模和活跃度有明显作用；相比之下，由于独立博客没有门户靠山，且内容频道较为专业，所以这类博客的受众规模相对局限。

（二）主要服务商发展情况

1. 新浪博客

新浪博客是新浪网的主要频道之一，2012年在新浪网各频道中仅次于新浪微博，网站访问比例为30.59%，自从微博（weibo.com）独立运营之后，新浪博客对全站的流量贡献上升，2014年2月达到36.31%，居各频道之首。新浪博客自开设以来，依然保持名人明星的高端路线，虽然减少了宣传活动和品牌推广，但基本上维持预期的设想。虽然整体上缺少亮点，但仍然有一些创新：

（1）博客功能增加。除了告知用户如何快速备份新浪博客，还可以通过超级简单的方式自动生成电子书，新浪博客还在内部强化了SNS功能，博客用户可与长微博、微博互动。

（2）加大分享力度。由于微博和微信的分流，新浪博客上来自于各行各业的用户流失，新浪博客的流量产生了相对下滑的趋势。为刺激流量上涨，新浪博客在网站上增大了博客文章推荐的力度，能够使得更多的优质文章获得更多阅读机会，因此提高了用户写作积极性。此外，新发布的博客文章，可以同时发送到长微博和微博。

2. 点点网

点点网是中国最大的轻博客平台，是传统博客的升级和革新。点点网上线后日均新增注册用户2.5万，截至2014年年初，注册用户数为1819万，内容有3547万。

点点网开放式的博客平台，可以让开发者对博客模板进行自主开发。因此大批优秀的插画家、设计师、作家、摄影师、音乐人等文化创意产业人群进驻点点网，同时还包括近百家国际顶级画廊、媒体机构、出版商以及策展公司。点点网上的十大热门标签包括创意、摄影、阅读、插画、设计、电影、时尚、音乐、动漫、艺术，均聚焦于文化创意产业。

但点点网并没有成为一家预想中那样成功的网站。《创业家》杂志2013年春季刊发了《许朝军反思：点点网轻博客模式为什么失败》一文，总结了原因所在。点点网创始人许朝军说，根本原因在于"轻博客"是个超我产品。点点网的用户关心艺术、建筑、时尚，这已经上升到美学层次，是超我需求。豆瓣、轻博客都是超我追求，所以长不大，而微博就好像人的衣、食、住、行。其实点点网也不赖，只是从今天看来，它的用户需求并不多。

此外，点点网的赢利压力相对较大，市场竞争中处于不利地位。由于网易的Lofter、人人网的小站、新浪的Qing，这些竞争对手均是各自门户平台的延伸，盈利压力没那么迫切，重点在于用户的捆绑、内容的拓展、体验的连续性，因此，资源相对很少的垂直网站很难耗得起。

3. 新浪微博

2013年4月29日，新浪微博公司与阿里巴巴（中国）签署战略合作协议。阿里巴巴入股新浪微博之后，在带来了3.8亿美元的广告收入的同时，也让令人反感的硬性广告接踵而至。

2013年8月1日，新浪微博与淘宝在京召开产品合作发布会，推出新浪微博淘宝版，实现账号互通，淘宝卖家可在新浪微博淘宝版直接发布商品，并通过后台进行商品管理及商情监控。

2013年10月29日，以用户主动订阅为基础的新浪微博"粉丝服务平台"正式上线，所有认证用户均可申请使用。粉丝服务平台将帮助认证用户为主动订阅他的粉丝提供精彩内容和互动服务，被视为推动微博由"营销"平台向"营销+服务"平台转型的重要产品。与此同时，粉丝服务平台宣布推出开发者模式，对第三方开发者全面开放。

2014年2月25日新浪微博发布其2013年第四季度和全年财报。数据显示，新浪微博去年第四季度收入首次突破7000万美元，实现了300万美元的营业利润。

根据CNNIC发布的数据显示，2013年中国整体微博用户规模同比减少9%，而同期，用户向微信的发展却是一路高歌猛进。微博更富有媒体属性，主要收入也与广告相关，一旦用户增长率和活跃度出现下降，其广告效果也将大打折扣。相关数据显示，新浪微博2013年第四季度的用户增长率已经跌至历史最低，这对新浪微博发展而言无疑是个不容小觑的威胁。

4. 科技自媒体网站崛起

近年来移动互联网上大量新技术和新应用的出现，使得人们对于获取与这些新技术、新应用相关的知识的需求不断增加，由此一种新型的自媒体网站获得了较大的发展。这些自媒体网站包括36氪、虎嗅网、雷锋网、PingWest、爱范儿、果壳、知乎、ZEALER等，成为2013年度新锐传媒。它们是存在于大众平台与孤零零的自媒体之间的中型平台，它也是把自媒体聚合起来的平台。

这类网站运作模式类似《赫芬顿邮报》，不依赖传统媒体庞大的采编队伍，而是大量发掘业界写手和自媒体人的力量；不以长篇累牍的大块文章为特色，而是开掘"明星企业"的热点话题做"有观点"的深度稿件；不以面面俱到的海量信息覆盖读者的碎片时间，而是每天以少量精选的干货吸引读者眼球。

5. 门户网站自媒体

微信在自媒体平台成效方面则令人瞩目且成绩斐然。从公众账号诞生的那一天起，不少自媒体人便纷纷跟进。2013年腾讯合作伙伴大会上，腾讯宣布"自媒体精品百人计划"，入选自媒体可获得包括新闻客户端、腾讯网、手机QQ、微信、QQ空间、微博及QQ浏览器在内的腾讯全平台推广资源支持。2014年4月，腾讯宣布计划在一个月内正式上线微信广告自助平台，为平台双方的自媒体和广告主解决接入入口、数据查询、提账及广告投放、投放效果查询等问题，同时逐步完善广告优选算法，提升投放精准度，提升用户体验和流量变现效率。

2013年12月，百度旗下自媒体平台——百度百家上线，百度邀请专栏作者生产优质内容，宣称可进行推荐，产生收益。作者在百度百家发布文章，百度将流量导入，并将百度联盟广告客户和品牌客户引入页面，宣称广告品质参照门户标准，广告产生的收入100%返还给作者。百度百家还将引入品牌广告，包括定向投放、确定针对某一作者投放、领域内投放。

搜狐、360、网易都已经推出自媒体平台。搜狐自媒体平台基于搜狐新闻客户端，2014年的4月24日，搜狐宣布旗下搜狐新闻APP用户量突破1亿，9月突破1.5亿，订阅媒体和自媒体1200多家，包括报刊、电视、电台等主流媒体基本聚齐，成为移动互联网上最大的开放"全媒体平台"。而搜狐新闻客户端最新的一个战略动作，是打造开放的"搜狐自媒体平台"，吸引优秀的个人自媒体与机构自媒体入住。

2013年7月，网易宣布云阅读开放平台自媒体入口上线，除对自媒体开放付费阅读模式后，还将为自媒体人开放上线广告位售卖系统，并提供多类广告插入模式。运营网易新闻客户端的新媒体部门与门户各频道是独立关系，这导致网易新闻客户端运营部门不具备内容生产能力，所以其注意到自媒体生产的内容，获取形式则是通过约稿的形式进行。另外，网易旗下的有道云笔记似乎也有自媒体的迹象，已在试水"公众平台"。

2013年6月28日，360自媒体平台正式上线。据其工作人员介绍，微博粉丝上万用户都有资格申请加入360自媒体平台。这是一个很低的门槛，现在粉丝上万的微博用户不计其数。也就是说这个要求正好符合了自媒体"人人都是媒体"的说法。另外要求其申请微博账号的每条微博要求转发量达到300次。与此同时，360提供了自媒体脱离于微博、微信，独立建立入口的另外一种路径。这是一种更加令人心动的路径——APP。此前，360投资了自媒体APP生成公司"微窝"。自媒体以免费或低价的方式，自动将自己的自媒体生成APP，这一APP既可以获得微窝内部的推广，也可以自己进行发行，主要是在安卓平台上。

（三）播客类应用行业竞争格局

Hulu模式统一国内视频网站，成为行业主流。乐视、激动网等早期就采用了正版长视频模式的网站知名度不断提高，获得市场认可，而后百度爱奇艺、酷6等网站也加入这个行列。最初采用视频分享模式的视频网站，都逐步向Hulu模式转型，如优土网紧跟行业发展趋势，改走"UGC+Hulu"路线，在继续采用用户分享模式的同时，拿出高额资金购买影视长剧版权。

目前我国有各类视频网站总量约160家，在Alexa流量排名前五的为优酷网、土豆网、乐视网、迅雷看看以及爱奇艺，除了迅雷（看看）正在积极寻求上市之外，其余均为上市公司或者从属于上市公司。自2012年3月优酷与土豆合并，我国视频行业的竞争格局就出现了明显的变化，由原先的群雄纷争变为一家独大。

2014年初，行业领军企业优酷土豆集团公布了2013年第四季度及全年未经审计的财务报告。财报显示，优土集团2013第四季度首度实现单季盈利。2013年优土集团全年净营收为30亿元人民币；2013年第四季度净亏损为2460万元人民币，同比净亏损减少78%，毛利润为2.543亿元人民币，同比增长119%。优酷土豆预测2014年第一季度净营收将达6.8亿元至7.2亿元人民币之间、第一季度广告净营收将达到6亿元人民币至6.4亿元人民币之间。

播客行业水涨船高，不仅带来了产业规模的扩大，也导致了市场竞争的愈加激烈。随着智能移动终端的普及，播客行业争夺的阵地也逐渐从PC向移动互联网转移。用户希望随时随地获得高清、流畅的视频体验，由此对视频服务的技术提出了更高要求。

2013年，行业的整合并购出现井喷现象。爱奇艺并购PPS、SMG百视通控股风行网以及苏宁云商并购PPTV，都堪称大手笔。

2013年，UGC概念重新焕发生机。几乎以细胞裂变般的速度为众多视频企业所接纳。对此，爆米花网CEO吴根良指出，抢剧是为了抢独播权，而UGC则本身就是独家制作，其根本目的都是为了网罗用户，吸引广告主，但论及成本，做自制优势明显。

移动端发展快速，2013年底，使用移动端观看视频的用户数量已经超过PC端。从优酷土豆集团来看，该公司已经将PC端的优势过渡到移动端和客厅大屏幕。2013年6月，优酷土豆集团在业内首发多屏营销战略，并配套进行了一系列产品升级和多屏广告系统的打通；11月，集团在上海、广州举办资源推介会，更进一步推出多屏联投、创新广告、品牌剧场、自制节目以及活动营销五大模式，实现多屏时代视频营销模式的全面升级，为品牌传播提供了更大的平台和价值。

（四）主要服务商发展情况

1. 优酷土豆

2014年3月优酷土豆发布2013年第四季度财报宣布盈利。据了解，这是优酷土豆首次实现季度盈利，同时也是同类型视频网站的首次宣布盈利。

据优酷土豆CEO古永锵介绍，此前在PC端优酷土豆已经实现盈利，由于移动和多屏时代的到来，优酷土豆需要在这方面持续投入，目前移动端已经能有货币化回报。他同时透露，在智能终端方面，优酷土豆将联合多家牌照持有方及多家硬件厂商，通过提供内置在线视频服务的形式为客厅大屏端提供内容服务，先后与同洲电子、华数集团、海尔、长虹等牌照方、盒子和智能电视厂商进行合作，完成智能电视市场的布局。

2. 爱奇艺

2013年5月7日，百度宣布以3.7亿美元现金收购PPS视频业务，并将其与百度旗下视频网站爱奇艺合并，这使得一直在四五名徘徊的爱奇艺一跃成为视频圈的行业老二，仅次于也刚刚做完"拼盘"的"优酷土豆"。爱奇艺和PPS已经先后打通了会员登录账号、广告投放系统、内容生产平台、CDN和P2P技术。

2014年1月的艾瑞数据显示，凭借2013年第四季度启动的内容独播战略，如《爱情公寓4》、《来自星星的你》等影响力巨大的独播剧，爱奇艺PPS在PC和移动视频领域的增速再次提升，进一步扩大领先优势，视频市场已从爱奇艺、PPS合并初期的双极格局，向爱奇艺PPS独大的单极格局转变。

数据显示，2014年首月，爱奇艺PPS在PC和移动视频的月度用户覆盖分别达到3.09亿和0.94亿，并持续扩大领先优势。同时，来自数据分析机构iUser-Tracker的调查显示，爱奇艺PPS包揽了月度用户、日均用户、月度浏览时长和人均浏览时长排行第一，领先地位明显，表明爱奇艺PPS在2013年第四季度开始内容独播等战略已初见成效，播客类应用格局开始从双极向单极格局转变。

3. 搜狐视频

搜狐视频在行业中的位置原本不错，甚至一度能够位居行业的前二位。但是随着行业格局的大幅调整，优酷吞并土豆，爱奇艺合并PPS，搜狐视频排位有所下滑。搜狐视频没能做到更大的重要原因，有分析认为：首先，搜狐的品牌价值和入口价值正在逐步缩水。搜狐这一品牌，在年轻人的心目中知名度不大，而在老一代网民心中，代表的是门户的形象。其次，视频网站的同质化太过严重。用户没有忠诚度，只有发现独家内容的时候才会过来访问，一旦其他平台有独家内容便会迅速转移。再次，随着搜狐门户的日渐衰落，搜狐视频没有独立的入口，依附于门户网站，用户体验不佳，这也在一定程度上影响了搜狐视频的成长。

4. 乐视网

乐视网在A股成功上市，资金充足，发展较快。乐视希望打造一个极致体验的"平台+内容+终端+应用"的生态系统，乐视生态系统有两大特征：闭环、开放。

2013年1月31日晚间，乐视网发布了业绩预增公告，预计公司2012年度净利润达1.9–2亿元，比上年同期增长45%–55%。根据以往公开资料数据计算，乐视2012年度将实现主营收入12.1亿元。

2013年作为大屏互联网的元年，乐视TV端用户群已经在逐步形成，而且在快速扩张中。乐视网凭借《纸牌屋》、《来自星星的你》等强势内容带动业绩，仅《我是歌手》第二季为乐视网创造了近2亿元营收。

2014年年初Forgame集团与乐视网达成长期战略合作，联手打造以提供优质云视频服务为宗旨的91wan官方视频站。该视频站不仅集结了时下多款热门页游和人气新作，丰富了玩家的视野和选择，还以CG动画、攻略视频等最直观的表现形式，使玩家轻松却深入了解到游戏的特色与玩法。

三、2013年博客和播客发展特点

（一）博客的发展特点

1. 传统博客发展出现瓶颈

（1）博客行业仍然难以突破赢利瓶颈

通过对各类博客网站的赢利情况分析，可以看到目前大多数门户博客的主要赢利方式还是广告，广告是最直接、最广泛的方式，但从整个互联网发展趋势看，广告并不是博客的最佳赢利模式。目前博客广告仍然是按流量和点击来计费，相对比很多门户网站以及综合类网站，他们的广告更加引人关注，比博客网站更加具有优势；另外，博客的分散和匿名性使得对博客的广告效果无法进行准确的预估；此外博客上刊登广告涉及到三方的利益：博客服务提供商、博客作者和广告主，如何平衡这三者之间的关系，始终没有得到良好的解决。

（2）专业性博客网站崛起

进入 2013 年以来，受移动互联网的推动，国内又刮起了一股科技博客网站创业风潮。这是继本世纪初的第一波博客发展大潮后，又产生的新的创业趋势，从 36 氪、爱范儿到虎嗅、快鲤鱼……中国大大小小的科技自媒体网站已超过 20 家。这些自媒体网站的经营者多则一二十人，少则两三个人，但在短时间内就抢了很多老牌互联网媒体的风采，深受风投机构青睐。尽管科技博客发展迅速，但在短期内实现大规模盈利的能力有限，目前还处于投资推动阶段。

2. 微博呈现"衰落"

2014 年 1 月中国互联网络信息中心数据显示，包括新浪微博在内，中国微博用户减少了 9%，因许多人改用腾讯微信等手机通信软件。机构杰富瑞（Jefferies）发布投资报告，下调了新浪股票评级。报告称，广告主无意推广自己在新浪微博上的产品。这种情况有几个因素：一是该平台上的名人活动有所减少；二是监管机构对内容的严格控制；三是微博用户的活跃度降低。

2013 年底新浪微博盈利。新浪发布 2013 年第四季度和全年财报称，2013 年第四季度微博营收 7140 万美元，同比增长 151%，环比增长 33.7%，营业利润达 300 万美元，首次实现盈利。

2014 年 2 月，新浪网发布数据称，截至 2013 年 12 月，新浪微博的日活跃用户总数较前季增长 4% 至 6,140 万人。新浪在公布第四季财报后的新闻发布会上公布了前述消息，截至 9 月，日活跃用户为 5,900 万人。3 月，微博上市。

3. 自媒体崛起

微信公共平台大力推广自媒体账号。

微信对公众平台账号的首批审批条件设立较高，账号主要用于推送信息，可以群发消息,受众能够在转发分享后进行评论。目前粉丝较多的账号数量约1万左右。

自媒体带来的商机吸引了很多传统媒体人加盟。自媒体视频脱口秀《罗辑思维》的主讲人罗振宇在2013年发起的会员募集活动,在6个小时中赚了160万。这一募集活动被戏称为"史上最无理的会员募集",也开创了自媒体盈利继广告费、内容收费和线下活动盈利的新模式。这项活动共募集5000名发起会员和500名铁杆会员,前者会费是200元,后者是1200元。5500个会员名额在短短6个小时宣告售罄。

2014年1月,领团科技旗下的微信公众号"约你妹"近日获得千万投资,本次投资由知名天使投资人、美蓝投资董事长李昊领投,据悉这是国内首次微信号获得的资本投资案例,"约你妹"此次融资出让的股份应该在10%-15%左右。

(二)播客发展特点

1. 围绕互联网电视的客厅争夺战变得激烈

电视屏幕是继电脑、手机之外的第三块显示屏,是播客类应用企业争夺视频显示出口的又一大焦点。当前不少播客类应用企业已经推出了机顶盒、路由器、智能电视以及围绕互联网电视产生的配件产品,以此布局互联网电视产业。

播客类应用进入电视渠道,将在以下几方面受益:首先,能解决当前播客类应用广告规模较小的问题。电视屏幕大,表现丰富,在品牌建设和促销方面的广告效果都非常好,因此电视广告规模巨大。播客类应用进入电视端,能带来更多的广告收入。其次,播客类应用进入电视端,能拓展播客类应用用户,同时让部分非网民也能接触到播客类应用。电视屏幕较大,能聚集多名观众一起收看视频,突破电脑与移动设备由于屏幕较小使得一起观看的人偏少的限制,不会上网的电视观众,也能看到播客类应用。

2. 视频用户向移动端转移

以往由于手机性能以及网络环境的限制,视频网民在非Wi-Fi环境下的移动场所收看视频的积极性较低,网民需要更好的播放设备和网络环境来支撑移动视频的播放。

智能手机的普及，尤其是从今年开始，由于大批手机厂商进入低价智能机市场，使得移动互联网进入爆发增长期。2013年手机视频用户超过PC端。这一趋势推动下，提前布局的视频网站来自移动终端的流量在今年得到了迅猛增长。相应的，移动视频商业化也将实现。优酷土豆移动端已经占据全站流量的20%以上。优土在2013年初正式启动移动视频商业化，预计在2014年达到移动视频营收过亿元。PPTV表示其用户在快速大规模的从PC端向移动端转移，经过一年零两个月，移动端达到了现在的3000万覆盖。PPTV预测，也许到2014年初，移动端的用户会超过PC端的用户。

2013年，行业多方面的发展进步，初步满足了视频网民在移动环境播放视频的要求：首先，大屏手机密集上市，价格进一步平民化，已经开始向中低收入群体渗透。其次，2013年12月4日，4G牌照发放标志着中国4G时代的到来，如果4G网络覆盖范围扩展、资费下调，将进一步促进更多的人在非WiFi环境下在线收看视频。最后，为了适应硬件和网络技术的提升，视频网站在移动端的发展步伐进一步加快，推出体验更好的视频播放服务。以上多方面因素促使用户在线观看视频的习惯发生变化，在线视频收看向移动端转移。

3. 电视热播综艺节目版权争夺成为焦点

近年来，随着选秀、亲子、婚恋等综艺节目热播，综艺节目的影响力与日俱增，线上播放版权争夺也成为播客类应用企业争夺的焦点之一。电视热播综艺节目从以下几方面带动在线视频业务成长：首先，电视热播综艺节目给在线视频企业带来点播量的提升，增加广告收入；其次，为在线视频企业带来用户增长，提高视频网站用户覆盖面；最后，热播节目能提高网站的影响力，带动其他相关视频的点播。热播节目不仅在视频网站上播出，也通过分享、转发、重新编辑上传等方式，在微博等社交网站上转播，使得视频网站的影响力提升。

2013年年底，围绕综艺节目网络播放权的争夺重新变得激烈，各热播节目频繁易主，被实力更强的视频企业以更高的价格夺走。版权费一直是播客类应用企业主要的成本之一，各企业也通过扩大资源共享、加大自制剧的制作等方式来降低版权成本。但由于线下热播节目能带给播客类应用企业诸多益处，围绕热播综艺节目播放权的资源争夺，重新成为播客类应用争夺的焦点。

4. UGC逐渐回归

视频网站的内容来源主要有内容采购、自制剧和UGC三种，由于第一种内容获取的成本越来越昂贵，因此，UGC 模式又逐渐变成视频网站寻求盈利的一条通路。如人人网以 8000 万美元现金收购 56 网，56 网成为人人公司的全资子公司，专注于将 56 网的用户生成内容（UGC）与自己的 SNS 业务进行高度协同。此外，酷 6 网在 2013 年着重发力 UGC 模式，启动千万基金支持原创力量养成计划。据透露，致力于 UGC 模式，酷 6 网的签约原创视频作者已超过 8000 人，其中不少人已获得了丰厚的回报。

值得一提的是，除了 UGC 之外，网站自制视频内容也获得了相当发展。主要形式有微电影、自制节目、投拍影视剧等。自制节目植入广告，承担部分营收任务，出色的节目也向电视台输入。从电视台向视频网站提供内容，到视频网站反哺电视台，这种模式已初见成效。预计明年这种趋势仍将保持。

5. 网站自行打造节目

网站自制脱口秀已经成为视频网站最受欢迎的节目形式之一，优酷、搜狐视频、腾讯视频、风行网都在这一领域迅速拓展。网站自制脱口秀能紧随热点事件，在内容和观点方面限制较小，很容易获得用户的青睐，而一旦用户群体建立，由于自制内容的独家性质，用户的忠诚度要远高于对大部分版权分销的影视内容。脱口秀节目邀请知名媒体人出镜，也可以迅速积累人气，提升影响力。这种做法，低成本高回报，吸引了众多视频网站加入。目前比较有影响力的节目有如下几个：

优酷：《晓说》是国内极具品牌影响力的自制脱口秀栏目，自 2012 年上线至今年 3 月，节目共播出 52 期，播放量突破 1.3 亿，均集播放量过 200 万，评论近 30 万条。《晓说》的红火带动众多视频网站和媒体人开始关注这一类型内容，并相继推出同类节目。相比之前电视荧幕上一板一眼的脱口秀栏目，《晓说》在内容和形式上都更为轻松随和，加上高晓松个人带来的品牌效应，优酷迅速凭借该栏目在视频网站自制脱口秀内容方面建立优势。

搜狐视频：《大鹏嘚吧嘚》早在 2007 年 1 月就在搜狐网上线，堪称是国内第一档视频脱口秀节目。栏目曾因涉嫌抄袭而受到指责，甚至搜狐 CEO 张朝阳曾为此公开致歉，栏目却从此意外走红，其主持人大鹏也成为炙手可热的娱乐明星，搜狐甚至为其量身打造衍生剧集《屌丝男士》，而该剧目前播放量已达 3 亿。

腾讯视频：2013 年 5 月，腾讯视频宣布联手著名电视人、时事评论员杨锦麟先生打造脱口秀节目《夜夜谈》。这是腾讯视频与杨锦麟的第二次合作，此前双方合作推出的《天天看》播出一个月，单期最高播放量接近 300 万次。由于看好主持人的品牌效应，所以腾讯视频意图通过打造系列节目，来拓展栏目和网站品牌影响力。

目前，自制脱口秀品牌效应初步显现，不少广告商乐于投资，主要是看好节目观众忠诚度高、观看时间稳定的特点。脱口秀栏目在国外流行多年，已经形成较为完善的制作、播放以及版权机制，因此自制脱口秀成功率高、风险小、成本低廉，相比高价引进版权内容，更受视频网站欢迎。

一些新晋加入的视频网站，也试图走自制脱口秀的捷径，将原有栏目进行整合转型。以风行网为例，就宣布此前具有一定知名度的《风人院》栏目，将转型为脱口秀系列节目。

6. 视频大数据应用

通过大数据来进行决策，正在成为播客类应用行业的一种流行做法。视频网站基于大数据理论形成数据报告，可以给节目制作方、影视剧公司、第三方分析机构等了解视频节目的播放信息，以及对观众人群的分析提供依据；在广告销售方面，能够为广告主呈现出用户行为特征，提供广告投放价值的分析；在进行版权购买的时候，可以根据指数的走向来帮助决策；公司内部，哪怕是播放器产品的用户体验优化，都可以查看数据分析结果，如查看按钮的摆放和使用频率等。通过数据分析的结果还可指导网站自制内容。如网站的自制内容（如微电影、综艺节目等），其播放数据可以显示出哪些题材是用户喜欢的，用户看到哪里就看不下去了，在哪里是拖放观看的，一系列的用户行为可以清晰地告诉内容制作人员，应该如何剪辑视频和选择内容题材。

搜狐视频曾经声称不看好利用"大数据"发展自制内容，但事实上它不仅购买了 Netflix 的热门剧《纸牌屋》（一部运用大数据制作并取得成功的电视剧），还模仿 Netflix 推出"自制剧"战略。像《屌丝男士》、《我的极品是前任》这类自制剧，名字都来源于目前互联网流行语。搜狐的种种举措其实都遵循着数据决策理论。

腾讯视频不仅推出大数据、大平台和扩充内容的一揽子发展战略，更是大举招聘 200 人，开始全国布局。腾讯视频凭借全平台资源，建立 iSEE 内容精细化运营战略，利用腾讯视频的庞大数据资源，了解用户所喜欢看的内容和用户的常见行为。通过技术优势带给用户更好的观看体现。最后借助腾讯视频社区化的关系链和多平台触达能力，让营销内容得到最大范围的传播。

爱奇艺在用户影视内容推荐、精准广告投放和影视拍摄等方面都将利用大数据。爱奇艺认为，与视频网站相关的大数据主要是用户媒体搜索、观看、分享视频等产生的日志，还包含用户在百度上产生的搜索行为等。2013年11月26日，爱奇艺推出"绿镜"视频编辑功能。该功能能够通过综合分析用户海量视频观看数据，自动判断用户喜好，并将精彩内容抽离出来，生成受关注程度最高的"精华版"视频，用户进入爱奇艺内容播放页即可选择观看完整视频或绿镜精华版内容。

优酷网有"个人用户中心"，注册并且登录后系统会根据用户的浏览和观看行为推荐20条视频，如果觉得不好还可以换。此外，优酷尝试实现多屏云记录，使用户能在不同的终端上连续观看同一个视频。优酷首页上，导航栏的视频分类有21个，21个不同类型的内容，这意味着会有各种不同的用户来优酷看视频。要想给不同的用户推荐他们喜欢的视频，这采用的是"协同过滤推荐"的技术。看上去简单的相关推荐，其实在优酷的视频推荐中涉及上百个参数，每次都要手动调整十几甚至几十个参数，每天推荐视频的数据模型中要涉及几十亿数据。一次小小的参数调整，可能为当天视频观看带来几百万的增长，也可能是在算法稳定后的未来几周，甚至几个月带来视频观看量的曲线变化。

大数据读出的数据，价值还远不止此。每部电影、电视剧在播出后都会有对应的数据，如哪些演员受欢迎，哪些题材受追捧，通过数据分析就可以发现背后的原因。可以预见，如何快速的解读受欢迎的故事并进行预测，将是未来应用的热点。

四、年度影响博客和播客出版产业发展的重要事件

（一）博客类自媒体大事

1. 微信公众平台战略升级

2014年年初，腾讯公司将微信公众平台升级为公司战略级。微信公众平台

分为微信大陆版与微信海外版。微信公众平台 2013 年 6 月 新增自定义 LBS 数据。微信 LBS 图文回复是由商家设置店铺位置，用户提交当前所在位置后，可以找到最近的商家店铺，面向名人、政府、媒体、企业等机构推出的合作推广业务。在这里可以通过渠道将品牌推广给上平台作用。腾讯推出"自媒体精品百人计划"，入选自媒体可获得包括新闻客户端、腾讯网、手机 QQ、微信、QQ 空间、微博及 QQ 浏览器在内的腾讯全平台推广资源支持。

2. Blogcn 终止免费服务

2013 年 4 月 1 日，中国博客网 BlogCN.com 宣布清除所有免费用户数据，只有升级成为付费 VIP 才能享受稳定博客服务。Blogcn 发布公告称：经过慎重评估，Blogcn 将全面启动 VIP 收费服务，并从即日起停止免费博客服务。免费用户在 2013 年 3 月 31 日前，自行导出数据备份。在 2013 年 4 月 1 日开始，网站将不再开放数据导出，并不再保留免费用户的博客数据。

3. 网易宣布云阅读开放平台自媒体入口上线

2013 年 7 月，网易召开自媒体人见面会，同时宣布：网易云阅读将正式开放自媒体入口，并对自媒体人开放其两千万移动阅读用户。此次上线的网易云阅读自媒体入口，为自媒体人提供了多项服务，如内容推广等，可自由申请；自媒体人可使用网易云阅读的内容编辑、单账号管理多内容源等功能，实现对自媒体的内容管理。

4. 360 自媒体平台正式上线

2013 年 6 月 28 日，360 自媒体平台上线，该平台从属于 360 百科。360 自媒体平台覆盖范围较广，包含了专业媒体及个人媒体，通过抓取后者微博及微信内容为用户提供一站式自媒体内容消费。

5. 百度百家上线

2013 年 12 月 24 日，百度旗下自媒体平台百度百家（baijia.baidu.com）正式上线，下一步将会登陆百度新闻移动客户端，百度百家采用根据流量与作家分成机制，靠引入百度联盟广告获取营收，广告产生的收入 100% 返还给作者。

6. 打击整治网络违法犯罪专项行动

2013 年 8 月，中国多地展开打击网络谣言运动，一批"知名大 V"、"网络推手"如秦火火、立二拆四等人被刑事拘留，《新快报》记者刘虎也被警方以"网络造谣"为由刑拘，薛蛮子因涉嫌"嫖娼"被抓。

7. 转发 500 次判刑

2013年9月9日,中国"两高"出台司法解释规定,利用信息网络诽谤他人,同一诽谤信息实际被点击、浏览次数达到 5000 次以上,或者被转发次数达到 500 次以上的,应当认定为刑法第 246 条第 1 款规定的"情节严重",可构成诽谤罪,从而为诽谤罪设定了非常严格的量化的入罪标准。这个规定在一定程度上影响了微博和博客的发展。

8. 微博上市

2014年4月17日,新浪公司旗下微博业务正式登陆纳斯达克,成为全球范围内首家上市的中文社交媒体。美股午盘微博开始交易后,股价随即快速拉升,盘中一度涨超 40%,市场买盘积极成交活跃。

(二)播客类应用大事记

1. 百度收购 PPS 视频业务

2013年5月7日,百度宣布以3.7亿美元收购 PPS 视频业务,根据收购计划,PPS 视频业务将与百度已有视频业务爱奇艺合并。收购 PPS,将扩大爱奇艺在移动客户端和 PC 端方面的优势。相比优酷土豆的合并,爱奇艺和 PPS 的结合,更加互补。合并后的新爱奇艺将会成为中国播客类应用第一大公司,在用户数量、使用时长、市场份额方面,全面超越竞争对手。

2. OTT 盒子

2013年1月,PPTV 与华数集团战略合作,共同开拓中国互联网电视一体机及机顶盒市场。2月,与 CNTV 在互联网电视业务结为战略合作伙伴,在内容运营及视频技术方面展开合作。7月23日,电商巨头阿里巴巴与华数传媒联手推出第一代电视机顶盒。第一期接入聚划算、支付宝及水电煤缴费服务。9月3日由 TCL 与爱奇艺联合推出的 TCL 爱奇艺电视 TV+正式发布。9月9日小米推出了硬件性能更强的"小米盒子",再次为用户带来了不可多得的新品。

3.《晓说》被评为"2013 年度网络自制节目"

2014年2月28日,"第七届《综艺》年度节目暨电视人评选盛典"在北京隆重举行。由优酷携手音乐人高晓松跨界打造的首档互联网文化类脱口秀节目《晓说》凭借着独特的视角、精良的制作,以及充分结合网络互动的灵动性,获 2013《综艺》年度节目奖,被评为"2013 年度网络自制节目"。

这档漫谈式脱口秀，创造了多个记录：2012年7月《晓说》上线，在最初未做任何宣传的情况下，上线24小时内即突破了100万播放量；2012年9月《晓说》登陆浙江卫视，成为视频行业网络自制首次在一线领先卫视黄金档中成系列、品牌化输出的成功案例。2013年初，《晓说》第一季播出52期总播放量1.6亿次，平均单集播放量超过304万，评论近30万条，一举刷新中国互联网自制脱口秀播放量、访问增速、关注度等最高纪录。

4. 八部委发布《关于实施宽带中国2013专项行动的意见》

2013年4月，为深入贯彻落实党的十八大关于推进经济结构战略性调整、建设下一代信息基础设施的总体要求，加快推动"宽带中国"战略部署实施，工信部等八部委按照《中华人民共和国国民经济和社会发展第十二个五年规划纲要》和《通信业"十二五"发展规划》总体部署，以及"宽带中国"战略的初步考虑而实施的专项行动意见，意见提出2013年的目标是：网络覆盖能力持续增强，新增FTTH覆盖家庭超过3500万户，新增3G基站18万个，新增WLAN接入点130万个。惠民普及规模不断扩大，新增固定宽带接入互联网用户超过2500万户，新增3G用户1亿户，新增通宽带行政村18000个，实现5000所贫困农村地区中小学宽带接入或改造提速，启动实施"宽带网络校校通"工程。

在全国宽带接入水平有效提升后，使用4M及以上宽带接入产品的用户超过70%。城市宽带发展初显成效，涌现一批宽带城市，为行业形成良好的环境，有力推动了播客类应用的发展。

5. 腾讯视频联手杨锦麟《夜夜谈》强档上线

2013年5月9日，腾讯视频联手著名电视人、时事评论员杨锦麟先生重磅打造的脱口秀节目《夜夜谈》强档上线。作为继《天天看》之后双方联手出品的第二档原创栏目，《夜夜谈》将继续由杨锦麟主持，节目邀请著名学者、知性艺人及众多领域嘉宾一同围坐畅谈社会热门话题。

6. 苏宁联合弘毅投资收购PPTV聚力

2013年10月28日下午，苏宁宣布联合弘毅投资以4.2亿美元的公司基准估值战略投资在线视频企业PPTV聚力。其中，苏宁云商出资2.5亿美元，持股44%成PPTV第一大股东；弘毅资本出资1.7亿美元持股30%，此外，PPTV会向未来的管理层以零对价发放一定比例的股权。

7. 4G 牌照发放

2013 年 12 月，三大运营商获得 4G 牌照。4G 网络最典型的特征是网络速度大幅度提高。有业内专家给记者提供了一组数据：TD-LTE 的理论速度是 100Mbps，也就是下载峰值是 12.5MB/S，以一部 1GB 的电影来说，82 秒就完成。

在 4G 移动通信技术的支持下，移动互联网视频业务将迎来最大的发展，而最为根本的模式在于带宽的提高和资费的下降，这类大流量业务将开始呈现，并跟传统的语音业务等结合起来。

8. 新浪被罚

全国范围内的打击网络淫秽色情信息专项行动启动后，已有多家网站被查。全国扫黄打非办通报，新浪网的新浪读书和新浪视频两个频道被查出传播淫秽色情信息。

2014 年 4 月 16 日和 23 日，北京市文化市场行政执法总队向北京新浪互联信息服务有限公司送达了《北京市文化市场行政执法听证告知书》，拟对新浪公司吊销其《互联网出版许可证》和《信息网络传播视听节目许可证》，依法停止其从事互联网出版和网络传播视听节目的业务，并处以较大数额罚款，涉嫌构成犯罪的部分人员已经移送公安机关立案调查。

五、总结与展望

（一）中国博客发展总结与展望

4G 引领行业发展潮流，自媒体崛起。智能手机呈现出强劲发展势头，使传统媒体开始向手机融合，催生了自媒体这样的新媒体形态，实现了媒体平台与受众高度互动。自媒体平台的典型代表是微信公众平台，该平台的公众账号已经突破 300 万。其他各大网站，搜狐、网易、百度和 360 均推出了各自的自媒体平台。另外，也有一些独立的科技类的自媒体平台崛起。

行业赢利能力有限，依然依赖广告。目前博客的主要赢利方式还是依赖广告，广告是最直接、最广泛的方式，尤其是百度百家，更是将网络广告作为吸引自媒体加入自身平台的卖点。博客行业的收入明显集中于新浪、腾讯。新浪博客产生的收入贡献大约为 1.22 亿美元。腾讯博客产生的收入贡献大约为 1.1 亿美元。其他网站由于自身博客规模有限，因而产生的收入贡献也非常有限。新浪微博在 2013 财年第二季度实现总营收 3770 万美元，各自媒体平台尚处于投资建设阶段，未有明显的收入。

专业性博客网站崛起。近年来移动互联网上大量新技术和新应用的出现，使得人们对于获取相关知识的需求不断增加。这些网站主要指科技类自媒体平台，包括 36 氪、虎嗅网、雷锋网、PingWest、爱范儿、果壳、知乎、ZEALER 等，成为 2013 年度新锐传媒。这是继本世纪初的第一波博客发展大潮后，又产生的新的创业趋势。

（二）中国播客发展总结与展望

2013 年，中国播客类应用行业变化较大，宏观环境、用户规模、行业格局和相关产业等方面都发生明显的变化。

从宏观环境来看，截至 2014 年 03 月，新闻出版广电总局累计发放 613 家网站 PC 视听许可，7 家互联网电视许可，7 家 IPTV 许可，8 家 3G 手机视听许可，以及未来 4G 视听许可。从这些数字中可以看出，一方面，可以佐证行业竞争的白热化；另一方面，4G 等新兴技术崛起预计将会拉动视频产业发展。

从行业格局来看，目前我国有各类视频网站总量约 160 家，在 Alexa 流量排名前五的为优酷网、土豆网、乐视网、迅雷看看以及爱奇艺，除了迅雷（看看）正在积极寻求上市之外，其余均为上市公司或者从属于上市公司。2013 年，中国播客类应用行业发生显著变化：

市场竞争层面，2013 年是互联网视频行业继盛大收购酷 6、人人网收购 56 视频、优酷并购土豆后新一轮整合的重要拐点。在播客类应用领域，资源尤其是优质资源紧缺，因而谁都想先下手为强。战略层面上，视频网站并购和整合力度加大，出现跨行业、线上线下等方面的整合，不断改变着播客类应用行业格局。

产品层面上，视频企业不但加强了 PC 端和移动端产品的优化升级，而且加强了与客厅娱乐相关的业务推进，围绕"家庭娱乐"推出了与播客类应用相关的机顶盒、路由器、互联网电视等硬件产品，力求打赢"客厅争夺战"。

网站内容层面上，UGC 模式又逐渐变成视频网站寻求盈利的一条通路。网站自制视频内容也获得了相当发展。主要形式有微电影、自制节目、投拍影视剧等。不少视频企业一方面加大自制剧的开发，以降低版权购买成本、减少亏损，另一方面加强线下热播剧目的购买力度，以吸引新客户、增加广告收入。

从相关行业来看，与播客类应用相关的行业发展势头较快。IPTV进入快速扩张期。

播客向移动终端大量延伸。3G时代，人们对于移动终端的使用越来越强，播客类应用在移动端发展快速，2013年底，使用移动端观看视频的用户数量已经超过PC端。从优酷土豆集团来看，该公司已经将PC端的优势过渡到移动端和客厅大屏幕。

大数据决策将成为播客类应用行业的通用做法。视频网站基于大数据理论形成数据报告，可以给节目制作方、影视剧公司、第三方分析机构等了解视频节目的播放信息，以及对观众人群的分析提供依据；在广告销售方面，能够为广告主呈现出用户行为特征，提供广告投放价值的分析；在进行版权购买的时候，可以根据指数的走向来帮助决策；公司内部，可以促进产品改进和指导网站内容生产。用户行为可以清晰地告诉内容制作人员，应该如何剪辑视频，以及如何选择内容题材。

（作者单位：互联网实验室）

2013-2014 中国手机出版产业年度报告

郭佳宁

一、手机出版产业发展概述

据美国市场研究公司 IDC 研究报告显示，2013 年全球智能手机出货量为 10.042 亿部，较上年增长 38.4%，首次超过 10 亿部大关。智能手机占 2013 年全球手机总出货量的 55.1%，高于 2012 年的 41.7%。大屏幕和低价格已经成为智能手机的两大重要趋势。

2013 年是中国移动互联网市场爆发式增长的一年，整个行业呈现出蓬勃发展的态势。市场研究公司 Gartner 调查报告显示，2013 年中国手机用户总数首次超过 10 亿。据艾瑞咨询《中国移动互联网行业年度研究报告 2014》显示，2013 年中国智能手机出货量为 3.18 亿台，同比增长 64.1%。智能手机的加速普及主要是由于多方力量的驱动：上游芯片厂商丰富的芯片解决方案，使得智能手机的研发成本进一步降低，研发周期进一步缩短；低端智能手机拉动市场增量；联想、华为、酷派、小米等国产手机品牌发力竞争中高端市场；2G 用户向 3G、4G 网络转移，加速了智能手机对功能手机的替代进程。

在智能手机快速普及、电信运营商网络资费下调和 Wi-Fi 覆盖逐渐全面的情况下，手机上网成为互联网发展的主要动力，手机网民数量持续增长。中国互联网络信息中心（CNNIC）《第 33 次中国互联网络发展状况统计报告》显示，截至 2013 年 12 月，我国手机网民规模达 5 亿，网民中使用手机上网的人群占比由 2012 年底的 74.5% 提升至 81.0%。2013 年中国新增网民中使用手机上网的比例高达 73.3%，高于其他设备的使用比例。手机上网是互联网向农村地区、低收入群体渗透的重要途径。另据工信部公布的数据，截至 2014 年 1 月，我国移动互联网用户总数达到 8.38 亿户，基于移动互联网的信息产品和信息服务正处于快速增长过程中，成为促进信息消费的重要组成部分。其中移动音视频、动漫、游戏、阅读以及移动支付、位置服务和社会交往等信息内容服务，正逐步融入日常生活，成为推动经济增长的新兴业态。

手机上网的普及，不断催生出新的应用模式，在一定程度上改造、重构了出版行业的业务模式，加深了传统出版行业与互联网经济的融合，带动了出版行业整体规模的迅猛增长。2013－2014 年，手机出版继续领先数字出版产业整体发展速度。

（一）手机出版成为出版企业数字出版的重要支点

随着智能手机的普及和网络基础设施的完善，手机网络进入 5 亿用户时代，智能手机所撬动的巨大的数字出版市场空间正渐次呈现。

手机出版具有以下特点：一是传播范围广、速度快，可以随时随地满足用户阅读、视听等需求；二是具有随意性、跳跃性、碎片化、娱乐化的特征；三是交互性强，重视用户体验；四是存储量大，可成为随身数字图书馆；五是零库存、零运输成本，使得手机出版渠道管理简单；六是终端分众性和营销精准性，受众面宽。由于手机媒体受众广泛、内容草根、途径多样、传递即时，越来越多的作者、出版商和产业链上下游企业纷纷推出以手机为主要出版平台的数字作品，带动了手机出版的巨大发展空间。

手机出版日渐成为出版传媒企业关注的焦点。一方面，体现在继续加强与三大电信运营商的业务合作。例如，2013 年 8 月，凤凰传媒与中国联通江苏省分公司在南京签约，此举标志着双方在数字出版、数字化教育、手机游戏、有声读物、电子商务、通信服务等领域全面长远的合作关系正式开始。双方已联手推出"凤凰读书""凤凰畅听""游侠"客户端等一系列 App 产品；9 月，江西出版集团与中国移动通信集团江西公司举行了战略合作协议签订仪式，双方将在营销资源合作、数字出版业务、通信业务等六个方面深入合作。另一方面，体现在加快自主开发移动出版平台及 App 等产品。例如，2013 年 4 月，中国出版集团数字传媒公司正式推出其自主研发和建设的"大佳移动出版平台"，基于该平台建设和运营的"大佳书城"在 iOS 及 Android 等平台同步上线；9

月，针对手机用户的大佳书城 WAP 站正式开通。10 月，山东出版集团承担的山东手机出版基地项目取得阶段性成果，核心项目"游逸天下"完成开发并进入试运营。该项目融合了"指尖中国"（手机导游）和"游逸书城"（手机书城）两大功能模块，致力于建设手机旅游平台，让游客在手机上解决旅游中的问题。现代传播集团投入 970 万元开发 iBloomberg（基于《彭博商业周刊（中文版）》）、iLady（基于《优家画报》）等新应用，以及 iWeekly（基于《周末画报》）的后续开发。其中，2013 年开始运营的 iBloomberg（中文版）年收益为 520 万元。

（二）智能手机成为重要的阅读与销售终端

手机作为第一大上网终端，已然成为重要的阅读媒体。以智能手机为典型代表的移动终端的普及，对数字移动阅读具有明显的激发效应，极大地带动了数字移动阅读的迅速发展，强力推动了出版业的移动化转型。支持手机阅读的应用（App）形形色色，大致包括手机浏览器、单纯的阅读器应用、新闻聚合类阅读应用、兼具购买功能的阅读应用、有阅读功能的社交应用等，新晋阅读应用和更新版本应接不暇。随着技术的不断进步与内容的逐渐丰富，手机阅读产品不断改良、升级，用户手机阅读体验得以不断提升。此外，手机阅读平台也正逐步向数据化深耕和与电子商务结合方向延伸。

手机具有传播媒体与销售终端的双重特征。2013 年是移动支付爆发增长年，在此带动下，手机用户足不出户、随时随地、直接在客户端选购、下载、阅读电子书这一愿景正在成为现实。仅举数例，2013 年初，四川新华文轩旗下九月网的"九月读书"App 升级，新增支付、订单交易、新书试读和推荐等功能；现代出版社的"七一"献礼书《中共选择了毛泽东》，在中国移动手机阅读平台进行数字首发；一些出版发行企业、出版人尝试通过微信公众号售书及提供售前售后服务。

对出版企业来说，手机媒体的双向互动特征，还有利于及时搜集读者反馈，打破读者和作者之间长期存在的鸿沟，实现手机出版物与用户需求的有效对接，在和读者交互方面有着传统出版无法比拟的优势。通过手机出版，提高了读者的黏着性，不但扩大了出版企业的知晓度和影响力，同时还促进了出版物的发行，成为新的经济增长点。

手机出版的内容目前主要集中在娱乐性、互动性、个性化等方面。如何把知识或信息通过优质、细分的内容，加工为多样化的产品形态，实现精准化的营销，是手机出版的目标。

（三）社交化（社会化）提升手机出版服务功能

阅读、视听、游戏平台和社交网络的结合，将为手机出版带来新的市场空间。随着移动互联网的发展与智能手机的普及，用户的参与热情和分享动力更加强劲，各种基于图片、音频、视频、文字的分享应用开始涌现。社交网络中用户之所以愿意上传内容，一是因为自身表达的欲望，二是来自于人与人之间交流的需求。在微信、啪啪等社交应用的带动下，社交化传播迎来了新的机会，这个机会就是用户能够更方便地参与到内容建设过程中，用户对内容的评论和社会化分享成为产品生态的一部分。手机端社交加内容传播的方式，由于其先天的强关系社交优势，与传统的PC端社交化传播存在区别，有望创造新的商业模式。

以手机阅读为例，一些新晋的手机阅读App，如"拇指阅读"，体现了社交和阅读相关联的特点，提供了用户动态呈现、书评分享、热点话题讨论、书单推荐、借阅等互动功能，是垂直社交在移动互联网的应用。再如，用户基数庞大的手机QQ，也在其阅读中心加强了分享、送书等社交性的功能。社交化传播，让手机阅读应用在追求更佳的阅读体验的同时，为读者提供更人性化的多元服务。

（四）手机出版微传播发展迅速

微信无疑是2013年最热门的移动互联网应用。2013年10月，腾讯微信用户超过6亿，其中国用户超过4亿，海外用户超过1亿。加上网易易信、阿里来往等，以移动社交平台为代表的微应用迅速发展，移动互联网已进入"微"时代。

经过两年的发展，微信已经超越即时通信范畴，逐渐成为平台级应用。依靠其强大的用户基础，以及公众平台的精准内容推送功能吸引了广大传统新闻媒体、出版社、文学网站、自媒体等入驻，开启了全新的"微信阅读时代"。如中文在线旗下17K小说网推出微信订阅公众号，启动订阅用户免费读小说活动，以吸引更多用户。此外，对微信营销模式的探讨和实践也受到传统出版企业、出版人的关注。微信公众平台提供两种账号类型：订阅号和服务号。订阅号主要是为用户提供各类信息和资讯，让用户第一时间获得更多的信息，每天可以向订阅用户（粉丝）群发一条消息。目前出版企业基本使用的是订阅号。服务号可以申请自定义菜单，旨在向用户提供服务。微信公众平台是一个开放平台，提供 API 接口技术，通过二次开发，出版企业可在微信公众平台上为读者提供更多、更全面、更方便快捷的服务内容，例如可接入出版社的官网、官方微博、图书查询系统、特色数据库等，还可以直接链接到网络营销平台——"微店"。博库书城、读库、华文天下等出版发行企业已试水微店，在微信上开店售书。一些书店利用微信订阅号发布活动，或者实行与读者之间点对点的服务，聚集了不少忠实粉丝，粉丝在朋友圈传播，往往能提高书店知名度。

新浪微博基于自有平台，也推出了"微读书"、"微漫画"应用，功能上打通了微博用户读书、看漫画的渠道，内容也在不断丰富完善中。

提及网络文学，给人的印象是动辄数百万字的长篇小说，借助手机出版的东风，沉寂已久的网络短篇小说也激起一丝涟漪。韩寒的短篇 APP "One·一个"火爆网络，专注中短篇的"豆瓣阅读"集聚的网络短篇作者群崛起，都证明了短篇小说的市场潜力，未来还需要平台和参与者不断磨合。

微视频方面，国外出现了 Vine、Instagram、MixBit 等热门的短视频分享应用，一段视频短至十几秒钟甚至几秒钟。国内也出现了一些类似的应用，如"美拍"、"秒拍"、"微视"等。越来越多的手机用户开始在社交网络分享短视频，而不再仅仅是静态的照片。借助于智能手机，拍摄视频的方式得到了简化，传播的方式变得多样化，同时门槛也大大降低。随着人们生活节奏的加快，碎片化阅读、碎片化信息消费也随之而来。重视微传播，并对微传播进行有效利用，在未来手机出版领域，乃至整个互联网、移动互联网领域，都是一个不容忽视的课题。

二、手机出版产业发展现状

2013 年，用户的移动互联网流量消费大幅提升，手机和平板电脑的接触频率及使用时长明显增加，并已渗透到用户生活的各种情境。根据工业和信息化部统计的数据，2013年，我国移动互联网流量达到132138.1万GB，同比增长71.3%。移动互联网已经成为人们生活中不可或缺的重要组成部分。90%的用户在过去一周内每天都使用移动设备上网。与2012年相比，2013年手机网民对手机视频（使用率增长17.3%）、手机支付（使用率增长11.9%）、手机团购（使用率增长11.7%）、手机游戏（使用率增长9.9%）的应用均有较大增长。在《第33次中国互联网络发展状况统计报告》中，手机网民各类手机应用使用率排在前十位的依次是：手机即时通信、手机网络新闻、手机搜索、手机网络音乐、手机网络视频、手机网络游戏、手机网络文学、手机微博、手机社交网站、手机网络购物。2013年，中国移动互联网整体行业保持强劲发展态势，移动终端的特性进一步体现。手机即时通信的用户规模和使用率仍保持第一；休闲娱乐类应用增长态势良好，手机游戏、手机视频和手机音乐等应用的用户规模大幅上升；手机电子商务类相关应用的使用率均呈现快速增长。

（一）手机音乐

在《第33次中国互联网络发展状况统计报告》中显示，2013年手机网民对手机音乐的使用率继续保持较大增长，由上年的50.9%增长到58.2%，但由于移动互联网各类应用整体发展迅速，使用率排名由第三位下降到第四位。

文化部发布的《2013中国网络音乐市场年度报告》数据显示，2013年，我国手机网络音乐的用户规模和使用率呈现出快速增长的发展势头。截至2013年底，手机音乐用户人数由2012年的0.96亿增长到2013年的2.91亿，年增长率达203%。据艾媒咨询《2013－2014年中国无线音乐市场年度报告》数据显示，2013年中国无线音乐市场规模达397.1亿元，同比增长6.1%。

网络音乐的产品形态日益多样化，乐库、电台、个性化推荐、社交分享、音乐视频、网友K歌、在线演艺等，新产品形态层出不穷，并且均向移动网络应用方向延伸。

手机音乐的基础性服务免费趋势仍将继续，差异化的音乐收费服务尚在探索尝试阶段，部分网络音乐服务商与唱片公司协作向用户提供VIP付费增值服务。

2013年，移动端音乐市场竞争逐步加剧，酷狗、酷我、QQ音乐、百度音乐等凭借其在PC端的用户优势和品牌优势，快速在手机音乐市场上获得了主导权；而互联网巨头也不断布局音乐业务线，如阿里巴巴收购天天动听、虾米音乐，网易正式进军移动音乐领域，打造网易云音乐。

此外，值得关注的是，用户消费音乐的方式正在向多场景、多屏（手机屏、Pad 屏、PC 屏、电视屏）转移。结合各终端的环境特性，未来手机音乐将可能创造更多的盈利机会。

（二）手机阅读

随着智能手机的迅速发展以及 3G 网络的普及，手机读者数量增长迅速。2014 年 4 月公布的《第十一次全国国民阅读调查报告》显示，2013 年，41.9% 的国民进行过手机阅读，较 2012 年的 31.2% 上升了 10.7 个百分点；人均每天手机阅读时长为 21.70 分钟，比 2012 年的 16.52 分钟增加了 5.18 分钟。对我国国民倾向的阅读形式的研究发现，有 15.6% 的国民倾向于"手机阅读"，较 2012 年的 9.0% 上升了 6.6 个百分点。

由于手机端的付费更便捷，用户付费意愿大幅提高，基于用户付费的前向商业模式逐渐成熟。2013 年，移动阅读收入约为 60 亿元[①]。

传统的三大电信运营商在移动阅读产业中仍占据主要位置。面对移动终端的普及与冲击，三大电信运营商纷纷求新求变，希望通过内容方面的融合增加用户黏性，拓展用户数量。中国移动在 2014 初推出手机阅读品牌"和阅读"，整合原创文学、图书杂志、漫画、听书、手机报等多种内容，意欲在内容、4G 阅读、一省一报、行业市场、能力开放五大领域加大创新力度。目前，中国移动阅读基地网站月访问用户突破 1.3 亿，日均点击量超过 6 亿次，产业合作伙伴近 600 家。中国电信旗下的天翼阅读，推出天阅图书馆、氧气听书等个性化产品；中国联通与读者集团签订全面合作协议，推出"沃·读者"手机，可阅读《读者》创刊以来的全部杂志内容。

传统出版、传媒企业逐渐加大业务转型力度，开始在移动阅读产业布局，加大与平台商合作，以开发阅读 App 等形式尝试自营移动阅读业务，探索"终端＋通道＋内容"的整合。如鹭江出版社手机阅读业务主要与三大运营商阅读

---

① 近年来，以手机、平板电脑为阅读终端的移动阅读发展迅猛，手机阅读与其他移动阅读关系越来越密切，融合度越来越高，分开统计已不适合产业发展的实际情况，故本报告将从 2013 年起，用移动阅读的收入数据取代手机阅读数据，进行统计。

基地合作，在内容审核、业务运营和市场拓展等方面取得了较好的成绩，上架图书已达 1500 多种，平台营收逐月上升，2013 年签约的辛夷坞、冯小刚、六六的作品入选头条书，获得移动重点资源推广与发布。译林出版社与掌阅科技达成战略合作关系，同步引进诺贝尔文学奖得主门罗的《公开的秘密》等 7 部经典作品及奥斯卡获奖影片同名小说《少年 Pi 的奇幻漂流》；漓江出版社出版的"爸爸去哪儿·亲子之道"系列（热播综艺节目《爸爸去哪儿》栏目组官方授权）在塔读文学上线。

另一股不可忽视的力量来自电商平台。京东、淘宝、当当凭借电子商务运营的经验，拥有一定用户规模和品牌影响力，在移动阅读方面也有所布局。亚马逊中国则背靠 Amazon Kindle 资源，潜力不可小视。

在占据手机阅读重要市场的原创网络文学领域，在 2013－2014 年格局发生重大变化。一方面，随着移动互联网的兴起，越来越多的人开始在手机等移动设备上进行阅读，而由于支付也已经较为便利，网络文学的市场空间变得更大了。据统计[①]，2013 年中国网络文学用户已达 2.74 亿，占全国网民总数的 44.4%。另一方面，盛大过去对网络文学的"垄断"地位被打破，互联网巨头在这一领域展开新的竞逐。腾讯成立腾讯文学，整合了男性原创文学网站"创世中文网"、女性原创文学网站"云起书院"及数字出版平台"畅销图书"，重点发力移动阅读，已接入手机 QQ，未来将对 QQ 群、微信、手机 QQ 空间等渠道资源整合利用，并拥有移动端应用"QQ 阅读"。百度在 2013 年底收购纵横中文网，并拥有多酷书城、91 熊猫看书及百度阅读、百度文库。网易发力"云阅读"，首款图书、资讯、社交全能型移动阅读应用，支持一站式阅读电子图书、数字杂志及海量互联网资讯小米收购多看科技，并推出移动端应用"小米小说"，不做自有内容，只提供第三方网络文学内容。

在移动阅读应用方面，根据 EnfoDesk 易观智库发布的《2013 年第 4 季度中国移动阅读市场季度监测报告》，2013 年第 4 季度，移动阅读应用客户端市场中，iReader 仍处于遥遥领先地位（市场份额 24.4%），QQ 阅读、塔读文学、91 熊猫看书紧随其后。

---

① 数据来源：中国互联网信息中心（CNNIC）《第 33 次中国互联网络发展状况统计报告》，2014 年 1 月。

（三）手机游戏

2013年，以手机游戏为代表的移动游戏异军突起，成为市场增长的新亮点。据艾媒咨询统计，手机游戏用户规模达到3.85亿，较2012年的2.86亿增长34.6%；2013年中国手机游戏市场规模达到122.5亿元，较2012年的58.7亿元增长108.7%[①]。

目前，手游用户基数已经是端游的3倍。随着智能终端使用率不断提升，手机游戏用户群更为广泛。除了传统网络游戏用户，也包括以休闲、社交类轻度游戏为主的女性用户，和以益智、棋牌娱乐为目的的少儿、老年用户。

2013年手游市场，国产手游《我叫MT Online》《时空猎人》《大掌门》《保卫萝卜》及国际手游《百万亚瑟王》《植物大战僵尸2》《神庙逃亡2》等数十款月流水超过千万的游戏涌现。强大的品牌效应加上UC九游、360手机助手等分发渠道的力量，使游戏不断刷新下载记录，营收颇丰，这些优质产品成为手游市场发展的"主力军"。在国内手游市场竞争白热化的同时，一些国内手游开发及运营商将目光投向海外，开始积极寻求海外发行机会。如艾格拉斯的《英雄战魂》全球月流水过亿元，海外收入占比60%-65%。在GMGC2014、第九届TFC大会上，众多手游领先企业表示2014年是"出海年"。

在手机游戏平台方面，iOS仍然领跑手机游戏市场，但Android凭借庞大的用户基数营收能力正在稳步提升，多数厂商从专注于iOS平台游戏开发转变为针对iOS与Android双平台的游戏开发。2012年底到2013年底，UC九游平台接入的网游从300款左右到超过1000款。

在手机游戏分发渠道方面，就iOS系统而言，用户主要选择官方应用商店苹果App Store下载游戏，据易观数据统计其比例高达66.8%；就Android系统而言，据不完全统计，目前国内有近500个Android下载渠道，但市场七八成的流量已经聚合到360手机助手、百度91助手、UC九游、腾讯等几大联运平台上，渠道平台逐渐呈聚合式发展。

在手机游戏用户偏好方面，艾媒咨询调研数据显示，手机游戏中益智休闲类游戏最受用户欢迎，其用户数量占总用户数量的33.0%，其次是赛车跑酷类

[①] 数据来源：艾媒咨询《2013-2014中国手机游戏市场年度报告》。

及角色扮演类游戏，分别有 20.2% 和 17.4% 的用户喜欢，喜欢棋牌游戏和射击游戏的用户也较多。多玩游戏和易观智库发布的《中国网络游戏用户行为调研 2013》显示，29.8% 的用户偏好休闲竞技类游戏，25% 偏好卡牌类游戏，而角色扮演类和策略类等传统游戏类型仍受青睐。

巨大的市场吸引着各路英豪。数据显示，中国移动 2013 年 Android 游戏业绩已破 20 亿、2014 年目标是 60 亿，增长 200%。2014 年初，中国移动"和游戏"、中国联通"沃商店"、中国电信"爱游戏"三大手游基地联合发起"双百计划"，在未来一年中将共同打造 100 款月流水在 100 万元以上的精品游戏。获得"双百计划"绿色扶持的游戏，将获得三大游戏基地提供的联合计费手段，并在三家基地覆盖的线上客户端和线下服务厅进行联合首发和推广。

目前，手机游戏企业主要是通过自主研发、代理运营、投资并购三条路径进行运作。发展比较好的手游研发企业有乐动卓越、CMGE 中国手游、掌趣科技、银汉科技、顽石互动等。2013 年下半年尤为引人注目的是，腾讯微信接连推出数款手机游戏，凭借庞大的用户规模及社交模式，一连串微信游戏在下载排行榜中占据高位。除了腾讯自研游戏，还签约代理了《水果忍者》《神庙逃亡 2》《糖果传奇》等知名手游。再如，以海外手游代理运营为品牌优势的拓维信息，代理了《植物大战僵尸》系列及《愤怒的小鸟》《画个火柴人》等多款风靡全球的手游。据不完全统计，2013 年共有 15 起重大的涉手游公司投资并购案，这说明了手游市场对资本市场的强大吸引力。未来针对手游的资本整合仍将继续。

手游的快速发展，使得影视、动漫、网络小说等文化产业获得了多元、快速、有效的变现手段。同时移动游戏全球化，也使得这些内容在全球范围内获得迅速传播，从而影响到更多的人群，建立起更大和更强的品牌影响力。手游快速发展的同时也暴露出种种弊病，国产精品游戏贫乏，大量山寨、同质化游戏充斥市场。2014 年将是手游市场重新洗牌的一年，未来手游精品化趋势也会越来越明显。智能终端性能的优化、4G 网络的逐步实现及手游行业的全球化，给手游的发展带来了更大的想象空间。

（四）手机动漫

手机动漫是在手机终端上展现的，以动画和漫画为主要表现形式．通过向用户提供动漫产品及衍生品，将内容生产商、运营商和消费者连为一体。手机作为动漫新的发行媒体，具有便携性、互动性、娱乐性、支付性等特点，其独特的新媒体属性对现代人尤其是年轻人具有很强的吸引力，市场前景备受关注，形成了全新的手机动漫产业价值链，形成了动漫产业新的经济增长点。

随着移动互联网的发展，App 已经成为动漫迷们获取动漫服务的重要通道。动漫类 App，支持动漫搜索、下载、存储、阅读/播放等服务功能，大部分以漫画阅读为主，而各大视频类 App 基本包含动漫频道，以动画播放为主。内容商、出版商和服务商们纷纷推出了基于主流移动平台的动漫 App 布局手机动漫产业，比如腾讯的"腾讯微漫"、新浪的"微漫画"、盛大网络的"有妖气"、知音漫客的"漫客栈"、尚漫的"i 尚漫"及中国移动的"和动漫"、中国电信的"爱动漫"、中国联通的"沃动漫"等。"腾讯微漫"的优势在于高质量的正版漫画，拥有《海贼王》《火影忍者》等知名日本漫画的独家电子版权；"微漫画"特色在于与新浪微博的无缝融合，用户可分享漫画至微博并直接在微博里观看，注重互动性；"有妖气"和"暴走漫画"依靠原创聚拢了一大批固定用户；"漫客栈""i 尚漫"则依托自有品牌漫画杂志内容。目前流行的漫画阅读 App 还有"布卡漫画"、"漫画魔屏"、"漫画控"等，专注动画的 App 有"哔哩哔哩动画"。

《2013 年中国动画消费调查报告》显示，在北京、上海、广州三城市居民中，移动终端动画消费者达 1700 万。越来越多的人在日常生活中使用基于 iOS、Android、Windows Phone 等操作系统的智能手机、平板电脑，或 Mp4、掌上游戏机等便携式移动影音数字设备。由于这些移动终端具有影音播放、数据存储、互联网连接等功能，因此它们也常被当做播放并观看动画作品或节目的渠道/媒介。

2013 年，我国"手机（移动终端）动漫标准体系"正式发布，该标准体系由文化部联合中宣部、工信部等部委共同启动，历时两年多，包括"手机动漫文件格式"、"手机（移动终端）动漫内容要求"、"手机（移动终端）动漫用户服务规范"、"手机（移动终端）动漫运营服务要求" 4 个行业标准。该行业标准对手机动漫的各个环节进行了规范，从文件格式到动漫内容提供，再到平台运营，最后到用户权益，最终形成了整体规范。数据显示，2013 年，在使用新标准的情况下，中国移动手机动漫基地服务的动漫企业超过 600 家，总收入超过 10 亿元，各产品线总收入超过 3 亿元，总用户数超过 9000 万[①]。

随着标准的公布，文化部启动实施了"手机（移动终端）动漫示范应用推广工程"，通过基础改造、平台升级、技术支撑、主题创作、内容示范、应用培训、调研、宣传推广等方式，推动手机（移动终端）动漫标准在行业中的应用和持续优化、改版、升级，结合产业发展实际趋势，推出符合手机（移动终端）特点的动漫产品，形成动漫产业乃至文化产业新的经济增长点。据报道，我国手机动漫标准 2014 年将全面进入 2.0 时代，手机动漫运营收入 2014 年有望突破 50 亿元。

（五）手机视频

2013 年，手机视频延续上年发展势头，仍然是手机各类应用中增长最快的领域之一。手机视频用户规模增长明显，根据《第 33 次中国互联网络发展状况统计报告》，截至 2013 年年底，我国在手机上在线收看或下载视频的用户数为 2.47 亿，与 2012 年底相比增长了 1.12 亿，增长率高达 83.8%。手机视频跃升至移动互联网第五大应用。智能大屏手机的普及、WiFi 网络覆盖率的提高、3G 业务推广及流量资费的下调、用户体验优化等因素，促进了手机视频应用的增长。

2013 年，视频网站并购和整合力度加大，如百度收购移动端视频位居前列的 PPS，并与旗下爱奇艺进行合并，市场集中度进一步提高。艾媒咨询数据显示，2013 年中国手机视频用户规模达 2.57 亿，环比增长 10.3%，同比增长 86.2%。另据艾瑞咨询数据，2014 年 2 月，中国移动视频用户覆盖达 1.79 亿，其中爱奇艺 PPS 以 9911.1 万用户位列第一，优酷土豆、搜狐视频分别以 8853.4 万人和 3118.1 万人分列二、三位。

（六）手机地图

随着智能手机普及，手机地图的渗透率也持续上升，已成为移动互联网的重要应用之一。手机地图具有便携性、更新速度快、易用性、使用成本低等优势，除了提供基本的地图导航服务外，还提供实时路况查询、酒店预定、打车服务、团购等功能。

---

① 来源：中国新闻漫画网. 手机（移动终端）动漫标准引领动漫产业深刻变革，2014 年 4 月 25 日。

手机地图被认为具有连接线上线下的基因优势，一段时期以来，手机地图是否会是移动互联网的 O2O（online to offline，即线下和商务机会与互联网结合）入口备受热议，手机地图也成为众多 IT 企业争夺的焦点，互联网三巨头"BAT（百度、阿里、腾讯）"在这一市场的竞争如火如荼。2012 年 10 月，百度将旗下的地图部门升级为 LBS 事业部，负责包括百度地图、百度身边等移动互联网项目；2012 年底，腾讯推出 SOSO 街景地图，2014 年入股四维图新；2013 年 5 月，阿里巴巴收购国内手机地图市场领先的高德软件。

虽然手机地图市场发展迅速，前景也颇受看好，但如何获得实质性营收却是一个现实性问题。分析认为，当前互联网巨头的 LBS（基于位置服务）策略是把地图当成基础性服务，发力与之相关的周边产品，如团购、旅游、车载前装/后装导航等。

我国拥有世界上最多的手机用户，地图是人们生活中重要的工具，O2O 市场潜力巨大，但目前线下用户和商家还是习惯传统的交易方式，要实现最后的 O2O 模式，还有一段路要走。

三、几款重要的手机软件

（一）手机操作系统

2013 年，手机操作系统市场整体来看风平浪静，iOS 和 Android 分庭抗礼，分别统治高端和中低端市场。

据 IDC 统计，2013 年第一季度三大移动操作系统的市场份额分别是 Android75%、iOS 17.3%、Windows Phone 3.2%[①]。而到了第三季度这一数据分别是 Android 81.0%、iOS 12.9%、Windows Phone 3.6%[②]。尽管在数字上有所变化，但是整个市场的比重基本已经确定，即 Android 牢牢占据最大市场份额，iOS 被蚕食但仍据重要地位。微软的 Windows Phone 略有起色，取代黑莓 Blackberry OS 成为第三大操作系统，未来可能小幅提升。至于其他系统，黑莓自救

[①] 数据来源：IDC 2013 年度 QI 报告．www.36kr.com/p/203316.html。
[②] 数据来源：DIC：2013 年 Q3 苹果 ios 系统市场占有率下降 12.9%，www.199it.com/archives/170050.html。

无果，大势已去，仅剩不到 2% 的市场份额，Firefox OS、Sailfish、Tizen 等边缘系统对整体市场无足轻重。

分析显示，Android 赢在了市场份额，而 iOS 赢在了用户互动、收益率方面。Facebook 广告公司 Nanigans 的数据指出，在 iOS 平台上的广告收益要比 Android 平台高出 18 倍。

2013 年 9 月，iOS7 正式推出，是自 2007 年 iPhone 发布以来最大一次升级，采用全新的图标界面设计，设计风格转向扁平和极简，总计有上百项改动，包括控制中心、通知中心、多任务处理能力、应用程序的自动更新等。虽然评价毁誉参半，但从 iOS6 到 iOS7 的过度仍然成为主流，这得益于苹果内部生态的完整性和推动力。

根据 Asymco 数据分析显示，Android 是目前全球增长最快的操作系统，使用了 20 个季度（5 年）达到了 10 亿用户，相比之下，iOS 用 23 个季度的时间达到 7 亿用户，Windows Phone 用 30 个季度达到了 7200 万用户，而黑莓则用 43 个季度达到 2.25 亿用户。值得注意的是，Android 在拿下 80% 市场份额的情况下似乎仍未赢得 App 的主动权，迄今为止，尚未有任何一家大公司或热门应用宣称要以 Android 优先。大多数主流 App 都会有 Android 版，但通常其更新速度要比 iOS 版慢几周乃至数月。这主要因为 iOS 用户付费意愿更高，此外 Android 的碎片化导致开发更麻烦。

目前市场上的 Windows Phone 设备有 90% 以上的份额是诺基亚产品。2013 年 9 月，微软以 72 亿美元收购诺基亚手机部门。微软显然也是在考虑软件与硬件的整合，硬件与服务的整合。

（二）手机浏览器

来自 CNNIC 和艾瑞咨询的数据均显示，手机浏览器仅次于即时通讯，是智能用户使用频率最高的应用之一。以艾瑞数据为例，手机浏览器用户的月度总有效使用时间呈现高速增长的趋势；2013 年 11 月同比去年增长 97.0%。

2012－2013 年，手机浏览器市场竞争愈加激烈，进入高速发展期，手机浏览器用户已达到一定规模，用户黏性逐步养成。这个时期，市场格局再次生变，以 QQ 手机浏览器和百度手机浏览器为代表的互联网巨头厂商开始发力手机浏览器市场以争夺移动互联网入口。UC 浏览器从塞班时代以来，一直把持手机浏览器绝大部分市场份额,但随着智能手机时代来临,市场竞争加剧,市场份额逐渐下降;QQ 浏览器后来居上,成为了手机浏览器市场新的领军者;同时,百度浏览器也奋起直追,与 UC 的差距一再缩小;而欧朋、傲游、海豚等手机浏览器生存空间受到挤压。

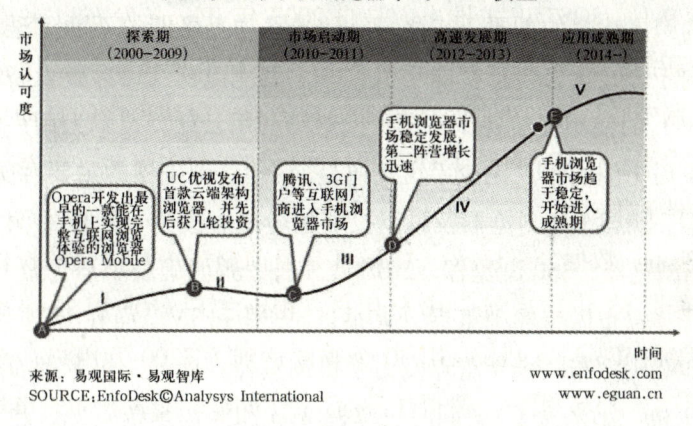

中国第三方手机浏览器市场AMC模型

来源:易观国际·易观智库
SOURCE:EnfoDesk©Analysys International

易观发布的《中国第三方手机浏览器用户调研报告 2014》数据显示,QQ 浏览器、UC 浏览器及百度手机浏览器的月均活跃用户市场份额分别以 35.5%、34.5% 及 17.3% 的比例占据 2013 年中国第三方手机浏览器月均活跃用户份额前三名的位置。

分析人士指出,由于腾讯、百度等互联网巨头手机浏览器的盈利压力较小,可以专注做好产品,同时具有全产业链优势,使手机浏览器市场份额越来越向巨头手中集中。未来手机浏览器的竞争是巨头之间的游戏,独立手机浏览器厂商或在竞争中被淘汰,或被巨头吞并。

手机浏览器市场商业模式逐渐清晰,主要的商业模式有游戏、广告和搜索。通过联合运营手机游戏能获取高额利润,广告成为手机浏览器的重要收入来源之一,手机浏览器通过为搜索引擎带来流量从而获取利润。

此外,WebApp(轻应用)逐渐流行。随着手机浏览器页面压缩技术和渲染技术不断改善,HTML5、CSS3 等技术逐渐成熟、移动互联网内容逐渐增多、用户即时需求旺盛,这些因素都促使了 WebApp 的发展。WebApp 具有独立站点、即搜即用、不依附于应用商店,升级和维护更加容易等特征,结合 WebApp 成为各手机浏览器厂商加载更多内容、满足用户丰富即时需求的最佳手段。目前，各手机浏览器厂商均已开始在产品中加载 WebApp，例如百度提出"百度轻应用"战略，把移动搜索长尾需求分发给开发者，并为客户创造并提升搜索体验；QQ 浏览器在新版本中加入"轻应用"模块，可实现用户自定义内容的展现。

手机浏览器的跨终端（跨屏）功能和产品创新正在成为关注焦点。手机浏览器被视为跨屏战略的重要入口之一。随着移动互联网的不断渗透，智能终端发展将趋向于多元化，包括智能手机、PC、智能电视及可穿戴设备等，用户多终端（多屏）的使用促使各浏览器厂商纷纷利用云计算技术为用户实现在不同设备上浏览历史的同步。无论手机端还是 PC 端，浏览器的主要巨头大致相同：百度浏览器，腾讯 QQ 浏览器及腾讯投资的金山、搜狗，阿里的淘宝浏览器及投资的 UC 浏览器，360 浏览器。2014 年 4 月，曾明确表示不会做 PC 浏览器的 UC"食言"，宣布做跨屏浏览器，大举进军 PC 和 TV。而在 PC 浏览器市场占有优势的 360 则宣布，今年重点发力手机浏览器。此外，小米拥有硬件终端资源（小米手机、小米盒子），同时也掌握 App 和操作系统资源，也具有跨屏竞争优势。云端互联、跨终端将成为未来手机浏览器的基本功能之一，通过服务和应用辐射更多终端和场景，提升用户多屏合一的交互体验，进一步增强用户忠诚度。手机浏览器市场也将出现更多的针对细分领域、适用于场景化的、满足用户即时需求富有创新力的产品和服务。

（三）手机搜索

根据 CNNIC《2013 年中国搜索引擎市场研究报告》显示，相比 2012 年，2013 年网民在手机端搜索时使用的输入方式有明显的变化，表现在使用二维码扫描输入和语音输入进行搜索的网民比例大幅度上升。其中使用过二维码扫描输入进行搜索的手机网民比例从 7.9% 上升到了 25.1%，上升了 17.2 个百分点；使用过语音输入进行搜索的手机网民比例从 12.7% 上升到了 22.1%，上升了 9.4 个百分点。2013 年部分输入法集成了语音以及二维码扫描输入功能，加上很多即时通信、微博等 App 也都聚集了这些输入功能，带动了网民使用这些新的输入方式，并在搜索信息时使用。

根据 CNNIC《2013 年中国网民搜索行为研究报告》显示，从电脑和手机的搜索情景来看，通过手机搜索最广的是在"了解感兴趣的信息"，手机搜索以碎片时间使用为主，因此手机搜索的信息与电脑端相比，与工作学习关系相对较小，而与生活娱乐的关系相对较大。

（四）应用商店

在国际市场，苹果的 App Store 是目前最成熟的应用商店，谷歌的 Play Store 和亚马逊的 Appstore 位列二三。在国内市场，情形较为复杂，特别是面向 Andriod 的应用商店。当 Android 生态系统在中国建立之初，由于特殊的市场环境，Android 官方应用商店 Google Play 一直备受冷落，大量英文文本、与国人使用习惯的疏离、应用市场区域限制都阻碍了国内用户的使用。与此同时，我国终端厂商、运营商、互联网厂商、软件厂商以及第三方厂商借机纷纷推出自身的应用商店，如移动 MM、安卓市场、机锋市场、豌豆荚等，也培养了用户习惯，进而导致国内 Andriod 应用开发者将 Google Play 视为次要的发布渠道。

应用商店是布局移动互联网的重要筹码，也是互联网巨头竞争的阵地之一。由于同质化严重，用户选择应用商店并无明显好恶，渠道因素占主导地位。如 360 手机助手凭借其 PC 端 360 安全卫士的用户基础迅速渗透，从而一举奠定市场地位。在市场竞争中，一些单纯的应用商店逐渐被综合性的手机助手类产品所取代。360 手机助手、91 助手和豌豆荚都是定义为手机助手类的综合型软件，腾讯、百度和小米也在力推自己的手机助手/手机管家类产品。

我国应用商店小而散的特点突出，随着各种分发渠道越来越多，应用开发者更愿意选择那些由大厂商支持、提供优质上架推荐服务、能直接带来收益的应用商店。许多应用商店已经风光不再。

面对同质化弊病，一些应用商店也开始尝试应用推荐的个性化、定制化，减少编辑千人一面的人工推荐，根据数据分析用户特点，逐步实现智能推荐。如应用汇、腾讯的应用宝、小米应用商店等。

四、年度影响手机出版产业发展的重要事件

1. 2013 年 5 月 30 日，起点中文网原创业与骨干团队打造的网络文学平台"创世中文网"上线，腾讯与盛大两大互联网巨头在网络文学领域的急哦、竞

争正式搬上台面。2014年4月18日，腾讯文学将成立子公司独立运营，原起点中文网创始人吴文辉正式出任腾讯文学CEO，另一创始人商学松出任腾讯文学总裁。

2. 2013年7月16日，百度宣布将以19亿美元收购91无线，这是中国互联网有史以来金额最大的并购案。10月1日，百度顺利完成对91无线的收购。百度91有开发者的社区、门户，有游戏接入、Push、跨平台、社交化、货币化、数据统计等对开发者的支持服务，通过分成模式，91已经聚集了10万的开发者。据分析，91无线与百度自身具有极强的业务互补特性，百度收购91无线，将大大巩固百度移动互联网入口地位。百度将通过搜索和应用商店两个强势入口，直接满足用户的各种搜索和应用下载请求，同时连接海量开发者，打造完整的移动互联网生态。

3. 2013年9月，微软以72亿美元收购诺基亚手机部门。12月11日，欧盟委员会批准微软收购诺基亚旗下手机业务的交易。本周早些时候，美国司法部也已经批准了这项并购交易。欧盟委员会对合并后公司的许多"垂直关系"进行了调查，内容涉及智能移动设备及移动操作系统、应用、企业级邮件服务器软件及其相关的通信协议等，结果是发现该交易不会带来反垄断威胁，原因是微软在移动操作系统市场上所占份额有限。

4. 2013年12月4日，工业和信息化部向中国移动、中国电信、中国联通颁发4G牌照，我国正式步入"4G时代"。用4G手机上网理论速度能够达到100Mbps，约为12.5MB/s，比正在推广使用的3G快3-5倍，速度媲美WiFi。4G时代将给移动互联网带来诸多改变：网络的质量提升、传输速度提升、单位流量价格下降，提升优化现有应用的同时，更复杂、传输速度要求更高的应用商业化速度将会加速，将加快对游戏、视频、教育、医疗等行业传统业务的改造和融合。

5. 2013年12月23日，中国移动与苹果公司达成iPhone销售协议，合作开卖iPhone5s/5c。双方的合作关系将会极大地提升苹果手机在全球覆盖率，因为中移动拥有6.6亿多的用户和订阅用户，与中国移动合作之后，苹果在中国市场上也囊括了三大运营商。因此，与中移动的合作关系将会极大地增加苹果的潜力；当然，中移动也将能够从双方可能的合作关系中获得巨大的利益。

6. 2014年1月10日，"悦读中国梦"——2014中国数字传媒和阅读产业

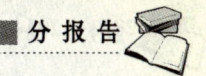

创新大会在北京举行，中宣部、国家新闻出版广电总局、国家互联网信息办公室、中国作家协会、中国移动相关领导参加了会议。会上，中国移动"和阅读"品牌正式亮相，并发布了2014年和阅读产业合作与产品发展新战略：加强内容、4G阅读、一省一报、行业市场、能力开放五大领域的创新，持续推动手机阅读规模发展。

五、总结与展望

回顾十年前，彩屏手机还在与黑白屏手机进行市场争夺战，智能手机才刚具备基本的移动商务和多媒体功能；五年前，手机上网主要通过WAP方式接入，用户数刚从千万级迈入亿级，手机出版收入几乎都依赖于电信运营商，手机图铃下载是重头。审视当下，近年来，手机媒体的加速度发展带动了手机出版的规模及受众群体的放量增长。2013年有一件事情不得不引起关注，这是中国互联网发展史上并购案例最多、并购金额最大的年份。互联网巨头"BAT"（百度、阿里巴巴和腾讯）等，纷纷凭借雄厚的资金实力，在移动互联网卡位。举凡手机阅读、音乐、视频、游戏、搜索、地图……几乎都能看到他们的身影。方兴未艾的移动互联网市场俨然成为一座金山，电信运营商优势弱化，互联网巨头、电商及新兴创业公司纷纷涌入掘金，手机出版新版图的格局初露峥嵘。

（一）主要问题

1. 手机自身的技术弱点

手机屏幕显示效果与纸张的差异，使得手机阅读在一定程度上无法与纸质阅读媲美，长时间阅读损伤视力。

2. 内容瓶颈有待突破

手机阅读现阶段以浅阅读和娱乐化阅读为主，手机图书、手机报刊、网络小说与热点新闻、生活资讯乃至微博、微信的消息，一道成为手机用户的日常阅读内容。其中手机图书、手机报刊还只包括少部分的纸质出版内容，并滞后于纸质出版。除了手机阅读，包括手机动漫、手机视频、手机游戏等，流行的手机出版内容较为单一且同质化现象严重，制约整个产业的健康发展。

3. 版权保护难度加大

由于移动网络传播的便捷和广泛，盗版图书、软件、音像制品等容易形成规模，方式更为隐秘；手机出版中侵权盗版行为量大且分散，维权更加困难；版权归属更加复杂，特别是对于海量运营版权内容的企业，甄别多个权利主体并进行版权约定和收入分配，困难越来越大。

4. 内容格式标准不统一，应用繁多

目前尚没有统一的手机内容格式行业标准进入实质性应用阶段，常见的内容格式有 TXT、UMD、MEB、EPUB 等。不统一的内容格式给用户阅读造成了不便，同时也不利于行业间内容的整合和交换，加剧了质量参差不齐、市场竞争混乱等现象，行业亟须统一的标准。仅以 360 手机助手的应用商店为例，新闻阅读类应用就超过 2000 种，其中带"电子书"标签的近 1000 种，带"小说"标签的 200 种，而下载量达到百万次级的有二三十种，若干达到千万次级。

5. 人才匮乏

这个问题主要是相对于传统出版单位而言的。目前出版社纷纷成立了数字出版中心、新媒体部等机构，积极探索数字出版。但既懂技术和产品，又懂出版业务，还懂得新媒体运营的复合型人才明显不足，不能有力推动数字出版工作。因此，大力培养和引进应用型数字出版人才是传统出版社产业升级换代的必然选择。

（二）驱动因素

1. 利好政策助力手机出版发展

2013 年，新组建的国家新闻出版广电总局在"三定"方案中明确"负责对互联网出版和开办手机书刊、手机文学业务等数字出版内容和活动进行监管；负责对网络视听节目、公共视听载体播放的广播影视节目进行监管，审查其内容和质量"的职责。国务院下发《关于促进信息消费扩大内需的若干意见》，提出要大力发展数字出版、互动新媒体、移动多媒体等新兴文化产业，促进数字文化内容消费。

《中共中央关于全面深化改革若干重大问题的决定》提出，鼓励非公有制文化企业发展，降低社会资本进入门槛，允许参与网络出版，允许以控股形式参与国有影视制作机构、文艺院团改制经营;支持各种形式小微文化企业发展。政策的强有力支持将为更多社会资本进入手机出版行业提供可能,从而使产业迸发出更多活力。

2. 政府加大对手机出版的管理力度

(1)继续加强政策引导,继续支持鼓励扶持以手机等移动终端为主要传播渠道和数字载体开发,实现内容资源多屏化。

(2)加快法规制度建设。根据移动互联网技术应用现状和发展趋势的新情况、新问题,在研究修改互联网出版服务管理规定的基础上,研究出台相关管理办法,奠定基础的法制基石。同时,加大对手机出版的各种违法违规出版活动和违规行为的查处。2013年,国家新闻出版广电总局数字出版司共查处淫秽手机内容作品170余种,其中涉及淫秽色情手机杂志、手机小说、手机漫画、手机游戏等产品。这些查处工作不仅严厉打击了非法手机出版活动的嚣张气焰,而且维护了手机出版的健康发展环境。

(3)加快手机出版基础性重大工程建设。大力推进传统出版单位数字出版转型,全面整合新闻出版资源建设,深入推进数字出版内容投送平台建设。全面开展数字出版产业统计标准研究,建立合理科学的数字出版产业统计方法和统计指标体系,进一步完善数字出版产业基地建设的管理,充分发挥数字出版产业集群的辐射和带动作用,这些基础工作的开展将为企业参与手机图书出版、手机杂志出版、手机文学出版、手机游戏出版提供无限的可能和机会。

(4)加快手机出版标准化体系建设。目前我国正在加快数字出版产业的标准化体系建设,涉及手机出版的有《手机出版标准体系》《手机出版内容数据格式》及《手机出版质量规范》《数字阅读终端内容呈现格式》等标准。这些标准的研发应用,将有效保障手机出版物内容与信息的传递。

3. 技术创新引领手机出版发展

云计算、大数据等技术日益成熟,并逐渐走进出版行业应用。下面这些移动互联网新技术也给手机出版带来了新的创意与可能。

HTML5有富媒体技术的浏览平台之称,其用于绘画的canvas元素,用于媒介的video和audio元素,对本地离线存储更好的支持等这些特性极适合移动终端的用户体验。无需针对众多系统、机型、分辨率等进行分别适配,推广成本低,能够调用手机硬件,无需第三方插件实现复杂网页功能。HTML5技术的发展将会极大促进 Web App 的发展，如果 Web App 最终取代本地 App 的地位，手机浏览器在移动互联网中的入口地位将进一步提高。Web App 的优势是无需下载安装 App，只需直接进入链接即可使用。HTML5 位于产品的成长期，市场广泛看好其未来发展。

NFC（近距离无线通讯）技术目前主要应用于移动支付和可穿戴设备等。NFC 技术的应用，还给实体书出版带来了新的内容呈现方式，可以给图书添加视频、游戏和社交等元素。2012 年出现的 NFC 书籍，书本当中内置 NFC 标签，用 NFC 智能手机或平板电脑对其进行读取，视频片段将自动打开并播放，读取设备可以链接到社交媒体，以此下载 NFC 给予的免费音乐和相关背景信息。

二维码简化了沟通互动的方式，可以提供实时信息，提升用户的消费体验。通过二维码，传统图书上的内容会以多媒体的形式在手机上展示出来，延伸了图书的内容，使之立体化、动态化；可以丰富宣传手段，促进销售；可以帮助出版社进行客户服务、反馈、市场调查等等。

增强现实技术是一种将虚拟信息叠加到真实情境，从而实现新奇使用体验和广告营销价值的信息技术。增强现实技术在手机出版中的应用，能更好地体现手机出版的技术优势，令更多的内容创意得以实现，并优化消费者的互动体验。

4. 丰富优质内容加强手机出版软肋

在碎片化、娱乐化阅读继续发展的同时，手机用户的阅读需求也出现多元化的趋势，部分用户对高效、优质的内容需求越来越多，并愿意为此付费。随着对手机出版市场的逐渐重视，传统出版商将加快其优质内容向移动端的渗透，同时，对信息的聚合、筛选、挖掘将越来越有价值，根据受众需求精准推荐其感兴趣的内容，细分目标受众，推送定制化、个性化的内容，将优化手机出版的内容服务。

（三）对传统出版单位的建议

截至 2013 年 11 月，全国取得互联网出版资质企业达 660 家，其中已有 289 家企业同时取得移动出版许可，半数是有影响有规模的民营企业。在传统出版产业向数字出版转型、发展手机出版的过程中，面临的潜在竞争对手及合作伙伴都将大大超过以往经验。当下的手机出版环境中，出版社的角色还比较缺位。手机出版的大部分内容来源目前并不靠出版社来提供支撑。手机阅读的碎片化、娱乐化、社交化趋势,有异于传统出版的服务特征;与手机内容传播强势渠道的合作中,传统出版单位的议价能力有限;手机动漫、手机游戏、手机视频等数字出版类型,又超出了传统出版的既有能力范畴。因此,传统出版单位在手机出版产业链条上尚处于弱势地位,这是不争的事实。

随着智能终端的普及和互联网经济的发展,一个全新的时代已露端倪。过去的免费内容模式将逐渐让位于依靠优质内容向用户收费的模式,这将给传统出版单位带来巨大的发展机遇。激烈挑战与发展机遇并存的局面,要求传统出版单位对生产方式和经营理念进行重新思考,在出版战略和营销策略上寻求突破和发展,持续探索创新。

移动互联网给传统出版带来的不仅仅是技术变革,真正的影响是带来了新的思维方式。不能用做纸质图书的商业模式来做互联网出版,也不能将 PC 时代的互联网出版模式照搬迁移到手机出版。手机出版绝不单纯是为出版内容增加一个出口、一个发布渠道。前些年所说的"全媒体出版"、"跨媒体出版"、"多平台内容发布",其中有的解释已经需要改写更新了。出版企业需要对移动互联网的特点、用户思维方式和消费行为有较深入的了解,并采取不同的运营对策。也就是说,出版人的思维方式要移动互联网化,才能适应移动互联网重构下的出版业。

同时,出版单位应更加注重自身数字内容资源整合与建设,更加有效地利用社会资源,将拥有的内部资源和社会资源有机结合,将效益发挥到最大,从而为用户提供更好的数字内容,提供更多的价值和更好的体验。

诚如对数字出版整体的分析,"当下数字出版快速发展对传统出版的冲击主要不是对阅读方式、阅读内容的替代,而是以新型数字内容服务形式对受众休闲的占领和对受众群体的分化"[1],在手机出版的竞争中,传统出版单位并非"正面受敌",这一点值得深思。

(四)未来展望

1. 多屏互动悄然兴起

多屏互动是指基于 DLNA 协议或闪联协议、Miracast 协议等,通过 WiFi 网

---

[1] 《中国出版传媒业七大新世态》,中国出版传媒商报,文东,2013 年 8 月 9 日。

络连接，在不同多媒体终端上，如智能手机、PDA、TV等之间，可进行多媒体（音频、视频、图片）内容的传输、解析、展示、控制等一系列操作，可以在不同平台设备上同时共享展示内容，丰富用户的多媒体生活。比如手机上的电影可以在电视上播放，平板电脑上的图片可以在电视上分享，电脑的内容可以投影到电视上。手机应用服务的多样性，尤其是新型即时通信工具和生活类应用的推动下，手机上网对日常生活的渗透进一步加大，智能手机被认为将取代电脑的很多应用，并且成为连接多个终端设备（即多屏）进行互动的关键。未来以手机为核心，PC、平板电脑、电视甚至其他硬件都会有很好的互动体验。在移动互联网蓬勃发展的同时，多屏互动、跨屏战略正在成为一些企业新的热点部署。如移动互联网公司小米推出的小米盒子，可以将小米手机、iPhone、iPad和电脑上的视频以及搜狐视频、腾讯视频、PPTV等应用上的精彩内容，无线推送到电视大屏幕上面观看。中视金桥推出多屏互动的手机客户端"悦屏"，希望为广告主敏感把握市场环境变化，为未来提供更多元化的跨屏营销服务进行铺垫。

2. 4G手机将成为手机出版的新引擎

2013年年底，4G牌照发放，出现了2G、3G、4G三网并存的局面。2013年，我国3G用户规模为4.17亿户，三大运营商的3G用户规模均过亿。4G业务正在大力推广，国内千元级的4G手机也已经上市。随着3G、4G逐步成为我国手机行业通行标准，将进一步提升用户通过手机消费内容产品的热情，特别是促进视频等高流量应用的使用。高速无线网络环境为手机出版提供了强有力的基础支撑，手机出版将释放出更大的能量。

3. 新技术将进一步推动手机出版

大数据技术基于用户需求的内容兴趣挖掘将带动手机出版向更加人性化、定制化、知识化方向发展。在数字阅读领域，用户在阅读终端的购买、阅读等行为，都可通过大数据技术精准获取，通过这些数据分析得来的用户阅读行为需求和偏好，都将成为未来出版社需要掌握的重要资源之一。手机出版为大数据提供了别具价值的数据来源，大数据分析也将帮助手机出版创新产品、服务和商业模式。大数据对于用户阅读兴趣偏好的挖掘除了在选题、策划方面得到体现之外，在内容精准投送、提供增值服务上也会大有作为。例如，通过数以万计的海量用户，建立读者客户服务数据库，分析其工作、生活、阅读和消费行为关联，主动进行手机端内容推送服务。再如，出版商的发行部业务人员，可能将成为客服专员，通过微信等社交应用，成为某一用户群组的召集人、沟通人。HTML5、NFC、二维码、增强现实等新技术应用将为手机出版的产品形态、赢利模式、发展方向提供新的思路。

4. 版权运营将成为手机出版的重要纽带

随着内容传播载体多元化，版权方往往在深耕内容的基础上，主动和其他一些载体进行结合，做内容的延伸拓展。这和传统媒体的三次售卖理论（一次营销卖内容、二次营销卖广告、三次营销卖衍生品）有相似之处。反之，企业也可以主动寻求有发掘价值的版权的授权。热门手游"我叫MT"就是乐动卓越以300万元的价格从纵横中文网购买的游戏全球改编权，协议内容包括《我叫MT》的动漫形象、音乐、音效等。腾讯提出的泛娱乐战略业务布局，即通过跨界合作，将触角延伸至音乐、影视、文学、动漫、出版和周边制造等多个产业，建构一条以授权IP（知识产权，Intelectual Property）为轴心、以游戏运营和网络平台为基础进行的跨领域、多平台的全新商业开发与运营模式。要尽可能地以图书、期刊为核心，努力开发其影视、动漫、电子音像、网络传播、专有产品、形象授权等版权资源，延伸出版价值链。近年来，版权作为文化产业的核心资产，借助移动互联网新的技术和新的渠道，通过深层次的开发，创造高附加值产品，为经济发展开辟了新的领域。

（作者单位：中国新闻出版研究院）

2013-2014 中国数码印刷与按需印刷（出版）产业年度报告

周宇红　郭春涛

2012年全球印刷行业的市场统计数据显示：数码印刷占全球印刷总产值的10%-12%。商业印刷及出版业的总产值为2000亿美元，其中数码印刷占18%-23%；特种印刷总产值为1200亿美元，其中数码印刷占1%；包装印刷总产值为3200亿美元，其中数码印刷占0.5%-1%；纺织品印刷总产值为800亿美元，其中数码印刷占1%-2%；数码印刷应用最广泛的户外广告总产值为800亿美元，其中数码印刷占20%-25%。据国际印刷行业权威机构预测，到2014年数码印刷占印刷行业的产值比例将会翻番，由2012年的10%-12%的比例上升到30%左右。

据史密斯·派诺（Smithers Pira）公司最新公布的《2018年：胶印与数码印刷的未来》统计报告显示：全球数码印刷市场规模将从2013年的1315亿美元增长到2018年的1877亿美元，年均复合增长率为7.4%。随着喷墨技术的快速发展，数码印刷在整个印刷市场上的份额也将从2008年的9.8%增至2018年的20.6%。各类胶印技术的市场份额将进一步萎缩，其中以轮转胶印的下降幅度最大。

2008年，数码印刷的产值还不到胶印的18.5%，而到了2018年，数码印刷的产值将接近胶印的50%，并且在某些成熟市场中的产值还有可能更高。从产量上来看，数码印刷还不具备与胶印相抗衡的能力，这表明数码印刷的单位成本要远远高于胶印。胶印的产量在2008-2018年间将下降10.2%，而数码印刷的产量则有望增加68.1%。

胶印和数码印刷的经济效益逐渐发生着变化。随着数码印刷生产力和可靠性的持续改善，它在印刷长版活件时的成本效率将变得更高。未来将有更多的印刷厂选择购买数码印刷设备，以达到优化生产和降低单位成本的目的。与胶印相比，数码印刷更适合服务于那些需求总是在不断变化的印刷买家以及终端消费者。种种迹象表明，印刷买家对短版和快版印刷活件的需求将继续增加，而个性化印刷品的市场也将进一步扩大。因此，数码印刷的增长几乎是水到渠成的事情。创造性地使用数码印刷技术以及提高服务水平能帮助印刷企业在胶印逐渐衰退的市场环境中保持更大的竞争优势。史密斯·派诺公司预计，在喷墨技术的积极推动下，数码印刷将在2013－2018年间继续保持强势增长。

从国内整体来看，数码印刷市场的发展势头强劲，特别是在整个大经济增速放缓的趋势下，数码印刷的发展可谓一枝独秀。从国内数码印刷的发展数据来看，数码印刷占据印刷全行业的比重还很小。根据国家新闻出版广电总局印刷发行司对印刷企业的年度核验数据，2012年中国印刷业的总产值为9510.13亿元，而其中数码印刷仅为62.9亿元，数码印刷产值占行业总产值的比重只有0.66%。从总体来看，2013年数码印刷领域的焦点仍旧落在了喷墨印刷上，数字技术在标签和包装等应用领域的渗透速度也有所加快，数码印刷发展空间甚大。

一、数码印刷与按需印刷（出版）市场发展状况及特点

（一）国外市场发展状况及特点

从全球经济形势和印刷业发展来看，无论是兰达纳米印刷技术、高速喷墨技术的推陈出新，还是数码印后技术的不断成熟，或是传统印企在数字时代的转型需求，全球数码印刷业正面临着前所未有的机遇与挑战。

2013年西欧地区数码印刷市场产值预计在9.2亿美元，德国仍旧是欧洲地区占比份额最大的国家。同时，美国是全世界最大的印刷和包装市场，也是迄今为止数码印刷业发展最为成熟的国家，预计到2018年美国数码印刷市场产值将达33.8亿美元。

我们选择美国作为全球数码印刷的参照市场，重点分析美国数码印刷状况，2006年美国的数码印刷崛起，PIA/GATF将这一年命名为"数码印刷年"，同年胶印陷入衰退，仅占当时印刷市场的35%。2009年大约有12%的印刷业务采用了数码与传统结合的方式共同完成；美国前14位的印刷企业中，有

23.6%采用了数码印刷；2009年美国数码印刷收入约58亿美元，虽然绝对值不高，但毛利率约37%；2010年数码印刷设备总装机量28147台，远远大于传统印刷设备的23791台，数码印刷设备增长已成为主流；2012年美国印刷设备材料采购总额是23.6亿美元，其中数码印刷机采购金额为12亿美元，占50.9%，传统设备仅占19.5%。未来数码印刷一定是美国印刷市场的主流。

以美国为例，看看美国的从业者如何开展数码印刷业务。

（1）传统印刷是加工业，客户有需要，企业按照客户需要完成，做好加工就完成了业务。所以说，过去是以产品为中心，现在数码印刷要做到以客户为中心，即深刻地理解客户需求。

（2）网络印刷、按需印刷在美国是非常成熟的应用，已经有了一定的标准。无论是网络印刷，还是按需印刷都是迎合市场长尾的订单。真正把产品做到标准化和流程化，最大程度地减少人工参与。如闪电资源放弃了很多客户需求选项，比如只提供一种开本、一种纸张，让业务简单化。它的"变"体现于内容，而不在于开本和纸张形式。让"长尾"更"长"，而非"断尾"。

（3）美国数码印刷行业十分重视数据营销对印刷业务的推动，能够体现附加价值的作用。如迈乐印刷公司用数据进行精准营销，与沃尔玛合作，进行跨媒体促销，仅是促销直邮单就提高了17.8%的访问率，这就是印刷的价值。

按需出版在美国蓬勃发展。除了闪电资源公司外，网上书店亚马逊公司于2007年在美国率先开通了按需出版服务及创意空间（CreateSpace）平台，现已扩展到英、法、德、意等欧洲国家及日本，目前亚马逊每个月按需印刷数超过10亿张页面。此外，大型网上书店NetBooks.com、Vestcom公司、Lulu公司、兰登书屋Xlibris公司、贝塔斯曼集团的Offset公司等也都开展了出版物的下载和按需印刷服务。2012年美国的按需出版年增长14%左右。目前美国的出版印刷企业中，40%以上都开展了按需出版印刷业务，并已经形成比较成熟的产业链。在美国按需出版印刷供应链上，不仅仅有绝版或者是长尾的书籍，还有大量的新书按照订单生产供应，一般出版商基本没有库存，图书从编辑设计环节开始就在为以后的按需出版印刷做准备，专业从事按需印刷的公司可以为出版商提供从图书设计到印刷到按订单发货的全流程服务。按需出版在美国出版界的应用已较为普遍。各类出版机构，无论是大学出版社（如芝加哥大学、哈佛大学、麻省理工学院等）、出版公司，还是图书批发商或零售商（如鲍德斯连锁店、巴诺连锁店、亚马逊网上书店、批发商 Sprout 公司等），甚至印刷机构，都在积极地介入按需出版。无论图书零售实体店还是图书网络销售平台，都与按需印刷有机结合，按需出版规模越来越大，形成了较为成熟的商业模式。西蒙·舒斯特公司、巴诺连锁店等都与闪电资源签订图书按需印刷服务，亚马逊网上书店旗下 BookSurge 专门负责其按需印刷业务。兰登书屋、时代华纳等出版公司都开展了面对广大作者的个性化自助出版。美国按需出版的发展之路已日趋顺畅，呈现出方兴未艾之势。

在德、英、法、意、西、日等国，按需出版也相继展开，均取得了良好的反响。在德国最大的图书配送公司利博瑞（Libri）的带动下，目前几乎所有比较大型的出版社都引入了按需印刷。在英国，1998年剑桥大学出版社率先开展按需出版，现在已拥有一个品种超过2万、范围广泛的按需印刷书目；2009年，只做按需印刷图书的独立出版社 Punked Books 成立；2012年，原创电子书出版社开放之路全媒体公司和英格拉姆、闪电资源公司开始合作发行开放之路全媒体公司电子书的印刷版本。在日本，东京书籍贩卖公司、凸版印刷公司和29家出版社共同出资成立 BOOK-ING 公司开展按需印刷业务；富士施乐、微软和大型出版社讲谈社、小学馆4家共同出资成立按需出版专业公司。

欧美按需出版市场特点：

1. 数字内容资源管理及数字标准化助推按需出版

在美国，按需出版印刷在促进传统印刷企业向数码印刷转型时，给印刷企业带来了一个额外的惊喜，就是让印刷企业通过对不同出版机构的数字内容资源进行收集整理后，建立起综合性数字内容资源管理中心。有了它，印刷企业不仅能提供印刷服务，更可以向数字资源的综合运营、销售延伸。如闪电资源公司，依托按需出版印刷形成的数字资源平台，为出版社、零售商、图书馆和教育发行机构分别定制了4套解决方案。一方面为出版社和零售商提供数字资源的纸质和数字方式分销服务，另一方面为图书馆和教育机构提供内容资源的纸质和数字的内容应用服务。其母公司英格拉姆公司（Ingram）也因此从传统图书批发商转型成为数字化时代的内容资源综合分销商。

当下的美国出版印刷企业正在利用数字标准化将印刷与出版融合，美国赫斯特出版集团、时代杂志、彭博新闻社就是这方面的典型，它们的共同之处，就是利用数字技术做附加服务、增值服务，为客户做一切可做的。而要能做这一切，必须要数字语言标准化，要制定行业标准的数字语言。

在传统出版与印刷的融合中，数码印刷技术目前在美国可以说是数字融合的典范。美国已经把数码印刷的速度和质量做到极致，并把触角延伸到出版编辑、广告设计、网络、二维码等。数码印刷技术引领者通过自己制定的 XML 行业数字标准语言对内容进行数字标识加工后，再通过各种媒介——纸质的、视频的、网络印刷（W2P）的等呈现给各类读者和用户。

2. 学术出版商借助按需出版强化核心竞争力

对于市场需求有限、需求刚性较强、价格弹性较小的学术著作来说，按需出版这种模式恰好可以满足其赢利需要。

全球学术出版巨头施普林格于 2005 年面向学术图书馆用户提供名为 My Copy 的按需出版业务，读者可以通过登录施普林格电子书网站（Springer E-books）选择自己想要制作成纸本的图书，选择彩色或黑白印刷，确认纸张材质和装帧形式后，一本根据读者个性化需求印制生产出来的纸质图书就会被送到读者手中。该业务最先在北美的研究型图书馆中开展，获得市场认可和读者一致好评后，施普林格于 2010 年面向欧洲 18 个国家全面提供按需出版服务。

2007 年，阿姆斯特丹大学出版社向全球公众免费开放了"欧洲开放存取出版网络计划"，在欧盟的资助下，阿姆斯特丹大学出版社已经于 2011 年底彻底实现了从传统大学出版社向开放存取出版商的转型。截至 2012 年 7 月，阿姆斯特丹大学已经开放存取出版了 368 种学术著作，新的生产模式不仅维持了出版社的日常运转，还满足了学术传播的需要、扩大了国际影响。如果作者或读者要求出版社生产纸质图书，则可以选择阿姆斯特丹大学出版社的按需出版服务，哪怕只需要一本书，该出版社也可以根据读者需求以最快的速度生产出来，送到作者（读者）手中。

3. 物流中间商借力数码印刷设备参与出版竞争

NBNI 是英国本土主要的图书发行商，面向英伦三岛、西欧和北美的中小出版社和独立书店进行出版物的仓储、物流、中转和配送服务，在不景气的经济背景和产业环境中，NBNI 不得不对其实体书物流策略进行调整。自 2009 年 9 月起，NBNI 开始为出版社和读者提供按需出版服务。作为中间商，NBNI 面对图书脱销、绝版给零售商和读者带来的遗憾，尝试说服出版商将不再生产的绝版图书数字出版权与其共享，获得出版商授权后，在收到读者的订购信息后

NBNI 将按需印制业务外包给印刷商完成，再通过其业已建立、遍布西欧的物流通道实现配送和销售。

荷兰最大的图书物流中盘中央书局对按需出版的业务开始更早，涉入更深，影响力更大。从1998年开始，中央书局就引进了数码印刷设备，开始为生产能力有限的小型出版社提供制版印刷等附加服务。根据中央书局的检测和统计，目前在其物流系统中一共有1.6万种计380万册图书年销量不足250册，适于按需出版。中央书局开始尝试说服出版商放弃一部分短期利润，参与按需出版项目运作，以获取长远利益。截止2012年，中央书局已经和超过60%的出版社客户签订了按需印刷代理合同，取得了5万种可供按需出版图书的生产销售权。读者只要登录中央书局的按需印刷主页，在线查询到可供书目里自己需要的图书，便可完成按需印书。

4. 书店和图书馆利用按需印刷设备吸引读者

面对按需印刷这种新的出版模式，作为零售终端的书店所采取的态度更多是无奈地接受出版社、物流商、甚至是作者借助新的技术手段绕过传统出版物的实体交易地点——书店，直接将内容传递到读者手中。但是也有一些书店变被动为主动，利用备受热捧的EBM按需印刷机、引入自助出版平台、提供个性化印制服务等方式宣传造势，为书店吸引客源的同时，实现了与数字出版的无缝对接。

2008年9月，离EBM印刷机问世仅一年时间，位于伦敦的独立书店Newsstand就引入了全英第一台EBM。2009年4月，同样位于伦敦的连锁书店布莱克威尔总店也购买了EBM，并宣称要在未来十年将这一令人惊喜的机器引入其位于英国各地的60家分店。2010年，位于阿姆斯特丹市中心的美国图书中心书店将欧洲大陆第一台EBM按需印刷机放置在其位于二楼大众文学图书陈列区的一角。2011年3月，第二台EBM，在海牙市中心的ABC分店与读者见面。截止2012年5月，40台EBM已经在全世界10个国家的图书馆、书店落户。拥有EBM的书店可以从它拥有150万种图书的电子书数据库中任意选择图书实施按需印制和销售。阿谢特、麦格劳·希尔、西蒙·舒斯特、麦克米伦、约翰·威利等全球知名出版商都为EBM提供电子书版权。

图书馆购置相关设备完全是为了满足读者需求、提供更好的服务。在全球经济陷入滞涨、欧洲债务危机、大学缩减开支的背景下，英国牛津大学图书馆、芬兰赫尔辛基大学图书馆、丹麦哥本哈根大学图书馆、比利时鲁汶大学图书馆、德国慕尼黑大学图书馆、荷兰乌特勒支大学图书馆等一大批欧洲一流大学的研究型图书馆,仍纷纷购买快速印刷设备、配备专业操作人员,为读者提供按需印刷和资助出版服务。这一事实充分说明按需出版具有良好的市场潜力和需求支撑,对传统出版产业各个环节应对数字时代带来的种种变化起到助力作用。

(二) 国内市场发展进程及特点

从数码印刷的发展数据来看,数码印刷占据印刷全行业的比重还很小。根据国家新闻出版广电总局印刷发行司对印刷企业的年度核验数据,2012年中国印刷业的总产值为9510.13亿元,而其中数码印刷仅为62.9亿元,数码印刷产值占行业总产值的比重只有0.66%。在2011年,这一比例更低,只有0.46%。数码印刷占据全行业的比重连1%都不到,可见其发展空间很大。

中国数码印刷业似经过十余年的萌芽阶段后,慢慢步入又一个崭新的发展阶段。从整体来看,国内数码印刷市场的发展势头依然强劲,特别是在整个大经济增速放缓的趋势下,数码印刷的发展可谓一枝独秀。通过科印传媒品牌调查活动"数码印刷在中国"最近几年的调查情况来看,2007-2013年,数码印刷设备的装机量稳步增长,2010-2012年的增长率达到了40%以上,2012年受外部经济环境的影响,整个装机量有所放缓(增长率为29%),2013年的增长率达到36%。国内彩色生产型数码印刷设备和高速喷墨印刷设备装机量累计达到4505台,从原来快印企业采购装机到有相当比例的传统印刷企业装机,传统印刷企业已经开始在业务模式的开拓方面把注意力放到数码印刷领域。同时,高端连续纸彩色数码印刷机也呈稳定增长态势,应用集中于标签、出版、包装领域,也说明数码印刷的应用正在发生更深层次的变化和变革。装机数量的可观,可以看出市场对数码印刷投资的信心,以及整个市场对于数码印刷应用的战略选择。国内数码印刷已经具有一定的市场规模,成为印刷主流的方式之一。从总体来说,2013年的印刷市场是以发展、恢复和重组为主题,而且我们相信一个更好的印刷市场将很快到来。

中国每年出版图书超过40万种,超越美国一倍多,毫无疑问地位居世界第一。从出版发行业库存数据来看,近年来我国出版发行单位的库存居高不下。根据国家新闻出版广电总局发布的《全国新闻出版业基本情况》的统计，全国新华书店系统、出版社自办发行单位的库存，已从2005年年末的42.48亿册、482.92亿元，飞升至2012年年末的61.22亿册、880.94亿元，8年间数量增长44%、金额增长82%。2013年对全国40家出版机构进行调查的结果显示，相当数量的出版单位存销比达到了惊人的8:2，大于3年的库存书占总库存的比例在某家出版社可达到72%。库存的增长远远高于销售额的增长，库存已成为出版业发展的最大阻碍。

当出版社有越来越多的品种、越来越少的印数以及越来越大的库存时，按需印刷是解决这一问题的良方。与此同时，数码印刷技术还可以让短版书及时面市，让断版书重获新生，使"长尾图书"永不断版，并满足了人民群众对出版物个性化的需求。数码印刷技术在出版社的转型中给予了强有力的技术支撑。

虽然中国按需出版商业模式至今没有真正建立起来，然而中国出版业向按需出版发展的方向却是明晰的。近年国内出版业按需出版、按需印刷已由观望讨论走向行动且步伐加快，越来越多的出版集团（企业）正在加强按需印刷方面的探索与努力，并有了实质性进展。虎彩集团2012年起大力发展数码印刷，成立了资源运营服务型企业——北京虎彩文化传播有限公司，上线的电商网站"搜书院"打造独特的断版书销售平台，为按需出版平台所需提供的全面数字服务。目前虎彩集团正在全国布局8个数字生产中心全面为按需出版服务。2013年5月，中华商务联合印刷（香港）有限公司在深圳文博会上，推出了其酝酿3年的数字资产管理平台，整合了其母公司香港联合出版集团的出版资源，开展按需出版业务。2013年7月，江苏凤凰新华印务有限公司在上海国际印刷周上宣布，建设包括"零距离"在线编校系统、数字资产管理系统在内的"凤凰印"云印刷服务平台，依托凤凰出版传媒集团丰富出版资源，打造按需出版资源平台。当纳利中国和上海世纪出版集团携手开展按需出版印刷，上海世纪出版集团负责搭建数字资产管理平台（管理图书和版权），当纳利中国负责搭建供应链管理平台（管理印刷和物流），2013年9月，当纳利（中国）投资有限公司宣布，将在上海金山国家绿色创意印刷示范园区，投资建设其在亚洲的第一条按需印刷生产线。2013年，中原出版传媒投资控股集团公司国内首条全数控按需印刷生产线上线，高速喷墨印刷设备落户河南新华印刷集团，但是据了解，地方志和专业类高职教材业务是他们当前按需业务拓展重点，同时也与当地出版集团联手达成共识助推按需出版。在新形势、新技术的推动下，国内出版业对按需出版、按需印刷已由观望讨论走向行动，且步伐加快，越来越多的出版集团（企业）正在加强按需印刷方面的探索与努力。这些企业采购的数字平台的功能大致相同，即运用数字和网络技术，上游依托于丰富的出版内容资源，下游联合多家具有强大生产能力的印刷企业，提供多媒体发布的数字出版服务，实现图书的异地按需印刷。

二、数码印刷与按需印刷（出版）市场分析与预测

（一）我国数码印刷市场分析与预测

1. 数码印刷设备装机量

（1）单张纸高端彩色数码印刷机

2012－2013 年，我国的数码印刷设备装机量仍然保持着持续增长势头。截至 2013 年 7 月，单张纸高端彩色数码印刷设备装机总量达到 1195 台，增加 308 台，增长率接近 35%，较上一年度 38% 的增长速率略有下降。该年度新增了 HP Indigo 10000、iGen4/iGen150 三款新上市的机型，极大地提高了质量和生产效率，为单张纸高端彩色数码印刷市场增加了推动力，2007－2013 年单张纸高端彩色数码印刷机装机量统计见表 1。

表1　2007－2013 年单张纸高端彩色数码印刷机装机量统计

装机总量（台）	截至2007年7月	截至2008年7月	截至2009年7月	截至2010年7月	截至2011年7月	截至2012年7月	截至2013年7月
	200	270	354	455	644	887	1195
年度增量（台）	2006年8月－2007年7月	2007年8月－2008年7月	2008年8月－2009年7月	2009年8月－2010年7月	2010年8月－2011年7月	2011年8月－2012年7月	2012年8月－2013年7月
		70	84	101	189	243	308

应用领域方面，目前商业快印领域依然是高端彩色数码印刷机的重地，占比达到 64%，较上年度降低了 6 个百分点；第二大应用领域为机关文印，占比为 12%，比上年度增加了 5 个百分点；排在第三位的是出版印刷领域，占比为 11%，较上年度名次下滑一名，但占比上升了 1 个百分点。其他应用

领域占比分别是：金融、邮政、电信等领域占比 7%，包装印刷占比 5%，其他领域占比 1%，与上年度保持一致。单张纸高端彩色数码印刷机应用领域分布见图 1。

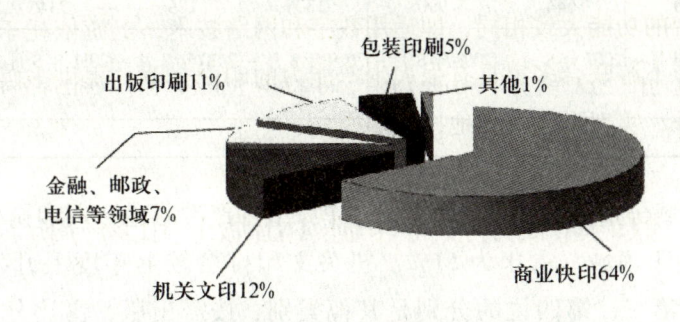

图 1　单张纸高端彩色数码印刷机应用领域分布

（出版印刷 11%；包装印刷 5%；其他 1%；金融、邮政、电信等领域 7%；机关文印 12%；商业快印 64%）

（2）连续纸高端彩色数码印刷机

截至 2013 年 7 月，连续纸高端彩色数码印刷机平稳增长，机型在上年度的基础上，增加了 HP Indigo WS4600，总装机量达到 68 台。新增装机量 22 台，比上年度增长 34.78%。2009－2013 年连续纸高端彩色数码印刷机装机量统计见表 2。在应用领域上，本年度新增 16 台设备主要集中在包装、标签、出版领域，市场上其他设备依然主要用于标签印刷、按需出版印刷以及金融、电信、邮政等可变数据印刷领域。

表 2　2009－2013 年连续纸高端彩色数码印刷机装机量统计

装机总量（台）	截至 2009 年 7 月	截至 2010 年 7 月	截至 2011 年 7 月	截至 2012 年 7 月	截至 2013 年 7 月
	21	24	37	46	68
年度增量（台）	2008 年 8 月－2009 年 7 月	2009 年 8 月－2010 年 7 月	2010 年 8 月－2011 年 7 月	2011 年 8 月－2012 年 7 月	2012 年 8 月－2013 年 7 月
	11	3	13	9	22

（3）单张纸生产型彩色数码印刷机

截至 2013 年 7 月，单张纸生产型彩色数码印刷机的装机量与上年度相比新增了 869 台，装机总量达到 3214 台，增长率约为 37%。与上年度 489 台的增量相比，增量大幅提升，一部分原因来自许多传统印刷企业开始大量购进单张纸生产型彩色数码印刷机，作为业务尝试和拓新。2007－2013 年单张纸生产型彩色数码印刷机装机量统计见表 3。

表3 2007-2013年单张纸生产型彩色数码印刷机装机量统计

装机总量（台）	截至2007年7月	截至2008年7月	截至2009年7月	截至2010年7月	截至2011年7月	截至2012年7月	截至2013年7月
	320	644	990	1305	1856	2345	3214
年度增量（台）	2006年8月-2007年7月	2007年8月-2008年7月	2008年8月-2009年7月	2009年8月-2010年7月	2010年8月-2011年7月	2011年8月-2012年7月	2012年8月-2013年7月
	—	324	346	315	551	489	869

应用领域分布，由图2可以看出，单张纸生产型彩色数码印刷机主要应用仍在商业快印领域，占比为51%。机关文印排名较上年度上升一位，占比15%。排名第三、第四位的分别是其他类别、按需出版，占比分别为14%、11%。其他领域占比分别是：影像输出占比7%，标签包装占比略微上升，占比2%。本类机型在各应用领域的占比近年来变化不大。

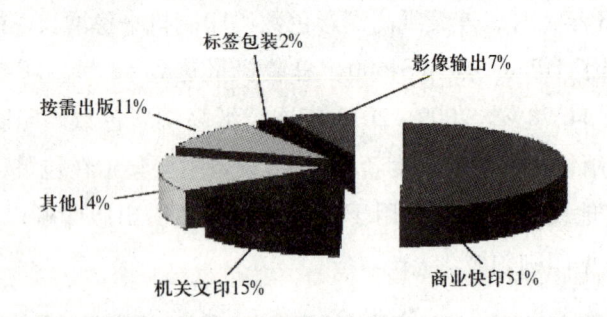

图2 单张纸生产型彩色数码印刷机应用领域分布

（4）高速喷墨数码印刷机

从drupa 2012上各数码印刷及传统印刷厂商纷纷研发或合作推出高速喷墨印刷机至今，关于高速喷墨印刷的热议、报道甚至已装机企业的应用案例分享从未停歇，虽然有人称国内、国际的高速喷墨印刷现状呈"冰火两重天"态势，不过大家一致认为高速喷墨印刷是数码印刷向工业化迈进的最强劲动力。

表4所示为当前几款主要的高速喷墨数码印刷机的装机情况。本年度新增加了惠普T400连续纸喷墨印刷机。几款高速喷墨数码印刷机的装机总量达到26台，在上年度基础上增加了6台，与上年度增量保持一致。上年度新增的奥西ColorStream 3700连续纸喷墨印刷机在本年度仍有1台最新装机。

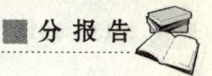

表4 2012–2013年主要高速喷墨数码印刷机及装机量统计

品牌	型号	速度（页/分钟，A4）	2011年8月–2012年7月装机增量（台）	截至2012年7月装机增量（台）
柯达	Prosper 1000	200米/分钟	0	2
	VL2000	500（75米/分钟）	1	6
	VT3000	500（75米/分钟）	0	8
惠普	T200/T300	122米/分钟	4	6
奥西	Color Stream 3700	127米/分钟	1	3
网屏	Truepress Jet65 OUV	1300平方厘米/分钟	0	1
	共计		6	26

注：此类设备在《生产型数字印刷机目录（2012）》中归属"连续纸生产型彩色数字印刷机"

在应用领域方面，本年度新增的高速喷墨印刷设备仍主要针对按需出版印刷和可变数据账单印刷领域。了解到国内一些大型印刷企业正在密切关注此类设备，且其中已经有一些企业表示有采购意向，拟用此种印刷方式取代部分传统印刷，开拓新的业务领域。需要在此说明的是，连续纸高端彩色数码印刷机与高速喷墨印刷机同属于《生产型数码印刷机目录（2012）》中的"连续纸生产型数码印刷机"。纵观近7年来生产型数码印刷设备的装机情况可以发现，2007–2010年，数码印刷设备的装机量稳步增长，年增长率均在30%左右；而2010–2011年，装机量则突飞猛进，增长率达到40%以上；2012年，受经济环境影响，数码印刷企业投资趋于谨慎，装机量的增长（29%）稍微放缓；而经过一年的调整，2013年度增长率又回升至36%，虽然不及2010–2011年的快速增长，但足见在经济环境尚未完全明朗之时，数码印刷从业者的积极应对、传统印企的尝试转型，为数码印刷在中国的发展注入了活力。相信随着相关政府部门的大力推广与政策支持，数码印刷这个新兴行业的发展将步入崭新的阶段，也将为印刷从业者带来更多的机会和利润增长点。

2. 设备地区分布

数码印刷设备在地区分布上相较往年基本格局并未发生太大变化，依然是华南、华北、华东地区占据主要市场。其中，单张纸高端彩色数码印刷机，华东、华南、华北地区仍是目前采用单张纸高端彩色数码印刷机最多的地区，占比分别达到26%、24%、24%，但与上年度相比均有不同程度的轻微下滑，这是近两年调研数据中持续出现的情况。与之相反，其他地区占比均略有上升，华中地区占比较之去年上升了3个百分点，与西南地区并列第四，占比均为9%，西北、东北地区占比均较上年度上升了2个百分点，为4%。如图3所示。

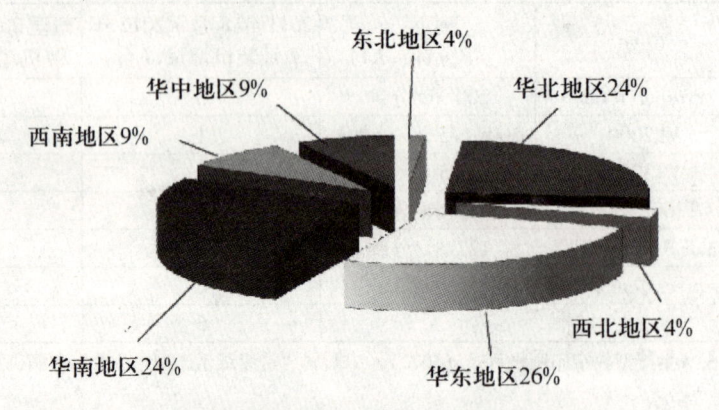

图3 单张纸高端彩色数码印刷机地域分布

连续纸高端彩色数码印刷机在地区分布上，市场上该类设备集中在华南、华东两大区域，华北少量，华中地区本年度实现了零的突破，其他地区仍无装机；单张纸生产型彩色数码印刷机的地域分布情况与上年度差别不大，华东、华北、华南依然是当前的三大重点区域，占比分别为27%、25%、17%。西南地区、华中地区分别位列第四、第五位，占比分别为10%、9%。东北地区、西北地区的占比均为6%，在全国各地区中占比仍较低。

与单张纸高端彩色数码印刷机的地域分布变化情况不一相比，单张纸生产型彩色数码印刷设备的装机分布情况近年来变化不大。同时，华南地区的单张纸生产型彩色数码印刷机相对单张纸高端彩色数码印刷机的装机占比相对较少。如图4所示。高速喷墨数码印刷机装机仍然是仅分布于华东、华南、华北三大区域。

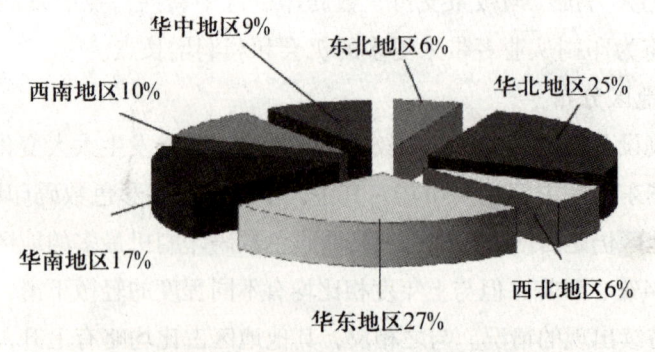

图4 单张纸生产型彩色数码印刷机地域分布

3. 经营情况

在2013年7月科印传媒《数码印刷》进行数码印刷用户调查中，有来自全国30多个城市的112家数码印刷企业参与，调查内容包括企业数码印刷产值、利润、印量相较去年的变化情况。该内容可以反映企业本身的经营和发展情况，同时也能够从一定程度上体现出国内数码印刷行业近一年来的整体变化情况。112家受访企业中，6家企业倒闭或转行，这种情况在以往的调查中是罕见的，6家企业都是所在地区的小型数码印刷企业，投入产出比太低、经营举步维艰、没有业务支撑公司发展、亏损较为严重等是其难以支撑的原因。

其他106家样本企业显示，对比去年的数据可以发现，近两年数码印刷企业的经营增长情况相对前些年不容乐观，62.26%的企业产值有增长，21.7%的企业产值持平，16.04%的企业产值有所减少。62.26%的企业同比产值实现了增长，从表面上看这一结果还算令人满意，但利润的增长远远低于产值的增长，市场发展进入了调整时期。产值增长的这部分企业多数已经在当地市场占据一定的地位，拥有自己稳定的业务和客户影响力。可以看到，前几年快速发展的态势近年来逐渐减缓，"平稳发展"在这些企业看来也是理所应当。对于企业产值呈负增长的原因有"企业经营管理不善"、"同行竞争激烈，打价格战"、"市场环境不好"、"业务变少，没有活儿"及"企业缺乏创新"等。

图5所示为2013年与2012年样本企业数码印刷产值变化对比情况，需要说明的是这两年所取样本企业是不同的，约有30%-40%的取样变化。

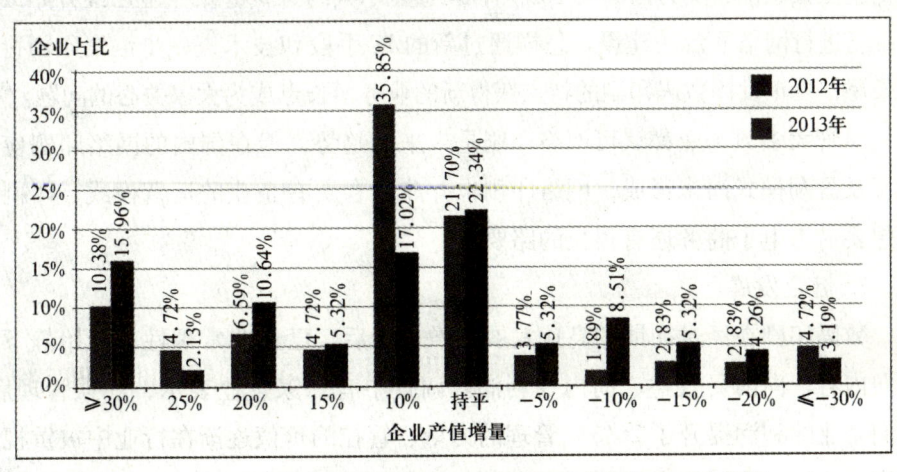

图5 2013年与2012年样本企业数码印刷产值变化对比情况

4. 谨慎投入

调查显示，2012－2013年度数码印刷企业设备更新的趋势明显放缓，有55%的企业购入了新设备。当问到下一年度是否有继续更新设备的计划时，有26%的企业表示肯定。

在经济低迷的大环境下，企业投资数码印刷设备的举动普遍谨慎。由于近两年国内经济增速放缓，面对市场上供大于求的局面，数码印刷企业经营者逐渐冷静，设备新增比率也趋于平稳。

同时印后设备成为大家关注的焦点，国内人工成本快速提升，而数码印刷印后技术并不成熟和完善，大家逐渐认识到产品的最后一个环节所产生的附加值和利润空间才最为关键，印后价值、硬件投资成为他们新的关注重点。

5. 探索转型

连锁经营一直是国内数码印刷企业最主要的发展模式之一，调查显示2012－2013年度数码印刷企业开店情况整体趋于平稳，在调查的企业中间，大约有40%的企业有进一步扩张的计划，开店已不再是企业寻求新发展的唯一途径，基于扩张计划的考虑，如何合理地降低运营成本，有效提高运行效率，以及数码印刷生产中心的建设成为许多企业转型考虑的重点方向。

6. 网络印刷

网络印刷是近两年来被数码印刷界广泛关注的一种全新营销方式，国内数码印刷企业在意识和实力方面尚不成熟，调查显示大约有56%的企业已经开始或者有准备进行网络平台的建设。怎样通过新的IT手段和技术进一步汇聚印刷行业的长尾，真正发挥数码印刷的特点获得新的业务增长点成为大家关心的问题。

尽管大多数企业都认可网络印刷是未来的趋势，但在国内的网络印刷应用环境及盈利模式尚未形成，网络印刷也并非适合所有企业的运营模式，印刷企业想要借力电子商务还有很长的路要走。

7. 健全发展

数码印刷在经过初期的高速发展和增长之后，已经非常理性，开始静下心来向内看，向内要效益、向内要利润。调查中有一家企业表示，加强管理后，他们企业的利润提升了26%。管理的力量、管控的价值逐渐在行业中被重视和利用。从健全发展的角度讲，大家更加注重数字化的管理系统，重视软投资，也更加关注人员管理、生产流程控制等。

（二）按需印刷（出版）市场分析

1. 按需出版市场格局

目前，受电子读物、阅读方式转变等的冲击，我国传统出版业举步维艰，库存大、退货多、起印数高、短版书面市难、断版书再流通难等诸多问题，让出版社难于应付。此时，按需出版的应需而生，恰好弥补了传统出版的不足。

按需出版在国外已经有了较为成熟的运作模式，并且取得了良好的经济效益。然而，与国外按需出版的蓬勃之势相比，我国的按需出版还在征途，在到达可预见的欣欣向荣的路上，还有着诸多的"荆棘"相阻，或许还要经历一个不短的阵痛期。

面对危机四伏、荆棘丛生的出版业，按需出版除降低生产成本、使短版书、断版书得以出版、满足读者个性化需求等诸多显而易见的优势外，对按需出版市场良性健康发展还有积极推动作用。

（1）抑制图书库存的飞涨

据统计，中国每年出版图书库存的增长远远高于销售额的增长，库存已成为出版业发展的最大阻碍。在传统出版的销售环节，库存的压力就全部落在了出版社的肩上。出版社对每种图书的市场预测也不一定准确，有极大的库存积压风险。

按需出版以电子化库存替代图书的实物库存，从根本上解决了图书库存积压的问题，实现先销售后印刷，完全根据市场需求印制图书，有效地避免了出版的盲目性，降低库存甚至可以做到零库存。以某大型出版社为例，近几年图书库存居高不下，2010－2012年，库存量与总印量比例分别为24%、30%、28%。2013年开始，该出版社逐步从传统出版方式向按需出版方式转变，在印制图书前先向销售终端征订，以此数据作为参考来安排印刷，如此大大减少了库存的积压。截至2013年9月，本年度库存量控制在图书总印量的13%，节约了资源，有效控制了成本。

可以预见，按需出版蓬勃发展的未来，库存、退书、低价处理库存的情况或将成为历史，大量图书刚出印刷厂便进纸浆厂这种严重浪费资源的现象或许也不会再出现，真正实现了绿色出版。

(2) 驱动图书品种增长

面对"电子书是否即将杀死实体书"的问题研究，从国外出版市场来看，按需出版将延续实体书的生命力，而且还会使实体书更加个人化和多样化。Bowker 公司的报告称，虽然近年来传统出版商出版的图书品种在减少，但整体的图书品种数却在增长。书目信息中心的报告显示：图书品种的增长，几乎全部来自于自助出版市场。出版业曾经的边缘业务——自助出版，如今不仅成为写作者的主流选择之一，而且成为图书品种增长的主要动力。自助出版与电子书，这两股力量正在推动出版业往戏剧性的方向发展。

(3) 摆脱出版商的控制

按需印刷已经不再是找不到出版商的作者无奈的选择了，作者自主出版，摆脱"虚荣出版"这样的贬损性称号。以英国作家马克·爱德华兹为例，他在与哈珀柯林斯合作出版了《Forward Slash》并取得成功之后，自助出版了自己的第二本书《The Magpies》。对爱德华兹来说，选择自助出版只是急切希望它能尽快出版，想延续《Forward Slash》出版后的良好势头，也想看看能否再次取得成功。结果《The Magpies》的市场表现完全超越了期望，大获成功，这本书已经卖了超过 13 万册。

(4) 与渠道打交道

当然，按需印刷出版也有它的缺点。没有传统出版商的帮助，按需印刷的图书无法在书店上架，需要独自处理渠道问题。但是在线图书销售和数字出版的兴起，店内销售已经不再像往常那样重要了。《时代》杂志一篇报道自助出版的文章指出，电子书自助出版的增长率是其他形式自助出版的 4 倍，不少作者也因此越来越赚钱。传统出版进入门槛高，对作者的控制严厉，而且自费出版价格高昂，相比按需印刷自助出版的这点不足就显得微不足道了。因为按需印刷出版可以低成本、低劳动力地把他们的智力成果转化为可以赚钱的产品，不仅拯救了作者，也将拯救图书出版业。

中国出版业按需出版在前行过程中遇到了阻碍。我国图书盗版问题屡禁不止、屡查不绝，得不到作者认可，在一定程度上限制了按需出版的发展；数码印刷设备价格昂贵、先期投入大、后期维护费用也很高——按需出版的印刷成本高于传统胶印，要想实现经济效益还需要一定的时间。目前，很多出版社还在持观望态度；纸质图书数字化是按需出版的先决条件，这是一个很大的工程；当下，按需印刷的图书在色彩效果、开本种类、装订方式等方面都不如传统印刷。

但这并非意味按需出版在中国的落地会遥遥无期。首先，当前传统出版产业链上的各个环节均面临巨大的变革压力。身处产业链上游的传统出版单位对不断加大的库存压力感受最为直接，有采用按需出版模式的内在要求。下游书刊印刷企业面临巨大的转型压力，为寻求新的增长点，部分勇于尝试的印刷企业已经先行一步，成为按需出版付诸实践的推动力量。虽然书店作为发行方无须承担图书库存的压力和退货的成本，但其面临的转型压力并不比出版社和印刷企业少，因此要寻求转型突破，以更加积极的态度参与到推广按需出版的进程中。

其次，传统出版产业链受制于既有体制和商业模式的桎梏，在按需出版探索与应用方面进展较慢，而体制外力量已对此虎视眈眈。目前，国外较为成功的按需出版案例，如闪电资源公司、亚马逊公司，均出身网络公司而非传统出版公司。实际上，按需出版作为数字化时代一种新兴的出版模式，只有与互联网进行深度融合才可能爆发出最大的成长力，而这恰恰是传统出版企业的短板。据悉，目前包括京东网、亚马逊中国、当当网、盛大文学在内的多家国内网络公司已经对按需出版表现出了浓厚的兴趣，由于这些公司大多利用网络平台直接面对终端读者进行销售，因而其掌握的需求信息是直接的、真实的，这就破解了传统出版发行模式下"需"从何来的问题。一旦这些公司全力介入，相信按需出版"引爆点"的到来将为时不远。

2. 典型案例分析

（1）国外案例参考

①加拿大布里兹印刷公司。加拿大布里兹（Blitzprint）印刷公司原本也是一家传统书刊印刷企业。在传统印刷业务逐渐萎缩的背景下，布里兹印刷公司开始开展数字化业务，切入点便是儿童图书和个性化回忆录的按需出版。前进的道路并非一帆风顺，传统业务和数字业务的融合，如何让数字业务能发挥最大效益也曾经困扰着布里兹印刷公司。然而通过 MIS 系统的打造，解决了传统业务和数字业务的融合问题，通过开展按需出版业务，布里兹印刷公司的数字资产得到快速积累，他们抓住时机，并没有让这些数字资产躺在云端沉睡，而是衍生出了一家新的公司和网站，为客户提供包括按需出版印刷在内的一条龙

服务。如对书籍提供设计、编辑服务，分销和市场推广的咨询服务，适应各种不同阅读器的电子版本的转换服务。

②瑞典报刊亭。瑞典报刊亭实时按需打印报刊，MegaNews杂志推出自主报摊，仅在顾客预定时按需印刷出版物。报刊亭有访问到远程服务器的权限，服务器上有出版商上传最新版本的报刊，这意味着客户使用触摸屏界面可以浏览超过200种不同的杂志、报纸或期刊。一旦决定想买什么，只需简单的信用卡交易，既可获得由内置高速理光打印机打印出的高品质、最新的报刊。打印报刊只需要两分钟，第一台这种机器已经安装在瑞典斯德哥尔摩市。报刊亭占地4平方米，比传统的书报摊需要更少的空间，降低了出版商的分销和物流成本，及让中小企业进入以前无法进入的利基市场。

除了出版的潜力，这种报刊亭也意味着环境问题的缓解。不再需要预估印刷多少份及处理无数没卖掉的报刊，机器只在需要的时候提供必要的印品。避免买家在机场、医院、大学、宾馆和商场等地方遭遇杂志有限供应的问题。

根据由研究所Innventia针对Meganews杂志进行的一项调查显示：Meganews亭里生产一本杂志的过程中，产生的温室气体与传统分散式的印刷相比约降低60%，这是因为传统印刷的报刊，40%并没有出售而被退回进入下一轮的循环。该项目已经吸引了很多瑞典领先的出版商的注意。

③KingPrinting公司。美国King Printing公司于1978年创立，目前已经由一家小印刷作坊发展成为书刊印刷领域知名的印刷商。如今，该公司由于成功地将数码印刷技术应用于短版书刊印刷业务，逐渐探索出了成功的商业模式。King Printing公司一直在努力与一些重量级的出版商建立合作伙伴关系，向他们提供印数少且交货周转快的书刊印制服务。不仅如此，King Printing公司还将业务拓展至互联网，创建了Adibooks.com网站，将目光瞄向个人出书市场。通过网站，客户可以方便地上传书稿文件、选择合适的开本和纸张、查看和确认书刊样张、确定书刊印数、最终实现印刷。同时，这个网站还可以帮助客户获取ISBN号，联系书商，并在如何建立图书销售渠道方面给出具体的建议。

④NBNI。NBNI（National Book Network International）是英国本土主要的图书发行商，面向英伦三岛、西欧和北美的中小出版社和独立书店服务，主要从事非虚构类图书、科学出版物、人文社科学术著作的仓储、物流、中转和配送服务，总部设在英国港口城市普利茅斯。面对欧洲债务危机和一直疲软不振的

图书零售市场，许多独立书店不得不缩小规模、裁减雇员、甚至关闭实体店面以应对。NBNI 不得不对其一直以来的实体书物流策略进行调整。自 2009 年 9 月起，NBNI 开始为出版社和读者提供按需出版服务。面对图书脱销、绝版给零售商和读者带来的遗憾，NBNI 意识到如果能满足这些需求缺口，将带来可观利润。于是尝试说服出版商将不再生产的绝版图书数字出版权与其共享，由其负责制作可供按需印刷的数字化版本，并面向零售书店实施销售。获得出版商授权后，NBNI 将数字化制作的业务外包给位于密歇根州的全美第六大书刊印制生产商 Edwards Brothers，收到读者的订购信息后按需印制，再通过其业已建立、遍布西欧的物流同道实现配送和销售。

⑤荷兰中央书局。荷兰最大的图书物流中盘中央书局（Centraal Boekhuis）对按需出版的业务开始更早、涉入更深、影响力更大。创立于 1871 年的中央书局垄断了全荷兰 90% 的图书配送业务，年平均在库流转图书总数达到 7000 万册，为荷兰、比利时等西欧国家的 500 多家出版社和 1500 家书店提供实体书物流服务。从 1998 年开始，中央书局就引进了数码印刷设备，开始为生产能力有限的小型出版社提供制版印刷等附加服务。经过对在库图书流转情况的深入调查摸底，中央书局发现年销量小于 250 册的图书适合以按需印刷的形式出版。如果年销量达不到 250 册这个盈亏平衡点，按照传统方式大量印刷的图书必然亏损。根据中央书局的检测和统计，2011 年在其物流系统中一共有 1.6 万种，计 380 万册图书年销量不足 250 册，适于按需出版。作为物流中盘的中央书局已经和 80% 的出版社客户签订了按需印刷代理合同，取得了数万种可供按需出版图书的生产销售权。读者只要登录中央书局的按需印刷主页，在线查询到可供书目里自己需要的图书，填写好网络订单，选好想要的纸张、开本、确定是否彩色印刷及装订方式后，系统就会根据不同的选择组合计算出每本书的印制价格。5-7 天以后，按照个人需求定制的图书就可以送达至客户。

（2）国内企业探索

①上海世纪出版集团 & 当纳利（中国）。上海世纪出版集团携手当纳利（中国）开展按需出版印刷共同探索一种适合中国的按需印刷商业模式。首先要进行产业链资源整合，将消费群体信息资源、数字资产、图书内容、作者资源，图书、数字内容分销网络和渠道资源，印刷制造供应商资源，行业

标准、研究资源，整体解决方案资源六部分资源优化整合；其次，还要制定行业标准，一定程度的标准化将有益于降低数码印刷的成本，扩大数码印刷应用的出版物范围，对整个产业链有利。这个按需出版整体解决方案严格地说是产学研的合作，其三个构成要件由四方分别负责。一是行业规范，由上海市新闻出版局负责制定行业政策，上海理工大学负责制定行业标准；二是线上的IT系统网络平台，上海世纪出版集团负责搭建数字资产管理平台（管理图书和版权），当纳利中国负责搭建供应链管理平台（管理印刷和物流）；三是线下的供应链实体，当纳利中国在金山建立实体的数码印刷基地，凭借其现有的中国和全球合作伙伴，提供生产和物流网络。而当纳利（中国）只是建设主体中的一个。当纳利（中国）在上海金山国家绿色创意印刷示范园区，建立占地约2000平方米的数码印刷基地，投资建设其在亚洲的第一条按需印刷生产线，2013年底正式投产，配置了1台单黑喷墨轮转数码印刷机和1台彩色平张数码印刷机，用于一般订单的内文印刷和封面印刷，后道设备包括数码折页机、数码胶装机和骑马钉设备，还配置了国际先进的工作流程系统来进行印刷订单管理，设备均通过网络连接实现数据远程传输与共享，可以在保证印刷质量的前提下通用各类国产纸张。工业园主要服务内容是为了满足出版机构对于包括样书、短版图书、绝版书在内的小批量的印刷需求和补印，做到一本起印。当纳利的Custombuy供应链管理系统，已经在中国市场成功实施了超过两年时间，能够实现印刷订单分配，印刷供应商评估、引入和管理，印刷生产状态查询和追踪，库存品类出入库记录、查询和定位，物流追踪，支持货币结算管理等功能。

②凤凰新华印务。凤凰新华印务背后的凤凰出版传媒集团，拥有百企千店——所属独立核算企业已经超过100家，连锁门店已经超过1000家；年出书已超1.5万种，年发行超过5亿册。江苏凤凰新华印务建设四"零"工程（即出版"零距离"、印刷"零差异"、发行"零库存"、版权保护"零担忧"）及数字资产管理系统在内的"凤凰印"云印刷服务平台，作为凤凰数字资产管理系统的硬件基础，采用云技术和软件服务模式构建的印务整体化数字技术服务平台。它利用互联网技术、云技术、虚拟技术，实现了真正意义上的云平台，并将出版社、印刷厂、客户与平台运营方有机联系在一起，形成跨地域的利益共享联盟、实现了对集团印务板块内的数字化印前、数字资产管理、云计算中

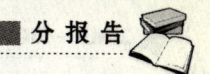

心、POD 数码连线、数码印刷连锁、传统印刷、创意设计和电子商务等项目的规划整合。

凤凰 POD 集成创新包括 6 部分：一是连线技术的集成创新。凤凰数码拥有一条由 RPMIS 流程控制软件、美国柯达鼎盛 Prosper1000 连续喷墨印刷机组、瑞士 Hunkeler 书芯成型、中国深圳 JMD 印后装订连线设备等组成的全连线连续喷墨 POD 系统。二是资源体系的集成创新。凤凰印刷的背后是凤凰出版传媒集团，是强有力的支持。三是各路精英的集成创新。四是赢利模式的集成创新。凤凰采用了连续累计成本核算，使按需与传统印刷成本日益接近。五是产业聚合的集成创新。凤凰云计算中心是数字资产管理工作的硬件基础。六是产学研的集成创新。包括数码印刷流程系统和新型云计算服务平台研究与开发等。

③虎彩集团。虎彩集团 2012 年起大力发展数码印刷成立了资源运营服务型企业北京虎彩文化传播有限公司，为按需出版平台提供所需的全面数字服务。目前虎彩集团正在全国布局 8 个数字生产中心。虎彩集团一方面着力于帮助出版社改变传统的大批造货生产模式，将图书印数降到 2000 册以下，异地印刷、就近物流，从而减少出版社库存，提升企业运营效益；另一方面，也通过与出版社合作向读者提供断版书的生产和销售服务，为行业填补价值链上的缺失环节。虎彩文化传播公司的责任则在于与出版单位进行洽谈，为出版行业提供基于数码印刷的上述两项服务。为推动按需印刷发展，虎彩集团上线的电商网站"搜书院"会打造一个独特的断版书销售平台，首批将有万种图书上线。当读者下订单、预付款后，就会激活后方数据库与数码印刷中心，真正实现零库存按需印刷。经过近一年与出版单位进行合作洽谈，虎彩传播公司已经与几十家出版企业签订合同，获取它们的断版书目录，在谈好分成比例后，会将图书数字文件处理好上传到网站，连接到可印刷的数据库里。虎彩集团希望到 2016 年自己的"搜书院"能网罗 50 万种左右的断版书。

未来的按需印刷大有统领大局之势，对于传统印刷企业来说，按需印刷需要的是生产流程再造——全流程的数字化。如今我国出版资源相对割裂，涉足按需印刷的企业只要敢于依托各自区域现有的出版资源，探索开展按需印刷，建立开放的数字资产管理平台，我国发展按需印刷的空间将会很大。

三、年度影响数码印刷与按需印刷（出版）产业发展的重要事件

1. China Print 2013 第八届北京国际印刷技术展览会

第八届北京国际印刷技术展览会（China Print 2013）于5月14日在北京召开，作为四年一度的印刷界的盛会，本届展会吸引了来自世界各地的参展商与用户。北京国际印刷技术展览会为中国最早的综合性国际印刷展览，是世界六大印刷展之一，也是当前中国规模最大的印刷展览会。China Print 展会位于北京中国国际展览中心新馆的展区面积超过了16万平方米，比上届增加了60%，共开设了19个展馆，涵盖了传统印刷和数码印刷等多个领域的印刷业相关展品的展出。来自全球的28个国家和地区的1300多家厂商参与了展会，包括海德堡、高宝、曼罗兰等传统印刷供应商和惠普、富士胶片、理光、佳能等数码印刷供应商及中国知名制造商上海电气、北人、方正、乐凯华光等均高调参展。本届展会主题为"绿色、高效、数字化、智能化"，各厂家纷纷推出了新型技术、产品和解决方案，受到了广泛关注。展会为期5天，专业观众达到18万人次，展会同期举办第三届国际印刷工业发展论坛（FORUM – PI 2013），邀请来自世界多个国家的印刷组织的领导人在论坛上发表演讲。同期还组织了其他专题论坛、研讨会、报告会、推介会等50多场。展览会上，数码印刷及相关产品的展位占据了展馆很大一部分面积，大有同传统印刷各占半壁江山的气势。

2. 美国芝加哥 Print13 国际印刷展

四年一届的、曾经是世界四大印刷展会之一的全球行业印刷盛会美国芝加哥 Print13 国际印刷展于2013年9月8–12日在美国芝加哥盛大举行，本届展会以"创新、融合、交流"为主题，本届展会与往届相比在规模上有所缩减，550多家参展商携其精选参展品更是很好地演绎了这一主旨。数码印刷参展商成为 Print13 展会主角，通过各大参展商的参展面积即可窥见一斑。参展面积前十名依次为施乐、佳能、富士胶片、柯尼卡美能达、爱克发、惠普、Standard Finishing、理光、EFI、小森。紧随其后的是 Bell & Howell、瑞士马天尼、必能宝、爱普生、高宝、赛康、得宝和 Kern。展会现场几乎看不到胶印的踪影，不

排除有展会本身吸引力下降以及美国印刷行业形势萎靡的原因,然而数码印刷还是让业界震惊。依然赢得了全球印刷行业观众的一致肯定,预示着数码印刷的未来。

3. 2013 "数码印刷在中国"技术高峰论坛

2013年10月24-25日,由中国印刷科学技术研究所、中国印刷技术协会数码印刷分会主办的2013 "数码印刷在中国"技术高峰论坛及系列活动在厦门成功举行。活动分为两天举行,10月24日,中国印刷技术协会数码印刷分会会员闭门会议,就"数码印刷新业务、新机遇"、"数字印企跨地区合作"、"数码印刷企业人力管理"三个热点话题进行了集中探讨。10月25日,"数码印刷在中国"技术高峰论坛以"借力数码印刷 创建新型商业模式"为主题,200余名来自全国各地的数码印刷专家代表、企业代表、院校代表、厂商齐聚论坛现场,共同探讨国内数码印刷业的发展。论坛围绕主题演讲"中国数码印刷业趋势与发展"、"掘金网络印刷,探索新蓝海市场",以及供应商解读市场前沿趋向,并分享自身企业的发展规划,及从市场到具体案例的全方位信息传达。高端对话环节,多方就按需出版新机遇、网络印刷新商机以及企业管理新概念,交流互动,思考与碰撞,共同呼吁整个数码印刷行业同仁良性竞争、共同成长。

4. 2013中国按需出版论坛

由中国印刷及设备器材工业协会、中国新闻出版研究院、《中国出版传媒商报》社主办,中国印刷及设备器材工业协会数码与网络印刷分会承办的第二届"2013中国按需出版论坛",于2013年8月29日下午(第二十届北京国际图书博览会期间)在中国国际展览中心隆重举行。2013中国按需出版论坛以"数字时代的行动力"为主题,重点聚焦按需出版在国内的最新进展,按需出版印刷市场先行者——江苏凤凰、新华文轩、中编印务、大恒数码等企业分享按需出版印刷的心得;惠普、柯达、MBO、方正等知名企业介绍最新按需出版解决方案;行业专家、出版机构、按需出版印刷企业、解决方案供应商,共同探讨如何以全新的按需出版商业模式推动出版业的转型、升级。本届论坛互动交流环节,出版专家、典型出版集团、知名书刊印刷企业、按需出版印刷先行者及按需出版技术解决方案供应商围绕当前践行按需出版的机遇、模式、难点、收益等进行深入交流,探讨实现按需出版的最优路径。

四、展望未来

十几年来，数码印刷技术及其相关产业，乘着科技创新之风，在全球快速发展，以惊人的速度渗入各应用领域，满足大众对印刷品个性化、多样性、灵活性的需求。至2014年，全球数码印刷市场占有率将提高一倍，占总市场的27.4%，预计2014年将跃升至近48亿美元，以160%的速度快速增长，几乎与单张纸印刷机市场看齐。

未来的数码印刷将是全印刷行业所关注和参与，在激烈的市场竞争中，更多的传统印刷企业都走上了混合印刷的道路，他们把数码印刷看做是企业发展的重生，这并不是因为这项技术能在大批量印刷中取代传统胶印，而是因为它能为企业打开增值服务的大门，同时还能与印刷机实现无缝衔接，提高印刷生产的自动化水平。

2013年数码印刷领域的焦点仍旧落在了喷墨印刷上。喷墨印刷出现在了人们生活的每个角落，从纸张到金属箔、金属、陶瓷、纺织品、木材和玻璃等上的应用，从文件打印到标签和包装生产，从房屋装饰到功能性印刷和3D打印等都能看到它的身影。3D打印是2013年被人们谈论最多的一个话题，3D打印技术在印刷领域最大的应用是在包装设计中的模型生产，这能帮助制造商更快地将产品推向市场。

目前还不能说高速喷墨印刷已经对主流的单张纸胶印市场产生了多么大的影响。高速连续式喷墨印刷仍然是一种相当成功的产品，继续在商业印刷、直邮和出版市场施展其功能。在大批量的文件印刷中，喷墨印刷的生产成本仍是人们主要考虑的一个问题，它的耗材和承印物价格依然居高不下。B2幅面数码印刷机也在商业领域获得了成功，并为用户打开了进入包装市场的大门，数码印刷技术在包装领域的应用格外引人注目，并将是未来数码印刷发展的重要市场。许多传统印刷厂现在已经通过数码印刷机赢利，这是一个良好的开端。同时，B2单张纸喷墨印刷机还处于起步阶段，尚没有形成稳定的客户群，但未来一定是单张纸胶印机有力的竞争对手。此外，数码印刷印后加工技术的进步也非常明显。印刷企业希望能通过这些技术开发出属于自己的工作流程和商业模式，以增加营业收入。低产量且高附加值的产品、工业印刷依然是一个前景非常广阔的数码印刷市场。

可喜的是，从2013年开始，出版传媒集团斥巨资建数码印刷产业园，大手笔投入，是对数码印刷技术的一致看好，也是对未来按需出版市场布局使然，河北出版传媒集团数码印刷产业园、苏州报业传媒集团印刷数字化产业园（由苏州报业传媒集团管理）已部分运行；江苏凤凰出版传媒集团、贵州出版集团、青岛报业传媒集团、扬州报业传媒集团下属等6家出版传媒集团数码印刷产业园（基地）陆续到2014年建成投产，将发展数码印刷落实到行动中。青岛、苏州、扬州3个报业传媒集团的数码印刷产业园主营业务仍是报纸印刷。数码印刷产业园体现了它们对于印刷数字化和数码印刷技术的重视。贵州出版集团产业基地在传统书刊印刷基础上，进一步开拓高端包装印刷、发展图书按需印刷业务。河北数码印刷产业园基地正准备在数码印刷领域大干一场，图书按需印刷、出版社样书、画册等皆是其产品方向。贵州出版集团、青岛报业传媒集团则将购买数码印刷设备提上日程，它们的业务范畴、经营思路与河北类似，都将集团内部的数字资源平台作为内部优势，此外，也都注重数码印刷产品的研发，开拓出版业以外的商业印刷市场。我国的出版传媒集团已经以数码印刷为起点，在印刷产业迈出转型步伐。

按需出版作为一种新型的出版形式，重构起"编、发、印"的出版链，在确知精确市场需求（发行量、时间、地点）之后不浪费地出版图书，有效地缓解出版商、书店备货的经济压力；按需出版适合发行量较小的图书，特别是专业和学术性图书的最佳出版方式；按需出版的印刷文档以数字方式存储，可根据需要更新或更换，延长了图书的生存周期；按需印刷还能有效缓和图书市场的商品供求矛盾，不仅能增加图书市场的有效供给，丰富图书市场的可供商品种类，而且能激发读者的个性化需求，刺激图书市场消费需求的普遍增长。

数码印刷尤其是高速喷墨技术的发展将越来越成熟，设备自动化、智能化水平会越来越高，按需出版的条件也将越来越好。按需出版和传统出版不再是对立的关系，而是相互补充。大批量印刷走传统出版流程，市场测试、样书打印、缺货补印、断版补印、个性化出版等小批量活件走按需出版流程，必将减轻出版社多方面压力。

未来，数码印刷设备很可能将更加细分，针对出版社应用的数码印刷设备,可以主要完成样书打印、断版补印等工作;针对书店应用的数码印刷设备,可以更加简洁和智能化,读者可自助完成图书选购及打印;针对商场、快印店等场合应用的数码印刷设备,则主要满足读者自助出版的需求;针对印刷企业应用的设备,在保证质量的前提下,实现工业化生产。

与所有新兴产业一样,按需出版的发展也需要一个过程。技术进步和文化多元化趋势完全颠覆了过去的图景,使出版业传统规模出版与小量按需出版并存成为可能。可以预见,在未来由传统出版、按需出版、电子出版、网络出版、手机出版等多种出版形式共同组成的"大出版"格局中,各种出版形式相互竞争、相互促进、相互补充的"竞合"关系将持续存在并不断巩固。

展望未来,出版社的集中式按需出版、书店的分散式按需出版、读者的个性化按需出版,将组成按需出版的全场景,成为"大出版"的重要组成部分。按需出版这一支"轻骑兵",必将为出版的繁荣而建功立业。

(作者单位:中国印刷科学技术研究所)

相关专题报告

中国数字教育出版产业发展报告

叶 磊 朱新兵

一、数字教育出版政策环境

数字教育出版是我国数字出版产业发展的重要组成部分，同时也是跨越出版与教育两个管理体系的交叉领域。2013年国家对于数字出版产业与教育发展改革的政策调整都为数字教育出版的发展发挥了积极推动作用。

（一）国家政策调整进一步完善数字教育出版发展环境

回顾2013年，国家对于数字出版产业进一步加大支持力度，从政策优惠和资金支持等方面予以全面扶持。这一系列举措对于占据整个出版行业半壁江山的教育出版如何科学、快速、有效地推动数字化转型具有重要的积极作用。具体来说，教育出版的数字化转型离不开以下四个要素：优质的核心资源、有效的传播平台、先进的开发技术与合理的商业模式，在这四个要素的融合作用下推动数字教育出版整体发展。而这些要素的构建已超出了传统出版和传统教育的领域，需要一个适应当下出版产业数字化转型的环境来提供拥有丰富养料的生长空间。国家对于数字出版产业发展的系列政策调整为处在积极探索中的数字教育出版提供了这一良好的发展环境，使数字教育出版从业人有更大的施展舞台。

（二）教育信息化工作推动基础教育优质数字资源建设

为了深入贯彻《国家中长期教育改革和发展规划纲要》与《教育信息化十年发展规划》，2013年5月教育部办公厅发布了《教育部办公厅关于印发〈2013年教育信息化工作要点〉的通知》，要求各相关单位按工作分工，结合本单位实际，认真研究，贯彻执行《2013年教育信息化工作要点》。在这份文件中提出2013年教育信息化工作要点有以下9项：完成"教学点数字教育资源全覆盖"项目；实现全国50%以上的义务教育学校并力争实现80%以上职业院校接入宽带网络并建成网络条件下的基本教学环境；加强优质数字教育资源建设与应用，推进优质资源广泛共享；加快网络学习空间普及和应用，推进教学方式与学习方式改革；完善国家教育资源公共服务平台，探索资源共建共享新机制；加快国家教育管理公共服务平台建设；加强教育信息化人才培训；推进全国教育信息化试点工作；完善教育信息化管理体制和运行机制。在进一步审视这几项重点工作内容后可见，其中最为突出的是对于数字教育资源的建设。优质数字教育资源是教育信息化的基础，《教育信息化十年发展规划》明确提出要加强优质教育资源的开发与应用，以优质教育资源和信息化学习环境建设为基础，开发应用优质数字教育资源。

在此基础上，为落实"加大优质数字教育资源的普及与应用力度，实现优质资源的广泛共享"工作，加快基于国家教育资源公共服务平台的优质数字教育资源建设，教育部制定了《2013年度基础教育优质数字资源建设指南》，提出数字资源建设的指导思想、工作原则、建设机制、质量与技术要求以及2013年建设的内容重点，供企业、社会团体、教育机构、个人开展资源建设工作参照执行。

二、国际数字教育出版发展概况

2013年，国外数字教育出版市场进一步成熟，其发展的投入力量也逐渐向一些重点领域集中，在原先诸多数字教育出版产品的基础上开始呈现出某些具有强大市场号召力与广阔发展前景的模式类型。并且随着产业发展的内在需求，国际领先的出版集团与网络技术公司也开始积极探索有效的合作模式。

（一）大型开放式网络课程模式表现出强劲发展势头

近十年来，全球网络教育发展迅速，市场规模从2004年的200多亿美元增长至近千亿美元。目前已有100多个国家实施网络职业培训教育，将发展网络教育列为了教育改革的战略举措。

2012年，美国的顶尖大学陆续设立网络学习平台，在网上提供免费课程，为更多学生提供系统学习。这种既能跨越时空限制，又能实现全球优质资源共享的大型开放式网络课程（MOOC：massive open online courses），逐渐对大学传统的授课模式带来了直接冲击。2013年Coursera、Udacity、edX三大课程提供商兴起，表现出了网络课程的自由度和个性化优势，之后超过50个大学通过各自的网站或Coursera、edX提供大规模网络开放课程。两家提供网上课程的机构宣布，将与加拿大、墨西哥、欧洲、中国、新加坡、日本和澳大利亚的顶尖大学合作，同时还会跟更多美国学府签约。与此同时，世界各国也都纷纷推出自己的MOOC平台，如德国的iversity、澳大利亚的Open2Study等。而且这些新兴的网络学习平台不再是单一的直接录制老师讲课视频，而是专门为在线课程制作视频，还增加了不少社交和互动元素，这些技术与理念的革新在为MOOC赋予了全新教学体验的同时，也大幅度地提升了网络学习的质量。

2012年底，只有2.6%的高等教育机构提供MOOC；到2013年另外9.4%的机构加入，有28%的学术带头人认为MOOC是一种可持续的运作方式，较之前两年有明显提升。

在2013年的国际数字教育出版市场，MOOC模式成为各方关注的焦点，无论从其设计与服务的理念，到市场对于它的肯定，都证明了MOOC模式的应用价值和可持续性，并将渐趋主流。

（二）出版商与技术公司携手开创未来

2013年，出版商越来越关注新趋势，重视与技术公司展开合作，共同开发新产品和新市场。

2012年英国出版和教育巨头培生集团（Pearson PLC）斥资6.50亿美元收购美国在线教育服务提供商EmbanetCompass Group Inc，扩大自身的在线学习市场。2013年1月份，美国老牌出版集团麦格劳－希尔（McGraw－Hill）收购了丹麦学习软件开发商Area9 20%的股份，双方将共同开发适应性学习产品。Area9成立于2006年，自成立以来，该公司就一直与麦格劳－希尔保持着紧密的合作关系，并帮助麦格劳－希尔开发了适用于平板电脑和PC的数字课本SmartBook。该课本可以根据麦格劳－希尔教育软件收集的学生学习数据来适应读者的速度和水平，它可以提示课本中的重点内容并提供语音指引，帮助学生学习需要重点关注的概念，将静态的学习过程变得动态而又个性化。目前，麦格劳－希尔的适应性学习系统已经拥有300多册电子书，服务150多万学生。

4月，老牌科技出版巨头Elsevier收购了在线学术交流平台Mendeley，收购价格在7000万美元到1亿美元之间。Mendeley是一款免费的跨平台文献管理软件，也是一个在线的学术社交网络平台，在全球有210万学术科研用户。此次收购将整合两者的技术与内容资源，为全球范围内的用户提供更专业的服务。

11月，Intel收购了数字教育领域创业公司Kno，欲提供更深度的互动电子教育服务。此次收购也让Intel在全球的数字内容库覆盖到22.5万个高等学校和K－12学校，并且未来还将进行更进一步的资源整合，提供更多具有个性化的学习体验。

一年内，在数字教育出版市场接连发生大规模的并购案例并非偶然，而是数字教育出版作为交叉领域，其发展对于内容与技术融合的内在需求。这些发生在国际间领先企业的战略性发展举措，也为我们国内相关企业的发展提供了宝贵的实践借鉴模式与探索经验。

三、我国数字教育出版发展情况

虽然目前学业界对于数字教育出版还未有统一的定义，但普遍认同广义上的数字教育出版包含了数字教科书、数字化学习辅导、教育软件、在线教育服务、移动教育服务以及电子学习机、点读笔等形态。目前我国从事数字化教育出版的企业主要有三类：一类是传统出版社、出版集团和民营教辅公司；一类是经营PC机学习软件的公司；还有一类是互联网公司。

我国的数字教育出版产业一方面在我国自身教育信息化与数字出版产业发展的内力作用下，也受到国际数字教育出版发展的引领推动，在过去一年的探索发展中可圈可点。

（一）国内主要教育出版单位数字教育出版概况

1. 人民教育出版社：数字教育出版发展驶上快车道

人民教育出版社是我国教育出版的主力军，同时也是数字教育出版方面的排头兵，2013年对于人教社的数字教育出版可谓是丰收年。近年来人教社围绕着内容与平台建设进行了全方位的布局，人教数字教材、人教数字校园、人教e学、人教数字教辅、人教电子书、人教电子书包等数字产品的推出和即将推出，以及人教网、教师网络培训和服务平台、人教学习网等在线学习和服务网络的建立，人教社的数字教育出版已呈专业化、规模化发展趋势。

2013年6月，人教社与华东师范大学签署战略合作协议，双方共同成立数字教育研究中心，正是由人教云汉数媒科技有限公司和华东师范大学开放教育学院负责具体运作，逐步开展研究工作。目前人教云汉员工达到100余人，公司基本形成了集资源建设、产品研发、技术运维、市场拓展和实验服务等为一体的有效运营机制，2013年实现收入超过2000万元，而人教社数字化产品和服务的整体收入，也超过4000万元。

人教社在发展数字教育出版过程中紧跟信息技术和数字技术的发展，在结合自身情况基础上制定明确的发展战略，稳步推进数字出版工作，奠定了内容生产数字化、管理过程数字化、产品形态数字化和传播渠道网络化的发展基础。

2. 高等教育出版社：三位一体教学资源平台建设取得成效

近年来高教社以"建成数字化高教社，成为国内数字出版业的引领者"的整体战略目标，围绕支撑性平台与数字化教学资源建设项目持续不断加大对数字出版投入，并且还开发构建具有针对性的教材增幅服务模式。

在第五届中国数字出版博览会上，高教社"高等职业教育教学资源中心"通过全国遴选，经专家委员会评审，荣获2012-2013年度数字出版"最佳作品"奖。这个奖项是对高教社数年来专注于数字教育平台建设的肯定与鼓励。

"高等职业教育教学资源中心"于2010年由教育部与财政部联合立项建

设,其构建初衷是以围绕国家重点支持发展的产业领域,研制并推广共享型专业教学资源库,通过网络信息技术,实现优质教学资源共享。资源中心集资源管理、应用、展示于一体,由资源管理子系统、在线学习子系统和门户信息子系统三者构成,各子系统相互关联,形成一个有机的整体。用户从系统门户可以进入学习中心,学习感兴趣的课程,也可以检索资源与浏览各专业门户;学习中心的课程内容与专业资源库紧密关联,学习中心的教学动态也可以随时发布到课程门户;资源中心的资源可以推荐到专业门户或课程门户。目前,"高等职业教育教学资源中心"为教师教学、学生与社会学习者学习和企业提供服务,已拥有近28万条资源、1216门课程与34万用户,包括的专业有数控技术、汽车检测与维修、道路桥梁工程技术、模具设计与制造、建筑工程技术、应用电子技术、软件技术、工程测量技术、电子商务、数控设备应用与维护、网络技术、酒店管理等。

3. 凤凰传媒：积极开发优质数字化教学资源

凤凰传媒作为我国最大的出版发行企业,国内第二大中小学教材出版基地,近年来在自主教材版权的基础上开发了数字化教材、在线学习网、电视教学,不断丰富数字教育出版产品。与此同时,凤凰传媒致力于对数字化教学资源的开发整合,积极广泛地寻求各种教学资源开发的合作,不断提升自身优秀数字化教学资源的开发能力,提供多媒体、多元化、高品质的数字化教学服务。

2012年江苏省教育厅与凤凰出版传媒集团签署了《关于共同开发江苏省职业教育数字化教学资源的备忘录》。此次签约中,凤凰出版传媒集团旗下凤凰职业教育图书公司与职业教育学校的会计、机电、汽车、财经等各专业协作组牵头单位签订了精品课程研发协议,在力求做好传统教材的基础上,不断丰富产品体系,打造职业教育数字化资源。此外,为了更好地服务职业教育数字化资源建设,凤凰集团并购了厦门创壹软件团队,成立凤凰创壹软件有限公司,专门致力于提供职业教育教学内容改革、教学模式更新以及虚拟实训软件等一站式服务的数字解决方案。

2013年8月,凤凰传媒与美国圣智学习集团（圣智盖尔电子图书馆）签署合作协议。圣智学习集团是全球领先的创新型教育、学习、研究方案提供商,为大专院校、中小学、职业学校、专业人士及图书馆提供产品和服务。圣智学习通过在图书馆和学术市场的独特优势，提供从图书馆到课堂的完全整合型学习解决方案。根据协议，江苏人民出版社的《南京大屠杀史料集》和《中国近代通史》两部大型出版物通过圣智盖尔电子图书馆走向世界，而这也是双方在高端学术领域合作的前奏。

（二）数字出版企业的数字教育业务发展

1. 天闻数媒：构建三大产品体系，构建综合型"文化生态圈"

作为中南传媒数字资源唯一的运营主体，及其数字资源对外合作的唯一窗口，天闻数媒在 2013 年取得了良好的发展态势。凭借开阔的市场眼光、资深的内容策划生产能力与雄厚的数字技术力量，天闻数媒与国内外电信运营商、各类终端厂商、芯片商、软硬件解决方案提供商以及 IPTV、CMMB 等九类数字营销渠道建立了深度合作关系，现已构建三大产品体系：（1）数字教育产品；（2）大众阅读业务；（3）政企学习业务。这三大业务板块锁定不同的用户群体，将为公司后续打造平台，开拓全球数字阅读市场，构建综合性"文化生态圈"奠定用户基础。

作为天闻数媒的核心业务，2013 年数字教育业务发展成绩显著。目前公司的数字教育产品包括单校产品"AiSchool 云课堂"和"区县教育云"，前者主要实现教学信息化，后者除实现教学信息化外，还有教育管理系统化功能。天闻数媒的数字教育产品运用云平台技术，集强大业务功能与内容资源于一体，为师生提供覆盖课前、课中、课后、课外的数字化教与学全流程，既能有效解决教师备课任务繁重的问题，也能缓解学生过重的课业压力，并实现因材施教与泛在学习。天闻数媒也借助"平台+内容+服务"的模式，通过 B2B2C 的线下营销，广泛推出数字教育产品。其单校产品"AiSchool 云课堂"由 2012 年覆盖 18 所学校，截止到 2013 年底已推广到包括北上广深在内的 16 个省市 200 多所学校。

政企学习业务则是天闻数媒给政府和企业打造的个性化学习、办公数字应用解决方案和系统，其代表产品天闻电子公文包产品便为政府和企业提供了开放学习、移动办公的移动互联服务。在电子公文包的 Ailearning 学习系统中拥有大量丰富的数字图书、数字期刊、数字报纸、音视频资源，以及数字图书馆、课程资源库、精品专题库、行业数据库、专家库等内容产品。目前政企学习业务已被国家行政学院和湖南省发改委试用。

(三) 在线教育异军突起，渐成趋势

2011年12月，中共中央政治局委员、时任国务委员刘延东在出席全国继续教育工作会议暨高等教育自学考试制度建立30周年纪念大会时表示，全国中小学配校车需4600亿，很难一步到位，因此发展空中课堂等远程教育优化配置教育资源是当下重要任务。另一方面数字出版环境下，包括互联网公司、在线教育公司、教育软件公司、数字课程开发公司等在内的以IT技术为基因的IT企业进军数字教育出版领域，并逐渐形成重要力量。2013年至2014年3月，先是百度和阿里巴巴分别推出了百度教育和淘宝同学，接着腾讯推出QQ教育和腾讯大学，网易、新浪、360、金山等知名互联网企业都陆续推出自己的在线教育产品。据统计，2013年平均每天新增2.6家在线教育公司。在技术发展与政策导向的双重作用下，在线教育的发展异军突起。在线教育即e-Learning，或称远程教育、在线学习，现行概念中一般是指一种基于网络的学习行为，形式主要包括在线教育平台、网络学校、App。

在线教育借助网络技术，使学员与教师即使相隔万里也可以开展教学活动，可以集中全国乃至世界教育资源并进行优化配置，只要连上互联网，让每个地方的学员都能享受到优秀的教学资源，进一步促进教育的公平性。在线教育还可利用网络课件，实现学员随时随地学习，打破了时间和空间的限制，这种灵活多变的在线教育方式，不仅促进了正规教育的改革发展，同时也迎合了现今众多工作繁忙、学习时间不固定的职场人的学习需求。在线教育凭借网络传播的技术优势可提供更多学习机会，扩大教学规模，提高教学质量，降低教学成本的作用将越来越受到政府的重视。当前美国、日本、新加坡、韩国等发达国家网络远程教育从小学到大学的普及率非常之高，而中国在政府的重视下也已形成了一个重要和有发展潜力的行业，在线教育将是未来中国教育的大趋势。并且目前国内在线教育的快速发展顺应了国际上MOOC模式的强劲势头，借着这样的背景机遇，国内在线教育市场势必将更为火热。

由新浪教育与尼尔森联合推出的《2013中国在线教育调查报告》调查显示近4成用户半年内使用过在线教育；调查还显示超过七成的在线教育用户是在一年内开始使用在线教育的，这意味着最近一年在线教育的规模有加速扩张

的态势。

目前，国内较为典型的在线教育机构有以下几家：

1. 沪江网校：打造外语学习第一品牌

诞生于 2001 年的沪江网是全国最大的外语学习门户网站，集外语互联网门户媒体、远程学习系统、B2C 电子商务、网络 SNS 学习社区于一身，提供的学习内容涵盖 10 多种语言、亲子启蒙、中小学、职场技能、艺术培训等。截止到 2014 年 3 月，沪江网已成为市值 50 亿，拥有 600 名全职、2000 名兼职，影响力现辐射 2 亿用户、6000 万会员、百万付费学员的大型互联网教育企业。产品覆盖 PC 端、平板端及手机端，为 3 岁到 70 岁全年龄阶段学习人群提供服务。沪江网凭借积极健康的内容、优质优量的服务，也赢得了学习用户良好的口碑。

沪江网校的远程多媒体网络教育系统，外语学习者提供在任何时间和地点都可接受到专业外语培训，并实现 Android、iOS、Windows 全平台全终端覆盖。

沪江网校开设的课程涉及多种语言门类（英语、日语、法语、韩语等）还有一些地方方言的课程学习，涵盖升学应试、海外留学、工作商务等多个方面，涵盖了当今最热门的外语培训教育，根据注册用户的实际学习语言的程度有不同等级的课程划分。

为了进一步提升在线教育的服务能力与规模，沪江网历时 3 年耗资千万美元为沪江网校打造的智能教学系统 OCS3.0 于 2014 年 3 月发布，目前使用人数突破 300 万。其具有以下特点与功能：

（1）与开心词场等产品配套研发，利用云同步、BI 大数据等技术，实现实时同步、智能加载、个性化题库等功能；

（2）可在 IOS、Android 等环境下的 PC、手机、平板多终端运行，而且所有终端都可以实时同步学习进度，在同一账号下 PC 端完成的课程内容，手机端或平板端也将同步更新；

（3）支持离线、断点续播等智能加载模式，节省网络资源消耗，也符合移动时代的碎片化学习需求；

（4）通过大数据处理平台的采集、存储、分析和提炼能力，将每位学员的学习轨迹录入数据库，帮每个人打造专属的学习记录与报告，在用户学习时，系统将结合其学习进度和内容，调出对应每个学员能力的题库；

(5) 具有开源特性，世界各地的教师可以通过智能课件平台来制作和生成教学课件，系统将提供上百模板，让每位老师都能设计出独特的网络课程。

2. 学而思网校：致力于中小学在线教育

学而思教育为 3 – 18 岁的孩子提供高品质的课外辅导，已成为北京乃至全国范围内颇受家长和学生信赖的中小幼课外辅导品牌。目前，学而思以全资拥有直营模式在北京、上海、天津、广州、深圳等多个城市建立分校，统一培训师资。学而思教育还于 2010 年在纽约证券交易所正式挂牌交易，成为国内首家在美国上市的中小幼课外教育培训机构。

为满足孩子多元的教育需求，学而思开展小班、1 对 1、网校等多种形式的教育服务，旗下拥有摩比思维馆、学而思培优、学而思网校、智康 1 对 1、e 度教育网五个子业务品牌，在各自细分领域都处于领先地位。学而思还发展了国内布局完整的中小幼教育专业门户网站群——e 度教育网。e 度网由育儿网、幼教网、奥数网、中考网、高考网、留学网等多个网站构成，整体站群月独立访问人数超过 2800 万，为 0 到 18 岁的孩子及其家长提供了信息交流与学习探讨的平台。2012 年，e 度教育网开始逐步向全行业开放，为整个教育行业提供服务。

学而思网校作为学而思教育集团的在线教育品牌，依托着集团自身强大的教学资源与师资力量，自 2009 年正式上线运营就得到了快速的发展。截至 2012 年，学而思网校已有 240 多名优秀教师，2 万多小时在线精品课程，覆盖小学一年级至高三的数学、语文、英语、物理、化学、生物、历史等学科；学员遍及全国及世界多个地区，学生数已经突破 48 万人。据目前学而思网校首页显示的数据，有超过 90 万的家庭选择了拥有近 16 万节视频课程资源的学而思网校。

3. 中公网校：最大的公务员考试学习平台

中公教育集团创建于 1999 年，2001 年涉足公务员考试培训辅导领域。自创立以来，中公教育已由一家北大毕业生自主创业的信息技术与教育服务机构，发展为教育服务业的综合性企业集团。至 2013 年，经过十几年的发展，中公教育现有 7000 余名员工，在国内 31 个省份建立了 300 余家直营分校和旗舰学习中心，构建了拥有 3000 余名专职授课教师与 2000 余种教辅图书出版物的教育资源库，成为一个集公务员、事业单位工作人员、村干部等各类公职人员录用考试教育教学研究，考前培训，公职类考试辅导图书、音像、网络、教材等产品的集编辑、出版、发行于一体的知识产业实体。

中公网校（中公远程教育）创建于 2001 年，是中公教育集团旗下远程教育企业，目前是中国设立直营分校服务中心最多、线下服务渠道最完整的远程教育企业，多次获得中国主流网络媒体的年度大奖殊荣。中公网校包含课程和产品研发、视频编辑、市场推广、渠道营销、教务咨询等多个部门，为学员提供了多样化的远程课程、在线测试、综合测评、量身订制学习计划、讲义教辅购买等一站式的远程教育培训解决方案。

中公网校拥有远程教育多功能点播学习平台、互动直播授课系统，以及高清背投课件摄录系统，确保学员学习课程的体验度保持在最佳状态。近年来，中公网校不断扩展教育辅导领域，已经从公职考试延伸到考研、财会、金融、教招、建工、职英、婚礼等各类素质和职业教育的辅导领域，不断获得更大的市场份额。

三、数字教育出版产业面临问题及对策

（一）数字教育出版产业结构尚需完善

在国家政策导向与数字出版技术发展的共同推动下数字教育出版相关产业得到了迅速的发展。在这个变革发展过程中，传统教育出版从惊恐无措到主动变革，IT 企业从来势汹汹到稳步推进，多方的角力竞争和协作探索逐渐为数字教育出版发展开辟道路的同时也取得了阶段性的成果。

然而教育乃国家之本、百年大计，要实现国家对于教育信息化的战略目标，还处在发展起步中的数字教育出版作为其中关键环节从产业层面上来看还存在着较大的不足。

第一，目前从事于数字教育出版的各单位、企业为了抢占市场呈现出各自为战、群雄割据的局面，产业内缺乏广泛深入的合作，未形成具有良好合作共赢机制的产业链条，使得产业内资源配置不合理，市场上虽然产品种类众多，但相似度高且缺乏有质量的配套服务。

第二，数字教育出版产品市场还缺少成熟的定价机制，内容与技术提供商对于收益分配机制也无统一的标准，传统的利益分配与版权关系受到冲击，优

质的内容资源一时难以得到有效开发。

第三,学校、学生、教师对于数字教育出版产品的自主选择权微弱,不利于产品供需关系的完善,也阻碍了数字教育出版市场交易机制的优化。

数字教育出版产业要实现整体产业的健康有序发展,急需要逐步完善产业结构,形成完整成熟的出版产业,追求产业资源的有效配置。在数字教育出版产业的完善中实现数字教育出版市场的深化建设,充分发挥市场机制的调配作用,营造良好的市场环境。实现通过对数字教育出版产业的发展完善,从而推动我国教育事业、教育体制的深入改革。

(二) 数字教育出版内容资源缺位,研发能力不足

目前各主要教材出版单位与数字出版公司对于教育出版投入都已有不同程度的成果,不少地方政府也为推动电子书包进课堂不断出台政策举措,进行电子书包的试点和招标。然而,纵观当前的各方对数字教育出版产业的投入,更多的是停留在了硬件开发、技术创新与平台构建层面,反而对作为教育出版核心的内容创造环节重视不够,即使是已有的内容开发工作也多是对原纸质教材的简单数字化呈现,缺少对能够表现数字化优势教育内容的研究能力。这使得长期以来符合数字化教育需求的新内容、新资源缺位,严重阻碍了数字教育出版的发展。

对于数字教育出版的严肃科学性,技术的发展不能动摇内容的核心地位。对于数字教育出版产业发展的投入,要更加注重内容的创作,致力于转变传统内容策划制作的理念,提高多形式的整合利用已有优质资源与开发新资源的能力。

(三) 教育信息化深入发展有赖于教学理念与方式的转变

数字教育产业的发展是我国对于教育信息化变革的需求与表现。目前,形式丰富多样的数字教学产品为我国整体教育变革提供了素材,以帮助学校与教师转变传统的教学理念与方式。然而,在现实中依旧存在着教学理念与教学方式落后的局面,无法适应在数字化信息技术介入下,具有开放性、共享性、交互性与协作性特征的新教育需求。

要实现数字教育产业的发展当要立足于对传统教学理念与方式的转变,提

高教师的职业技能与素养，尤其是在数字化时代信息化背景下，所要具备的信息素养。包括能够判断什么时候需要信息，懂得如何去获取信息，如何去评价和有效利用所需的信息的能力。处在数字化教学变革前沿的教师，应当提高完善自身了解、搜集、评估和利用信息的知识结构，实现教学理念与方式的变革，从而实现教育与技术的强强联合。

（四）在线教育火热之余，教育质量与赢利模式成为瓶颈

盘点2013年数字教育出版，在线教育是一个热词也是关键词，在线教育的火热为业界带来了新的增长点与变革力。但对在线教育成为投资宠儿、快速发展的情况，我们进行冷静思考后也不乏发现诸多问题。

第一，在线教育因其媒介特性需要网络学员一定的学习热情与学习能力，这正是相关调查显示本科以上高学历用户对在线教育接受度较高的原因。而这一客观现实为在线教育要在基础教育阶段得到普及增添了难度。然而，即使是受到高学历用户的欢迎，在线教育真正的教学效果也不能得到保障，以美国实现赢利的在线教育企业的统计来讲，真正能够在线上完成学业的学生只有5%。

第二，普遍认为在线教育可以解决优质师资资源匮乏的问题，实现教育资源的最大化利用。然而，在线教育很难实现学员与教师之间有效的交流互动，也缺乏现实课堂的学习环境，所以优秀教师能否通过互联网把知识高效地传授给远方的学生，还有不少疑问。

第三，目前在线教育很多是公益性质的，如新浪公开课，本着公益的角度传播知识，每年还要投入大量财力物力去翻译哈佛、耶鲁、麻省理工等世界名牌大学的课程。据业内人士透露，目前中国年收入能在1个亿以上的在线教育公司不超过3家。在国人已经习惯了互联网的免费环境下，探索构建在线教育有效的赢利模式至关重要。

在线教育要实现真正的教学优势，变革传统教育，还需要不断正视、改进自身的缺陷。充分利用网络技术的优势，在"大数据"时代的背景下，从人性的角度分析用户的潜在需求，实现传统教育一直所苦苦追求的因材施教，真正提高在线教育对学员所能提供的个性化教育服务质量。而当在线教育能够提供给学员富有针对性、趣味性的教学服务，构建优质的商业模式，也自然能够实现赢利。

四、数字教育出版产业发展趋势

(一) 在线教育仍将快速发展

在数字教育出版产业的发展中,在线教育还将保持现有的发展态势。由网易教育、有道联合发布的《2013中国在线教育新趋势调查报告》指出,七成白领有在线教育需求,报告还显示通过互联网获取知识的比例首次超过书籍达到86.1%,书本为82.9%,这些数据表明了在线教育在人们获取知识的途径媒介中日益重要,且随着学生家长越来越肯定在线教育作为学校正式教育辅助的重要作用,在线教育的市场规模还将继续增大。据了解,在线教育年增长率超过线下教育14倍,在资本市场的持续重视下,预计2015年在线教育产业规模将达到1600亿,占整体市场的40%。并且有业内人士指出,教育培训领域将是在线教育发展的重点,其中对外汉语、公务员培训、留学培训、企业内训、考证类培训是在线教育5大热门领域。综合各方信息,在数字教育出版的未来,在线教育将扮演重要的角色。

(二) 线上教育与线下教育相结合成为趋势

应用视听等多媒体手段的在线教育,其迅速发展与广泛应用在很大程度上改变了传统教育的学习方式、学习过程和学习效果。随着在线教育自身的发展完善,未来也将逐渐重视实现老师与学生的合作与互动,老师与学生可以使用社交工具来共享学习信息,通过在线交流和谈论问题进一步提升在线教育的学习效果。

在数字网络技术对传统教育的渗透下,在线教育所具有的诸多优势赋予了传统教育实现自我突破的机遇,并且也弥补了传统教育的许多不足。从教育发展的远景来看,线上和线下教育的融合将成为未来教育的一种大趋势,这种融合是对两者优势的结合以实现最优的教育效果。根据业内发布的相关分析报告显示,线上线下结合是最被看好的在线教育商业模式。

（三）数字教育出版产业国际间合作进一步深化

我国数字教育出版产业作为一个处在成长起步时期的新产业，是传统教育出版与数字技术相结合的新领域，其发展不仅需要创新的商业模式、传播渠道，还更需要全新的产品开发、设计理念。而这些既需要传统出版商与数字技术商开展深入广泛的合作，也需要走出国门，同国际上领先的国家企业交流合作，以学习其先进的技术与理念。从人民教育出版社将"国际化"纳入自身发展的三大战略；到凤凰传媒与美国圣智学习集团（圣智盖尔电子图书馆）签署合作协议；到天闻数媒与华为合作成立海外运营事业部，打造海外数字出版平台；再到合作更为深入广泛的国际在线教学平台……这一系列举措都预示着我国数字教育出版领域的国际间交流与合作将越来越频繁。而这将对完善我国数字教育出版产业结构，提升我国数字教育出版产业水平，构建优越的数字教育生态环境发挥重要作用。

（四）教育迎来大数据时代，个性化学习普及

2013 年，中国中小学课外辅导行业规模达 2000 亿人民币，中国人每年花费 300 亿学英语，无障碍交流者却不足 5%，约 45 万名中国学生出国留学，在线教育的参与率为 39%，低于传统教育的参与度，但已比较接近，中国教育已进入大数据时代。2013 年新浪教育主办的中国教育盛典就以"大数据时代的中国教育"为主题。

借助大数据的力量，教育正在接近个性化学习普及的时代。在线学习系统的研究人员和开发人员已经开始探索类似的大数据技术，从学习者的在线活动中获得数据和见解，而这将为教师实践教学与在线学习服务教学质量的提升提供具有重要价值的依据。目前，各类基于评估的数据挖掘技术也成为大型出版机构收购的重要目标，从 Pearson 收购 Certiport（思递波），麦格劳－希尔收购 Area9 我们均可以看到这类趋势。此外，无论在 Inkling 平台，还是 KNO 公司平台，都将学习和阅读过程数据的收集和分析作为重要核心竞争力。未来的数字化教育出版产品在大数据技术的背景下将要能够解决更为个性化的教育和学习需求。

（五）资本力量对数字教育出版发展影响力加大

当今出版业的壮大发展离不开资本的运作，出版集团也较早的起步转企改制，并且逐步进行股份制、上市、兼并重组。近年来，为了逐渐向数字化转型，国内几家大型出版单位都对各自的数字教育出版领域投入了大量的资本来发展业务，2013 年也有多家大型互联网公司进军在线教育，一时间数字教育出版这一重要的新兴产业越来越受到资本市场的重视。

随着数字教育出版产业逐步发展，其对于新技术的研发、新内容的创作都需要大量的资本投入，所以资本将对数字教育出版产业的发展方向与发展进程产生重要的影响。

参考资料：

1. 梁威：《2013 数字出版扫描》（数字出版在线 2014 年 3 月）

2. 郝振省：《2012 年至 2013 年数字出版的年度报告》（新华悦读 2017 年 7 月 9 日）

3. 崔立：《天闻数媒，打开转型一扇窗》（百道网 2013 年 10 月）

4. 丛挺编译：《2013 哪些数字趋势将重塑教育未来？》（百道网 2013 年 04 月 08 日）

5. 网易教育、有道：《中国在新教育新趋势报告发布》（百道网 2013 年 12 月 24 日）

（作者单位：上海中文在线文化发展有限公司）

中国手机杂志阅读年度报告

张 畅

2013年，在智能手机与平板设备的带动下，全球智能终端市场再度迎来高速增长。全年智能手机出货量首次超过10亿[①]，共计10.042亿部，较2012年的7.253亿部增长38.4%，同时智能手机已达到2013年全球手机总出货量的55.1%，其中三星、苹果、华为、LG、联想分别占据全年市场份额的前五名。

与此同时，中国在这一年亦巩固了其全球最大智能手机市场的地位。2013年，中国智能手机出货量达3.18亿部[②]。4G牌照的发放也将进一步刺激市场的扩大，预计2014年中国4G智能手机出货量将达7240万部，2015年将比2014年增长一倍，达到1.441亿部[③]。

对基于智能终端的移动互联网行业而言，2013年在面对终端市场的高速成长，迎来良好发展机遇的同时，也面临着更为激烈的竞争与挑战。尤其在移动阅读领域，随着腾讯、百度、阿里巴巴等互联网巨头的加入，以及新闻资讯类客户端的异军突起，有关移动阅读发展趋势的演变，以及移动客户端如何实现商业化变现的讨论从未间断。

与此同时，平面媒体面临新媒体的冲击也更为强烈，2013年报纸与杂志广告投放分别出现9.0%和2.3%的下滑[④]，寻求转型无疑成为传统媒体的关键词。尽管部分传统媒体已通过自建网站，开发手机、Pad客户端应用，运用微博、微信等社交平台等方式寻求与新媒体新技术的融合之道，但目前仍多处于业务探索阶段，尚未形成成熟的商业模式，暂难缓解当前面临的困局。

[①] 数据来源：IDC。
[②] 数据来源：艾瑞咨询《中国移动互联网行业年度研究报告（2014）》。
[③] 数据来源：IHS。
[④] 数据来源：尼尔森。

一、数字杂志用户行为分析

（一）数字杂志用户增长进入稳定期

全球智能手机市场的高速发展依然来自于 Android 的强势推动，2013 年 Android 手机的出货量占据全球智能手机市场份额的 78.6%，较 2012 年的 69% 上升了近 10 个百分点，遥遥领先于 iPhone 及 Windows Phone。中国市场 Android 手机的领先优势则更为明显，2013 年第四季度，三星、联想、酷派、华为四大厂商智能手机销量即占据大中华地区整体销量一半以上，iPhone 销量占比仅为 7%[1]。

尽管 Android 手机表现突出，但完全依靠终端销售带来的移动客户端用户增长红利正在减退，中国智能手机市场此前连续 9 个季度的爆炸式增长于 2013 年第四季度结束，该季度智能手机出货量较前一季度下降了 4.3%[2]，首次出现负增长。另一方面，随着换机用户比例的增大，以及更多新应用的涌现，移动互联网市场也开始呈现出新的发展趋势。

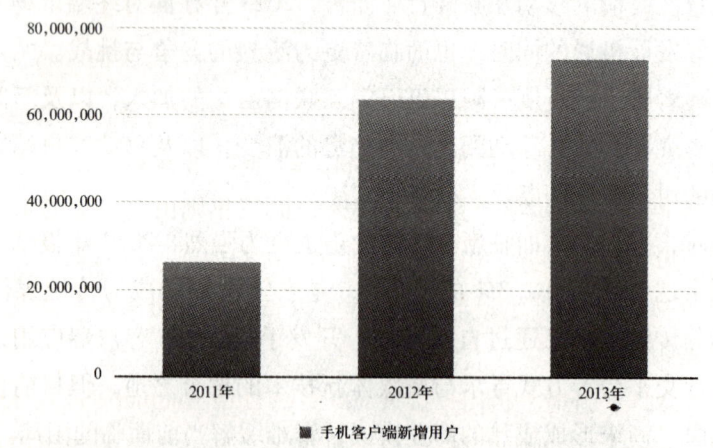

图1 2011-2013 年 VIVA 手机客户端用户增长情况

---

[1] 数据来源：IDC。
[2] 数据来源：IDC。

作为移动阅读的代表平台之一，在智能终端的推动下，VIVA 的手机客户端用户在过去的一年继续突飞猛进。2013 年，VIVA 全年手机客户端新增用户 7000 万，新增用户规模较 2012 年上升 15%。但相比 2012 年的高速增长，这一年新用户发展进入稳定期。

在 2013 年的新增用户中，Android 用户占据了绝大部分，占比高达 96.92%，iPhone 用户占 2.19%，Windows Phone 新增用户的份额为 0.79%。VIVA 在 Android 市场的表现可谓突出。截止到 2013 年第三季度，VIVA 畅读（VIVA 手机杂志）在 Android 手机安装量中位居阅读类第二位[①]。

VIVA 是一款专注于杂志阅读的客户端，凭借差异化的定位，在 Android 移动阅读领域保持领先地位，尤其在几乎垄断 Android 应用入口的 360、百度、腾讯、豌豆荚几大应用商店，VIVA 畅读（VIVA 手机杂志）均保持着较高的下载排名。其中在 360 手机助手"阅读、学习"分类，VIVA 排名第 8，豌豆荚"新闻资讯"分类，VIVA 排在腾讯新闻及搜狐新闻后位居第三；在百度、91 无线集群中，VIVA 整体下载规模与搜狐新闻、网易新闻相当，同时在 2013 年崛起的腾讯应用宝平台，VIVA 以和网易新闻相同的下载数量级，在新闻分类中跻身前三。

（二）Android 引领平板市场，行业分化显现期待转型

在平板市场，Android 与 iOS 的平台之争依然激烈，前者的优势虽未及手机市场明显，但厂商通过推出不同屏幕尺寸、价格的终端设备，有效地覆盖更广泛的用户群体，从而占据更大的市场份额。到 2013 年第四季度，iPad 市场份额已由前一年同期的 38.2% 下降至 33.8%，而三星则由前一年的 13.0% 上升至 18.8%[②]。可以预见的是，由于众多制造厂商的加入，以及低价设备的不断涌现，2014 年无论是手机还是平板 Android 设备，都将进一步扩大与 iOS 设备之间的市场差距。

2013 年，VIVA 新增平板用户接近 500 万，其中 Android Pad 占 85%，iPad 占 11%，Windwos 8 用户则占 4%。与手机市场一致，主要的新增用户来自于 Android 平板设备的增长。

---

① 资料来源：百度移动互联网发展趋势报告。
② 数据来源：IDC。

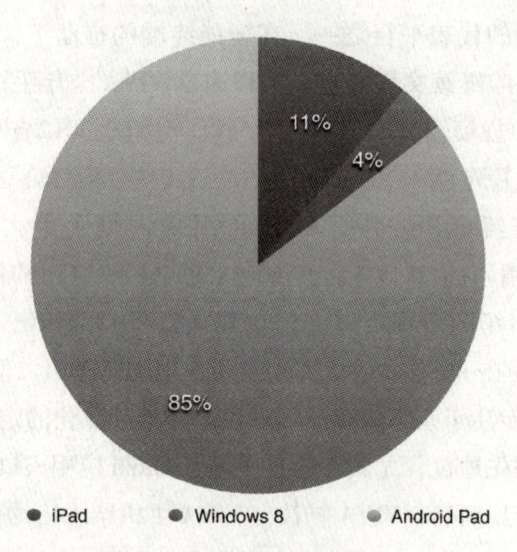

图2 VIVA 客户端新增用户分布

但与手机市场不同的是,平板市场也受到来自于屏幕尺寸越来越大的智能手机,以及2013年风生水起的智能电视市场的压力。苹果公司自2010年发布iPad以来,由于其尺寸适宜展现杂志原貌,拥有丰富用户交互体验,富媒体展现效果优越,一直受到传统媒体尤其是杂志出版社的青睐。但随着以三星Note系列为代表的手机屏幕的尺寸日渐增大,以及具备更佳视觉效果的电视设备杀入智能终端领域,平板应用开发商率先感受到了来自两极的挤压。

与其他移动阅读产品不同,杂志对于内容展现往往具有更高要求,如何平衡不同终端的产品定位,尤其考虑到客户端的兼容性以及不同尺寸屏幕适配所带来的开发成本的增加,都使得传统媒体在手机以外的Android智能终端领域放缓了发展进程。不仅如此,包括苹果公司在内,也推出了不同尺寸的iPad产品,智能终端市场的分化已成必然趋势,对期望在平板市场有更好作为的传统媒体而言,如何应对当前硬件市场的发展特点,也成为新的讨论命题。

(三)巨头入驻移动应用分发领域,或抬高新用户发展成本

智能终端的发展也促进了移动应用市场的快速增长,就全球市场而论,2013年Google Play商店的下载量已超越苹果App Store 15%,但苹果App Store

应用收入水平仍在 Google Play 的 2 倍以上①。

　　Android 应用的飞速发展让国内的互联网巨头也加速了移动应用分发领域的布局，期望通过入口的垄断在移动互联网市场占领先机。百度2013年以18.5亿美元收购了91无线，通过91助手、安卓市场与自身开发的百度手机助手形成入口集群，确立了行业的领先地位。

　　不仅如此，腾讯在2013年下半年也重新整合了旗下的应用宝与开放平台，将移动应用分发入口进行了统一。如此一来，百度、腾讯，以及在2012年率先发力的360一起，形成三足鼎立之势。

　　VIVA来自Android应用商店的用户中，超过七成来自于360、百度、腾讯三大阵营，排在第四的豌豆荚仅占据7%的份额。360虽因起步更早，带来2013年VIVA来自Android应用商店的四成新增用户，但受到百度、腾讯两大互联网巨头强势崛起的影响，下半年新增用户规模也略显乏力，不及上半年的走势迅猛。

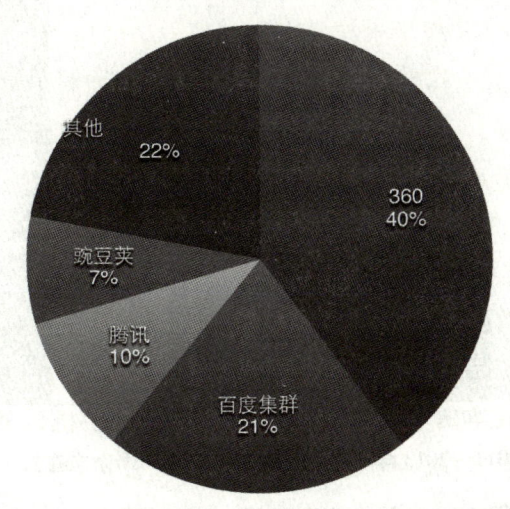

其他 22%
360 40%
豌豆荚 7%
腾讯 10%
百度集群 21%

● 360　● 百度集群　● 腾讯　● 豌豆荚　● 其他Android应用商店

图3　2013年VIVA Android新用户应用商店占比

　　巨头集聚的影响势必将延续至2014年。由于垄断地位的基本确立，应用商店或将加速商业变现的进程，这也可能导致移动应用开发商通过市场推广获取新用户的成本进一步增加。反之也将促进移动应用产品在定位及体验上更具

---

① 数据来源：App Annie。

竞争力，方可在更加激烈的市场中占领一席之地。

（四）用户在线阅读意愿加强，PV 增势明显

面对移动互联网领域日趋激烈的竞争，进一步研究阅读类应用的用户行为更具意义。作为最早登陆智能终端的类别之一，杂志类应用本是传统媒体寄予厚望的转型方式，其用户行为的变化尤其将为后续传媒商业模式的变革带来更多指导作用。

2013 年，VIVA 客户端平台的杂志在线 PV 较上一年有 52% 的增长，增势明显。随着无线网络的普及，以及 3G、4G 移动网络的迅速发展，越来越多的用户开始以在线阅读的形式取代过去的下载阅读，第一时间获取内容的意愿明显增加。

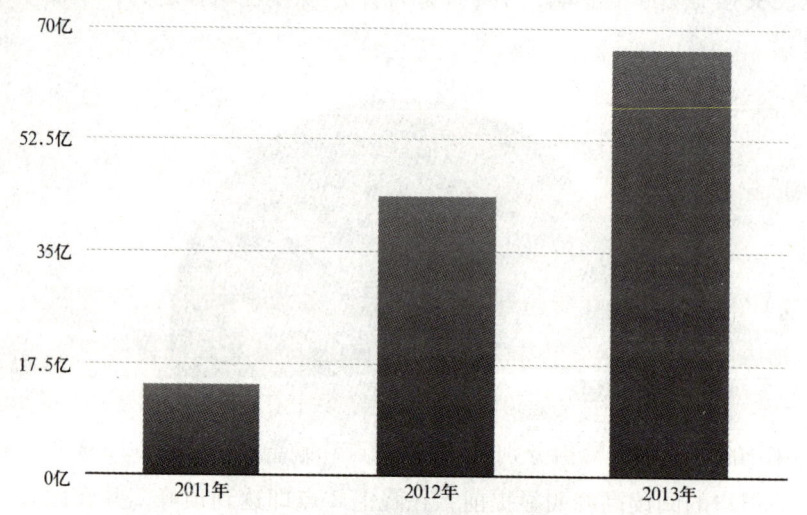

图4　2011-2013 年 VIVA 无线新媒体客户端杂志在线 PV 增长

除此之外，根据 VIVA 全年数据显示，2013 年在 VIVA 客户端平台在线阅读 PV 超过 500 万的杂志达到了 160 本，较 2012 年的 50 本提高了 2.2 倍。从整体在线 PV 规模到针对单本杂志的阅读，用户的阅读方式都在向在线阅读转移。

（五）数字杂志形态更适合深度阅读，热点人物、事件受关注

在线 PV 的变化不仅体现在整体的增幅，还表现在用户的具体阅读行为。2012 年 12 月，VIVA 平均每位用户在客户端平台产生的 PV 仅为 23.8；而 2013 年

12月，平均每位用户在客户端平台产生的PV为41，用户阅读的内容明显增多。

对比杂志的阅读数据更不难看出，2012年，VIVA平均每本杂志的阅读页数为6.94页，到了2013，这个数字上升了170%，达到了18.75页。同样，2012年，平均每位VIVA用户阅读每本杂志的时间为63.22秒，到了2013年，平均每位用户花在每本杂志上的时间提高了264%，达到230.16秒，接近4分钟。

用户对于推送内容的反馈结果则更加直接地反映出其对内容的感兴趣程度。通过分析推送点击率（通过推送消息访问VIVA客户端的用户与推送消息到达的用户终端总数之比）最高的20篇文章，不难看出当前数字杂志用户对内容的兴趣分布。

在推送点击率最高的20篇文章中，娱乐类内容占据六成，处于热点中心的名人、明星报道往往得到用户较高的关注度；此外四成为新闻类内容，其中多以高层动态、热点话题为主。即使在强调深度阅读的平台，用户依然最为关注热点人物及热点事件，针对同样主题的报道，杂志类客户端的优势也正在于其内容的深度，虽于时效性上未能与门户类新闻平台抗衡，但通过差异化的内容定位，同样围绕热点话题的分析类稿件或是独家采写的报道，往往都能受到用户的热烈追捧。

（六）用户晚间阅读高峰更早到来，对流量的依赖不再强烈

与2012年相比，尽管数字杂志用户的两个阅读高峰同样出现在午后与晚间，但相较于2012年用户阅读晚高峰的陡增集中在晚上10点之后，Android与iPhone用户的在线人数峰值分别为晚上11点和晚上12点。在2013年，我们发现iPhone用户的阅读高峰明显提前，在晚上8点即达到顶峰，并在此后一直持续至深夜零点。而Android用户的在线人数高峰也从晚上8时开始陡增，到10点达到峰值。

由于无线网络环境的普及，以及运营商3G、4G基础设施建设的加快，数字杂志阅读对于网络环境的依赖已经不再如过去强烈，不仅仅只占据用户的睡前时段，而拓展为工作结束后的整个晚间。iPhone用户持续高达5个小时的在线人数高峰，也说明其对于时间的控制能力更强，更善于安排个人的阅读时间。

同样，随着网络环境的发展，用户在自然月中的在线分布也更加平均，除了周末在线人数通常会出现一个小高峰外，平日在线用户的分布基本一致，不再存

在2012年月末在线人数明显低于月初在线人数的情况。一方面是2013年三大运营商流量营销的力度明显加强，另一方面也得益于无线网络环境的进一步普及，在移动客户端的使用行为上，用户正在减少对于流量的关注，甚至摆脱其限制，这无疑将更加有利于移动互联网行业的发展。

（七）数字杂志广告主与实体杂志重合度高，互动元素有效促进广告转化

2013年，在VIVA平台进行品牌广告投放的广告主较前一年增长近40%，广告份额则迎来158%的大幅增长。在所有广告主中，以汽车及金融类最多；奢侈品、数码、旅游酒店类广告主其次；化妆品类再次。从广告投放种类上不难看出，目前数字杂志平台上的广告客户与实体杂志具有一定重合度。在移动广告投放最早进行尝试的汽车品牌，以及更容易利用新技术实现客户累积、商业转化的金融品牌，都成为数字杂志广告投放的主力军，这一点也与2012年的趋势大致相同。

在广告投放形式上，广告主更多选择了曝光度更高的Banner广告，其次为插页广告、封面广告，以及启动页广告。其中由于广告形式的不同，插页广告与封面广告相对具有更高的转化率；但在同样的广告形式下，那些增加了较强的互动性，突出用户互动元素的广告素材通常在用户转化上表现更为突出；而在广告类别的选择上，用户表现得相对平均，各种类别之间的数据差异相对较小。另一方面，随着越来越多的广告主选择启动页广告形式，也说明在更具投放价值的平台，广告主开始由过去纯粹追求效果发展为融合品牌展示。此外，不少广告主意识到目标人群阅读习惯的转移，开始越来越多的订制内容软性植入。

二、2013年度中国数字杂志排行榜

综合考虑用户在线阅读、下载阅读两种阅读方式场景的区别，并尽可能消除出刊周期对于用户阅读习惯的影响，使数据表现更趋近于用户本身对于内容的选择，《2013年度中国数字杂志排行榜》继续针对杂志下载量、在线阅读量、平均阅读时长、平均阅读页数、杂志出版周期等维度综合加权，计算相关维度的极

值，并通过极值线性变换对不同的用户行为数据完成标准化分析，采取量化指标，消除运营人为因素对单一品牌杂志的影响，使评判标准尽可能客观。

（一）最受欢迎数字杂志，用户兴趣广泛，内容起到绝对性因素

从2012年开始，数字杂志用户表现出了更加广泛的阅读兴趣，这一特征继续延续至2013年。在时尚、新闻、汽车、数码类杂志之外，娱乐类杂志也强势登陆最受欢迎数字杂志TOP10。而2012年《昕薇》、《米娜》、《嘉人》、《时装L'OFFICIEL》时尚杂志四强的格局，也随着《男人装》在2013年登录VIVA平台，形成五足鼎立之势，使得时尚类杂志占据2013最受欢迎数字杂志十强的一半。

多以当红明星、模特为主的封面人物呈现，广为人知的品牌号召力，倍具视觉冲击力的内容展现，以及多年来在用户群中养成的固定阅读习惯，都是时尚杂志最常出现在最受欢迎数字杂志榜单的原因所在。这其中不仅仅体现了女性用户的影响，广受男性用户追捧的《男人装》的上榜，也充分体现出男性用户的选择取向。

2013最受欢迎数字杂志

《昕薇》
《米娜》
《男人装》
《嘉人》
《时装L'OFFICIEL》
《看天下》
《Ov海外文摘》
《汽车之友》
《南都娱乐周刊》
《电脑爱好者》

而在时尚杂志之外，新闻类杂志除了去年即上榜的《看天下》，《Ov海外文摘》也荣膺前十。对于海外热点话题的即时追踪，从"披头士乐队"到"美国医疗制度"，再到"朝韩关系"等涉猎广泛的内容选题，使该杂志拥有了广大的用户族群。新上榜的杂志中，《汽车之友》继续代表了男性用户的影响力，与《电脑爱好者》一起，充分说明了专业类杂志，只要定位精准、内容深入，同样可以在大平台中寻找到固定的读者群，并获得用户的较高认可。

作为首次进入最受欢迎数字杂志TOP10的娱乐类杂志，《南都娱乐周刊》在2013年以其高时效性的独家报道，加之符合当前阅读趋势、融入大量互联网元素的内容策划，表现相当突出。值得一提的是，由于周刊具有更强的时效性，如果在数字平台的上线时间与实体杂志的出刊时间差过长，容易导致内容过时，用户转投其他时效性更高的平台获取相关资讯。而《南都娱乐周刊》除了在报道内容上紧随当下新闻热点，在数字杂志的更新上也尽量保证第一时间上线，这也是其能获得较高阅读量的原因所在。

追随热点、化解资讯焦虑，永远是阅读的最大需求之一。在此基础上，数字杂志用户依旧对于精致、深入、独家的内容保持广泛的兴趣，包括但不限于时尚、新闻、数码、汽车、娱乐明星等领域。而当杂志内容在时效性及纵深方面取得一个平衡点后，数字杂志用户深入阅读的意愿也就充分得以展现，2013年最受欢迎数字杂志呈现的结果正是如此。

（二）娱乐内容主导原创数字杂志，品牌彰显影响力

2013年，通过对数字杂志用户特点、喜好的精准分析，充分利用杂志社自身的品牌及内容优势，结合线下活动，所推出的线上原创数字杂志《男人装·装女郎》继续受到用户的一致追捧，蝉联最受欢迎原创数字杂志TOP5。

除此之外，《心理悦读》、《电影风行榜》、《时尚健康·粉红丝带特刊》、《星·月SHOW－王江月主编》均是2012年用户最喜欢的原创数字杂志。与其他原创数字杂志多侧重于娱乐热点、明星生活不同，《心理悦读》定位于现代人情感、心理的分析，针对其关注的身心灵类话题，以贴近于当代人生活的文字作以解读，通过两年时间的累积，在2013年一跃上榜。

2013最受欢迎原创数字杂志

《男人装·装女郎》

《电影风行榜》

《心理悦读》

《时尚健康·粉红丝带特刊》

《星·月SHOW - 王江月主编》

相较于过往原创数字榜中用户更喜欢娱乐、休闲类的内容，2013年用户在面对内容时的选择更为成熟，性感早不再是选择内容的唯一标签，反而更加注重原创杂志的品牌。而创新的内容形式，线上线上相结合的内容创作，精准的用户群定位，都可以让原创数字杂志在用户中累积起相当的口碑，并在阅读数据上获得丰厚的回报。主打个人品牌的《星·月SHOW – 王江月主编》，自2011年9月创刊以来，在数字杂志用户中形成了相当的影响力。

在品牌杂志针对数字杂志用户特点所另行推出的原创杂志品牌上，2013年也呈现出了更加精准及细分的内容定位。依托于《时尚健康》的《时尚健康·粉红丝带特刊》，针对数字杂志用户对健康话题日益增进的关注度，将杂志最知名的公益品牌引入数字平台，通过短周期内主刊、特刊多频次的持续内容更新，迅速累积了较高的用户人气。同时特刊中还增加了视频等富媒体内容的体现，用户通过明星拍摄的短片更加形象而深入地了解到"粉红丝带"的意义，在大众传播与社会影响上获得双赢。

不仅是《时尚健康·粉红丝带特刊》，2013年下半年，以视频为主的富媒体元素在VIVA平台上得到了丰富的应用，其中多为原创数字杂志。数据表明，增加了视频的杂志文章，用户的平均停留时长普遍大于普通图文格式的文章。在获得更好阅读体验的同时，用户对于内容的阅读（观看）深度也得到进一步加强。

（三）高端机用户涉猎广泛，深入报道依然为首选

由于厂商机型的周期性更新，高端机用户群往往是VIVA无线新媒体用户

群中变化最大的族群,其喜欢的内容通常也变动更大。2013年,我们依然选取了出厂价格在5000以上的终端用户,以其阅读兴趣的变化来观测这一部分用户群的喜好特点。

在2013年最受高端机用户欢迎的数字杂志中,《OK!精彩》与《商业评论》以其对名人名流生活的关注,以及财经领域的深入报道,继续蝉联榜单TOP5。而《汽车之友》则成为本年度高端机用户最喜欢的汽车类杂志。除此之外,《时尚健康》与《环球人物》也在2013年上榜。针对数字杂志用户对于内容更新周期更高的要求,《时尚健康》在VIVA平台选择以半月为周期进行内容更新,加快内容传递至用户的频率,并侧重用户关心的健康话题,如眼睛保健等采用专题专刊的形式呈现,以适应数字杂志用户的深入阅读需求。事实证明这一差异化的内容运营方式受到数字杂志用户的一致认可。同样,《环球人物》也以其大量针对热点话题的独家报道,尤其在政治人物、新闻方面的深入解读,在高端机用户中获得较高的支持度。

2013最受高端机用户欢迎数字杂志

《环球人物》

《OK!精彩》

《时尚健康》

《商业评论》

《汽车之友》

作为综合性的两个排名,"最受欢迎原创数字杂志"与"最受高端机用户欢迎数字杂志"直接反应了用户的内容选择。在过往的榜单中,"最受欢迎原创数字杂志"通常代表着女性用户的内容倾向,"最受高端机用户欢迎数字杂志"则更多表现出男性用户的阅读意志。但通过2013年两个榜单的上榜杂志不难看出,性别差异的影响已在逐渐减小,《男人装》整体不输于其他女性时尚杂志在VIVA平台的表现,而《OK!精彩》和《时尚健康》,与《商业评论》、《汽车之友》、《环球人物》同居高端机用户最喜欢的数字杂志排行,来自男女不同性别所造成的内容差异已得到均衡。

在一线城市智能手机占有率趋近于饱和的情况下，智能终端厂商在推出最新的高端机型时，通常将尽可能消除性别的影响，以促进更多设备的更新，像是三星的 Galaxy Note III 针对不同性别用户推出了不同配色，成为女性用户的热门首选机型之一，也使得"2013最受高端机用户欢迎数字杂志"中体现了更多的女性影响力。

（四）热点性、话题性内容受关注，数字杂志有待共同创新

2013年最受欢迎的各分类榜单也出现了细微的变化。财经榜中过去曾在VIVA平台有优秀表现的《钱经》，实体杂志却在2014年1月1日遗憾停刊。内容受新媒体时代数字用户的认可与经营状况的不对等，更加值得行业进行反思。最终，《创业邦》、《财经》、《环球企业家》成为财经类杂志2013年最受欢迎的TOP3。

新闻榜中，由于数字杂志用户对于内容的时效性、话题性、热度具有更高的要求，也让《看天下》与《Ov海外文摘》榜上有名。过去凭借专业内容受到用户追捧的《现代兵器》继续位列前三。上榜杂志的细微变化，也反映出用户在这一年对于内容的不同需求，从追求深度开始逐渐向追随热度转移，拥有话题性的内容将受到用户更多的关注。

同样的变化也体现在生活类数字杂志，《心理月刊》、《美食堂》、《健康之友》位列生活榜的前三。采用明星作为封面、对生活方式的深入探讨，都有助于《心理月刊》和《健康之友》受到用户的一致喜爱，而《美食堂》在2013年的"跟明星吃"栏目，也培养出了固定的读者群。

时尚榜则延续了《昕薇》与《米娜》的长久以来累积的品牌优势，《男人装》进入时尚分类的前三也显得顺理成章，线上线下均拥有超高人气及讨论度的内容，一向与手机杂志用户的阅读兴趣点相当吻合。

在汽车、数码、体育娱乐类榜单中，"2013最受欢迎数字杂志"中位列TOP10的《汽车之友》、《电脑爱好者》、《南都娱乐周刊》自然位列分类榜单的前三。《汽车画刊》与《汽车博览》则代表了用户对汽车类杂志的爱好选择。同样，《电脑时空》及《iWo数码时代》也是这一年用户对数码杂志的偏好结果。而有了《南都娱乐周刊》的上榜，体育娱乐类杂志中体育类杂志稍被

挤压，仅《扣篮》进入前三，去年有优异表现的《影视圈》也继续把明星名人报道的优势延续至2013年。

"2013年最受欢迎旅游类数字杂志"中，《时尚旅游》同样针对数字杂志用户进行了精准的内容运营，充分发挥品牌优势，筛选出最适合移动阅读人群的精华内容，在数字平台以半月刊的形式进行更新，加快内容的传递频率，从而在上线第一年即名列旅游榜前三，与《新旅行》和《中国国家旅游》一同成为用户出行首选。而在摄影艺术类杂志中，《摄影之友》、《大众摄影》、《艺术财经》三个品牌在过去一年中表现最为突出。

2013最受欢迎新闻类数字杂志	2013最受欢迎财经类数字杂志
《看天下》	《创业邦》
《Ov海外文摘》	《财经》
《现代兵器》	《环球企业家》

2013最受欢迎时尚类数字杂志	2013最受欢迎生活类数字杂志
《昕薇》	《心理月刊》
《米娜》	《美食堂》
《男人装》	《健康之友》

2013最受欢迎数码类数字杂志	2013最受欢迎汽车类数字杂志
《电脑爱好者》	《汽车之友》
《电脑时空》	《汽车画刊》
《iWo数码时代》	《汽车博览》

2013最受欢迎体育娱乐类数字杂志	2013最受旅游类数字杂志
《南都娱乐周刊》	《新旅行》
《影视圈》	《中国国家旅游》
《扣篮》	《时尚旅游》

纵观各分类最受欢迎的数字杂志，不难发现，除了继续对深度报道、独家专题的追捧，用户对于热点、话题性内容的需求变得更加强烈，这也要求杂志

类客户端需要适时做出相应的内容调整，针对数字杂志用户的特点，在内容的选择，以及内容的更新方式上，采取更适合智能终端的运营策略，才能应对当下用户的变化。数字杂志绝不仅仅是纸质内容在智能终端的单纯再现，还有更多内容创造形式以及内容展现形式的创新，值得 VIVA 与杂志社共同探讨，共创以杂志为代表的优秀内容在移动互联网时代的辉煌。

2013最受欢迎摄影艺术类数字杂志

《摄影之友》
《大众摄影》
《艺术财经》

三、展望2014：移动阅读行业七大预测

回首2013年的数字杂志市场，挑战与机遇共存，但创新依然迫在眉睫，基于全年数字杂志的表现以及移动终端市场的变化，我们有理由相信：

（1）中国智能终端市场将会进一步向4-6级市场渗透，而在1-3级市场，随着三大运营商4G业务的开展，将会迎来新一轮的换机热潮，与此同时，移动客户端获取新用户的难度及成本均将增加，行业的竞争也会进一步加剧；

（2）智能手机的屏幕尺寸将会集体升级，加上网络环境进一步变好，有助于阅读类应用在富媒体、大图片展示上获得更好的表现，用户体验将会大幅提升；同时大屏手机在一定程度上也将挤压平板市场的发展空间，智能电视虽会进一步普及，但应用开发仍将相对滞后，移动互联网的争夺战场依然集中在手机平台；

（3）随着3G/4G业务的进一步普及，以及电信运营商在流量资费方面的策略调整，用户对于无线网络的依赖将会进一步降低，在线体验则会大幅上升，移动应用开发商与电信运营商的流量合作将形成常态；

（4）尽管表现出了广泛的兴趣，但移动阅读用户在2014年将对内容持有更高要求，差异化的内容投放及运营策略将是阅读类应用的发展方向；

（5）移动广告市场将成倍增长，会进一步刺激传统媒体加速互联网转型，

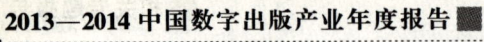

而随着移动支付、移动电子商务的普及,也将促进传统媒体转型互联网后的商业化进程,商业模式也将趋于成熟;

(6) 内容平台将进一步集聚,传统媒体将发扬自身的内容生产优势,针对新媒体用户完成采编制度、内容输出形式等方面的改革,并针对不同内容平台输出差异化的内容,内容平台与内容制造商的共赢模式则仍在探讨中;

(7) 个性化、社会化的内容阅读模式,将成为移动阅读的重要发展方向。

（作者单位：北京维旺明信息技术有限公司）

中国数字出版标准化年度报告

张书卿

近年来随着经济发展和综合国力的增强,我国的国际地位不断提高,同时我国在国际标准化中的地位和话语权获得空前提高。国内发展环境保持着良好的发展态势,我国政府出台了一系列文件和措施推动我国文化的繁荣和发展,促进新闻出版和广播影视领域公共服务资源的整合,数字出版受到前所未有的重视,标准化工作也得到政府的大力支持。这些都为我国数字出版标准化的发展提供了利好的发展环境。

一、发展背景

(一)国家政策层面

2013年,国民经济发展稳定,《中华人民共和国国民经济和社会发展第十二个五年规划纲要》继续推动实施。第十二届全国人民代表大会第一次会议通过的《国务院机构改革和职能转变方案》,将国家新闻出版总署与国家广播电影电视总局合并,组建"国家新闻出版广电总局",为我国标准化建设创造了良好的宏观环境。

2013年国务院印发的《关于促进信息消费扩大内需的若干意见》明确指出要大力发展数字出版等新兴文化产业。《标准化事业发展"十二五"规划》、《"十二五"技术标准科技发展专项规划》、《战略性新兴产业标准化发展规划》和《"十二五"文化发展规划纲要》的实施推动了我国数字出版标准化工作的迅速发展。

继2013年第93届国际标准化组织(ISO)理事会会议通过决议中国成为ISO/TMB(技术管理局)常任成员,2013年9月在第36届国际标准化组织表决通过中国鞍山钢铁集团公司总经理张晓刚当选该组织新一任主席。这是该组织自成立以来，中国人首次当选主席一职。反映了中国经济不断强大和对ISO贡献的持续增长，中国在国际舞台中的地位进一步提高，为我国国际和国内标准化事业的发展奠定了坚实基础。

（二）行业政策和产业层面

2013年3月国家新闻出版总署与国家广播电影电视总局正式合并，"国家新闻出版广电总局"挂牌成立。2013年7月国家新闻出版广电总局"三定"方案公布，确立了内设机构为22个，其中专门设立了数字出版司，表明数字出版进一步得到高度重视。这为我国数字出版的发展和管理提供了强有力的保证，也为建立统一的数字内容标准规范奠定了基础。

2013年12月1日《新闻出版行业标准化管理办法》（简称办法）修订版发布实施。该办法对我国新闻出版行业标准化工作的管理机构和相关机构和技术委员会的职责进行了明确划分，规定了标准化工作开展的原则和规程。这是我国成立国家新闻出版广电总局以后发布的第1号令，该文件的发布将为我国新闻出版行业标准化工作的科学管理奠定更加牢固的基础。

二、数字出版标准化现状

随着我国新闻出版业改革的不断深入和数字化转型和升级，数字出版规模不断刷新，数字出版市场日趋成熟，数字出版标准的制定成为现阶段标准化工作的主要任务，标准制定进入快速发展时期。数字出版标准化工作经过多年的发展取得了巨大的成绩，近年发布和实施了50多项针对数字出版的国家和行业标准（见附件1），自2013年1月至2014年1月国家新闻出版广电总局就发布了37项数字出版标准（见附件2）。这些标准从数字资源的标识、术语、元数据、格式、平台、监管系统、版权保护、数字信息发行、数字印刷等各个方面进行了规范，将为我国数字出版健康发展提供强有力地技术支撑。目前正在制定的数字出版标准有近20项。

《新闻出版行业标准化办法》对国家新闻出版广电总局、国家新闻出版广电总局负责部门、国家新闻出版广电总局相关业务部门、各省、自治区、直辖市人民政府出版行政主管部门及新闻出版领域各标准化技术委员会在标准化工作的职责进行了界定和划分，规定了标准制定、修订和发布的原则，对标准的立项、送审、审查、报批、复审、修改和项目经费问题进行了规范，为我国数字出版标准化工作指明了思路和方向。各个标准化技术委员会对照和总结多年来的标准化工作，提出了一系列的改进和提高措施，用于今后的标准化工作，我国标准化工作开始步入提高期和规范期。

我国标准化机构不断完善，覆盖领域更加全面，目前5个标准化技术委员会分别从出版、印刷、发行、信息和版权领域开展标准化工作。

我国新闻出版业在参与国际标准化活动方面也有新的突破，在国际标准化舞台上发挥更大作用。由最初的旁观者，发展为积极的参与者，并正在力争成为主导者。

（一）新闻出版领域正式建立全国版权标准化技术委员会

经国家新闻出版广电总局（国家版权局）批准，全国版权标准化技术委员会2013年12月在京正式成立。该组织是在版权相关领域内，从事版权标准化工作的技术工作组织，负责本专业领域的版权标准化技术归口工作，其主要工作任务是提出版权标准化工作的方针、政策和技术措施的建议，负责版权相关标准的研究，组织制定版权标准体系表，提出本专业制修订国家标准和行业标准的规划、年度计划及采用国际标准的建议等。

该委员会的成立标志着我国版权标准化工作开始步入新轨道。通过标准的制定和实施，推动先进版权保护技术的研发和推广，提升我国版权监管与服务水平，促进版权产业的快速转型升级，提高全民的版权意识和打击侵权现象。在筹建过程中和成立后，全国版权标准化技术委员会开展了多项数字版权的标准化研究和制定工作。

目前，包括新成立的全国版权保护标准化技术委员会，我国新闻出版领域现有5个标准化技术委员会（其他4个是全国新闻出版标准化技术委员会、全国新闻出版信息标准化技术委员会、全国出版物发行标准化技术委员会和全国印刷标准化技术委员会），均在不同的领域和范围内积极开展数字出版和数字印刷的标准化工作。

（二）基于数字出版环境下《中国标准连续出版物号》标准的修订，为我国标识体系的发展和完善提供支撑

GB/T 9999—2001《中国标准连续出版物号》国家标准是我国出版物标识体系中的一项重要标准，该标准修改采用国际标准。该标准的实施为我国报纸、期刊等连续出版物的有序和有效管理作出了重要贡献，已成为我国新闻出版行政管理重要的技术手段。然而伴随出版与数字技术、网络技术的不断融合，网络出版日益繁荣，该标准已不能满足数字时代报刊出版的发展需求。

为适应数字出版的发展，国家新闻出版广电总局各业务司局联合提出对《中国标准连续出版物号》国家标准进行修订。2012年7月，《中国标准连续出版物号》国家标准修订正式启动，目前已经完成在全国范围内的意见征求，下一步将进入评审阶段。修订后的《中国标准连续出版物号》将解决网络电子期刊管理的统一编码问题，该标准还将为期刊分类体系提供切实可行的方案。

（三）四项电子书内容行业标准填补领域空白

电子书内容标准一直是业界比较关注的系列行业标准，主要针对电子书的标准体系、术语、元数据、格式、平台、版权保护、编校质量、功能技术要求和检测规范等进行规范。

2013年，《电子书内容标准体系》、《电子书内容术语》、《电子书内容元数据》和《电子书内容格式基本要求》四项行业标准率先正式发布。《电子书内容标准体系》经过几年沉淀和打磨之后，逐渐建立了电子书内容标准体系结构；《电子书内容术语》对电子书、电子图书以及与数字出版概念及关系进行了梳理，并给出了规范的定义；《电子书内容格式基本要求》规定了电子书内容格式应符合的规范，为出版社选择电子书格式提供依据和参考；《电子书内容元数据》对电子图书元数据的结构、属性、必选和条件必选的数据子集、数据实体和元数据元素进行了规范，有利于电子书的检索、查找和传播。这些标准将为我国电子书的健康发展提供保障。

其他八项电子书内容行业标准——《电子书编校质量检查规范》、《电子书内容平台—基本要求》和《电子书内容版权保护通用规范》等预计2014年底全部完成。

表 1　电子书内容系列标准

序号	标准名称	阶段	制定和归口标准化技术委员会
1	《电子书内容标准体系》	发布	全国新闻出版标准化技术委员会
2	《电子书基本术语》	发布	全国新闻出版标准化技术委员会
3	《电子书内容元数据》	发布	全国新闻出版标准化技术委员会
4	《电子书内容格式基本要求》	发布	全国新闻出版标准化技术委员会
5	《电子书内容平台——服务功能基本规范》	研制	全国新闻出版标准化技术委员会
6	《电子书内容平台——基本要求》	研制	全国新闻出版标准化技术委员会
7	《电子书标识》	研制	全国新闻出版标准化技术委员会
8	《电子书版权页规范》	研制	全国新闻出版标准化技术委员会
9	《电子书内容质量基本规范》	研制	全国新闻出版标准化技术委员会
10	《电子书内容版权保护通用规范》	研制	全国新闻出版标准化技术委员会
11	《电子书编校质量检查规范》	研制	全国新闻出版标准化技术委员会
12	《电子书功能技术要求及检测规范》	研制	全国新闻出版标准化技术委员会

（四）多项数字出版格式标准业已发布或正在研制

2013 年国家新闻出版总局发布了《数字内容对象存储、复用与交换规范》系列行业标准。该系列标准目前包括 3 个部分——《数字内容对象存储、复用与交换规范 第 1 部分：对象模型》、《数字内容对象存储、复用与交换规范 第 2 部分：对象封装、存储与交换》和《数字内容对象存储、复用与交换规范 第 3 部分：对象一致性检查方法》，由全国新闻出版信息标准化技术委员会组织制定，该系列标准规定了用于数字内容资源交换的数字出版格式，规范了数字资源的内容结构、特征、表现形式和载体形式，提出了数字内容对象的封装、复用和一致性检查方法，具有一定的创新性。

全国新闻出版标准化技术委员会组织制定的《数字阅读终端内容呈现格式》行业标准于 2013 年 2 月正式发布。该标准规定了智能手机等阅读终端的数字内容的呈现格式。此外，全国新闻出版标准化技术委员会立项制定的《面向长期保存的文档格式》等行业标准目前均已完成征求意见，下一步将进入标准的评审阶段。此外,《新闻出版业置标语言 PPML》行业标准的预研报告也将进入专家评审阶段。

(五) 数字版权保护类标准重点推进

全国版权标准化技术委员会在筹建期间提出了《数字版权唯一标识符》(简称 DCI) 行业标准,目前正在广泛征求意见。该标准对于有效适应 Web2.0 时代数字版权保护的特性,实现以数字作品版权登记、费用结算、监测取证为核心的综合和有效的版权公共服务具有重要意义。

同时全国版权标准化技术委员会联合多家单位正在组织其他多项行业标准的制定,见表2。这些标准将逐步构成版权保护标准体系化发展的基本框架。

表2　目前全国版权标准化技术委员会组织制定标准

序号	标准名称	阶段	制定和归口标准化技术委员会
1	《数字版权唯一标识符》	研制	全国版权保护技术标准化委员会
2	《数字内容版权元数据》	研制	全国版权保护技术标准化委员会
3	《数字版权嵌入式服务组件接口规范》	研制	全国版权保护技术标准化委员会
4	《数字作品版权登记电子证书规范》	研制	全国版权保护技术标准化委员会
5	《数字作品版权登记纸质证书规范》	研制	全国版权保护技术标准化委员会
6	《数字作品版权登记信息元数据规范》	研制	全国版权保护技术标准化委员会
7	《数字作品版权登记业务基础代码集》	研制	全国版权保护技术标准化委员会
8	《数字作品版权登记基础数据元》	研制	全国版权保护技术标准化委员会

全国新闻出版标准化技术委员会制定的 CY/T 89-2013《基于加解密技术的数字版权保护平台基本要求》2013 年 2 月正式发布,该标准是针对数字版权保护平台提出的技术规范。

全国新闻出版标准化技术委员会承担的数字版权保护技术研发工程标准研发包的管控和标准制定任务,其中包括了 27 项工程标准的制定和 22 项测试工具及集成系统的开发,目前已经完成了 19 项工程的报批,8 项标准预备报批,另外已完成 15 项测试工具及集成系统的设计说明书,2014 年将重点开展标准报批后的宣贯以及 22 项测试工具及集成系统的开发。这将为其他技术包设计和整个工程的搭建奠定坚实的基础，也为该类行业标准的制定进行了探索。

（六）电子书包和电子教材行业标准逐步跟进产业发展

近几年，随着电子书包和电子教材的不断升温，电子书包和电子教材的标准化问题也进入工作日程。

全国新闻出版信息标准化技术委员会正在开展《电子教材制作及应用》行业标准的制定。该标准通过对国内外标准的广泛调研，结合我国电子教材应用的实际现状和未来发展趋势，从各种技术、系统平台中吸取先进的研究成果，确定电子教材复合文档的结构属性集和元素集、展现方法等，可实现电子教材交互操作，进而消除出版机构、教育机构、教师和学生等用户跨平台学习电子教材的障碍，为促进教育信息化发展提供强有力的支持。目前已经形成了征求意见稿，计划在2014年完成报批工作。

同时，全国新闻出版标准化技术委员会的《电子书包标准预研》项目也正在紧锣密鼓地展开。

（七）多项数字出版标准已发布或正抓紧制定

2014年1月全国新闻出版信息标准化技术委员会组织制定的《新闻出版内容资源加工规范》行业系列标准正式发布。该系列标准包括了10个部分（见表3）。该系列标准在收集、整理、分析国内外研究成果的基础上，面向出版单位从新闻出版内容资源数字化加工全流程角度出发，全面提出了加工规格、质量、数据管理、交付以及应用模式等规范，以尽早满足资源拥有方、资源加工方、资源使用方的共同需求，使各出版单位和加工公司都按照统一格式进行数字内容资源的结构化加工，为数字资源的共享利用创造条件。该系列标准对规范新闻出版单位内容资源数字化加工具有重要指导意义，是新闻出版单位转型升级最迫切、最急需的标准之一。

表3 《新闻出版内容资源加工规范》行业系列标准

序号		阶段	制定和归口标准化技术委员会
1	新闻出版内容资源加工规范 第1部分：加工专业术语	发布	全国新闻出版标准化技术委员会

续表

序号		阶段	制定和归口标准化技术委员会
2	新闻出版内容资源加工规范 第2部分：数据加工及应用模式	发布	全国新闻出版标准化技术委员会
3	新闻出版内容资源加工规范 第3部分：数据加工规格	发布	全国新闻出版标准化技术委员会
4	新闻出版内容资源加工规范 第4部分：数据加工质量	发布	全国新闻出版标准化技术委员会
5	新闻出版内容资源加工规范 第5部分：资料管理	发布	全国新闻出版标准化技术委员会
6	新闻出版内容资源加工规范 第6部分：数据管理	发布	全国新闻出版标准化技术委员会
7	新闻出版内容资源加工规范 第7部分：数据交付	发布	全国新闻出版标准化技术委员会
8	新闻出版内容资源加工规范 第8部分：图书加工	发布	全国新闻出版标准化技术委员会
9	新闻出版内容资源加工规范 第9部分：报纸加工	发布	全国新闻出版标准化技术委员会
10	新闻出版内容资源加工规范 第10部分：期刊加工	发布	全国新闻出版标准化技术委员会

全国新闻出版信息标准化技术委员会组织制定的《数据库出版物质量评价规范》行业标准也已发布。该标准在对数据库出版物的形态、特征和典型形式进行研究的基础上，参考其他出版物及软件系统等相关产品的质量评估方法，制定了一套适用于各类数据库出版物的质量评价规范，便于出版管理部门、数据库出版机构、用户以及其他各类机构或个人对数据库出版物的质量进行客观评估，提升我国数据库出版物的整体质量和水平。

同时，全国新闻出版标准化技术委员会组织制定的《声像节目数字出版制作技术要求及检测方法》已经发布，《数字出版统计系列标准》、《卫星发行系列标准》和《游戏系列标准》等系列行业标准也正在制定中。

（八）数字发行和数字印刷标准正在推进

全国出版物发行标委会组织制定的《中国出版物在线信息交换》标准，采用了最新版本的国际在线信息交换（ONIX 3.0）标准。该标准确定了我国传统出版和数字出版业务相关的核心元数据，规范了我国出版物流通领域图书产品信息描述与交换格式，满足了出版者通过向发行者（批发商、经销商、零售商、网上书店、其他出版社）、图书馆等终端客户及其他任何涉及图书销售的供应链上贸易伙伴传递产品信息共享的需要，提供了出版物产品信息统一数据格式。该标准2013年6月发布为行业标准，12月通过国家标准化管理委员会的审查并批准颁布为国家标准。

全国印刷标准化技术委员会是从事印刷技术标准制修订的管理工作。该技术委员会正在组织制定《数字印刷纸张印刷适性及检验方法》、《数字印刷油墨要求及检验方法》、《数字印刷品质量要求及检验方法》和《数字硬打样样张质量要求及检验方法》等多项数字印刷国家标准和行业标准的起草工作。

（九）标准宣传和贯彻工作逐步展开

2013年，全国新闻出版标准化技术委员会共举办了3期标准化培训，包括1期《MPR出版物》国家标准培训和2期《数字阅读终端内容呈现格式》应用培训。同时在2013年数字出版博览会上举办了《国际标准文档关联码（ISDL）》标准宣贯分论坛。新标准的及时培训与宣传为标准的实施奠定了基础。

2013年在国家新闻出版广电总局数字出版司的支持与指导下，全国新闻出版信息标准化技术委员会举办了《数字键汉字编码规范》行业标准的培训和宣贯工作。该标准是涉及国内各出版单位在实现出版资源数字化和实施数字出版战略过程中的一项重要技术标准，在业界产生了良好反响。

2013年，全国新闻出版物发行标准化技术委员会围绕《中国出版物在线信息交换》（简称CNONIX）标准的宣传和贯彻，完成了对国内31家出版发行单位与技术公司的调研工作；召开CNONIX行业标准出版首发式暨新闻发布会，邀请了新华社、搜狐、新浪等20多家新闻媒体到场，对该标准的意义进行了重点报导；召开第三届全国出版物供应链论坛，并邀请了国际ONIX组织的技术专家到现场与国内出版发行单位的技术负责人进行交流。通过以上活动扩大了该标准的宣传和影响。

（十）国际标准化工作成绩显著

继国际标准化组织（ISO）批准由我国来组建印后标准化工作组，2012年进一步批准由我国承担国际印刷标准化技术委员会（ISO 130）秘书处，2013

年 5 月，中国印刷技术协会正式承担该国际标准化技术委员会的秘书处工作，使我国在国际印刷标准的制定上取得了一定的主动权。

国际标准文档关联编码（简称 ISDL）是我国新闻出版标委会提出并获批准制定的一项国际标准，该标准以我国拥有自主产权的 MPR 技术为基础，旨在为各种媒体形式的文档编码建立关联的规范。2013 年该项目在多个部委和部门的支持下，克服重重困难取得突破性进展。目前，该标准询问阶段（DIS）的投票已经获得通过，并就未来在中国建立注册中心事宜进行了积极沟通，现已推进到了批准阶段（FDIS）。根据询问阶段专家的意见，该标准的名称修改为国际标准关联标识符（ISLI）。

三、数字出版标准化工作存在和面临的问题

（一）标准的质量和水平尚有待提高

近年来数字出版蓬勃发展，面对新生事物存在的问题，业界认识到标准和规范的重要性，呼吁相关标准化机构尽快出台数字出版标准，规范数字出版产业，为数字出版的健康有序发展建立风向标和提供指导。

国家和各级政府对数字出版和标准化工作重视程度空前提高，2013 年和 2014 年连续两年斥巨资（每年 2 亿元人民币），资助出版行业进行数字化转型升级，并开始大批立项研制数字出版标准，各个标准化技术委员会的数字出版标准陆续颁布。该问题的存在有其特定背景，是发展中的问题，却是不能忽视和必须解决的。标准是行业或国家范围内实施的规定和标杆；标准是规范性文件，其内容及形式具有严肃性；其各种数据要准确，技术要求、试验方法等确定要严谨、可靠。标准的质量问题直接影响标准的实施，会给行业造成极坏的负面影响，甚至会给生产带来不可估量的损失，应给予足够的重视。

（二）标准化制定工作程序有待进一步规范

根据 GB/T 16733《国家标准制定程序的阶段划分及代码》，我国国家标准制定划分为预阶段、立项阶段、起草阶段、征求意见阶段、审查阶段、批准阶段、出版阶段、复审阶段和废止阶段。对于已有成熟标准草案的项目，可以采取快速程序，即省略起草阶段或征求意见阶段。但在实际的标准制定过程中，

由于客观和主观的原因，一些标准存在制定程序阶段任务不突出、个别阶段不规范的现象。

在起草阶段，存在工作组内成员代表性不广泛，对标准内容讨论不充分，没有达成工作组内的协商一致；在征求意见阶段存在征求范围不够全面，对不同意见处理不够科学严谨，没有及时与反馈单位沟通，就对不同意见草率处理。在审查阶段存在排斥或故意回避不同意见的代表，国家标准报批稿和会议纪要不经工作组和与会代表通过直接上报等问题。在标准制定5年后，要对标准进行复审，但由于各种原因，这项工作长期以来落实得不够，有些标准的制定还存在拖期的现象。

（三）标准实施仍是标准化工作的薄弱环节

在新闻出版标准化领域长期存在"重制定、轻实施"的现象，标准的实施和宣贯仍是标准化工作的薄弱环节。目前数字出版标准已经制定完成的标准已经多达40多项，正在制定的有近20项，但真正在行业里被熟知或引起巨大反响的却不多，在行业里实施起来的标准更是少之又少。

标准没有推广和实施，犹如道路上没有设置红绿灯和斑马线，将导致道路一片混乱，市场没有秩序，产业的健康发展受到影响。标准没有推广和实施将犹如一纸空文，最多起到探索和预研的作用，而起不到标准规范作用。这个问题应尽快引起政府相关机构和各个标准化机构的高度重视，否则将影响标准在国家和行业中的形象。

（四）行业和各个标准化技术委员会之间的标准缺少实质性协调

数字出版伴随着网络和信息技术衍生而来，网络和新技术的迅速发展促成了多媒体的不断融合和在新闻出版行业的应用，数字出版标准化工作涉及国内多个机构和部委的管理。目前不同行业的标准化技术委员会都在各自领域推动数字出版标准化工作，虽然各个标准化技术委员会之间也存在沟通和协调，但仍存在多头发展，各搞一套的现象，标准之间存在交叉和重复，将给使用者造成混乱。

数字出版的上下游环节涉及作者、出版社、技术提供商、图书馆等机构用户和个体消费者等，这些环节也应加强沟通和协调，形成上下贯通的标准规范。否则数字出版的上下游环节将被阻隔，新的资源浪费和新的信息孤岛将会形成。

此外，新闻出版行业内部的各个标准化技术委员会之间制定的数字出版标准，也存在内容上的交叉。各个标委会在标准制定中需相互通气，相互协调。否则一旦标准之间出现交叉或不一致的地方，将对标准的实施带来不利影响。

（五）业界存在对标准化工作程序和标准编写方法不熟悉的现象

近年来，新闻出版业界的标准化意识有所增强，认识到了标准在推广新技术和规范数字出版健康发展中的重要作用，但是行业内对标准和标准化的整体认识还不够深入，对于标准是什么、标准的范围、标准的制定程序和怎样编写标准还不甚了解。

造成这种情况的主要原因是大量数字出版标准获得国家标准化管理委员会和国家新闻出版广电总局的立项，需要更多单位承担或参与标准的起草，但大多数标准的承担单位和起草人并不熟悉标准化程序，对于如何编写标准更是不甚了解，造成了在标准起草中耗费大量时间为起草人普及标准化知识和讲解标准的编写方法，在一定程度上导致了标准拖期，以及标准质量和水平不高等现象发生。

四、解决方案和下一步工作任务

（一）将宣传和推广经费纳入标准项目经费中，加强标准化宣传和实施力度

导致标准"重制定、轻实施"的原因有多种，但最根本问题是当前标准只有制定经费，没有宣传和推广经费。标准制定完成是考核标准结项的依据，而标准有没有实施、如何实施以及实施的效果，都不作为考核项目完成的指标。

建议标准化管理机构在国家标准和行业标准立项时将标准的宣传和推广经费纳入整体的标准项目经费中，将标准的推广和实施效果作为衡量和评价各个标准化技术委员会工作的重要指标，各个标准化技术委员会也要将标准的宣传和推广效果作为重要工作来抓，并将其作为评价一项标准成功与否的重要依据。

各个标准化委员会应充分利用各种形式加强标准的宣传和推广，通过开办培训班、召开发布会、举办行业内或国际范围内的标准化论坛、建立健全标准

的注册管理机构和标准应用示范基地,建立标准试验检测中心和认证中心等方式,开展标准的宣传和推广工作。

(二) 把好标准质量关

根据《国家标准管理办法》和《关于进一步加强国家标准制修订管理确保国家标准质量的意见》等法律、法规和文件,标准起草单位及起草人是国家标准起草工作的承担者,要在广泛调研、深入分析研究和实验验证的基础上,严格按照相关国家标准和有关要求起草标准。全国标准化技术委员会对标准送审稿进行审查,并对审查内容负责;国务院有关行政主管部门负责对全国专业标准化技术委员会报送的标准报批稿严格审查;国家标准审查部负责对标准报批稿进行技术审查;国家标准委各业务部门负责审查报送的国家标准草案与法律法规的符合性、标准的协调性和规范性进行审核;标准出版单位负责对标准文本进行编辑性审查。

《新闻出版行业标准化管理办法》规定,各个标准化技术委员会负责对组织起草的标准的专业内容和文本质量进行审查,国家新闻出版广电总局负责行业标准发布前的审核。

根据对标准质量影响的因素,标准化技术委员会应至少从四个方面来对标准质量把关,一是标准化程序;二是技术内容的准确性;三是标准中技术内容确定的依据;四是标准编制的规范性。

(三) 加强对标准制修订工作程序把控

针对标准制定出现拖沓的现象,应主要从严格标准制定程序上入手解决。标准化技术委员会秘书处应严格按照国家标准的制定程序和各个阶段要求的周期和时间开展标准的制定工作,对于出现拖沓和延期的项目其负责人应提交延期申请,说明正当理由,否则将予以警示。

对于标准项目负责人,应严格遵守标准制定程序,从时间和质量上把好关,从主观上和客观上最大限度地保证标准工作组成员的代表性和广泛性,组内讨论的充分性,征求意见范围的广泛性,对反馈意见处理的严谨性,对标准审查的严密性和科学性。

根据《标准化事业发展"十二五"规划》提出的要求,各个标准化技术委员会的国家标准制定工作将纳入国家标准电子投票系统。目前国家标准化管理委员会正在抓紧建立这一系统。将国家标准制修订工作纳入该系统进行规范化管理，并根据各阶段要求的时间周期，组织委员和相关单位进行投票和意见征集及开展审查等工作，是标准化技术委员会实现数字出版标准科学管理的必由之路。

建议各个标准化技术委员会密切关注这一系统的动态，一旦国家标准电子投票系统建设完成，积极加入和使用这一系统对国家标准进行投票和有效管理。同时也建议我国标准化政府机构建立相应的行业标准电子投票系统，以推动新闻出版领域的行业标准的科学规范管理。

（四）加强各个相关标准化技术委员会之间标准的实质性沟通和协商

对标准中出现的领域交叉问题，各个标准化技术委员会应本着对用户、对行业和国家负责的态度，吸纳相关标准化技术委员会共同组织和参加标准的制定，在标准制修订过程中进行实质性沟通，避免出现标准之间的交叉、矛盾和不协调，并尽量制定协商一致的标准和规范。

应加强不同行业和不同领域和新闻出版行业内部的各相关标准化技术委员会之间的协调和沟通，促进交叉领域标准的统一规范出台。目前国家新闻出版广电总局建立了新闻出版标准化协同工作平台，鼓励新闻出版领域内的各个标准化技术委员会加强沟通和协调，各个标准化技术委员会应更好利用这一平台进行标准协调工作。

（五）普及标准化基础知识，培养标准化专家队伍

标准化是人类在长期生产实践过程中逐渐摸索和创立起来的一门科学，也是一门重要的应用技术。在当前信息化和国际化的趋势下，数字出版的标准化工作对人才的要求更高，不仅需要了解数字出版业务、懂技术、会管理，同时又要熟悉标准化工作，目前业内这样的专家还为数不多，包括需要不断地扩大标准化专家队伍。

各个标准化技术委员会要通过各种平台，包括各新闻媒体、各标委会网站、新闻出版总署标准化协作平台，普及标准化知识，提供标准化信息服务。

另外对于具体标准的起草单位和起草人要有针对性的进行标准化培训，重点介绍标准化法律法规、标准制修订程序和标准编写规则等，只有经过业务培训才能承担标准的起草工作。

附件1

2009年-2014年1月发布的数字出版国家标准和行业标准

序号	标准号	标准名称	归口标准化技术委员会
1	GB/T 27937.1-2011	MPR出版物 第1部分：MPR符号规范	全国新闻出版标准化技术委员会
2	GB/T 27937.2-2011	MPR出版物 第2部分：MPR码编码规范	全国新闻出版标准化技术委员会
3	GB/T 27937.3-2011	MPR出版物 第3部分：通用制作规范	全国新闻出版标准化技术委员会
4	GB/T 27937.4-2011	MPR出版物 第4部分：MPR码印制质量要求及检测方法	全国新闻出版标准化技术委员会
5	GB/T 27937.5-2011	MPR出版物 第5部分：基本管理规范	全国新闻出版标准化技术委员会
6	GB/T 30330-2013	中国出版物在线信息交换	全国出版物发行标准化技术委员会
7	GB/T 30324-2013	数字印刷的分类	全国印刷标准化技术委员会
8	GB/T 9851.8-2013	印刷技术术语 第8部分：数字印刷术语	全国印刷标准化技术委员会
9	CY/Z 21—2011	数字键汉字编码规范	全国新闻出版信息标准化技术委员会
10	CY/Z 24.1—2013	网络出版监管系统规范 第1部分：标准体系表	全国新闻出版信息标准化技术委员会
11	CY/Z 24.2—2013	网络出版监管系统规范 第2部分：出版类网站元数据	全国新闻出版信息标准化技术委员会
12	CY/Z 24.3—2013	网络出版监管系统规范 第3部分：出版类网站分类分级	全国新闻出版信息标准化技术委员会
13	CY/Z 24.4—2013	网络出版监管系统规范 第4部分：出版类网站统一编码规范	全国新闻出版信息标准化技术委员会

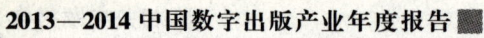

续表

序号	标准号	标准名称	归口标准化技术委员会
14	CY/Z 24.5—2013	网络出版监管系统规范 第5部分：网络出版物核心元数据	全国新闻出版信息标准化技术委员会
15	CY/Z 24.6—2013	网络出版监管系统规范 第6部分：网络出版物分类分级	全国新闻出版信息标准化技术委员会
16	CY/Z 24.7—2013	网络出版监管系统规范 第7部分：监管工作流程	全国新闻出版信息标准化技术委员会
17	CY/Z 24.8—2013	网络出版监管系统规范 第8部分：监管主题建立及维护规范	全国新闻出版信息标准化技术委员会
18	CY/Z 24.9—2013	网络出版监管系统规范 第9部分：违规出版物取证操作规则	全国新闻出版信息标准化技术委员会
19	CY/Z 24.10—2013	网络出版监管系统规范 第10部分：监管系统信息采集规范	全国新闻出版信息标准化技术委员会
20	CY/Z 24.11—2013	网络出版监管系统规范 第11部分：监测站报送文件格式	全国新闻出版信息标准化技术委员会
21	CY/Z 24.12—2013	网络出版监管系统规范 第12部分：统计分析报表格式	全国新闻出版信息标准化技术委员会
22	CY/Z 24.13—2013	网络出版监管系统规范 第13部分：疑似违规出版物报告单格式	全国新闻出版信息标准化技术委员会
23	CY/Z 24.14—2013	网络出版监管系统规范 第14部分：工程建设管理规范	全国新闻出版信息标准化技术委员会
24	CY/Z 24.15—2013	网络出版监管系统规范 第15部分：文档编码规范	全国新闻出版信息标准化技术委员会
25	CY/Z 24.16—2013	网络出版监管系统规范 第16部分：工程安全管理规范	全国新闻出版信息标准化技术委员会
26	CY/Z 25—2013	电子书内容标准体系表	全国新闻出版标准化技术委员会
27	CY/T 58—2009	MPR 出版物	全国新闻出版标准化技术委员会
28	CY/T 82—2012	新闻出版数字资源唯一标识符	全国新闻出版标准化技术委员会
29	CY/T 83—2012	中国标准名称标识符	全国新闻出版标准化技术委员会
30	CY/T 84—2012	中国标准乐谱出版物号	全国新闻出版标准化技术委员会

续表

序号	标准号	标准名称	归口标准化技术委员会
31	CY/T 88—2013	数字阅读终端内容呈现格式	全国新闻出版标准化技术委员会
32	CY/T 89—2013	基于加密技术的数字版权保护平台基本要求	全国新闻出版标准化技术委员会
33	CY/T 95.1—2013	中国出版物在线信息交换第1部分：图书产品信息数据框架	全国出版物发行标准化技术委员会
34	CY/T 95.2—2013	中国出版物在线信息交换第2部分：图书产品信息格式规范	全国出版物发行标准化技术委员会
35	CY/T 95.3—2013	中国出版物在线信息交换第3部分：图书产品信息代码表	全国出版物发行标准化技术委员会
36	CY/T 96—2013	电子书内容术语	全国新闻出版标准化技术委员会
37	CY/T 97—2013	电子图书元数据	全国新闻出版标准化技术委员会
38	CY/T 98—2013	电子书内容格式基本要求	全国新闻出版标准化技术委员会
39	CY/T 100—2014	声像节目数字出版制作技术要求及检测方法	全国新闻出版标准化技术委员会
40	CY/T 101.1—2014	新闻出版内容资源加工规范第1部分：加工专业术语	全国新闻出版信息标准化技术委员会
41	CY/T 101.2—2014	新闻出版内容资源加工规范第2部分：数据加工与应用模式	全国新闻出版信息标准化技术委员会
42	CY/T 101.3—2014	新闻出版内容资源加工规范第3部分：数据加工规格	全国新闻出版信息标准化技术委员会
43	CY/T 101.4—2014	新闻出版内容资源加工规范第4部分：数据加工质量	全国新闻出版信息标准化技术委员会
44	CY/T 101.5—2014	新闻出版内容资源加工规范第5部分：资料管理	全国新闻出版信息标准化技术委员会
45	CY/T 101.6—2014	新闻出版内容资源加工规范第6部分：数据管理	全国新闻出版信息标准化技术委员会
46	CY/T 101.7—2014	新闻出版内容资源加工规范第7部分：数据交付	全国新闻出版信息标准化技术委员会
47	CY/T 101.8—2014	新闻出版内容资源加工规范第8部分：加工专业术语	全国新闻出版信息标准化技术委员会
48	CY/T 101.9—2014	新闻出版内容资源加工规范第9部分：报纸加工	全国新闻出版信息标准化技术委员会
49	CY/T 101.10—2014	新闻出版内容资源加工规范第10部分：期刊加工	全国新闻出版信息标准化技术委员会

续表

序号	标准号	标准名称	归口标准化技术委员会
50	CY/T 102.1—2014	数字内容对象存储、复用与交换规范第1部分：对象模型	全国新闻出版信息标准化技术委员会
51	CY/T 102.2—2014	数字内容对象存储、复用与交换规范第2部分：对象封装、存储和交换	全国新闻出版信息标准化技术委员会
52	CY/T 102.3—2014	数字内容对象存储、复用与交换规范第3部分：对象一致性检查方法	全国新闻出版信息标准化技术委员会
53	CY/T 103—2014	数据库出版物质量评价规范	全国新闻出版信息标准化技术委员会

附件2

2013年1月-2014年1月发布的数字出版行业标准

序号	标准号	标准名称	归口标准化技术委员会
1	CY/Z 24.1—2013	网络出版监管系统规范 第1部分：标准体系表	全国新闻出版信息标准化技术委员会
2	CY/Z 24.2—2013	网络出版监管系统规范 第2部分：出版类网站元数据	全国新闻出版信息标准化技术委员会
3	CY/Z 24.3—2013	网络出版监管系统规范 第3部分：出版类网站分类分级	全国新闻出版信息标准化技术委员会
4	CY/Z 24.4—2013	网络出版监管系统规范 第4部分：出版类网站统一编码规范	全国新闻出版信息标准化技术委员会
5	CY/Z 24.5—2013	网络出版监管系统规范 第5部分：网络出版物核心元数据	全国新闻出版信息标准化技术委员会
6	CY/Z 24.6—2013	网络出版监管系统规范 第6部分：网络出版物分类分级	全国新闻出版信息标准化技术委员会
7	CY/Z 24.7—2013	网络出版监管系统规范 第7部分：监管工作流程	全国新闻出版信息标准化技术委员会
8	CY/Z 24.8—2013	网络出版监管系统规范 第8部分：监管主题建立及维护规范	全国新闻出版信息标准化技术委员会
9	CY/Z 24.9—2013	网络出版监管系统规范 第9部分：违规出版物取证操作规则	全国新闻出版信息标准化技术委员会

续表

序号	标准号	标准名称	归口标准化技术委员会
10	CY/Z 24.10—2013	网络出版监管系统规范 第10部分：监管系统信息采集规范	全国新闻出版信息标准化技术委员会
11	CY/Z 24.11—2013	网络出版监管系统规范 第11部分：监测站报送文件格式	全国新闻出版信息标准化技术委员会
12	CY/Z 24.12—2013	网络出版监管系统规范 第12部分：统计分析报表格式	全国新闻出版信息标准化技术委员会
13	CY/Z 24.13—2013	网络出版监管系统规范 第13部分：疑似违规出版物报告单格式	全国新闻出版信息标准化技术委员会
14	CY/Z 24.14—2013	网络出版监管系统规范 第14部分：工程建设管理规范	全国新闻出版信息标准化技术委员会
15	CY/Z 24.15—2013	网络出版监管系统规范 第15部分：文档编码规范	全国新闻出版信息标准化技术委员会
16	CY/Z 24.16—2013	网络出版监管系统规范 第16部分：工程安全管理规范	全国新闻出版信息标准化技术委员会
17	CY/Z 25—2013	电子书内容标准体系表	全国新闻出版标准化技术委员会
18	CY/T 88—2013	数字阅读终端内容呈现格式	全国新闻出版标准化技术委员会
19	CY/T 89—2013	基于加密技术的数字版权保护平台基本要求	全国新闻出版标准化技术委员会
20	CY/T 96—2013	电子书内容术语	全国新闻出版标准化技术委员会
21	CY/T 97—2013	电子图书元数据	全国新闻出版标准化技术委员会
22	CY/T 98—2013	电子书内容格式基本要求	全国新闻出版标准化技术委员会
23	CY/T 100—2014	声像节目数字出版制作技术要求及检测方法	全国新闻出版标准化技术委员会
24	CY/T 102—2014	数字内容对象存储、复用与交换规范	全国新闻出版信息标准化技术委员会
25	CY/T 101.1—2014	新闻出版内容资源加工规范 第1部分：加工专业术语	全国新闻出版信息标准化技术委员会
26	CY/T 101.2—2014	新闻出版内容资源加工规范 第2部分：数据加工与应用模式	全国新闻出版信息标准化技术委员会
27	CY/T 101.3—2014	新闻出版内容资源加工规范 第3部分：数据加工规格	全国新闻出版信息标准化技术委员会

续表

序号	标准号	标准名称	归口标准化技术委员会
28	CY/T 101.4—2014	新闻出版内容资源加工规范第4部分：数据加工质量	全国新闻出版信息标准化技术委员会
29	CY/T 101.5—2014	新闻出版内容资源加工规范第5部分：资料管理	全国新闻出版信息标准化技术委员会
30	CY/T 101.6—2014	新闻出版内容资源加工规范第6部分：数据管理	全国新闻出版信息标准化技术委员会
31	CY/T 101.7—2014	新闻出版内容资源加工规范第7部分：数据交付	全国新闻出版信息标准化技术委员会
32	CY/T 101.8—2014	新闻出版内容资源加工规范第8部分：加工专业术语	全国新闻出版信息标准化技术委员会
33	CY/T 101.9—2014	新闻出版内容资源加工规范第9部分：报纸加工	全国新闻出版信息标准化技术委员会
34	CY/T 101.10—2014	新闻出版内容资源加工规范第10部分：期刊加工	全国新闻出版信息标准化技术委员会
35	CY/T 102.2—2014	数字内容对象存储、复用与交换规范第2部分：对象封装、存储和交换	全国新闻出版信息标准化技术委员会
36	CY/T 102.3—2014	数字内容对象存储、复用与交换规范第3部分：对象一直性检查方法	全国新闻出版信息标准化技术委员会
37	CY/T 103—2014	数据库出版物质量评价规范	全国新闻出版信息标准化技术委员会

附件3

正在制定的数字出版行业标准

序号	标准名称	归口标准化技术委员会	备注
1	中国标准连续出版物号	全国新闻出版标准化技术委员会	
2	面向长期保存的数字出版文档格式要求	全国新闻出版标准化技术委员	
3	数字出版呈现格式	全国新闻出版标准化技术委员	
4	数字出版统计	全国新闻出版标准化技术委员会	系列标准
5	数字出版内容卫星传输规范	全国新闻出版标准化技术委员会	系列标准

续表

序号	标准名称	归口标准化技术委员会	备注
6	游戏出版	全国新闻出版标准化技术委员会	系列标准
7	数字版权唯一标识符	全国版权保护技术标准化委员会	
8	数字内容版权元数据	全国版权保护技术标准化委员会	
9	数字版权嵌入式服务组件接口规范	全国版权保护技术标准化委员会	
10	数字作品版权登记电子证书规范	全国版权保护技术标准化委员会	
11	数字作品版权登记纸质证书规范	全国版权保护技术标准化委员会	
12	数字作品版权登记信息元数据规范	全国版权保护技术标准化委员会	
13	数字作品版权登记业务基础代码集	全国版权保护技术标准化委员会	
14	数字作品版权登记基础数据元	全国版权保护技术标准化委员会	
15	数字印刷纸张印刷适性及检验方法	全国印刷标准化技术委员会	
16	数字印刷油墨要求及检验方法	全国印刷标准化技术委员会	
17	数字印刷品质量要求及检验方法	全国印刷标准化技术委员会	
18	数字硬打样样张质量要求及检验方法	全国印刷标准化技术委员会	

(作者单位：中国新闻出版研究院)

中国数字版权保护状况年度报告

童之磊 闫 芳 吴如镜

在信息技术的迅猛发展以及受众阅读日趋多元化的环境下,搞好数字出版已经成为传统出版单位和新兴数字出版单位的共识。在数字出版的开展中,数字技术特别是近年来发展迅猛的移动互联网技术,已彻底改变了传统出版领域信息内容的复制及传播方式。数字出版业态的商业应用和业务模式层出不穷、日新月异,带来无限发展空间和发展机遇的同时,版权层面,较之传统出版领域出现了权利更加细分,且从业者之间的权利流转及利益关系更加复杂的情况,这些都给版权立法、司法、行政执法和社会管理等部门的工作带来了更加严峻的冲击和挑战,亟须对版权体系制度尤其是新技术条件下的版权保护制度进一步的建立健全。

一、我国数字版权保护新进展

随着互联网及新技术的进一步发展,数字版权产业得到社会各界日益广泛的关注。同时因该产业不断增大的利润空间和版权权利流转的复杂性以及较之传统领域更为严峻的侵权盗版行为的存在,使得行业内完善数字版权保护体系的呼声越来越强烈,如何更好地保护权利人的利益,成为社会各界共同关注的焦点。

2013年,我国数字版权保护在立法、司法、行政等方面的保护有了新进展。

（一）整体概述

1. 数字版权立法保护新进展

（1）《使用文字作品支付报酬办法（修订稿）》明确网络付酬标准

2013年9月23日，国家版权局就《使用文字作品支付报酬办法（修订稿）》，面向社会广泛征集征求意见稿。较之现行有效的国家版权局1999年颁布的《出版文字作品报酬规定》，此次修订稿明确了文字作品的网络付酬标准，将原创作品基本稿酬提高到100至500元，版税率提高到5%至15%。这一规定与数字出版产业发展、稿酬纠纷案件频出、权利人对国家出台相应标准呼声高相契合，同时为法院在审理网络著作权纠纷案件提供了更符合数字化时代版权的依据，对确认文字作品的作者与使用者，尤其是网络媒体使用者协商标准以及在司法审判实践中确认赔偿数额具有重要指导意义。

此次版权局的开门立法在平衡权利人、文字作品使用者和社会公众三方利益的同时也有力地维护了社会公平正义。当然从征求意见到《办法》正式颁行还有一段距离，目前《征求意见稿》还处于指导意义明显大于实际意义的阶段，我们期待立法者对意见稿进行充分论证和程序推进，最终使得《办法》的实际意义真正落地。

（2）国务院公布了四部条例的修改，加强对数字版权的全面保护

2013年1月16日，国务院关于修改《计算机软件保护条例》、《著作权法实施条例》等四部条例的决定，经国务院第231次常务会议通过，自2013年3月1日起施行。

四部条例的共同点是加大处罚力度，主要包括两点：一是提高非法经营额的罚款倍数，将依非法经营额确定的罚款倍数统一调整为1倍以上5倍以下；二是将罚款的最高限额，由5万或10万元提升为20万或25万元，其中有三部条例与我国的版权保护有关。

《计算机软件保护条例》第24条第2款修改后规定为："有前款第一项或者第二项行为的，可以并处每件100元或者货值金额1倍以上5倍以下的罚款；有前款第三项、第四项或者第五项行为的，可以并处20万元以下的罚款。"

《著作权法实施条例》第36条修改后规定，有著作权法第48条所列侵权行为，同时损害社会公共利益，非法经营额5万元以上的，著作权行政管理部

门可处非法经营额1倍以上5倍以下的罚款；没有非法经营额或者非法经营额5万元以下的，著作权行政管理部门根据情节轻重，可处25万元以下的罚款。

《信息网络传播权保护条例》第18条、第19条从"并可处以10万元以下的罚款"修改为："非法经营额5万元以上的，可处非法经营额1倍以上5倍以下的罚款；没有非法经营额或者非法经营额5万元以下的，根据情节轻重，可处25万元以下的罚款"。

四条例的修订在一定程度上表明我国加大了对侵犯知识产权的处罚力度和决心，但罚款对于侵权盗版的制约作用毕竟是有限的，因此许多知识产权法领域的专家学者在肯定本次四部条例修改的同时，也纷纷呼吁继续健全相关机制，震慑侵权行为。

2. 数字版权司法保护新进展

2013年是人民法院贯彻落实党的十八大精神的开局之年，是实施"十二五"规划承上启下的关键一年，是人民法院知识产权审判工作实现新发展的一年，包括互联网领域在内的数字版权司法保护一直是我国数字版权保护的重要组成部分，也是其中最可靠、最权威的一种权利救济途径。在打击侵权行为、维护当事人合法权益、营造良好的司法环境方面做出了重大贡献。

（1）各地法院在审理知识产权案件方面积累了更为丰富的审判经验

2013年，全国地方人民法院共审结各类知识产权一审、二审案件114075件，其中新收和审结知识产权民事一审案件88583件、88286件，分别比2012年上升1.33%和5.29%。其中著作权案件51351件，占比57%，在著作权案件里面，一半以上涉及网络，所以最高人民法院和地方各级法院都非常重视互联网领域的知识产权审判工作。

知识产权案件类型呈现多元化趋势发展，各级法院在互联网案件的侵权主体的归属、侵权行为与侵权形式的界定，侵权赔偿的确定方面积累了丰富的实践经验，提高了人们的知识产权保护意识，促进了科技文化企业的治理结构的完善，进而完善了整个社会的知识产权保护环境。

（2）各地法院探索并建立知识产权法院

近年来，我国知识产权司法发展迅速，互联网案件纠纷逐年增长，现在的知识产权审判体制已不适应现实需要。各地法院积极申请建立知识产权法院，为统筹审理专业性较强的知识产权案件提供了机构条件，也为知识产权审判

"三审合一"试点逐步铺开孕育了孵化场,为完善知识产权审判体制、提高案件审判效率、整合资源合力铺路。截至2013年底,共有7个高级人民法院、79个中级人民法院和71个基层人民法院开展了"三审合一"试点工作。

3. 数字版权行政保护新进展

(1)第九次"剑网行动"成效卓著,有效遏制了网络盗版高发形势,规范了网络作品传播的版权秩序

2013年,国家版权局、国家互联网信息办公室、工业和信息化部、公安部联合开展了自2005年开展打击网络侵权盗版以来的第九次"剑网行动",成效显著。

专项行动期间,各地共接到投诉举报案件512件,行政处理190件,移送司法机关刑事处理93件;没收服务器及相关设备137台,关闭网站201家。其中,国家版权局直接查办的百度、快播侵权案及北京"思路网"盗版数字高清作品案、上海王某等利用互联网销售侵权盗版ISO标准案等案件较为典型、社会影响力较大,被列入"剑网行动"十大案件。25家网站被纳入版权重点监管范围,制定了《关于进一步加强互联网传播作品版权监管工作的意见》,互联网版权重点监管工作的长效机制进一步健全。(见图1)

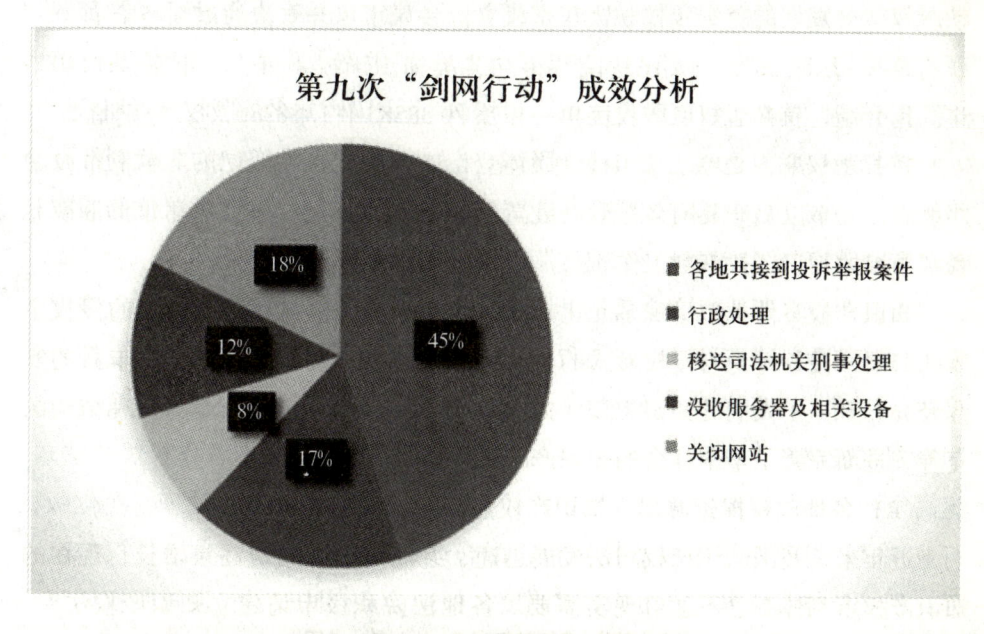

图1 第九次"剑网行动"成效分析

(2) 政府软件正版化检查整改工作圆满完成

截至 2013 年 12 月底，31 个省（区、市）完成全部地市县级政府机关软件正版化检查整改，中央、省、市、县四级政府机关软件正版化任务基本完成。软件管理制度进一步完善，使用正版软件的长效工作机制也逐步建立。政府机关带头使用正版软件将会发挥积极的示范效应，带动整个中国知识产权环境的根本好转，也有利于软件市场纳入规范化管理。

2013 年的软件正版化工作，既是政府机关的攻坚年，又是企业的提升年。既要巩固已有的成果，又要解决地市、县级政府机关和企业正版化。为此，我国一方面通过印发文件规范政府机关使用计算机软件行为，另一方面通过"正版软件团购"方式改变企业在软件采购过程中的被动局面。由此，我国的软件产业得到了长足发展，软件资产管理制度也在逐步建立当中，成效明显。不过，由于软件版权保护具有复杂性、特殊性、专业性的特点，推进软件正版化工作仍是一项长期、艰巨、复杂的任务，任重道远。

4. 数字版权社会保护新进展

(1) 首都版权联盟在京成立

2013 年 6 月 6 日，由 70 余家国内知名机构发起，旨在加强版权保护、推动版权产业发展的首都版权联盟在京成立。会议审议并表决通过了《首都版权联盟章程》，选举产生了第一届理事会主席、副主席、秘书长、理事及监事人选。据介绍，首都版权联盟发起单位包括 70 余家国内知名的版权产业机构。

首都版权联盟是经北京市社会团体登记管理机关核准登记的非营利性社会组织，联盟成立后，将有效整合行业资源优势，为维护广大会员单位的版权权益、配合政府加强市场管理、促进版权产业健康有序发展服务。

首都版权联盟成立大会后举办了第一次会员大会，联盟将按照章程规定务实工作、聚集版权资源、形成版权保护合力、推动版权授权与使用，发挥好桥梁纽带作用。联盟将重点做好以下几方面工作：积极开展理论及实践研究，为国家制定版权产业政策及版权立法提供建议；大力普及宣传著作权法律法规，提高全社会的版权保护意识；推动媒体尤其是网络媒体的自律管理，净化版权行业秩序；组建网络版权监控平台，配合政府的版权监管，实施版权护航工程；积极参与版权声明等相关版权制度，保护会员合法权益；设置版权调解委员会，通过调解快速解决版权纠纷；促进版权进出口贸易，进一步推动中国版权"走出去"。

（2）中国网络版权维权联盟的签约成立对在全社会形成网络版权保护具有积极意义

2013年2月28日，由人民教育出版社、北京京都世纪文化发展有限公司、青岛国际版权交易中心、新浪、搜狐、奇虎、百度等在内的首批25家签约单位在签约仪式上共同签署了《中国网络版权维权联盟自律公约》，自此中国网络版权维权联盟在京签约成立。

联盟将最广泛地集合行业相关单位的加入，整合国内优秀的网络版权保护资源，以迅速的维权响应、优质的版权服务实现签约单位的版权价值，在全社会形成网络版权保护的积极影响。

（二）年度对比分析

较之2012年，2013年的数字版权保护在立法保护、司法保护、行政保护和社会保护方面均有新进展。

立法保护方面，《使用文字作品支付报酬办法》征求意见稿和国务院四条例的公布，使得我国数字版权保护方面的法律体系更加完善。

司法保护方面，涉互联网案件从横向和纵向在案件数量和案件类型上不断拓展。为了提高知识产权案件，各地法院积极探索建立知识产权法院，为知识产权案件的"三审合一"又添新力。在深入贯彻实施国家知识产权战略的号召下，司法保护的力度也在不断加强。

行政保护方面，第九次剑网行动的成果显著说明中国政府在打击网络盗版的行政执法能力方面得到进一步加强，规范网络出版的秩序，有利于数字出版市场良性发展。

社会保护方面，首都版权联盟、中国网络版权维权联盟的设立推动了版权保护的行业化以及跨领域的合作，有利于进一步提高版权保护的意识，在推动数字出版领域法律法规的完善也具有重要意义。

（三）年度盗版损失情况对比分析

版权问题是数字出版进程中最大的制约因素。离开了版权保护，数字出版产业的健康发展就得不到保障。由于网络侵权取证难、认定难、维权成本高，盗版问题屡禁不止,版权侵权纠纷也日益增多。纵观2013年,较之2012年盗版现象有增无减。

2012年,据相关数据显示,网络文学盗版网站的数量达到了50多万家。由网络侵权给网络文学造成的损失每年约40~60亿,数字音乐每年因盗版损失上亿元,网络影视盗版率更高达九成。这些盗版文学网站已经形成黑色产业链,有的盗版网站月入超过300万元。而这些盗版网站又成为其他盗版网站的源头。

2013年,移动互联网继续呈现爆炸式发展,电子书、手机等手持终端的发展也迅速带动了网络出版产业的快速发展。同时这一年,各类盗版文学网站层出不穷。据统计,仅2013年中国移动手机阅读基地就查到涉嫌盗版图书1000多部,部分图书收益损害达亿元。就网络影视盗版而言,如《全民目击》遭遇网络盗版,片方声称损失数字无法估计。

表1 年度盗版损失对比

年份	网络文学盗版网站（万个）	网络文学盗版损失（亿元）	数字音乐盗版损失（亿元）	网络影视盗版损失（比率）
2012	>50	40-60	>230	近九成
2013	>60	60-70	>345	近九成

根据以上数据显示,和2012年相比较,盗版网站给网络文学、音像影视等领域的数字出版带来的损失数额依然巨大。数字版权保护的状况依旧让人堪忧。

二、各省区版权保护状况统计分析

(一)各地区版权保护状况综述

目前,我国已初步形成国家版权局、省级版权局和地市版权局的三级著作权行政管理体系。近年来各省、自治区、直辖市政府不断加强版权行政管理部门的力量,使版权行政管理与行政执法体系不断完善,在版权保护方面取得了重要的成果。但我国知识产权行政管理仍然存在机构职能设置不合理,管理职能分散,难以形成高效的知识产权管理和保护体系等问题。顺着改革的大潮,知识产权行政管理体制的重构、知识产权管理队伍的建设以及知识产权资源的整合等一系列政策措施的推进，都有利于版权的保护。而在司法机构体系方面由最高人民法院主导的各地知识产权法院的探索建立也在稳步推进。此外，我国还有中国版权协会、中国音乐著作权协会、中国文字著作权协会等社会团体和各种自发形成的维权联盟也在版权保护方面起到了积极的作用。由此形成了当前我国版权保护的体系框架。

表2　知识产权案件年度数量比对

年份	知识产权一审民事案件	知识产权一审行政案件	涉知识产权刑事案件
2009	30509	1971	3660
2010	41718	2391	3942
2011	58201	2470	5504
2012	83850	2899	12794
2013	88583	2901	9212

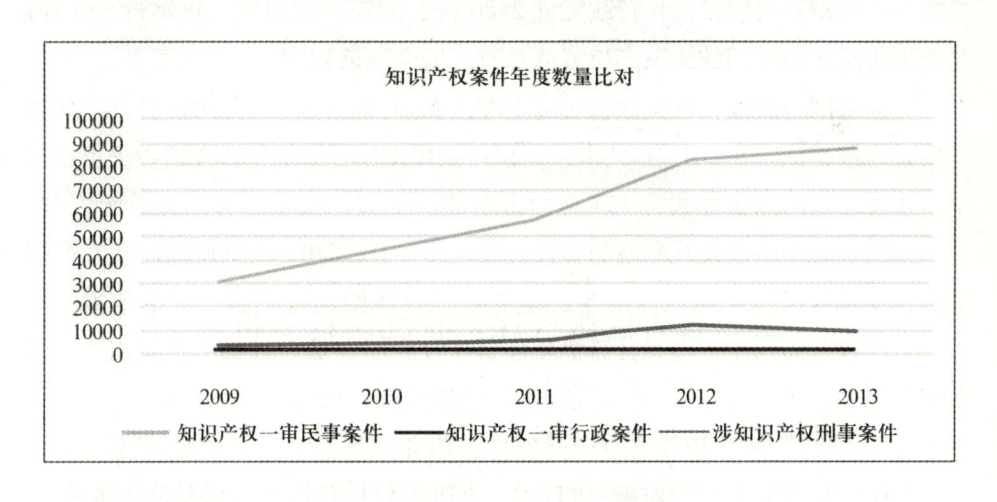

资料来源：最高法院（数据均为地方法院结案量）

图3　知识产权案件年度数量比对

根据最高人民法院的工作报告，2013年最高人民法院受理案件11016件，审结9716件，比2012年分别上升3.2%和1.6%；地方各级人民法院受理案件1421.7万件，审结、执结1294.7万件，同比分别上升7.4%和

4.4%。其中审结的一审知识产权案件占据 27.8 万件，同比上升 284.2%。2013 年，全国地方人民法院共新收知识产权民事一审案件 88583 件，比上年增长 1.33%；审结 8.8286 万件，比上年增长 5.29%；共新收知识产权行政一审案件 2901 件，比上年增长 0.07%；共新收知识产权刑事一审案件 9213 件，比上年减少 28%（如图 3 所示）。其他知识产权案件 2514 件，同比上升 15.94%。

根据上述分析，2013 年各地知识产权案件中民事和行政案件有轻微增幅，增长趋势较为平稳，知识产权刑事案件大幅度下降，从侧面显示出近年来知识产权保护已卓见成效。

（二）我国部分地区版权保护情况

1. 北京

2013 年，北京市三级法院坚持办案第一要务，公正、高效完成了审判任务，共新收一审知识产权民事案件 9684 件，审结 9439 件，同比分别增长 14.04% 和 12.05%；著作权案件 7698 件，在全部知识产权案件中占比 79.5%，新收一审知识产权授权确权行政案件 2780 件，知识产权犯罪一审案件 335 件。北京市法院系统受理的知识产权案件总数位居全国前列。

而涉及网络著作权的案件在法院审理的知识产权案件的占比情况，以北京一中院为例，该院在 2013 年共审理知识产权民事案件 831 件，在这些民事案件中，涉及互联网的案件数为 433 件，占全部民事案件的 53.3%。经分析发现，目前司法实践中的涉及互联网的案件类别日益丰富。2013 年审理的涉及互联网的案件就包含了侵犯商标权纠纷、侵犯专利权纠纷、侵犯信息网络传播权纠纷、著作权合同纠纷、侵犯计算机软件著作权纠纷、域名权属、侵犯纠纷、反垄断纠纷、不正当竞争纠纷、确认不侵权纠纷等多种案由。

在 2013 年，为了积极响应全国软件正版化的政策，北京市使用正版软件工作联席会议召开了北京市推进市属国有企业使用正版软件工作动员部署会，标志着北京市 2013 年市属国有企业软件正版化工作全面启动。

此外，北京还开展了一系列活动，如知识产权宣传周、首都保护知识产权志愿专家工作交流会、第六届中国版权年会等，进一步加强了知识产权保护宣传力度，在推进版权保护方面发挥了重要的作用。

2. 上海

据统计，2013 年上海法院受理各类知识产权案件 6682 件、审结 6331 起，同比增长 25.41%、19.88%。其中著作权纠纷案件数量继续增加，2013 年全市法院共受理一审著作权民事纠纷案件 2740 件，同比增加 14.2%；其中受理一审侵害作品信息网络传播权纠纷案件 1832 件，同比增加 22.0%。多起案件具有社会影响，审结央视国际网络有限公司诉上海全土豆文化传播有限公司未经许可在线播放《舌尖上的中国》的侵害作品信息网络传播权纠纷案。这表明作品信息网络传播权纠纷仍然高发，著作权管理和运用仍不够规范。

上海在 2013 年打击网络侵权盗版专项治理"剑网行动"过程中主动监管的范围扩大，特别是加强了购物网站、体育视频及音乐网站的主动监管，并依托互联网企业版权自律公约建设，逐步扩大主动监管网络体系。首次将音乐类网站扩充至监管网络，同时监管网站再增至 29 家，初步建立了涵盖"剑网行动"所有重点领域的全方位网络版权监管体系，进一步扩大了互联网版权监管的广度与深度。此次上海市"剑网行动"中利用互联网销售侵权盗版 ISO 标准案入选 2013 年"剑网行动"十大案例。

为了更好的实施知识产权战略、支撑创新驱动发展，2013 年 4 月由上海市高级人民法院与上海市律师协会共同举办知识产权司法实践研讨会，分别就知识产权司法实践中有关证据认定、诉前临时措施以及侵权赔偿的问题进行了深入探讨。此外，上海也在积极推动知识产权法院的建立，知识产权司法保护的宣传，以及大案要案、敏感案件的研判汇报制度的建立。

3. 广州

近年来，广州在知识产权保护方面取得了可喜成绩。基层法院设立知识产权审判庭；民事、刑事、行政三审合一综合试点合议庭的推出；2013 年底研究部署推进试点设立市知识产权法院。在坚持创新的同时，不断探索知识产权保护新的可能性。据统计，2013 年广州法院受理知识产权案件近一万件，同比增加 20%，审结 9526 件，同比增加 35%。其中广州市中院新收 2245 件，同比增长 34%，审结 2312 件，同比增长 60%。但在专业法律人才的配备上还存在一定的短缺。从 2009 年到 2013 年短短 5 年间，广州法院受理知识产权案件增加了 3 倍，而法官的数量才增加了 3 人。因而探索建立知识产权法院，既是广州在知识产权保护方面新的创新点，也是一种国际趋势。

此外，广州在版权保护还具有一些自己的特色。比如成立正版软件工作领导小组、创建版权示范城市、推出版权综合服务平台等举措。

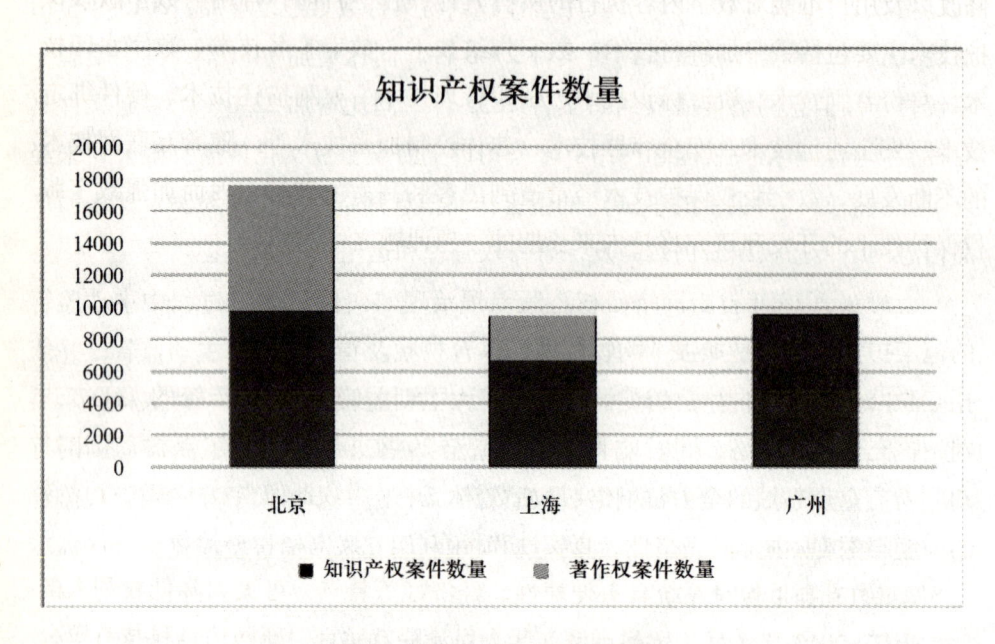

知识产权案件数量

地区	知识产权案件数量	著作权案件数量
北京	~10000	~7500
上海	~6500	~3000
广州	~9500	—

图 4　三地知识产权案件数量

三、数字版权保护技术发展状况

面对数字化出版环境与出版市场的变化，网络出版和传统作品的数字化成为一种趋势。数字出版价值链的核心是数字版权，而由于数字化信息易复制、易修改和易传播的属性，近年来网络盗版和网络侵权纠纷与日俱增，严重损害了权利人的合法权益。构建以技术为支撑的数字版权保护体系和保护平台，才能为数字出版产业的健康和可持续发展保驾护航。

（一）数字版权保护技术现状

数字版权保护技术自出现以来，得到了工业界和学术界的广泛关注，被认为是数字内容交易和传播的关键技术。第一代的版权保护技术侧重于限制非法解密、复制和传播；第二代的数字版权保护技术，则追求更加细致地权限控制，除了前面的解密、复制和传播方面的控制外，还包括阅读、拷屏、打印、修改以及用户可能对数字内容执行的所有其他操作。目前，常用的数字版权保护技术主要包括数字加解密技术、数字指纹技术、数字签名技术、数字水印技术、身份鉴别技术、资源标识技术、密钥管理技术、权利描述技术、硬件绑定技术、安全通信技术、安全容器技术、芯片控制加密技术等。随着互联网技术的不断发展，数字版权保护技术经常遭到黑客和高手的破解，因而加强数字版权保护技术的开发和研究将是未来长期的一项课题之一。

（二）网页自动抓取保全系统

基于互联网原始数据的海量性，对数字内容侵权行为采取传统的人工方式证据保全，将耗费大量人力、时间和资金成本。网页自动抓取保全系统是由计算机程序自动获取目标网页的图文原始数据，并采用数据保密技术和云存储技术，确保被抓取内容的完整性、真实性和可靠性。

网页自动抓取保全系统具有便捷性、经济性等特点，可大大降低权利人的维权成本。2013年3月，杭州市滨江区人民法院就北京中新网信息科技有限公司诉浙江核新同花顺网络信息股份有限公司侵犯信息网络传播权一案做出一审判决，认定北京中新网信息科技有限公司采用"网页自动抓取保全系统"保全涉诉的两万多篇新闻报道，可以作为认定侵权的依据，判决被告侵权。2013年7月，杭州市中级人民法院二审维持原判。这被视为国内首份被法院判决确定有效的"网页自动抓取保全系统"公证证据。

尽管如此，目前"网页自动抓取保全系统"尚未在全国范围内推广和普及，主要原因与法院对此类取证方式获取的电子证据是否具有唯一性、排他性及是否可能被篡改等尚无权威定论。这些关键性问题亟待进一步解决。

（三）反盗版DNA比对技术

反盗版DNA比对技术，是一项系统工程，由百度公司首创，针对海量的数据和长文本处理有多项技术优点，已开始进行正版资源库建设，涵盖数以千计的作家、数百万的正版作品。2011年5月上线后，主要为百度文库提供版权保护。该技术能够基于版权方所提供的正版内容资源，通过后台识别技术，识别和清理网友上传文档中所夹杂的侵权作品。

近年来,百度持续投入大量工程技术人员,对 DNA 反盗版技术算法进行多次升级,不断提升抓取盗版文档的覆盖率,从而能够更加精准有效地锁定和清除涉嫌侵权的文档,从源头上控制侵权类作品的传播。这些措施在一定程度上减少了权利人因网络用户侵权行为而造成的损失,起到了积极的版权保护作用。

但是,鉴于反盗版 DNA 比对技术发挥作用依赖于庞大的正版作品库,从现阶段来看该技术仍然存在一定的滞后性。2014 年 3 月 7 日,中青文公司诉百度文库侵权一案,北京市第一中级人民法院一审判决百度公司败诉,可见反盗版 DNA 比对技术作为一项系统工程,需要多年时间建设,并不断在实践中实现技术完善。

四、典型案例分析

2013 年,随着数字技术的迅猛发展和权利人维权意识的不断加强,在信息存储空间、分享平台、应用商店平台以及论坛新领域都出现了相应的著作权案例,这些典型案例对于今后的数字版权保护均具有一定指导意义。

(一)北京中文在线数字出版股份有限公司诉北京力天无限网络技术有限公司侵犯著作权案件

【案情】

2013 年 5 月,原告北京中文在线数字出版股份有限公司发现被告北京力天无限网络技术有限公司在其经营的"安智论坛"开辟"Android 安卓电子书频道"专供用户上传分享电子书籍。论坛分类版主"妖幺"在该论坛发布含有涉案作品《后宫甄嬛传 1-6》的资源帖,该贴被执行高亮操作向用户进行推荐。中文在线公司认为力天无限公司未经许可,在其经营的网站上传播涉案作品,侵犯了其合法权益,为此诉至法院请求法院判决力天无限公司赔偿经济损失及合理支出。被告力天无限公司辩称,该贴上传人"妖幺"虽系版主,但版主本身就是普通网友,应该适用避风港原则。

【分析】

法院经过审理认为，安智网在其经营过程中招聘版主"妖幺"，"妖幺"作为该论坛版主，其身份代表力天无限公司，不同于一般网友的行为，符合职务行为的特征，并且其上传行为符合安智网的利益，故"妖幺"的行为实际上是安智网经营者力天无限公司的行为。力天无限公司擅自将作品上传至安智网，其行为已侵害中文在线公司的利益，应当承担侵权责任。

论坛侵权类型案件中，版主身份如何认定一直是争议点。此案件审理法院明确认定版主在未获取经济报酬的前提下，其发帖行为符合职务行为的特征，由论坛承担直接侵权责任。

（二）北京中文在线数字出版股份有限公司诉北京智珠网络技术有限公司侵害信息网络传播权纠纷一案

【案情】

原告北京中文在线数字出版股份有限公司诉称其经知名作家流潋紫授权，在全球范围内对《后宫甄嬛传》独家信息网络传播权专有使用权，并能以自己名义对侵权行为提起诉讼并主张权利。2012年9月，北京智珠网络技术有限公司在其经营的 Apple 粉丝站（iFan.178.com）开辟 epub 电子书区供网络用户上传电子书籍。被告公司招募的上述专区论坛版主即管理员"用手抓痒痒"在上述专区整理并发帖（高亮帖）提供涉案作品电子书下载服务。被告公司未经许可，擅自使用上述涉诉作品的行为已严重侵犯了原告享有之信息网络传播权、获取报酬权等著作权合法权益。被告辩称版主行为为个人行为，作为信息存储空间网络服务提供商，无法对海量信息进行逐条核查，全面监控已超出合理注意义务。不能因未主动审查到版主上传行为而判定有过错，且在收到原告通知后进行删除，相关侵权行为已得到制止。北京市朝阳区人民法院公开开庭审理了此案，法院认为，上述给予版主的相应权利以及提供资源奖励的方式实质上会诱导、鼓励网络用户来实施侵害信息网络传播权的行为，智珠网公司对侵权行为的发生存在过错，根据《最高人民法院关于审理侵害信息网络传播权民事纠纷案件适用法律若干问题的规定》第七条规定，智珠网公司已经构成教唆侵权，应当承担停止侵权、赔偿损失的民事责任。判决北京智珠公司赔偿中文在线经济损失及为诉讼支出的合理费用共计 4 万余元。

【分析】

本案为北京市朝阳区人民法院首次适用 2013 年 1 月 1 日起实施的最高人民法院关于审理侵害信息网络传播权纠纷的司法解释，认定北京智珠网络技术有限公司构成教唆侵权。本案对新司法解释的适用起到很好的示范意义，同时也具有一定的警示作用，可以进一步规范包括论坛经营者在内的网络服务提供商的经营行为。本案对权利人维权具有较强的借鉴意义，有助于增强互联网企业的版权保护意识。

该案已入选为北京法院 2013 年度知识产权十大创新性案例、2013 年中国法院 50 件典型知识产权案例。

（三）北京中青文化传媒有限公司诉北京百度网讯科技有限公司侵害信息网络传播权纠纷一案

【案情】

原告中青文公司诉称：原告依法享有文字作品《考拉小巫的英语学习日记——写给为梦想而奋斗的人》（简称《考》书）、《高效能人士的七个习惯》（简称《高》书）、《现在，发现你的优势》（简称《现》书）的专有出版权和信息网络传播权。被告百度公司在未经原告授权许可的情况下，通过"百度文库"网站在线向公众提供三部作品及其各种版本。且在权利人及社会各界不断警告、督促下始终不予纠正，被告的行为构成著作权侵权，给原告造成了重大损失。

被告辩称百度文库的全部文档均由网络用户上传，其性质上属于信息存储空间。且涉案文档通过检索所得，被告百度公司并未进行推荐、编辑、改变，涉案文档也没有出现在文库显著位置。被告不知道也没有合理的理由知道服务对象提供的文档侵权。因此被告不存在帮助侵权行为。被告认为，百度公司的文库协议及文库的多处页面均提醒用户不得侵犯他人包括著作权在内的知识产权和其他权利，尽到了合理的注意义务。百度文库公示有投诉和举报渠道，为权利人提供方便快捷的通知通道；百度公司率先研发上线了百度文库反盗版系统，一旦权利人提供正版文档内容，反盗版系统即可通过 DNA 比对，有效防止侵权文档被再次上传。百度公司在收到原告的起诉材料后，迅速及时移除了涉嫌侵权的文档。

北京市第一中级人民法院公开开庭审理了此案，判决被告百度公司构成帮助侵权，赔偿原告中青文公司因涉案侵权行为所造成的实际损失为三十五万元。

【分析】

北京市第一中级人民法院公开开庭审理了此案，该案法院认为本案的争议焦点有三个：（1）中青文公司就《考》书是否有权主张权利；（2）被告百度公司在百度文库中使用《考》书的行为是否构成直接侵权行为或者共同侵权行为；（3）如果构成侵权，百度公司应当承担何种民事责任。

关于焦点一，一中院采用了盖然性规则，即在无相反证据的情况下，确定王娟即为《考》书的作者，其享有《考》书的著作权。

关于焦点二，法院从行为要件进行分析，认为构成直接侵权行为的前提是网络服务提供者存在提供作品的行为。承担共同侵权的连带责任的前提是网络服务提供者对网络用户利用其网络服务实施的侵权行为具有明知或者应知的主观过错。而被告百度公司没有上传涉案侵权文档也未从具体的文档中获得直接的经济利益，现亦无证据表明实物奖励等与上传文档的使用情况直接挂钩，并不构成直接侵权和教唆侵权，但侵权文档在百度文库中的使用和传播情况，被告没有尽到合理的注意义务，也没有建立起足够有效的著作权保护机制，对于涉案侵权行为具有应知的过错，其行为构成帮助侵权。

关于焦点三，法院最后判被告赔偿原告中青文公司因涉案侵权行为所造成的实际损失为三十五万元。

本案的意义在于法院首次敦促信息存储空间服务提供者就文档的阅读量/下载量设定最低阀值触发审查机制。法院在本案中指出，信息网络服务提供者在"通知－删除"的避风港原则之外，对阅读量、下载量达到一定程度的上传作品还应当履行一定的人工审查义务，否则信息网络服务提供者将可能因为存在应知的过错而与网络用户构成共同侵权。此外，本案对于电子书按照实际损失的计算赔偿数额的方法对此类型纠纷案件的侵权赔偿数额的确认具有一定借鉴意义。

五、数字版权保护存在的问题及对策

随着互联网的日益发展,数字出版已成为出版业发展的趋势。传统的版权保护模式已不能满足现代环境下维护作者自身权益的需求,这就对互联网新形势下数字出版的版权保护提出了新的要求。

数字出版具有形式多样、传播方式广泛等特点,其传播的网络性特征使侵权变得极其简单,而维权却变得异常艰难。近年,国家虽出台多项政策以对网络数字出版进行版权保护,数字版权侵权案件依然层出不穷。纵观目前行业情势,数字版权保护主要存在以下几个困境。

(一)作者以及读者缺乏版权保护意识

网络环境下,数字侵权的简易性和随意性是我国目前数字版权保护领域的普遍现象。权利人大都缺乏数字出版主体的权利保护意识,不注重或不能进行自我权利的保护,导致自己的纸质作品被在互联网或数字化环境下直接被侵权。而大量用户乐于利用数字出版的易复制、易传播性等特点随意使用和传播非法内容,且有相当一部分用户根本不知道其实自己在侵权,法律意识的淡薄使得很多网络用户已惯于通过互联网去获取所需的各种免费内容资源。对于不法网络经营者来说,网络传输方式较之传统领域更为便捷且成本低廉,为了谋取网站眼球经济或其他非法目的,忽视版权的法律保护规定,未经授权,擅自使用、肆意侵犯著作权人的权利情况仍很普遍。

(二)立法的不健全,立法周期长

我国目前还未出台专门的数字版权保护法,有关的法律依据主要是《著作权法》、《信息网络传播权保护条例》、《互联网出版管理暂行规定》、《互联网著作权行政保护办法》、《最高人民法院关于审理侵害信息网络传播权民事纠纷案件适用法律若干问题的规定》、《最高人民法院关于审理涉及计算机网络著作权纠纷案件使用法律若干问题的解释》等法规和解释。此外,立法周期较长,《著作权法》的第三次修改草案从2012年3月份公布至今,将近一年的时间目前看来仍无明确的期限。《使用文字作品支付报酬办法》征求意见稿从2013年9月份公布以来，也依旧停留在审批阶段。现有的法律体系的单薄与立法周期的过长已经明显滞后于日新月异的网络技术和层出不穷的纠纷类型。

（三）行政监管模式滞后、单一

现今的数字版权保护行政监管保护模式依旧停留在企业、公民等举报以及一年一度的"剑网行动"上，虽然取得了明显的成效，但这种分散性、随机性、突击性、偶然性的监管模式无法形成可持续性的稳定的良性的行政震慑力，网络盗版依然横行于世，也无法覆盖网络技术的空白和模糊地带，且行政执法本身也受制于行政执法程序要求，要通过行政执法从根本上大批量根除盗版仍存在一定的困难。需要国家进一步出台针对行政执法以及各个支付部门之间的更为便捷的方案及联动机制。

（四）维权难度大，侵权惩戒力度小

网络侵权成本低廉，只需一个人就可在电脑上短短的几分钟完成复制、粘贴等行为。再者，权利人维权门槛高成本高而所获得的赔偿却非常低，加上诉讼程序繁琐，导致很多被侵权人主动放弃维权。

面对现下情况，仍应积极采取措施，以保护著作权人的切身利益，为我国数字出版事业奠定新的基石。

第一，制定专门保护数字版权的法律法规，尽快推进建立专门知识产权法院，缩短立法周期。近年来社会各个阶级都在呼吁版权立法，虽然有所行动，但是立法的成效依旧无法及时满足社会对法制的需求。因此尽快推进建立专门的知识产权法院，一方面能够配备专业人才，同时能够在审判实践中对现实的需求做到快速反应，积极推动相关法律法规的完善，从而更好的解决版权纠纷。

第二，提高版权专业人才的输出。数字出版的兴起，必然要求大量的版权专业人才为其提供服务。提高版权专业人才的本土输出和国际输出，能够更好的与国际化接轨，为数字版权保护的更长远未来铺路。

第三，完善版权登记制度，统一管理。建立版权登记和交易体系，可以对数字作品进行版权登记并提供具有政府公信力的权利信息查询、权利认证及执法取证服务，并记录版权的交易和权力转移痕迹，提供版权追踪、检索的监管

技术，实现版权的统一管理。

六、2014年数字版权保护展望

近几年以来，数字出版行业迅猛发展，持续影响和改变人们阅读习惯的同时，也成为各行业强势进军的利益争夺点。随着知识产权管理体系的越来越完善，行政执法能力的不断加强，司法机关审判水平的不断提高，数字版权市场得到更规范的管理和保护。尽管如此，盗版问题依旧成为制约其发展的重要因素。数字版权保护方面依旧存在多重授权、版权模糊、版权保护技术落后、版权保护意识淡薄、版权保护专业人才稀缺等问题。数字出版产业链利益分配不均衡，商业模式还不够成熟，网络侵权盗版现象严重都是需要亟待解决的问题。

回顾2013，展望2014，数字版权保护依旧行进在完善立法、加强行政执法、提高司法保护以及提高网络服务提供商、权利人乃至全民的版权保护意识之路上，任重而道远。

参考文献

1. 参见：向长艳，《数字出版版权保护面临的法律问题》，《中国出版》。http：//www.pressmart.com/ArticleInfo.do？method＝view&uuid＝6743a8c8－781f－41a5－ab7e－6c40a2f64ee1&mod_ code＝3ynxx。

2. 参见《2014年最高人民法院工作报告》http：//www.bjdj.gov.cn/bjdj/ARTICLES/65220/20140311/156149.htm。

3. 参见："中国数字出版的现状及思考"，http：//www.chinanews.com/cul/news/2010/01－20/2082754.shtml。

4. 参见：涉互联网知产案件多亟待关注 http：//ww4.sinaimg.cn/bmiddle/e3be8b9etw1eed39skch2j20hs3cqk6y.jpg。

5. 参见：知识产权法院渐行渐近 http：//news.xinhuanet.com/tech/2014－03/10/c_126242215.htm。

6. 参见：网络盗版日猖獗图书损失上亿元 http：//www.mjceo.com/law/20140312/10000148556.html。

7. 参见：两会专访丁荣余：积极完善知识产权行政管理体制 http：//www. sipo. gov. cn/mtjj/2014/201403/t20140314_ 916966. html。

8. 参见：第六届中国版权年会聚焦移动互联网版权保护，http：//tech. sina. com. cn/i/2013 - 12 - 02/12598967555. shtml。

9. 参见：上海撒下全方位网络版权监管 http：//www. nipso. cn/onews. asp? id =20065。

10. 参见：市律协与市高院联合举办知识产权司法实践研讨会暨2013 年知识产权宣传周活动，http：//www. lawyers. org. cn/info /f16e23 afd3d94 c9c9064 63abe8c9fa17。

11. 参见：广州探索设立知识产权法院 拟借鉴横琴不设审判庭，http：//news. nfdaily. cn/content/2014 - 02/21/content_ 93053918. htm。

12. 参见：广州知识产权案破万件 5 年增长 3 倍，http：//www. chinanews. com/fz/2014/01 - 22/5767479. shtml。

13. 参见：广州获封"全国版权示范城市"助推产权结构调整，http：//finance. cnr. cn/jjpl/201312/t20131213_ 514397031. shtml。

14. 参见：最高法院发布 2013 年知识产权司法保护白皮书 http：//www. chinacourt. org/article/detail/2014/04/id/1280208. shtml。

15. 参见：北京高院发布 2013 年知识产权司法保护白皮书 http：//www. chinacourt. org/article/detail/2014/05/id/1288777. shtml。

16. 广州市中级人民法院2014 年工作报告 http：//www. gzcourt. gov. cn/fy-bg/2014/03/19103204908. html。

16. 参见：北京市朝阳区人民法院（2013）朝民初字第8854 号民事判决书。

17. 参见：北京市第一中级人民法院（2013）一中民初字第11912 号民事判决书。

（作者单位：北京中文在线数字出版股份有限公司）

中国数字出版教育年度报告

张 博 邹丹青 乔 欢 葛文燕

一、中国数字出版教育新进展

我国数字出版教育自诞生之初就一直在快速发展，不断吸收国内外教育的经验，适应新技术、新媒体和新颖产业的需求，创新和调整数字出版教育的模式。

（一）数字出版学科层次不断提高

随着数字出版教育的不断调整和探索，在学位点、课程设置和研究方向等方面的学科设置更加清晰。

根据中国研究生招生信息网的数据统计，我国2013年新闻传播学硕士学位招生单位有102所，其中设立数字出版硕士学位点或研究方向的院校约70所，且已有3所高校招收数字出版研究方向的博士研究生，分别为中国人民大学、南京大学和武汉大学。

高校数字出版类专业博士点的建立，目标是为社会培养既有深厚的专业理论知识和文化素养，又掌握现代数字出版技术，了解当今数字出版发展现状的新型复合型人才，以满足社会对高端数字出版人才的需求。

当前大多数高校将新媒体传播、网络传播作为其新闻学、传播学、广告学或图书馆学等专业的方向之一，这些内容都是数字出版专业需要设置的课程。2013年，我国招收数字出版类专业硕士研究生的高校有10所，办学点有11

个。它们是北京大学、北京印刷学院、复旦大学、上海理工大学、上海师范大学、南京大学、武汉大学、武汉理工大学、重庆大学和内蒙古大学。

(二) 数字出版专业教育日益成熟

随着数字出版产业快速发展，高层次人才的需求日益增加。一些高校根据自身的办学优势和学科特定，纷纷建立数字出版的相关专业，为数字出版提供特定的高层次人才，这些专业硕士点都具有不同的定位和特色。

首先，学校的办学定位面向新技术、新领域。以复旦大学为例，2013年建立的专业硕士结合了计算机软件、电子信息以及新闻传播三个方面的师资队伍，教学面向新媒体和互联网中的出版传播，突出软件与硬件的结合，提高学生的创意能力。

其次，产学研结合方式日益丰富。以北京印刷学院为例，其在产学研合作方面结合自身优势，与数字出版企业建立试验基地，面向数字出版的前沿应用和市场运营，提高数字出版人才的市场运营和产品设计能力。上海理工大学则依托新闻出版广电总局和上海市的部市合作机制，通过结合计算机技术与传统出版优势，积极探索内容产业与新技术的结合，培养学生的动手能力和产品创意。

再次，数据收集和量化分析能力日益凸显。不少学校设置了数据分析课程，教授学生进行问卷调查，或者通过软件进行数据收集抓取的能力，在聚合数据的基础上进行分析，通过数据发现规律，描述数字出版的历史和现状，了解用户的需求，预测未来的发展趋势和用户需求变化。

(三) 综合能力培养目标更为清晰

随着产业的发展和人才培养经验的不断丰富，针对数字出版人才的综合能力培养目标更加清晰。目前，许多高校将本科层次开设的编辑出版学的培养目标表述为："具备系统的编辑出版学理论与技能，宽广的文化与科学知识，能在书刊出版、新闻宣传和文化教育部门从事编辑、出版、发行的业务与管理工作以及教学与科研的编辑出版学高级人才。"从以上描述可以得知，数字出版的实践性决定了学科的"应用型"人才定位，并且数字出版人才需要兼顾传统出版工作和数字出版的能力。

数字出版的综合人才培养目标也对高校教师提出了更高的要求。数字出版专业的定位和培养目标决定着高校师资队伍的类型、教学定位和教学方式。在当今数字出版环境下，其师资队伍逐渐暴露出一些突出问题，如专业教师总量不足与教师队伍结构不合理并存；编辑出版教育师资力量不够，教师的专业背景知识结构、教学思想等不能满足复合型数字出版人才培养要求，严重制约了人才培养质量的提高。

复合型数字出版人才的特征之一是具有多学科的知识和技能，这就要求教师队伍的专业背景必须多样化，不能仅仅局限于出版学、新闻传播学等传统的学科或专业知识结构。因此，数字出版专业的教师，需要不断学习提高，及时掌握最新计算机、网络、软件等相关的技术知识，这样才能更好地适应数字出版人才培养的实际需要，为数字出版人才培养提供原动力。

二、中国数字出版教育典型范例

（一）形成研究团队，开放式教学

数字出版业的教育需要结合技术、出版和市场等多方面的专业人员，形成研究团队，充分发挥不同学科的交叉优势。截止2013年，全国共有38个高校和科研机构设立了数字出版相关的研究机构，形成了具有各自特色的研究团队，在数字出版教学和科研中发挥了积极作用。

以北京大学为例，依托北京大学现代出版研究所、媒体与传播研究所，形成了包括网络、市场营销、传统出版等方面的专家研究团队，在教学过程中积极邀请出版行业中的专家来校授课，针对选题策划、出版经营等方面提供实际案例，有助于开拓学生视野，提高学生实践能力。

上海理工大学依托数字出版研究所、数字印刷研究所，为学生的培养形成综合多学科的开放式教学模式。同一门课程分别由专业教师、领域专家和实践指导教师进行专题授课，内容涵盖出版学基础、编辑理论，并结合数字媒体、信息组织和检索、数据库等前沿技术，培养学生在电子书制作、期刊设计、网页规划等方面的综合能力。

武汉大学依托电子出版研究所，综合计算机与出版专业的教师和行业专家，在教学内容上以技术类课程为主，强调数字内容策划、编辑和销售能力的培养。此外，武汉大学将课堂教学和学术交流相结合，通过前沿讲座和学术讨论交流活动来推动数字出版科研与教学，对于提高行业影响力和学生动手能力具有积极作用。

（二）促进学科交融，跨媒体教育

随着新媒体的发展和不断融合，数字出版教育需要适应媒介的发展趋势，及时调整相应课程，实现跨媒体教育。

出版课程的实践性较强，该课程的调整必然要紧跟时代步伐。而且未来的编辑人才不仅要发挥去伪存真、筛选把关的作用，更应该具备应用数字技术，制作多媒体融合的新产品以及选题策划、信息服务的能力。如北京印刷学院的"网络出版物编辑"、"出版网站设计与管理"，南京大学的"数字出版技术"、"网页设计与出版网站管理"，上海理工大学的"数字媒体技术与应用"等课程都是适应时代需求而开设的，使学生能够更好地了解数字出版业的最新动向，更加熟练地掌握数字出版技术。

（三）构建课程体系，多元化培养

高校的数字出版教育首先应认真分析当前及未来复合型人才的特征，剖析培养目标、教学模式和课程设置，从而形成完善的课程和知识体系，更好的对数字出版专业人才进行多元化培养。以北京印刷学院为例，面对我国出版业的转型，北印在学科建设中重点考虑和优先发展"数字出版与传播"学科和专业建设，形成数字印刷、数字出版、数字媒体艺术和数字媒体技术构成的新型数字媒体专业群；拥有传播学、出版学两个专业硕士学位授权点；北京印刷学院新闻出版学院拥有编辑出版、传播学（数字出版）、广告学、英语语言文学（跨文化传播与版权贸易）四个本科专业，在学科专业的横纵两个方向对数字出版与传播形成了良好的支撑。同时，已确立形成"2+2模式"和"3+1模式"的人才培养方案。特别是"3+1模式"，即前三年完成校内授课，大四到企业实习，加大对学生的实践技能培训。

三、中国数字出版教育发展中的主要问题

经历了近几年的探索和努力,数字出版教育已取得了一定的成绩,然而并不能完全满足行业需求。关于数字出版人才的培养引起学术界、产业界等多方关注,以下是数字出版教育目前存在的问题:

(一) 学科定位和培养目标不一致

目前有许多高校都开设数字出版专业,专业所属学院不尽相同,通常是建立在出版印刷学院、新闻传播学院或是计算机学院之下。不同的一级学科影响了各学校的数字出版专业的不同定位,而清晰明确的专业定位和培养目标,关系到课程体系、教学内容的确定。学科定位从前几年的以培养传统出版人才为目标,渐渐向培养数字出版人才所转变,但受一级学科的限制,数字出版专业的定位存在过于模糊或是狭窄的问题。不同的专业定位关系到学生未来就业择业,过于模糊、宽泛的专业定位,将造成学生学而不精,而定位狭窄将造成知识面狭隘、无法适应社会需求等问题。

(二) 培养方法中实践类比例不高

1. 课程设置轻实践

实践性课程在数字出版专业的课程设置中比例普遍偏低。据研究,我国编辑出版专业课程中理论课与实践课的比例为9∶1,而国外为1∶1。高校课程大致可分为专业课、专业基础课、公共课以及实践课,其中类似传播学概论、数字媒体概论、经典文化赏析等课程占据了一部分,这固然培养了学生文化底蕴,但数字出版专业与其他文科专业不同,需要培养学生较好的实践动手能力,这样的课程设置与生产实践脱节,造成学生实践能力薄弱,与社会需求不符。

2. 教学方法待改进

"产学研"的教学方法是原新闻出版总署提出的"十二五"规划里人才发展规划要求的重要部分,一直为学界、业界所推崇,让学生到企业实习,了解企业在数字出版过程中的实际操作,同时也推动学术界的进步,但目前学校与

业界尚未有成熟的模式。学生人数与数字出版企业数量上的悬殊，以及学校与企业的沟通缺少，让"产学研"迟迟无法在多数学校落实。学生毕业实习往往需要自己联系企业，大多实习工作都是文职工作，无法接触到数字出版产业的中心部分。而学校不能及时改进专业，便陷入闭门造车的境地。

3. 师资结构待调整

教师的专业背景、教学方法、教学思想、职业培训等都影响着对学生教育的成果。数字出版被认为是复合型的跨专业学科，传统的编辑出版学、新闻传播学等学科背景已不能满足数字出版人才的培养教育，教师需要掌握编辑出版、数字媒体技术、媒介经营管理、数字出版物版权等领域的知识，且这些知识的储备需要不断更新，紧跟时代的潮流。

此外，高校致力于培养实用型数字出版人才，因此就对教师提出了需要具有数字出版实战经验的要求。但目前的师资结构不尽如人意，大部分老师都不是数字出版的业内人士，学术派教师专注理论研究，缺乏在行业中的实践经验，因此在教学内容编排上难免脱离实际，过于理论，难以引用到实践中。数字出版行业专家的精力、数量有限，只能作为兼职教师，自然无法满足大多数学校的教学任务。

4. 教材问题待解决

在数字出版人才教育不断改善，数字出版课程不断丰富的同时，其教材方面的问题越发突出。

（1）经典教材的缺乏

经典教材在学习过程中起着举足轻重的作用，其严谨的逻辑、开阔的思路，让学生对专业有全面的认识，从而培养学生的思考能力。各学科专业都有其经典教材，如传播学有施拉姆著的《传播学概论》，经济学有萨缪尔森不朽的著作《经济学》。但数字出版作为一个新兴的学科，经典教材几乎没有。

（2）教材陈旧，实用性不足

由于经济利益等诸多原因，多数的数字出版教材依然采用陈旧的再版教材。这些教材的结构相似，理论部分占较大篇幅，无法反映产业的新技术、新趋势，也与培养实用性数字出版人才的目标相差甚远。

（3）讲义教材质量参差不齐

与数字出版界热点结合的课程，类似《微博与移动媒体传播研究》、《微博传播》等，因没有适合的教材，大多数教师选择自行编写讲义作为教材。编写的讲义没有专业的标准以及审核过程，由于编写时间限制、教师学术水平等问题，讲义的科学性、规范性、系统性都无法保证。

（4）交叉学科缺少针对教材

目前数字出版的产品策划、研发、经营等环节人才十分紧缺，媒介经营管理、文化传播与贸易研究等方向成为学科的新研究方向，不难发现这些都具有跨学科的特点，此时采用传统传播学教材，亦或是经济学教材也无法满足学习需求。这一现象目前在数字出版高端人才的教学培养中日渐凸显。

四、加快中国数字出版教育发展的对策

（一）明确数字出版教学目标、更新教学理念

数字出版学科一般被笼统的归结为出版编辑学科之下，然而随着数字时代的到来，我国传统的数字出版教育明显跟不上数字出版市场的人才需求。为适应数字出版时代的要求、迎合数字出版市场的需求，这就要求我们高校需要培养符合传统纸媒与数字出版编辑的复合型编辑出版人才。高校在确立数字出版的教学目标应该是重视学生的跨学科知识结构和能力素质，以培养既熟悉传统出版流程又了解数字技术的人才为主要目标。在"大出版、大传播"人文素养背景下，围绕"抓内涵建设，抓特色发展，办传媒类大学"的总体发展思路开展工作，实施特色发展、创新驱动、人才强校战略。建立全新的数字出版教育理念，树立起以培养复合型、创新型及应用型的高素质数字出版专业人才的教学目标。只有明确了数字出版学科定位，更新数字出版学科的教学理念，才能更好地适应我国的数字出版市场需求，更好地发展我国数字出版教育学。

（二）调整教学课程、优化教材资源

数字出版行业涉及的领域很广，它是一种综合性的出版文化行业，这就要求数字出版从业人员需要具备广泛的学科背景和丰富的专业知识，因此优化培养学生的教育知识结构，就需要高校在课程设置上进行科学调整，在教材资源

上进行适当优选创新。在课程设置的调整上，首先，我们需要重视专业的实践性，注重专业知识培养，加大实用性专业课程比例，精选基础理论课程，并进一步丰富选修课，增加课外实践的学时，如参加各类研讨会、社会调查、项目研究、参观学习、兼职实习等，以强化专业技能。其次，应注意学生的数字化个性培养，在合理设置基础课、专业必修课、选修课等课程基础上，让学生根据自己的兴趣爱好、特长、自我发展方向等实际情况，自主选择课程，来培养其个性化能力。最后，需要重视数字出版的产业性需求，数字出版行业是市场性很强的一门专业，因此在课程设置上需要紧跟时代步伐，根据出版产业的变化而对课程进行相应的调整。数字出版产业人才培养课程应该根据数字出版的产业、企业的发展需求进行科学的设置，及时根据产业的进展、新技术的革新、运营模式的改变，更新课程体系和课程内容，并及时补充国外相关课程的内容，让学生更好的了解数字出版产业的进展和技术变化。另外，高校还要注重优化教材的资源建设。在高校选定教材时，要经过科学的、规范的、系统的评价程序，加强监督、管理，防止受个人利益驱使而让劣质教材流入学校。高校之间可以相互学习、借鉴教材资源，互通有无，并牵头组织优秀的双师型教师、一线工作人员及行业内外的专家学者编写更贴近数字出版产业的教材资源。

（三）重视联合培养、创新教学体系

数字出版是以互联网技术、计算机技术与传统出版的融合为特征的新兴出版形态，既懂计算机技术、互联网技术，又深入了解出版行业的复合型人才是开展数字化建设的关键。数字出版教育与编辑出版、信息科学技术、产业市场紧密结合，为培养适应数字出版产业的复合型人才，就必须以创新为主导，建立以创新为理念的数字出版教学体系。首先，由于数字出版产业教育涉及多方面的技术和学科，具有交叉性和综合性，这就需要高校在进行数字出版专业培养的前提下实行开放制的教学体系，即在数字出版专业的培养下积极开放与学习其他学科或院系的共同培养体系，如建立与计算机科学学院、信息管理学院、经济管理学院、新闻传播学院等学科的联系，丰富学生的专业背景和视野，掌握多种技能。其次需要培养创建教育与企业通力合作的产学研结合体系，学校可以根据自己的专业特色，提出创业型实训基地的建设方案，借助校企合作的力量，吸引企业参与共建实训基地，鼓励学生模拟创设公司和自主创业。这对于数字出版专业的学生来说是增强其实践技能的有效途径，践行有效的研究实践相结合，从而缩小数字出版教育的理论学习与实践差距，促进数字出版产业和数字出版教育的相互渗透。最后是发展建立国际化的专业培养体系，积极建立与国外高校、出版机构进行联合人才培养，实现国际化的联合培养体系，创新更具有国际视野的教学体系。

（四）完善数字出版教学服务

完善数字教学服务设施能加强数字出版专业学生的专业知识技能，各高校对教学服务的完善首先需要进行建立开发更多专业的数字实验室，如今的数字出版教学在专业课程的实验设施方面普遍具有实验课程开设时间短、实验教学教材和器材严重缺乏、数字媒体专业基地不完善等缺点，使得当下的数字出版教学水平受到严重的影响。数字媒体技术专业教学体系的建立离不开开放性实验室的开设。为增强对学生实践能力的培养，最现实的方法就是完善建立校内专业的数字出版实验室。高校应结合自身实际，立足于本校基础改善教学服务条件，引进先进的数字出版软件或设备来加强数字出版实验室建设，使教师和学生处于先进的实践教学环境之中。其次各高校还需加大对数字出版基础设施的投入。针对各高校自身数字化发展的实际水平，充分利用自身已有的出版基地平台优势，积极寻求对内对外合作，加快自身的数字化转型，在共赢的条件下逐渐向内容提供商转变。最后高校还应通过加强与各出版单位联系，引入出版机构和前沿出版企业的理念与模式，加强数字出版实习基地和实训站的建设，在实训模拟环境下，培养学生实际动手能力和解决具体问题的能力，并通过数字出版基地的建设，为本校学生提供更好的学习实践设施，让学生能在实际的操作和应用中加强知识运用能力，或联合多家出版社建立专门服务的学生教学基地，培养具有丰富实践能力的数字出版专业学生。

（五）加强学生个人素质培养

数字化技术的引入，使传统出版产业的形态发生了根本性的改变。数字化出版不仅仅是信息传播方式的变化，而且是由数字化引起的思维方式和价值观念的变化。因此我们在对数字出版人才的培养需要重视以学生的个人素质为主,实现数字出版教育发展的平衡性,拓展层次分明、较为完备的学生能力教育体系。这需要我们一方面重视学生的专业综合能力培养,做到数字出版人员要有"文学的感性、艺术的灵性、哲学的悟性、史学的智性、科学的真性、伦理的德行"。这也就是说一名合格的数字出版人员需要具有综合性的专业能力素质,这就要求高校在培养数字出版人才时,更加注重学生的专业综合能力培养。既要培养学生的文科素养,包括丰富的文化底蕴与广阔的文化知识面;又要培养学生的理工科专业知识,包括扎实的理科论证思维能力和工科的求真务实技术、严谨细致的精神。这样才能培养出视野开阔、全面发展的数字出版专业人才。另一方面,数字出版是一种创意文化产业,高校在对数字出版人才的教育还必须加大学生的创造力培养,在对学生授课时我们需要理论结合实际,运用发散思维、逆向思维、多向思维、侧面思维、联想思维、辩证思维、模仿思维和灵感思维等,结合数字时代新媒体传播的特质,对学生进行创新思维训练,不断引导学生思考,鼓励学生敢于和善于创新,培养学生具有内在的创造性思考和外化的创造性行动素质。

(六)提高高校教学队伍水平

任何教学成败的一个关键因素就是教学队伍的质量。根据调查,目前在我国高校的数字出版类专业教师队伍中,35岁以下的年轻教师占主体,其中没有丰富编辑业务经验的教师占大多数。数字出版教育是理论与实际相结合的专业,教师缺乏实践经验,仅仅处于理论化教学容易导致教育内容与产业发展脱节。为解决这一问题,高校一方面应该注意师资力量的精化,实行校内教师的培养与行业发展相结合,安排教师走进行业内部实践锻炼,这种对高校教师进行的专业实践培训,可以让教师了解最新的产业动态,使其能够更好地承担教学任务。同时,可以创造条件,给教师提供一些数字出版的工作体验机会,让专业教师走出去,参与出版企业的数字出版转型,利用自己的知识和能力帮助出版企业解决遇到的技术问题,提高个人师资水平。高校还可以选派骨干教师到国外的院校、出版企业考察、进修,学习最新的出版管理理念及经验,了解行业发展趋势。这样既能直接提高教师的素质与技能,又能营造一种终身学习、积极向上的氛围和条件,督促教师不断进步。另一方面需要实现教学队伍的扩充,高校可以实行聘请校外业界人士为辅助教师,充分结合行业的实务性、开拓视野性、发散思维性课程，邀请行业资深专家讲授，丰富教学内容，弥补师资不足或者知识结构的不足，实现数字出版教育与产业结合，或通过加强校企合作等形式，不断提高"双师"型教师的比例，把行业内的数字出版专家"请进来"，将最新的技术与知识引入校园，并以此构建教师激励机制，提升教师增强创业素质的自觉性。通过这些措施，不断提高创业教育师资的数量和质量。

参考文献

[1] 衣彩天. 高校数字出版人才培养模式思考－浅谈北京印刷学院数字出版人才培养的几点经验 [J]. 出版广角, 2013 (04): 78-79

[2] 唐乘花. 高职数字出版人才的培养规格与课程体系构建 [J]. 创新与创业教育, 2013 (05): 52-55

[3] 万智, 刘永坚, 方晓波, 白立华. 创新国家数字出版人才体系建设. 出版广角, 2013 (03): 46-49

[4] 许远. 数字出版转型期出版人才能力结构的新变化 [J]. 科技与出版, 2013 (03): 73-75

[5] 李建伟, 杜彬. 我国数字出版研究生教育现状、问题及建议 [J]. 中国编辑, 2013 (05): 80-84

[6] 靳丽娜. 中德媒介管理人才培养模式比较研究 [J]. 现代商贸工业. 2013 (18): 100-101

[7] 王东霞. 数字时代出版类专业教师队伍建设策略 [J]. 常州信息职业技术学院学报, 2013 (4): 74-76

[8] 李亚铭. 高校专业教材整合性编辑出版模式刍议 [J]. 编辑之友, 2013, (6): 43-46

[9] 宋婧怡. 浅谈数字出版业的人才培养 [J]. 出版参考. 2013 (10) 下: 20

[10] 王欢, 杨明. 浅析吉林省数字出版人才培养策略 [J]. 长春师范学院学报. 2013 (11): 200-201

[11] 张锦华. 数字出版环境下编辑出版学的教育改革 [J]. 新闻爱好者. 2013 (05): 17-18

[12] 廖颂举．论媒介融合背景下编辑出版人才的培养［J］．新闻知识．2013（04）：69－70，11

[13] 王东霞，赵龙祥．数字出版人才培养存在的主要问题及对策［J］．鸡西大学学报．2013（10）：10－11

[14] 廖小刚．数字出版人才培养模式的战略思考［J］．湖南城市学院学报．2013（09）：63－65

[15] 王东霞．数字出版人才培养与高校编辑出版专业教学改革的思考［J］．毕节学院学报．2013（03）：118－121

[16] 穆雪．论高校出版社发展数字出版的对策研究——以陕西省高校出版社为例［J］．今传媒．2013（04）：66－67

[17] 吴兰岸．数字出版：教育技术学专业发展新出路［J］．中国教育技术装备．2013（02下）：16－20

[18] 吴鹏．数字出版人才实践能力培养探究［J］．北京印刷学院学报．2013（10）：18－21

[19] 蔡芝蔚．浅谈建立数字媒体技术专业教学实践体系［J］．长春教育学院学报．2013（06）：100－101

[20] 梁希毅．当前编辑出版学教学存在的问题与改革路径［J］．东南传播．2013（07）：134－135

[21] 白冰，杨绍婷．行业导师谈出版专业硕士培养［J］．现代出版．2013（02）：23－25

[22] 杨建明．通过编写正式出版教材提升教学科研水平［J］．中国出版，2013（4）：66－68

附件：

表1 设立数字出版专业实验室部分高校一览表

表2 设立数字出版研究所（教研室）部分高校一览表

表3 数字出版（或数字出版相关）实践基地建设一览表

表4 设立编辑出版学硕士学位点或研究方向院校一览表

表5 设立传播学/编辑出版/数字出版博士学位点或研究方向院校一览表

表1 设立数字出版专业实验室部分高校一览表

序号	高校名称	实验室名称
1	广西民族大学	编辑出版实验室
2	肇庆学院	非线性编辑实验室
3	海南大学	网络传播与编辑实验室、影视与传播综合实验室
4	华中科技大学	数码艺术实验室
5	江西师范大学	数字媒体技术实验室
6	天津职业大学	广告设计工作室（数码印刷前、中、后）
7	西安理工大学	图文信息处理中心
8	湘潭大学	数码艺术实验中心
9	衡阳师范大学	非线性编辑实验室
10	青岛科技大学	广告学教研室、广告设计教研室、编辑出版学教研室、新闻学教研室
11	河北大学工商学院	文科实验室
12	山东工艺美术学院	数字艺术与传媒实验中心、书籍装帧设计实验室、广告设计实验室
13	山东经济学院	编辑出版教研室、广告学教研室
14	湖南工业大学	非线性编辑实验室、电视演播室
15	南京林业大学	广告数码影视实验实训中心、广告与数码影视实验实训中心
16	北京大学	数字媒体实验室、国际新闻传播研究所、创意产业研究中心新媒体研究室、财经新闻研究中心、世界华文传媒研究中心、现代出版研究所、跨文化交流与管理研究中心、新闻学研究会、市场与媒介研究中心、中国新闻史学会、现代广告研究所、数字视频编解码技术国家工程实验室、电子出版新技术国家工程研究中心
17	中国传媒大学	动画制作实验室、互动艺术实验室、CG实验室、广播实验室、电视实验室、网络实验室、报纸版面编排实验平台、Adobe媒体创意实验室、媒介音视频教育部重点实验室、广播电视与新媒体实验教学中心、动画与数字媒体实验教学中心、广告实践教学中心、动画实验教学中心、影视艺术实验教学中心、传媒技术实验教学中心、电视节目制作实验教学中心
18	内蒙古民族大学	新闻编辑实验室
19	陕西师范大学	电子出版物实验室

续表

序号	高校名称	实验室名称
20	北京印刷学院	印前图文处理实验室数字出版实验室、数字出版、电子商务和信息仿真实验室
21	南京大学	数字出版实验室、新闻摄影实验室、新闻采编实验室、广播电视实验室、非线性编辑室广告效果测评实验室、广告设计实验室、多媒体数据库实验室
22	武汉大学	电子出版试验中心、网络与多媒体通信实验室、多媒体信息实验室、广播节目制作实验室、摄影实验室、电视节目制作实验室
23	上海交通大学	丝网印刷实验室、设计实验室、影视制作实验室、摄影实验室、信息效果实验室
24	上海理工大学	数字媒体传播实验室/出版传播实验室
25	西安欧亚学院	报纸编辑实训室、非线性编辑实训室、摄像技术实训室、现代音响实训室
26	首都经济贸易学院	影视演播厅、报刊编辑实验室、平面设计实验室、影像制作实验室
27	浙江理工大学	文化传播综合实验室
28	西南交通大学	信息安全与国家计算网格实验室、信号与信息处理实验室、网络通信技术实验室、移动通信实验室
29	华中科技大学	图像信息处理与智能控制教育部重点实验室、智能互联网技术湖北省重点实验室
30	大连工业大学（原大连轻工业学院）	数字媒体艺术专业工作室、数字媒体专用机房
31	东北电力学院	媒体技术专业综合实验室
32	陕西科技大学	多媒体语言实验室、视频编辑实验室、音/视频实验室
33	江南大学	印刷工程实验室
34	安徽大学	国家级新闻传播实验教学中心、北大方正新闻传播实验中心
35	湖南师范大学	现代传媒技术实验室
36	中国海洋大学	文化与传播实验中心
37	安徽大学	广告实验室
38	北京师范大学珠海分校	编辑出版实验室
39	北京邮电大学	网络与交换技术国家重点实验室
40	教育信息技术与传媒学院	电视媒体实验室、光学投影媒体实验室、多媒体教学系统实验室、多媒体课件制作实验室、电视摄像实验室、非线性编辑实验室、摄影实验室、电视演播室
41	聊城大学东昌学院	非线性编辑网络实验室

续表

序号	高校名称	实验室名称
42	南京财经大学	ADOBE 广告设计实验室
43	广西玉林师范学院	非线性编辑实验室
44	南开大学	数字艺术与传播实验室、数字编辑与出版实验室、中文数字文献实验室、数字影音视听实验室
45	河南大学	广电传媒与音像制作实验室、广告创意与设计实验室、编辑出版实验室
46	哈尔滨工业大学	媒体技术与艺术系现设新媒体理论研究室、复合媒体界面设计研究室、工程美学与仿真技术研究室、影视特技与虚拟现实技术研究室、东西方艺术理论研究室、艺术与广告传播理论研究室、媒体技术与艺术实验中心
47	内蒙古大学	网络实验中心
48	四川大学锦城学院	非线性编辑实验室
49	汕头大学长江新闻与传播学院	数字化电视演播厅、电视节目制作实验室、新闻摄影实验室、网络传播实验室、多媒体实验室、广播实验室、电脑报刊编辑实验室、编辑出版实验室
50	上海师范大学	教育技术非线性编辑实验室
51	西南政法大学	非线性编辑实验室
52	云南大学	非线性编辑实验室
53	中国人民大学	传播与认知科学实验室、激光照排实验室、网络与移动数据管理实验室
54	中国科学技术大学与中国科学院声学研究所共同创建	网络传播系统与控制联合实验室
55	仰恩大学	广播播出实验室、视频播出实验室、虚拟演播室、苹果多媒体实验室、非编多媒体实验室、音频实验室、摄影摄像实验室
56	中国语言文学学院	电子排版实验室
57	浙江大学宁波理工学院	报刊编辑出版仿真实验室
58	浙江大学	网络与媒体实验室
59	湖南商学院	现代传媒与编辑出版实验室
60	华南师范大学	编辑出版实验室
61	复旦大学	数字媒体实验室
62	南京艺术学院传媒学院	数字媒体实验室
63	北京城市学院	数字媒体技术实验室

续表

序号	高校名称	实验室名称
64	山东师范大学	数字媒体与影视艺术实验中心
65	南昌大学	惠普数字媒体实验室
66	北京服装学院	数字媒体与交互媒体实验室
67	北京工商大学	广播电视实验室、摄影实验室、视频音频实验室、数字媒体实验室
68	山东大学	多媒体实验室、网络实验室、广告学实验室、新闻摄影实验室、非线性编辑实验室、微机室、虚拟演播室
69	上海大学	影视传播实验教学中心
70	暨南大学	摄影、广播电视实验室、媒体实验教学中心,下辖摄影实验室、广播实验室、电视实验室、电视演播厅、录音室、非线性编辑室、报刊电子编辑及网络实验室
71	中国社会科学院	中国舆情调查实验室
72	南京师范大学	电视摄像、电视线性编辑、非线性编辑和演播室
73	郑州大学	综合摄影实验室、电子编辑实验室、播音主持演播室、广播电视实验室、广告设计实验室、多媒体实验室
74	苏州大学凤凰传媒学院	教师电视节目制作室、报刊编辑实验室、播音主持语言实验室、电视摄像实验室、计算机图文设计实验室、电视鉴赏实验室、非线性编辑实验室、动漫游戏制作实验室等,学院设有数码艺术工作室、影视艺术工作室、网络与新媒体工作室
75	深圳大学	数字传媒实验室、服装设计实验室、环艺设计实验室、工业设计实验室、设计基础实验室、平面设计实验室及陶艺实验室。
76	南京邮电大学	实验基础平台、影视制作平台、动画制作平台、网络互动媒体开发平台、平面设计平台和科技创新平台
77	浙江工业大学	广播电视实验室,包括电视录像、电视线性编辑和非线性编辑、虚拟演播室
78	中南民族大学文学与新闻传播学院	新闻传播实验教学中心
79	漳州师范学院	传媒技术中心

表2 设立数字出版研究所（教研室）部分高校一览表

序号	高校名称	研究所（研究室）名称
1	中国新闻出版研究院	数字出版研究室
2	北京大学	媒体与传播研究所、现代出版研究所、现代广告研究所、俄罗斯传媒研究所；市场与媒介研究中心、财经新闻研究中心、世界华文传媒研究中心、多媒体中心、影视制作中心
3	清华大学	新媒体传播研究中心
4	武汉大学	电子出版研究室
5	复旦大学	新闻学研究所
6	中国传媒大学	动画研究所、数字技术与艺术研发中心、亚洲动漫研究中心、新闻研究所、新闻与传播心理研究所
7	上海交通大学	全球传播研究院、传播研究所
8	中国人民大学	新闻传播研究所
9	华东师范大学	新媒体出版研究室
10	首都经济贸易学院	大众传播文化研究中心
11	浙江大学	传播与文化产业研究中心
12	浙江理工大学	跨文化传播研究所
13	深圳大学	新媒体研究中心
14	香港大学	新闻与传媒研究中心
15	厦门大学	传播研究所
16	华中科技大学	新闻传播与舆论调查研究所
17	西南交通大学	信息网络中心、网络通讯安全应用研究中心
18	上海理工大学	数字印刷研究所、出版与传播研究所、数字出版研究所
19	上海大学	影视传播实验教学中心
20	武汉理工大学	广告与编辑研究室、电脑广告设计室、影视制作实验室、广告司法摄影实验室、多媒体制作实验室、编辑出版系统实验室
21	山东经济学院	编辑出版教研室
22	湖北商学院	文化传播研究室
23	湖南师范大学	文化与传播研究所、出版科学研究所
24	昆明理工大学	数字艺术研究所
25	河南大学	编辑出版科学研究所、传媒研究所

续表

序号	高校名称	研究所（研究室）名称
26	成都理工大学	信息处理与通信技术研究室、中科大洋高、标清非线性编辑机房，APPLE 苹果机房，方正飞腾创意教学实验室，视频制作和编辑实验室
27	浙江林学院	人文实验教学中心广告实验室分室
28	青岛科技大学	编辑出版学教研室
29	西安欧亚学院	报纸编辑实训室
30	江西师范大学	数字媒体技术实验室
31	东北电力学院	计算机基础教研室、媒体技术专业教研室
32	重庆工商大学	传播理论与应用研究所
33	陕西科技大学	公关传播研究所
34	暨南大学	传媒产业研究中心、品牌战略与传播研究中心、舆情分析与研究中心、广播电视研究中心、媒介批评研究中心
35	上海科学院新闻研究所	现代传媒研究中心、中国舆情研究中心
36	郑州大学	穆青研究中心、文化产业研究中心、传媒发展研究中心
37	河南大学	编辑出版研究中心、传媒研究所、纪录片研究中心
38	四川省社会科学院	新闻传播研究所

表3 数字出版（或数字出版相关）实践基地建设一览表

序号	高校/学院	合作机构/企业	基地名称	成立时间	介绍
1			西部数字影视产业基地	2014年1月	"西部数字影视产业基地"项目建筑面积为14万平方米，包括西部电影集团总部大楼、西部数字影视制作中心、电影频道编播中心及演播大厅、4个特效摄影棚、电影文化艺术资料馆、国际影视交流中心、影视创作楼、影视服化道制作展览中心、国际影视体验馆、国际影视会展中心等。

续表

序号	高校/学院	合作机构/企业	基地名称	成立时间	介绍
2	上海理工大学	柯尼卡美能达办公系统（中国）有限公司	柯尼卡美能达上海理工大学数字印刷实践基地成立	2013年11月	"创意铸就炫丽梦想"为此次实践基地成立的主题，这与柯尼卡美能达"创意改变世界"的经营理念不谋而合。柯尼卡美能达希望借助日后深入的课题合作，激发学生创新灵感，将更多创意思维与最新的数码印刷技术相结合、带来更具新意和价值的数码印刷应用。 此次，柯尼卡美能达除了为上海理工大学出版印刷与艺术设计学院建立数字印刷实践基地以外，还将定期为该校的学生设立 DIS 数码展示空间的"展厅开放日"；在假期为学生提供实习名额并且每年会安排柯尼卡美能达公司的工程师到学校开设数码印刷讲座。此外，柯尼卡美能达还在和校方进一步商讨开设"数码印刷"的相关课题，提供学生实践操作完成作品的机会。柯尼卡美能达希望通过搭建企业和高校的桥梁，源源不断地为学生输送数码印刷行业的最新动态、行业趋势、新技术与新应用的前沿讯息，帮助学生拓宽自己的视野，掌握行业脉搏，为数码印刷行业培育更多优秀的专业人才。
3	北京印刷学院	方正阿帕比	数字出版人才教育教学实践基地	2013年10月	基地建立以后，方正阿帕比将接受北京印刷学院出版传媒等相关专业的研究生、本科生参加科研、实训等各种教育教学实践活动，指派相关人员参与指导，并以其在业界的影响力尽可能地推荐并吸收学生就业。根据实际需要，北京印刷学院还将安排教师参与方正阿帕比的企业实践和课题研究、人才培训等工作。希望同学们珍惜并抓住与数字出版一流企业深度学习的宝贵机会，开拓眼界，加强数字出版理论与实践的结合。

续表

序号	高校/学院	合作机构/企业	基地名称	成立时间	介绍
4	贵州大学	泰豪集团	数字文化产业基地	2013年10月	贵州大学与泰豪集团签订协议，双方将合办贵州大学明德学院。据悉，双方合作办学后，将在贵安新区建设明德学院新校区。新校区面积约1000亩，建成后将容纳1万至1.5万名学生。明德学院将开设文化创意、动漫游戏、软件信息等相关专业。 据了解，泰豪集团是江西省政府与清华大学"省校合作"推动下发展起来的高科技企业，现已成为中国电子信息百强企业。公司的主干产业为软件动漫、智能电网、电机电源、信息装备、智能节能等。
5	与国内多家知名大学和教育机构达成了合作关系，如厦门大学、惠普教育等	惠普聚贤	惠普聚贤国际数字媒体产业基地	2013年9月	鉴于多数产业园常因后续人才乏力而难以持续发展的弊端，惠普聚贤国际数字媒体产业基地重视全方位的人才培养，不间断为产业基地注入新鲜能量，以保持产业基地持久创新的后续发展实力。产业基地不仅在其周边可配套共享聚贤旗下关联公司的实训基地，而且，凭借聚贤企业多年在教育领域的经验、资源累积，与国内多家知名大学和教育机构达成了合作关系，如厦门大学、惠普教育等，凭借合作伙伴多年积聚的教学实力，致力于人才培养，为源源不断为产业基地乃至整个行业培育输送人才打下坚实的基础。 此外，产业基地经过详尽的市场调研，有针对性地培育人才，以求合理规避产、学、研脱节，不能有机结合的旧时弊端。并且，能与全球领先技术接轨，形成科学严谨的发展管理制度，从而满足企业的用人需求，致力摆脱企业用人难的困境。

续表

序号	高校/学院	合作机构/企业	基地名称	成立时间	介绍
6	安工大机电学院		smartstudio艺术工作室	2013年9月	该工作室作为学院重金打造的重点专业工作室，以建立相关专业实训创业培训基地为发展基础，以学院优秀的艺术类、计算机等相关专业人才为依托，以"服务芜湖、面向安徽"为发展定位，构建专业服务于校园文化传播、社团活动及相关企业商业活动且具备强大市场竞争力的数字艺术工作室。 工作室包括虚拟演播大厅、动画制作厅、非线性编辑厅、录音厅等，拥有高端摄像机、专业单反相机、数字调音台、非线性编辑系统、图形工作站、彩色监视器、苹果机、虚拟演播室系统等大量一流的教学、实训软硬件设备。其中，配置有当前全新电视节目制作主要手段的虚拟演播室系统以及标准录音室的虚拟演播厅，已具备独立制作电视节目的要求。
7	无锡市公共实训基地	无锡睿泰科技有限公司	数字出版人才实训室		
8	东南大学	方正阿帕比	高校移动阅读基地	2012年4月20日	

表4 设立编辑出版学硕士学位点或研究方向院校一览表

序号	单位名称	专业名称	主要课程	研究方向
1	中国社会科学院研究生院	新闻学	1. 新闻业务研究 2. 新闻媒介管理学研究 3. 大众传播学 4. 电子传媒学研究	1. 新闻业务研究 2. 网络与新媒体研究 3. 当代中国新闻史研究 4. 广播电视新闻研究

续表

序号	单位名称	专业名称	主要课程	研究方向
	北京大学新闻与传播学院	传播学	1. 传播学理论研究 2. 传播学研究方法 3. 国际传播学 4. 网络传播研究 5. 广告学研究 6. 编辑与出版研究 7. 媒体经营管理研究 8. 新闻学理论研究	1. 国际传播与文化交流 2. 新闻史论、新闻实务、国际新闻、大众传播 3. 新媒体与网络传播 4. 广告学 5. 媒体经营管理 6. 编辑与出版学
2	北京大学新闻与传播学院	新闻学	1. 国际传播学 2. 网络传播研究 3. 广告学研究 4. 编辑与出版研究 5. 媒体经营管理研究 6. 新闻学理论研究 7. 传播法研究 8. 媒介分析 9. 全球化与传播 10. 跨文化交流研究 11. 新闻与传播专家论坛	1. 国际传播与文化交流 2. 新媒体与网络传播 3. 广告学 4. 编辑与出版学 5. 媒体经营管理 6. 新闻史论、新闻实务、国际新闻、大众传播
	北京大学信息管理系	图书馆、情报与档案管理学	1. 图书馆学概论 2. 档案学概论 3. 信息管理学概论 4. 传播学概论 5. 数据库系统基础 6. 信息管理基础理论	1. 现代出版业研究 2. 出版产业研究 3. 文献与出版史研究 4. 数字出版研究 5. 阅读文化研究
3	中国人民大学新闻学院	传播学	1. 传播理论 2. 传播学研究方法 3. 新闻理论与实务 4. 新媒体理论与实务 5. 公关理论与实务 6. 视觉传播概论与实务 7. 广告概论与实务 8. 公共外交与国际传播 9. 出版概论与出版实务	1. 传播理论研究 2. 数字媒体研究 3. 视觉传播研究 4. 策略传播研究 5. 公共外交研究 6. 出版研究

续表

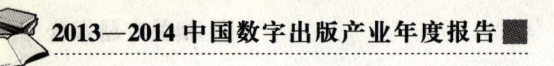

序号	单位名称	专业名称	主要课程	研究方向
4	清华大学新闻与传播学院	新闻传播学	1. 媒介发展史 2. 新闻史研究 3. 影视传播研究 4. 国际传播研究 5. 传媒产业及其管理 6. 数字媒体设计 7. 新闻学经典论著研究 8. 现代媒体采访与写作 9. 新媒体研究 10. 影视艺术理论与实践 11. 媒介经营案例研究	1. 新闻学 2. 国际新闻传播 3. 新媒体研究 4. 影视传播研究 5. 媒介经营管理
5	北京师范大学文学院	传播学		1. 传播理论 2. 媒介与文化传播 3. 编辑出版
6	北京印刷学院经济管理学院	传媒经济与管理		1. 传媒产业经济 2. 传媒企业管理 3. 传媒数字资源管理
6	北京印刷学院新闻出版学院	传播学	1. 传播学教程 2. 传播学简史 3. 现代出版学 4. 书籍编辑学概论 5. 中国出版史	1. 数字传播 2. 出版传播理论（书刊编辑学） 3. 出版产业研究 4. 广告学研究
	北京印刷学院新闻出版学院	新闻学（2012年开始招生）		1. 数字媒体新闻 2. 新闻史 3. 新闻报道与策划
7	中国传媒大学电视与新闻学院	新闻学	1. 新闻理论研究 2. 传播学理论 3. 中外新闻传播史 4. 新闻传播学研究方法 5. 新闻史专题研究 6. 新闻理论专题研究 7. 新闻业务专题研究 8. 网络新闻及新媒体专题研究 9. 报刊理论与实践专题研究	1. 新闻史 2. 新闻理论 3. 新闻业务 4. 网络新闻与新媒体 5. 报刊理论与实践

续表

序号	单位名称	专业名称	主要课程	研究方向
	中国传媒大学电视与新闻学院	广播电视学	1. 新闻理论研究 2. 中外新闻传播史 3. 新闻传播学研究方法 4. 广播电视史研究 5. 当代外国广播电视研究 6. 电视新闻创作方法研究 7. 电视纪录片史论 8. 电视影像语言 9. 广播新闻研究	1. 广播电视史 2. 外国广播电视 3. 电视新闻 4. 纪录片 5. 新闻摄影 6. 新媒体策划与制作 7. 电视理论 8. 广播理论 9. 广播节目 10. 广播经营
	中国传媒大学广告学院	新媒体	1. 新闻理论研究 2. 电视影像语言 3. 电视新闻创作方法研究 4. 新媒体导论 5. 融合媒体实务	新媒体产业
8	北京邮电大学人文学院	新闻传播学		1. 网络文化与新媒体传播、传播学理论 2. 电信传播学 3. 大众文化与传播、网络文化与新媒体传播
9	中国农业大学人文与发展学院	传播学		1. 影视传播 2. 传播社会学 3. 乡村传播 4. 新媒体研究
10	复旦大学新闻学院	传播学	1. 传播学研究 2. 网络传播 3. 传播学研究方法 4. 当代新闻史论研究	1. 中外传播思想与观念 2. 受众研究 3. 新传播技术研究 4. 国际传播 5. 编辑出版
11	华东师范大学传播学院	新闻学		1. 新闻理论与实务 2. 媒介经营与管理 3. 新媒体
		传播学	1. 传播学专题研究 2. 社会调查研究方法 3. 新媒体研究 4. 传媒、文化与社会 5. 新闻实务研究 6. 网络传播研究 7. 品牌形象研究	1. 文化理论与编辑出版实务 2. 广告传播理论与实务 3. 当代中国文化

续表

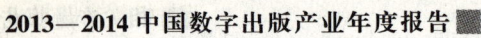

序号	单位名称	专业名称	主要课程	研究方向
12	上海理工大学出版印刷与艺术设计学院	新闻传播学	1. 传播学理论前沿 2. 传播学研究方法 3. 编辑出版学专论 4. 数字媒体技术与应用 5. 媒介经济与管理专论 6. 数字出版与媒体专论	1. 出版传播与出版文化 2. 媒介经济与管理 3. 艺术传播
	上海理工大学出版印刷与艺术设计学院	数字出版与传播		1. 数字出版 2. 数字媒体与传播
13	上海大学影视艺术技术学院	新闻传播学	1. 传播学概论 2. 理论新闻传播学导论 3. 传播学通论 4. 新闻理论（包括采写编评）	1. 新闻与传播理论 2. 新闻传播业务 3. 国际传播 4. 传媒经济与文化产业 5. 会展与广告艺术设计 6. 广告理论与实务 7. 体育报道 8. 公共外交与上海合作组织 9. 人文外交与文化艺术产业
14	上海交通大学媒体与设计学院	新闻传播学	1. 大众传播与社会发展 2. 大众传播法规与伦理 3. 大众传播研究方法 4. 受众研究 5. 传播效果研究 6. 中外传播事业研究 7. 品牌传播研究 8. 西方传播思想史 9. 组织传播研究 10. 中国报道与中国评论	1. 新闻学 2. 传播学 3. 文化产业管理，文化经济，文化政策，文化产业
15	上海师范大学人文与传播学院	传播学	1. 传播学研究 2. 现代出版学研究 3. 书籍编辑学研究	1. 广告与传播文化研究 2. 广告与创意产业研究 3. 跨文化与网络研究 4. 会展策划与营销研究
		新闻学		1. 出版文化与新媒体实务研究 2. 数字出版研究 3. 出版市场与营销研究 4. 广播电视新闻发展研究 5. 广电媒介经营与管理

续表

序号	单位名称	专业名称	主要课程	研究方向
16	同济大学艺术与传播学院	传播学	1. 传播学方法研究 2. 传播学经典理论研究 3. 视觉传播理论与实践 4. 计算机设计与应用 5. 现代营销学	1. 电子传媒与新闻研究 2. 广告创意与新闻研究 3. 新型传播与社会研究 4. 新兴科技与出版研究
17	天津师范大学新闻传播学院	传播学	1. 传播理论研究 2. 新闻理论研究 3. 传播史研究 4. 应用传播研究 5. 舆论学原理与方法 6. 传播法规与伦理 7. 传媒经济与管理 8. 传播社会学专题研究	1. 传播与社会发展 2. 传播史 3. 传播基础理论
18	南开大学国际商学院	图书馆学	1. 图书馆学基础 2. 信息资源管理 3. 系统分析与设计 4. 现代信息技术 5. 文献管理程序设计 6. 现代图书馆管理 7. 文献分类 8. 电子出版 9. 多媒体技术应用 10. 数字图书	1. 信息咨询 2. 信息交流与传播 3. 图书与出版管理
	南开大学文学院	传播学	1. 新闻学理论 2. 传播学理论 3. 媒介与文化研究 4. 编辑出版理论与实践	传播理论与实践
19	武汉大学新闻与传播学院	数字媒介	1. 计算机网络技术及应用 2. 多媒体技术研究 3. 数字新媒体概论	数字媒介技术与应用

续表

序号	单位名称	专业名称	主要课程	研究方向
	武汉大学新闻与传播学院	传播学	1. 广播电视理论与实务 2. 广告传播理论与实务 3. 网络传播理论 4. 网络新闻传播理论 5. 新闻理论（包括采写编评） 6. 图像动画设计理论与技术 7. 媒介经营管理理论与实务计算机网络应用	1. 传播理论 2. 广告传播 3. 广播电视传播 4. 网络传播 5. 图像与动画设计 6. 媒介经营管理
	武汉大学国际软件学院	数字媒介		1. 数字艺术与游戏设计 2. 移动多媒体 3. 数字电视技术
20	华中科技大学新闻与信息传播学院	传播学	1. 新闻理论专题研究 2. 传播理论研究 3. 中西比较新闻传播史论 4. 传播研究方法论 5. 网络传播理论 6. 中外著名网站比较研究	1. 传播理论 2. 网络传播 3. 政治传播 4. 编辑出版
21	武汉理工大学文法学院	传播学	1. 传播学理论研究 2. 网络传播研究 3. 出版策划研究 4. 传播学研究方法 5. 媒介、文化与交往 6. 营销传播策划与创意	1. 编辑出版学 2. 营销传播研究 3. 网络传播 4. 跨文化传播研究
22	华中师范大学文学院	新闻学	1. 西方文论与文化 2. 传播学专题理论研究 3. 新闻传播理论与方法研究 4. 中国近现代新闻思想研究 5. 大众传播心理研究 6. 20世纪西方新闻思潮 7. 中国新闻史专题 8. 编辑学原理 9. 电视与新媒体研究	1. 新闻理论 2. 新闻史 3. 新闻业务

续表

序号	单位名称	专业名称	主要课程	研究方向
		传播学	1. 西方文论与文化 2. 传播学专题理论研究 3. 新闻传播理论与方法研究 4. 传播伦理与法制 5. 跨文化传播专题研究 6. 文化传播史 7. 二战时期美国传播学研究 8. 大众传播心理研究 9. 传播文化研究	1. 传播理论 2. 传播史 3. 传播业务
23	河南大学新闻与传播学院	新闻学	1. 新闻与传播学理论与前沿 2. 社会科学研究方法 3. 中国新闻传播史研究 4. 广告理论与实务研究 5. 传播理论研究 6. 网络传播研究 7. 媒介经营与管理研究 8. 传播哲学与媒介理论研究 9. 广告文化学研究 10. 视觉文化传播研究	1. 传播理论 2. 广告理论与实务 3. 跨文化传播 4. 网络与新媒体传播 5. 媒介经营与管理
24	苏州大学凤凰传媒学院	传播学	1. 当代传播理论与思潮 2. 广告学原理 3. 中外影视美学思潮 4. 新闻与传播研究方法 5. 电视制作基础 6. 编辑与出版研究 7. 媒介文化研究专题 8. 媒介经济与管理	1. 大众传播理论与实务 2. 广播电视研究 3. 编辑与出版 4. 广告研究 5. 媒介研究 6. 文化创意产业研究
25	南京大学新闻传播学院	传播学	1. 新闻传播理论专题 2. 传播学理论专题 3. 传播研究方法	1. 传播理论 2. 广告理论与实务 3. 影视与网络传播 4. 媒介管理

续表

序号	单位名称	专业名称	主要课程	研究方向
25	南京大学信息管理学院	编辑出版学	1. 信息科学原理 2. 信息资源管理技术 3. 编辑出版学原理 4. 编辑出版实务研究	1. 编辑出版基本理论研究 2. 编辑出版业务研究 3. 编辑出版数字化研究 4. 国外编辑出版研究 5. 编辑出版史研究
26	南京理工大学	传播学		1. 新媒体传播研究 2. 新闻传播与实务研究 3. 影视传播研究
27	南京师范大学新闻与传播学院	传播学	1. 新闻学理论（包括采写编评） 2. 传播学理论 3. 中外新闻史研究 4. 中国广播电视通史研究 5. 广告学教程 6. 公共关系研究	1. 理论传播学 2. 应用传播学 3. 广告与公关 4. 新媒体传播
28	山东大学文学与新闻传播学院	传播学	1. 新闻传播理论 2. 媒介研究 3. 新闻传播史学研究 4. 人文科学方法论 5. 前沿讲座 6. 第一外国语（英） 7. 第一外国语（日）	1. 传播与创意产业 2. 广告理论与实务 3. 电影电视与新媒介 4. 出版发行
29	山东师范大学传媒学院	传播学		1. 数字媒体传播 2. 传播学理论与实践 3. 广播影视传播
30	安徽大学新闻传播学院	传播学	1. 传播学理论研究 2. 新闻报道方式研究 3. 新闻学理论（包括采写编评） 4. 文史要览	不区分研究方向

续表

序号	单位名称	专业名称	主要课程	研究方向
31	中国科技大学科技传播与科技政策系	传播学	1. 传播理论—起源方法与应用研究 2. 大众传播理论研究 3. 媒介与文化研究方法研究 4. 数字媒体技术、应用、设计研究 5. 网络出版研究	1. 科技传播与科学普及 2. 新媒介研究 3. 编辑出版学 4. 健康传播与教育传播
32	湖南师范大学新闻与传播学院	新闻学		1. 新闻理论与业务 2. 新媒体传播 3. 传播与文化
33	陕西师范大学新闻与传播学院	传播学		1. 传播理论 2. 编辑出版学 3. 网络传播学 4. 舆论学 5. 广告学 6. 出版与文化产业 7. 媒介经营与管理 8. 广播电视传播理论与实务
34	西安交通大学人文社会科学学院	传播学	1. 传播学理论研究 2. 新闻学理论研究 3. 新闻传播实务 4. 媒介经济与管理 5. 编辑学专题研究	1. 媒介管理 2. 应用传播学 3. 媒介经营与管理
35	电子科技大学政治与公共管理学院	新闻传播学	1. 马克思主义经典著作选读 2. 科学社会主义理论与实践 3. 硕士学位英语、传播学理论 4. 社会科学研究方法 5. 新闻学理论 6. 新闻传播实务与法规 7. 网络新媒体研究	1. 理论传播学 2. 应用传播学 3. 新媒体与网站传播 4. 数字传播与文化产业

续表

序号	单位名称	专业名称	主要课程	研究方向
36	华中科技大学新闻与信息传播学院	新闻学	1. 传播学理论 2. 新闻学理论（包括采写编评） 3. 网络新闻传播理论研究 4. 电视实务研究 5. 广告策划 6. 中外新闻传播史研究	1. 新闻史论 2. 新闻业务
	华中科技大学新闻与信息传播学院	传播学	1. 传播学理论 2. 新闻学理论（包括采写编评） 3. 中外新闻史 4. 电视实务 5. 网络传播研究 6. 广告实务	1. 传播理论 2. 政治传播 3. 编辑出版 4. 网络传播
37	广西大学文化与传播学院	传播学	1. 新闻学理论研究 2. 传播学理论研究 3. 新闻传播史专题研究 4. 新闻传播学研究方法 5. 新闻传播实务专题研究	1. 大众传播与社会 2. 文化产业 3. 媒介融合研究
38	广西民族大学文学院	图书馆学	1. 信息资源管理研究 2. 图书馆学理论研究 3. 图书馆管理研究 4. 数字图书馆建设 5. 中外图书馆比较研究 6. 信息资源管理研究方法	1. 图书馆管理现代化 2. 信息咨询研究 3. 文献学与文献资源建设 4. 信息资源开发与利用
39	四川大学文学与新闻学院	传播学	1. 传播学理论实务 2. 理论新闻学理论 3. 中外新闻传播史	1. 传播理论研究 2. 编辑出版研究 3. 广告研究 4. 影视传播研究 5. 网路传播研究 6. 符号学与传播学
40	西南交通大学艺术与传播学院	传播学	1. 传播学理论 2. 中外新闻传播史 3. 新闻写作 4. 新闻评论	1. 影视传播 2. 媒介批评 3. 编辑出版 4. 广告传播 5. 文化创意 6. 新媒体研究

续表

序号	单位名称	专业名称	主要课程	研究方向
41	内蒙古大学文学与新闻出版学院	传播学		1. 媒介经营管理 2. 新媒体与数字出版 3. 大众传播与民族文化
42	浙江大学新闻与传播学系	传播学	1. 传播学研究方法 2. 当代传播层面与交叉理论 3. 新闻学新论 4. 传播批判理论 5. 媒介战略管理 6. 广播电视理论 7. 品牌战略与传播研究	1. 传播理论研究 2. 编辑出版研究 3. 广告研究 4. 影视传播研究 5. 网络传播研究
43	江西师范大学传播学院	新闻学		1. 新闻理论研究 2. 新闻业务研究 3. 广播电视研究 4. 新媒体研究
44	福建师范大学	传播学		1. 新媒体研究 2. 广告研究 3. 涉台传播研究 4. 编辑出版研究 5. 理论传播学 6. 传播社会学
45	吉林大学文学院	传播学	1. 广告哲学研究 2. 传播方法论研究 3. 消费文化研究 4. 广告符号学研究 5. 广告史专题研究 6. 传播心理与播效果研究 7. 广告美学研究 8. 广告经济学研究 9. 广告营销研究 10. 受众研究	1. 传播文化研究 2. 广告理论研究 3. 消费社会学研究 4. 广告设计研究

续表

序号	单位名称	专业名称	主要课程	研究方向
46	东北师范大学文学院传媒科学学院	新闻学		1. 大众传播理论研究 2. 新媒体研究 3. 广播电视新闻研究 4. 应用电视新闻学 5. 纪录片研究 6. 电视与新媒体叙事学研究 7. 传播心理理论 8. 影视与网络传播 9. 媒介调查研究 10. 广告学
47	南昌大学人文学院	传播学	1. 传播理论 2. 西方新闻理论评析 3. 受众研究	1. 传播理论 2. 传播实务 3. 广告学
48	暨南大学新闻与传播系	广告学	1. 社会科学研究方法 2. 新闻传播理论 3. 中国新闻传播史研究 4. 传媒产业发展研究	1. 广告理论与实务 2. 品牌传播 3. 数字营销传播 4. 媒介与市场研究 5. 视觉传播与数字媒体
		广播电视学		1. 广播电视新闻 2. 网络与新媒体 3. 广播影视艺术 4. 纪录片研究 5. 城市形象传播
49	华南理工大学新闻与传播学院	新闻学		1. 新闻理论与实务 2. 传媒经营与管理 3. 网络与视听新媒体
50	中山大学传播与设计学院	传播学	1. 新闻学理论 2. 新闻伦理 3. 传播学理论 4. 传播与民主 5. 传播与全球化 6. 社会研究方法论 7. 传播学量化与质化研究方法	1. 公共传播 2. 视觉传播

续表

序号	单位名称	专业名称	主要课程	研究方向
51	兰州大学新闻与传播学院	传播学	1. 新闻学理论（包括采写编评） 2. 中外新闻传播史 3. 公共关系研究 4. 广告学概论 5. 网络新闻传播研究	1. 理论传播学 2. 广告学 3. 边缘传播学 4. 文化传播学 5. 民族传播学 6. 编辑出版学 7. 网络传播学
52	河北大学新闻传播学院	传播学	1. 中国文学史 2. 中国现代文学 3. 报纸编辑学 4. 中国新闻传播史 5. 传播学理论 6. 新闻学理论	1. 编辑出版 2. 广告学 3. 科技传播 4. 媒介经营管理 5. 文化传播
53	河北经贸大学	传播学		1. 编辑出版学 2. 广告学 3. 媒介经营与管理
54	山西大学文学院	新闻学		1. 新闻理论与新闻史 2. 新闻编辑与写作 3. 编辑出版
54	山西大学文学院	传播学		1. 传播理论与传播史 2. 编辑出版与广告学
55	西北大学新闻学院	传播学	1. 新闻理论专题研究 2. 新闻业务研究 3. 新闻史学研究 4. 新闻调研与实践	1. 理论新闻学 2. 应用新闻学 3. 广播电视新闻学 4. 新闻事业经营管理
56	深圳大学传播学院	传播学	1. 传播学理论 2. 传播学研究方法 3. 媒体研究 4. 文化产业研究	1. 大众传播与文化产业研究 2. 广告与品牌研究 3. 媒体技术应用研究
57	厦门大学新闻传播学院	传播学	1. 传播理论 2. 传播史 3. 广告理论与实务 4. 传播学研究方法 5. 公共关系研究	1. 传播和社会发展 2. 媒介发展史

续表

序号	单位名称	专业名称	主要课程	研究方向
		新闻学	1. 新闻学理论（包括采写编评） 2. 对外新闻报道 3. 国际新闻报道 4. 新闻伦理与法规 5. 英美报刊选读 6. 杂志编辑学 7. 舆论学	1. 媒体关系研究 2. 台湾传媒研究 3. 电子传媒研究
58	云南大学人文学院	传播学	1. 新闻学理论（包括采写编评） 2. 全球新闻传播史 3. 中国新闻事业史 4. 网络传播研究	1. 民族传播研究 2. 电视媒介研究 3. 营销传播研究
59	中国政法大学文学院	新闻学	1. 新闻学研究 2. 传播学研究 3. 媒介经济研究 4. 媒介管理研究 5. 新闻传播法学 6. 传媒制度与新闻政策研究	1. 新闻政策与法规 2. 新闻媒介管理
60	上海社会科学院新闻所	新闻学		1. 传媒管理 2. 网络传播 3. 新闻传播史
61	上海外国语大学新闻传播学院	传播学	1. 传播学研究史 2. 传播制度与媒介规范理论 3. 传播效果研究 4. 传播学调查研究方法 5. 公共关系传播 6. 跨文化传播	1. 国际广告与公关 2. 跨文化传播 3. 数字营销与传播 4. 影视传播与媒介文化 5. 媒介经营与管理 6. 外语编辑与出版
62	湘潭大学文学与新闻学院	传播学	1. 新闻写作 2. 广告文案写作 3. 传播学理论 4. 传播学应用	1. 传播理论与实践 2. 大众传媒与大众文化 3. 广告学与公共关系学

续表

序号	单位名称	专业名称	主要课程	研究方向
63	上海财经大学人文学院	传播学		1. 广告与营销 2. 新媒体和商务传播
		新闻学		1. 媒介经营与管理 2. 经济新闻 3. 新闻实务
64	厦门大学知识产权院	知识产权管理	1. 知识经济 2. 知识产权法研究 3. 知识产权法案例	1. 知识产权管理 2. 知识产权价值评估 3. 知识产权管理绩效评估
65	重庆工商大学文学与新闻学院	新闻学	1. 中外大众传播史研究 2. 传播学理论与方法 3. 新闻学理论与方法 4. 新闻传播学名著导读 5. 传播与媒介研究方法 6. 传播思想史 7. 大众文化研究 8. 传媒产业研究	1. 新闻理论与新闻史研究 2. 新闻业务 3. 新闻媒介与新媒体研究
		传媒经济学	1. 中外大众传播史研究 2. 传播学理论与方法 3. 新闻学理论与方法 4. 新闻传播学名著导读 5. 传播与媒介研究方法 6. 新闻编辑与新闻评论 7. 新闻报道策划与组织 8. 媒介营销与管理	1. 媒介经营管理 2. 传媒与文化创意产业 3. 新媒体经济学 4. 媒介营销学
66	大连理工大学人文学院	新闻学		1. 理论新闻学研究 2. 历史新闻学研究 3. 实务新闻学研究 4. 新媒体研究
		传播学		1. 传播理论研究 2. 媒体经营与管理研究 3. 广告研究 4. 编辑出版研究

续表

序号	单位名称	专业名称	主要课程	研究方向
67	郑州大学新闻与传播学院	传播学	新闻学理论、传播学理论、新闻传播史研究、新闻报道与新闻文体研究、广播电视新闻学概论、新闻传播学研究方法、影视传播研究、新媒体前沿研究、网络传播研究、电视文化研究、当代新闻传播热点研究、跨文化传播研究、媒介批评、批判学派研究、影视艺术传播研究、媒介与性别、媒介与社会。	1. 传播理论 2. 广告传播 3. 网络与新媒体传播 4. 影视传播与影视文化产业 5. 媒介经济 6. 编辑出版
68	河南大学新闻与传播学院	传播学		1. 广告理论与实务 2. 传播理论与实务 3. 新媒体传播 4. 媒介经营管理与文化产业
69	重庆大学文学与新闻传媒学院	新闻学		1. 国际新闻 2. 新闻理论与业务 3. 传播媒体形象与市场开发 4. 舆情信息研究 5. 数字出版研究 6. 报业集团化研究 7. 新闻媒体产业研究
70	西南大学新闻传媒学院	传播学	1. 传播学理论研究 2. 网络文化与新闻传播 3. 像化叙述研究 4. 现代传媒技术 5. 网络传播研究 6. 编辑学概论 7. 出版学概论	1. 新闻传播 2. 文化发展与传播 3. 新媒体传播 4. 编辑出版

续表

序号	单位名称	专业名称	主要课程	研究方向
71	成都体育学院	新闻学	1. 新闻传播理论研究 2. 新闻业务研究 3. 科研方法与论文写作	1. 体育新闻传播理论与业务研究 2. 体育与新媒体研究 3. 体育宣传与公共关系理论与实践研究 4. 视觉传播理论与实践研究
72	四川省社会科学院	新闻学		1. 当代媒体报道研究 2. 新闻传播理论研究 3. 中国发展新闻学研究 4. 网络传播及新媒体研究 5. 文化产业研究

表5 设立传播学/编辑出版/数字出版博士学位点或研究方向院校一览表

序号	单位名称	专业名称	主要课程	研究方向
1	北京大学新闻与传播学院	传播学	1. 出版管理研究 2. 传播学研究方法 3. 传播学理论研究 4. 国际传播研究 5. 世界新闻传播史与现状研究 6. 媒体经营管理专题研究 7. 新媒体与网络传播专题 8. 广告研究 9. 品牌传播 10. 广播电视产业研究 11. 节庆传播研究 12. 市场与媒介分析 13. 传播学研究方法与方法论专题 14. 全球传播与社会 15. 国际传播专题研究 16. 传媒与社会变迁研究 17. 传播与文化专题 18. 新闻传播实务 19. 跨文化传播研究	1. 全球化与传播 2. 新媒体传播与社会 3. 媒体经营管理 4. 新媒体与网络传播 5. 广告理论与实务 6. 品牌传播 7. 市场与媒介分析 8. 传播学研究方法 9. 影视文化与产业 10. 当代修辞传播学理论与应用 11. 传播伦理与法规政策

续表

序号	单位名称	专业名称	主要课程	研究方向
2	清华大学新闻与传播学院	新闻传播学	1. 中外新闻传播事业史 2. 传播理论 3. 文化产业研究 4. 新闻理论与实务 5. 媒介经济学	1. 新闻与传播历史及理论研究 2. 全球传播研究 3. 广播影视传播研究 4. 文化产业与媒介经济 5. 新闻传播与社会发展 6. 新媒体研究
3	中国人民大学新闻学院	传播学	1. 传播理论 2. 传播学研究方法 3. 新闻理论与实务 4. 新媒体理论与实务 5. 公共理论与实务 6. 视觉传播概论与实务 7. 广告概论与实务 8. 公共外交与国际传播 9. 出版概论与出版实务	1. 传播理论研究 2. 数字媒体研究 3. 视觉传播研究 4. 策略传播研究 5. 公共外交研究 6. 出版研究
	中国人民大学新闻学院	新闻学	1. 新闻采访写作研究 2. 新闻编辑研究 3. 新闻评论研究 4. 广播电视新闻研究 5. 新闻摄影研究	1. 理论新闻学 2. 理论新闻学研究方向 3. 理论新闻学研究方向
	中国人民大学新闻学院	广播电视学	1. 广播电视传播史研究 2. 视听传播理论研究 3. 广播电视新闻报道前沿 4. 广播电视文化传播研究 5. 广播电视媒介批评 6. 广播电视传媒数字化传播研究 7. 广播电视管理规制研究 8. 广播电视媒体运营 9. 广播电视节目形态与策划 10. 出镜报道与新闻节目主持 11. 人际传播学	1. 广播电视新闻学 2. 广播电视文化学
	中国人民大学新闻学院	传媒经济学	1. 传媒产业发展研究 2. 传媒经济研究 3. 传媒经济专题研究	传媒经济理论与传媒经济实务

续表

序号	单位名称	专业名称	主要课程	研究方向
4	华中科技大学新闻与信息传播学院	传播学	1. 媒介改革与政治文明 2. 政府公关与国家形象传播 3. 网络舆论 4. 危机传播与危机管理 5. 大众媒介与政治社会化 6. 世界新闻通史 7. 新闻教育史 8. 多媒体技术与新闻传播	1. 传播理论与研究方法 2. 广告与公共关系 3. 广告与品牌传播 4. 网络传播 5. 新闻传播教育 6. 政治传播
5	浙江大学传媒与国际文化学院	新闻传播学	1. 传播学 2. 媒介生态学 3. 传播社会学 4. 媒介地理学 5. 媒介管理学概论 6. 数字娱乐产业 7. 文化产业概论 8. 文化话语研究 9. 大众传播法 10. 西方传播法 11. 百年中国影视的历史影像	1. 传播与媒介理论 2. 媒介经济与管理 3. 数字娱乐与文化产业 4. 大众传播与社会 5. 传播文化与媒介批评 6. 影视文化传播
6	复旦大学新闻学院	传播学	1. 社会科学前沿 2. 新闻传播学前沿 3. 媒介经济 4. 新闻传播政策与法规 5. 当代新闻传播实务研究 6. 当代广播电视理论与实务 7. 新闻传播学经典选读 8. 世界传播学说史	1. 中外传播思想与观念 2. 传媒与大众文化 3. 受众研究 4. 广告与公关
6	复旦大学新闻学院	媒介管理学	1. 社会科学前沿 2. 新闻传播学前沿 3. 媒介经济 4. 新闻传播政策与法规 5. 当代新闻传播实务研究 6. 当代广播电视理论与实务 7. 新闻传播学经典选读 8. 世界传播学说史	媒介管理

343

续表

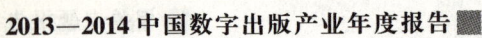

序号	单位名称	专业名称	主要课程	研究方向
7	上海交通大学媒体与设计学院	工商管理（媒介管理）	1. 文化市场与消费理论研究 2. 文化行政与立法专题研究 3. 文化理论文献阅读 4. 消费电子产业政策 5. 中西文化产业比较研究 6. 影视文化学 7. 科技传播学 8. 中国数字电视运营模式研究 9. 数字媒体产业 10. 传播学经典文本精读 11. 传媒研究与文化研究 12. 危机传播管理 13. 全球化与文化研究 14. 国际传播与国家形象 15. 政治与社会研究专题	1. 文化产业与文化管理研究：文化战略与国家文化 2. 媒介经营管理：新闻媒介 3. 数字媒体艺术：艺术学理论 4. 传媒经济与管理：新媒体与广告传播效果研究 5. 媒介战略管理：新媒体研究 6. 品牌传播与管理：网络传播研究 7. 媒介产业管理：组织传播理论 8. 都市文化与传播：都市化进程与城市文化发展 9. 现当代文学艺术和跨文化研究：媒体文化 10. 旅游规划设计与管理：景观规划设计与管理 11. 传播学理论：传播与社会发展 12. 文化产业研究；现代文化思想研究
	上海交通大学人文艺术研究院	工商管理（媒介管理）	1. 传媒研究与文化研究 2. 危机传播管理 3. 全球化与文化研究 4. 国际传播与国家形象 5. 政治与社会研究专题	1. 传播学：心理学 2. 传播学：危机管理 3. 国际传播 4. 比较文化与传播：英语语言文学 5. 文化传播
8	厦门大学新闻传播学院	传播学	1. 传播学前沿 2. 传播学经典研究研读 3. 广告学前沿 4. 广告学经典研究研读	1. 台湾传媒研究 2. 媒介发展史 3. 传播和社会发展

续表

序号	单位名称	专业名称	主要课程	研究方向
	武汉大学新闻与传播学院	传播学	1. 新闻传播研究方法 2. 传播学原著选读 3. 传播理论前沿 4. 国际传播思潮研究 5. 媒介政策与法规 6. 媒介文化研究 7. 广播电视研究 8. 新媒体研究 9. 媒介道德与伦理 10. 媒介文化 11. 媒介素养 12. 媒介技术 13. 跨文化传播 14. 危机传播	1. 传播理论 2. 媒介发展研究 3. 广播电视研究 4. 新媒介发展研究
9	武汉大学新闻与传播学院	跨文化传播	1. 传播理论前沿 2. 跨文化传播研究 3. 新闻传播研究方法 4. 跨文化协商与国际政治传播 5. 传播学及跨文化传播原著选读 6. 跨文化传播的媒介问题研究 7. 冲突与差异管理理论 8. 跨文化传播效果分析 9. 跨文化传播政策研究 10. 跨文化心理研究 11. 社会认知研究 12. 文化人类学理论 13. 文化交流史 14. 组织传播理论 15. 人际传播理论 16. 健康传播中的文化问题 17. 传播定性研究研究方法 18. 传播定量研究方法	1. 跨文化传播理论 2. 跨文化传播的媒介问题研究 3. 国际传播研究

续表

序号	单位名称	专业名称	主要课程	研究方向
	武汉大学新闻与传播学院	数字媒介	1. 数字媒介研究方法 2. 数字媒介理论与前言技术 3. 文献阅读 4. 数字媒介研究 5. 数字媒介工程 6. 现代移动多媒体技术 7. 现代数字电视技术	1. 数字媒介技术与应用 2. 数字媒体工程与管理 3. 移动多媒体 4. 数字电视技术
	武汉大学新闻与传播学院	新闻学	1. 新闻传播研究方法 2. 中外经典新闻著作导读 3. 媒介政策与法规 4. 当代新闻传播理论专题 5. 国际新闻传播思潮 6. 新闻传播发展研究 7. 当代新闻传播实务 8. 媒介文化 9. 媒介发展 10. 媒介素养 11. 媒介技术 12. 跨文化传播 13. 危机传播 14. 定量与定性研究方法 15. 新闻传播治学评价等	1. 新闻传播理论 2. 比较新闻学 3. 新闻传播发展史 4. 新闻传播实务
10	中国传媒大学电视与新闻学院	传播学	1. 传播理论与历史 2. 新闻基础 3. 新闻写作	1. 理论传播学与传播史 2. 国际传播 3. 受众与传媒生态 4. 传媒政策与法规 5. 传播研究方法 6. 大众传播与国际法规 7. 政治传播
	中国传媒大学电视与新闻学院	编辑出版	1. 新闻理论与实务 2. 编辑出版理论与实践 3. 编辑出版基础 4. 新闻写作	编辑出版学
	中国传媒大学广告学院	广告学	1. 广告业务 2. 新闻业务 3. 广告理论 4. 广告传播	1. 广告理论与广告史 2. 广告传播与广告业务 3. 新媒体产业

续表

序号	单位名称	专业名称	主要课程	研究方向
	中国传媒大学动画与数字艺术学院	数字媒体艺术	1. 数字媒体艺术理论 2. 文艺美学 3. 数字内容产业	数字媒体艺术理论与实践
	中国传媒大学信息工程学院	通信与信息系统	1. 数字电视 2. 编码原理 3. 并行计算原理 4. 计算机网络	1. 数字广播技术 2. 信号处理 3. 数字移动多媒体 4. 数字视频技术 5. 宽带信息网络 6. 声信号与声场信息处理 7. 并行计算技术 8. 网络新媒体技术
11	中国社会科学院新闻与传播研究所	新闻学	1. 新闻理论 2. 媒介经营管理概论 3. 新闻传播学研究方法 4. 新媒体研究 5. 危机公关与广告策划 6. 广播电视新闻研究 7. 传媒产业整合营销与品牌运营 8. 公共关系与大众传媒	1. 新闻法治研究 2. 传媒经营管理研究 3. 传播与社会发展研究
12	中国科学技术大学人文与社会科学学院	传媒管理	1. 传播与知识管理 2. 信息传播理论 3. 表达与沟通	1. 传媒事业管理 2. 知识管理技术 3. 新媒介研究
13	南京大学新闻传播学院	大众传播与媒介管理	1. 传播与社会研究 2. 媒介管理研究 3. 新闻传播学研究方法 4. 媒介文化学 5. 新闻史研究专题 6. 受众研究专题 7. 人际传播专题 8. 媒介与社会性别研究 9. 文化产业与媒介经营实务 10. 媒介环境学	1. 传播与政治 2. 新媒体传播 3. 传播与文化 4. 文化创意产业 5. 传播与社会

续表

序号	单位名称	专业名称	主要课程	研究方向
	暨南大学新闻与传播学院	传播学	1. 新闻传播理论专题研究 2. 新闻传播史专题研究 3. 新闻业务专题研究 4. 学科前沿讲座 5. 媒介与社会专题研究 6. 新闻传播研究方法论 7. 媒介经营战略与策略 8. 海外华文传媒研究 9. 广播电视专题研究 10. 区域传媒发展研究 11. 广告学专题研究	1. 新闻传播理论 2. 新闻传播实务 3. 舆情与社会管理 4. 媒介文化与媒介批评 5. 传媒法与新闻伦理 6. 海外华文媒体与国际传播
14	暨南大学新闻与传播学院	广告学	1. 新闻传播理论专题研究 2. 新闻传播史专题研究 3. 新闻业务专题研究 4. 学科前沿讲座 5. 媒介与社会专题研究 6. 新闻传播研究方法论 7. 媒介经营战略与策略 8. 海外华文传媒研究 9. 广播电视专题研究 10. 区域传媒发展研究 11. 广告学专题研究	1. 广告理论与实务 2. 中外广告史 3. 广告经营管理 4. 区域形象传播
	暨南大学新闻与传播学院	传媒经济学	1. 新闻传播理论专题研究 2. 新闻传播史专题研究 3. 新闻业务专题研究 4. 学科前沿讲座 5. 媒介与社会专题研究 6. 新闻传播研究方法论 7. 媒介经营战略与策略 8. 海外华文传媒研究 9. 广播电视专题研究 10. 区域传媒发展研究 11. 广告学专题研究	1. 传媒经营管理 2. 文化产业研究 3. 新媒体研究 4. 传媒战略管理
15	南京师范大学新闻与传播学院	新闻学	1. 新闻学导论 2. 中国新闻史 3. 外国新闻传播史 4. 传播学教程 5. 传播媒介的历史之光 6. 新闻评论教程	1. 新闻传播理论 2. 中国新闻史 3. 新闻法学 4. 广播电视学（含新闻摄影学）

续表

序号	单位名称	专业名称	主要课程	研究方向
16	四川大学文学与新闻学院	传播学	1. 新闻传播学基础 2. 传播学研究 3. 新闻学理论（包括采写编评） 4. 文化与传媒 5. 广告传播学	1. 公共传播 2. 广播电视研究 3. 传媒与文化产业 4. 网络与新媒体 5. 传播学与符号学
17	上海理工大学管理学院	传媒管理	1. 管理学新进展 2. 非线性控制理论 3. 人力资本与企业制度创新 4. 信息管理与数据挖掘 5. 高级网络优化	1. 传媒产业系统分析 2. 传媒经营与管理 3. 数字内容管理
18	福州大学	通信与信息系统	1. 现代信号与信息处理方法 2. 图像处理与分析 3. 多媒体交互与仿真 4. 数字视频处理与通信 5. 网络多媒体技术 6. 设计信息学 7. 艺术学概论 8. 创新设计技术导论 9. 网络化艺术 10. 数字化艺术设计	1. 无线通信与网络技术 2. 多媒体通信 3. 数字媒体技术与艺术 4. 医学信息工程与图形系统 5. 地球信息科学与遥感应用技术 6. 地理信息工程与系统集成 7、智能信息系统
19	苏州大学凤凰传媒学院	媒介文化	1. 大众传播学 2. 新闻学理论（包括采写编评） 3. 媒介文化理论	1. 传媒与文化产业研究 2. 传媒文化研究
20	南京艺术学院传媒学院	戏剧与影视学	1. 实用媒体美学 2. 数字艺术论 3. 新媒体艺术论 4. 数字美学 5. 数字媒体艺术研究	数字媒体艺术研究
21	哈尔滨工业大学媒体技术与艺术系	数字媒体技术（联合）	1. 网络与数字媒体的艺术设计与技术开发 2. 网络与数字媒体的艺术美学与技术美学研究 3. 网络与数字媒体文化形态的理论研究	1. 网络与数字媒体设计理论 2. 复合媒体界面设计 3. 工程美学与数字仿真技术 4. 3D影像与交互式空间设计

续表

序号	单位名称	专业名称	主要课程	研究方向
22	上海大学影视艺术技术学院	新闻与传播学	1. 中国新闻传播史 2. 传播学概论 3. 媒介环境学 4. 电视传播史 5. 中国传媒经济研究 6. 传播学研究理论与方法 7. 媒介分析技巧 8. 广告社会学	1. 中国新闻与传播思想研究 2. 传播理论 3. 传媒经济与文化产业 4. 国际传播 5. 中外传媒制度 6. 广播电视与数字媒体 7. 广告与会展
23	山东大学文学与新闻传播学院	传播学	1. 传播实务 2. 新闻传播史论 3. 中外新闻事业传播史 4. 传播学概论	1. 视觉艺术传播 2. 媒介文化学 3. 广告学
	山东大学文学与新闻传播学院	新闻学	1. 传播实务 2. 新闻传播史论 3. 中外新闻事业传播史 4. 传播学概论	1. 理论新闻学 2. 应用新闻学 3. 历史新闻学
24	华东师范大学传播学院	传播学	1. 传播学经典 2. 动画研究 3. 纪录片研究 4. 媒介理论 5. 传媒文化与社会 6. 中国现代出版研究专题 7. 新媒体研究 8. 电影理论研究专题 9. 影视艺术设计 10. 书法文化专题研究 11. 书法传播学 12. 书法心理学 13. 广告理论与广告史专题研究 14. 广告舆论传播研究 15. 传媒经济专题研究	1. 传播理论与实务 2. 编辑出版与传媒文化研究 3. 电影文化传播与理论研究 4. 书法文化与传播心理 5. 广告理论与广告史研究

续表

序号	单位名称	专业名称	主要课程	研究方向
	华东师范大学传播学院	新闻学	1. 传播学经典 2. 新闻传播实务研究 3. 新闻理论专题 4. 新闻事业与社会发展 5. 中外新闻传播史专题 6. 新媒体专题 7. 媒介管理学专题 8. 媒介文化研究 9. 全媒体传播研究 10. 广播电视新闻专题 11. 舆情与危机传播研究 12. 3D产业发展专题 13. 新闻节目主持专题 14. 著名新闻节目主持人研究 15. 传播方法研究 16. 媒体融合研究	1. 新闻理论与实务 2. 新媒体与传媒管理 3. 广播电视新闻与危机传播 4. 新闻传播与数字内容产业
25	河北大学新闻传播学院	新闻传播学	1. 新闻业务专题研究 2. 文化传播专题研究 3. 出版与文化专题 4. 比较新闻学专题研究 5. 多学科视野与新闻传播学	1. 新闻传播史论 2. 新闻传播实务 3. 文化传播 4. 编辑出版

(作者单位：上海理工大学)

中国数字出版产业基地研究报告

陈 彤

作为推进我国数字出版产业发展的一项重要举措,国家数字出版产业基地的建设从2008年开始就成为国家新闻出版广电总局(原新闻出版总署)的重要工作重点之一。从2008年第一家国家数字出版产业基地在上海张江成立之后,原新闻出版总署直到2010年才批准成立了第二个国家数字出版产业基地——重庆基地。但是从重庆基地批准成立后,我国数字出版产业基地成立的数量迅速增加。截至2013年年底青岛基地获批,共有13家国家数字出版基地相继成立,分布在我国除东北地区之外的各大地区。具体情况见表1。

表1 我国各基地分布和获批时间表

序号	基地名称	获批时间	所在省市
1	上海张江国家数字出版产业基地	2008	上海
2	重庆北部新区国家数字出版产业基地	2010	重庆
3	杭州国家数字出版产业基地	2010	浙江杭州
4	中南国家数字出版产业基地	2010	湖南长沙
5	华中国家数字出版产业基地	2010	湖北武汉
6	天津国家数字出版产业基地	2010	天津
7	广东国家数字出版产业基地	2011	广东广州
8	西安国家数字出版产业基地	2011	陕西西安
9	江苏国家数字出版产业基地	2011	江苏南京、无锡、苏州、扬州、镇江
10	安徽国家数字出版产业基地	2013	安徽合肥、芜湖
11	北京国家数字出版产业基地	2013	北京

续表

序号	基地名称	获批时间	所在省市
12	海峡国家数字出版产业基地	2013	福建福州、厦门等
13	青岛国家数字出版产业基地	2013	山东青岛

从 2008 年到 2013 年为止，我国的数字出版产业基地布局基本完成，基地+分园区的模式标志着以基地带动区域数字出版产业发展的模式初显成效，各基地在探索各自适合发展的道路上已经取得一定得成果，基地在全国数字出版产业的重要性日渐增加。本报告将对我国数字出版产业基地的设立和发展情况进行阐述和分析。

一、2014 年新成立的国家数字出版产业基地

2014 年年初至 4 月底，经国家新闻出版广电总局批准挂牌成立的国家数字出版产业基地只有一家——青岛国家数字出版产业基地。青岛基地作为我国第 13 家国家级数字出版产业基地，也是原国家广电总局和新闻出版总署合并为国家新闻出版广电总局之后批准设立的第一家国家级数字出版产业基地，于 2014 年 4 月在山东省青岛市正式挂牌运营。青岛基地同时也是我国第一家设在地级市的国家数字出版产业基地。

这是与山东省政府十分重视数字出版产业的发展分不开的。原山东省新闻出版局在 2012 年就出台了《关于加快我省数字出版产业发展的若干意见》，提出全省数字出版产业发展要以青岛数字出版产业基地为依托，确定青岛作为全省数字出版的龙头。同年，经原山东省新闻出版局批复同意在青岛建设山东省（青岛）数字出版产业基地。青岛市由此成为山东省数字出版产业发展的核心区域。

青岛基地的模式是以大企业和成熟园区为依托，构建包括以海尔集团、海信集团为依托的数字出版终端研发生产园区，以青岛出版集团为依托的数字出版内容园区，以市北中央商务区为依托的数字出版企业孵化园区，以国家广告产业园为依托的数字创意新媒体园区，以青岛光谷软件园为依托的软件研发园区等五大园区。基地正式运营后，重点发展终端研发生产、传统出版数字化、

网络教育培训、动漫游戏产业、网络原创文学、技术创新研发和公共文化服务等产业，以人机交互智能电视应用平台项目、数字社区项目、应用商城项目等17个重点支撑项目，推动基地的建设发展。

二、国家数字出版产业基地建设情况

自从2013年以来，各省市继续推进数字出版产业基地的建设和发展。以张江为代表的一批较成熟的基地已经进入快速发展时期。

上海张江作为全国首个国家级数字出版产业基地，建立伊始就得到原新闻出版总署和上海市政府的有力支持，无论是在基地产值还是入驻企业数量上，都遥遥领先其他基地。2013年，张江基地的产值预计突破了200亿元，成为我国第一家产值超过200亿元的数字出版基地园区。

重庆基地作为西部首个国家数字出版产业基地，同样受到重庆市和北部新区的重点关注，基地突出"无线移动、交互性、个性化、跨媒体"的发展方向，形成基于"云"的平台运营和信息服务、基于"端"的软件及终端产品制造产业集群的产业结构，经过3年多的建设，基地2013年相关产值达到130亿元。杭州国家数字出版产业基地作为第一个以整个城市为主体申报的园区，不断探索新的建设和发展模式。杭州市专门成立了基地建设管理领导小组及其办公室，协调解决全市在推进数字出版基地呈现出的点多面广，以及在市域范围内数字阅读、数字教育、动漫网游、数字化内容投送和数字印刷等发展程度不均的特点，管理层构建了以城市为整体、核心园区和数个功能园区为特征的组团式发展格局。

近年来，新成立的基地也不甘落后。前几年启动的基础设施建设逐渐投入使用，新的园区也纷纷开始启动、建设和运营。

华中基地由民营资本投资建设，湖北省政府和武汉经济技术开发区在财政、税收、融资、人才、资金等方面都积极为基地发展提供支持。2014年，基地主体工程将交付使用，相关配套管理服务平台建设和招商引资工作正在加紧推进，已经有中文在线、航天数字传媒湖北有限公司、武汉长江学习工厂数字科技有限公司等6家企业与基地签署了入驻协议或前期战略性合作意向协议。

作为第一家多城市分园区组成的基地，江苏基地各园区不断拓展物理空间，完善公共服务平台。南京园区体验、展示、云计算等三个中心已正式投入运营，二期数字文化社区基本完工，随着数字大厦6万平方米物业空间的即将投入使用，有望新增一批入驻企业。苏州园区则创新A区、B区双轮驱动模式，已有17万平方米物业空间交付使用，设立数字创新创业中心、网络游戏公共运营平台及版权工作站，完善了人才服务、游戏公共运营服务、金融服务、版权服务"四位一体"的服务平台，设立1亿元的文化投资基金，成功投资6家数字出版企业。此外，无锡园区报业大厦即将正式运营，将引入数字印刷板块，新区软件园将进一步提升"硬件"配套程度，吸引更多数字出版龙头企业入驻。2014年2月，镇江市正式发布《镇江市数字出版产业发展引导资金使用管理办法》。这是继《关于加快镇江数字出版产业发展的意见》和《江苏国家数字出版产业基地镇江园区2013－2020年发展规划》后的又一市级文件，进一步细化了推进数字出版产业发展方面的财政政策。

安徽基地合肥园区一期（动漫基地）2013年已建成，占地面积330亩，总建筑面积59万平方米，入驻企业200余家。二期项目已于2012年4月开工建设，占地300亩，总建筑面积71万平方米，计划在2015年建成。二期将重点建设完善延伸区和综合配套区管理服务功能，建设商务办公楼、大型酒店、运动中心、银行、超市等功能区域，引入金融、风险担保、商业投资、人才培训、物业管理等各类机构，为数字出版基地提供更加广阔的空间和更加完善的保障。

2013年12月，北京国家数字出版产业基地建设宣布正式启动。北京基地将充分利用首都的文化中心优势和丰富的数字出版资源，重点发展电子图书、数字报刊、数字音乐、网游动漫和网络教育等数字出版产业。未来，北京市新闻出版局将与丰台区共同努力，通过体制创新、政策创新、科技创新、服务创新，推动数字出版产业集聚发展，推动传统出版向数字出版转型升级，使基地集数字出版创意策划、数字内容加工生产、数字出版平台运营、数字出版技术研发、数字出版人才培训、数字版权贸易和投融资服务于一体。对入驻基地的数字出版企业，在条件具备的情况下，优先支持申报互联网出版许可证,同时,加大对国家数字出版产业基地建设的产业指导和政策扶持力度。

三、国家数字出版产业基地发展状况分析

（一）数字出版产业基地布局基本完成，各基地进入快速发展时期

产业园区（基地）作为产业集群的重要载体和组成部分，在地区经济发展中占据日益重要的地位。以硅谷为代表的一批科技园区的成功案例表明，这种模式能够有效地创造集聚力，汇聚各种资源，通过资源集中和资源共享，来带动相关产业的发展，从而推动产业集群的形成。2008年起，作为新闻出版产业主管部门，国家新闻出版广电总局以授牌的形式，由当地政府划出一块区域，通过优化经济发展的软环境和硬环境，制定一系列优惠政策，以政府管理或企业管理的模式，吸引和鼓励数字出版企业入驻和发展，形成数字出版产业集群。

截至2014年4月，全国的国家级数字出版产业基地数量已经达到了13家，基本覆盖了我国绝大部分数字出版产业发展较快的地区。自从第一家国家数字出版基地在张江成立以来，各基地通过引进重点企业、落实重点项目、开发重点产品、建设重要平台等方式实现集聚数字出版企业的功能，基地产值逐年递增。据原新闻出版总署统计，2012年，当时成立的9家国家数字出版基地（园区）共实现营业收入624.7亿元，占数字出版全部营业收入的32.3%；拥有资产总额412.9亿元；实现利润总额85.1亿元。同口径比较，数字出版基地（园区）营业收入较2011年增长40.2%，资产总额增长43.2%，利润总额增长12.2%。在这九家数字出版基地中，其中营业收入超过200亿元的有1家，即上海张江国家数字出版产业基地；在100亿元－200亿元之间的有2家，即广东国家数字出版产业基地、江苏国家数字出版产业基地；在50亿元－100亿元之间的有6家。

表2　2012年国家数字出版产业基地（园区）的营业收入

单位：亿元

排名	基地（园区）名称	营业收入	在全体中所占比重	
			比重	累计比
1	上海张江国家数字出版产业基地	200	32.01	32.01
2	广东国家数字出版产业基地	130	20.81	52.82
3	江苏国家数字出版产业基地	128.24	20.53	73.35
4	杭州国家数字出版产业基地	68.76	11.01	84.35
5	中南国家数字出版产业基地	56.22	9	93.35
6	西安国家数字出版产业基地	30.17	4.83	98.18
7	重庆北部新区国家数字出版产业基地	7.23	1.16	99.34
8	天津国家数字出版产业基地	3.42	0.55	99.89
9	湖北华中国家数字出版产业基地	0.68	0.11	100
—	合　计	624.72	100	——
—	平　均	69.41	——	——

来源：《2012年新闻出版产业分析报告》

从表2中可以看出，仅张江、广东和江苏三家基地营业收入占全部基地的比重将近四分之三。而华中基地、天津基地和重庆基地因为是授牌后才开始启动建设，基地还没有形成规模，所以营收不高。2013年后新成立的四家基地除北京基地仍在建设期外，其他基地都有一定的园区经济基础，对于全国基地总营业收入的增加将会有较大的贡献。随着一批新建园区在未来几年逐渐投入运营，基地的总收入将继续保持较大幅度的增长。

（二）基地在发展中形成各自特色，探索适合自己的发展道路

目前，我国数字出版产业基地的差异化、区域化定位已初见成效，产业集群化效益日趋显现。在基地模式兴起之初，存在产业发展定位不清、布局结构趋同等问题。然而，随着集群化的逐渐深入，数字出版产业的急速发展，现阶段我国各家数字出版产业基地已基本实现了由获批挂牌逐步向差异化、特色化发展的阶段性过渡，在基地定位上更加清晰、明确。如上海张江的原创文学与网络游戏，天津和重庆的云计算技术服务，杭州的移动阅读和网游动漫。江苏基地拥有五个园区，对于五个园区的功能定位和发展路径，当地政府都因地制宜，突出区域特色，以当地文化资源优势和技术经济优势为支撑，进行了比较明晰的确定。南京园区以传统新闻出版数字化转型升级和数字出版与软件产业

融合发展为重点，无锡园区以影视动漫和新媒体为重点，苏州园区以网络游戏研发、运营、出口为重点，扬州园区以电子纸和电子书包为重点，镇江园区以数字出版核心技术研发、海量内容加工和技能培训为重点，发挥比较优势，实现错位发展。最新成立的青岛国家数字出版产业基地依托海尔、海信等大型制造企业集团，在所有的国家级数字出版产业基地中拥有的终端产品种类最多，数量最大。青岛基地以终端研发和市场品牌为特色，推动传统制造业数字化智能化升级，成为各基地数字出版终端产品研发的领头军。

然而，我国数字出版的产业集群化模式仍尚处于起步阶段，距第一家上海张江国家数字出版产业基地从获批至今也仅有4年的时间，许多基地成立时间尚短，产业引导和发展经验不足，基地建设仍然面临着一些困难和问题，如产业链企业集中度低，资源配置不尽合理，资源分散，传统业态向新兴业态转型迟缓，数字出版人才队伍匮乏和经营管理水平欠缺等。这些困难和问题的存在，需要各基地充分发挥各自的资源优势、探索适合自己发展的管理模式、建设模式和运营模式，在发展之中予以解决。

（三）国家级基地设立步伐减缓，分园区设立逐渐增加

2014年起，随着全国已设立了13个国家级数字出版产业基地，覆盖了大部分数字出版产业较发达的省市，新闻出版广电总局在全国的基地布局工作已经实现并超越了在《新闻出版业"十二五"时期发展规划》中提出："在全国形成10家左右各具特色、年产值超百亿的国家数字出版基地或国家数字出版产业园区"的目标。

虽然全国基地授牌的数量只有13家，但是各省市通过以多园区联合申报、建立分园区、延伸园等形式，将多个园区纳入国家数字出版产业基地范围内的园区数量据不完全统计已经超过了30家。在这些园区中，既包括了申报时就已涵盖在内的园区，也包括了授牌之后又以分园区、延伸园等名义新纳入的园区。

表3 各基地的园区构成情况

序号	基地	模式	分园区情况
1	张江基地	延伸园	虹口园区
		分基地	云南分基地

续表

序号	基地	模式	分园区情况
2	杭州基地	一城市、多园区	滨江数字出版核心园区
			杭报数字出版园区
			中国移动手机出版园区
			中国电信数字阅读园区
			华数数字出版园区
			数字娱乐出版园区
			滨江动漫出版园区
			人民书店数字出版园区
3	华中基地	分园区	荆州分园区（荆州数字出版产业城）
			河南洛阳分园区（洛龙区炎黄科技园）
4	广东基地	一中心、四园区	广州天河园区
			广州东圃园区
			深圳前海园区
			佛山园区
5	江苏基地	一基地、多园区	南京园区
			苏州园区
			无锡园区
			扬州园区
			镇江园区（润州区、句容市两个集聚区）
6	安徽基地	一基地、两园区	合肥园区
			芜湖园区
7	北京基地	一区多园	资料暂无
8	海峡基地	两圈一带一延伸	以福州、厦门软件园为核心和重点，后期则以福州、厦门两个数字出版产业圈为基点，构筑福州、莆田、泉州、厦门、漳州印刷园区及高新技术园区沿海数字出版产业带，并向平潭综合实验区拓展，
9	青岛基地	一基地、五园区	以海尔集团、海信集团为依托的数字出版终端研发生产园区
			以青岛出版集团为依托的数字出版内容园区
			以市北中央商务区为依托的数字出版企业孵化园区

续表

序号	基地	模式	分园区情况
			市北中央商务区为依托的数字出版企业孵化园区
			国家广告产业园为依托的数字创意新媒体园区
			以青岛光谷软件园为依托的软件研发园区

四、国家数字出版产业基地未来发展的情况分析

(一) 政府对国家数字出版基地的管理滞后于基地的发展

自从原新闻出版总署设立国家级数字出版基地以来，国家新闻出版广电总局对于基地的管理并没有成文条例进行规范。总局一直拟形成《国家级出版产业基地（园区）管理办法》，对产业基地、产业园区、产业带的建设发展进行规划指导。但是总局对于国家数字出版基地发展情况的考评工作还没有正式开展。各基地（园区）重点企业发展的引导机制、重点项目推动机制、信息沟通交流机制仍缺乏有效沟通交流。

在对基地（园区）的管理方面，文化部所采用的机制已经比较成熟，值得借鉴。为培育市场主体，增强企业活力，发挥骨干文化企业的示范、窗口和辐射作用，从2004年至今，文化部先后命名了五批共266家国家文化产业示范基地、四批8家国家级文化产业示范园区和首批4家国家级文化产业试验园区。

2006年，文化部为了规范国家文化产业示范基地的评选命名工作，制定了《国家文化产业示范基地评选命名管理办法》。2010年7月，文化部出台《国家级文化产业示范园区管理办法（试行）》（以下简称《办法》），进一步规范了国家级文化产业示范园区的评选条件，明确了对国家级文化产业示范园区进行总量控制的管理思路。文化部文化产业司定期派出考核组、巡检组或委托各省、自治区、直辖市文化厅（局）对各自辖区范围内的所有国家级文化产业示范（试验）园区、国家文化产业示范基地进行考核、检查。

《办法》规定，国家级文化产业示范园区每两年申报、命名一次，每次命名不超过两个。此外，原则上每个省级行政区内园区总量不超过两个。《办法》

明确了申报国家级文化产业示范园区应达到的条件，除符合当地文化产业规划等条件外，还包括"园区内非文化类商业及其他配套面积不得超过园区总建设面积的20%"；园区内还需"已经聚集一定数量的文化企业，园区内文化企业数量占园区企业总数的60%以上"等条件。《办法》还规定，对评审合格的园区，经文化部部务会议讨论通过后，还需在文化部网站和《中国文化报》上公示，公示期为20天；国家级文化产业示范园区每年4月需向省级文化行政主管部门和文化部文化产业司报送年度发展情况，并且如果园区对规划和重要文化产业项目作出重大调整时，须报文化部文化产业司备案。

此外，文化部将根据《办法》组织相关部门及专家，对已命名的园区进行建设目标考核，每两年举行一次，考核结果分为通过考核、限期整改、撤销命名三种，限期整改的期限不超过6个月。《办法》还明确规定如果园区有"损害消费者利益，并造成严重不良社会影响；经营管理不善，不能达到园区认定条件；改变园区性质"等行为时，将被撤销命名。

2009年的巡检中，有3家单位被撤销了"国家文化产业示范基地"的命名。2013年巡检工作后，于2014年1月，撤销了广东省广州北岸文化码头国家级文化产业试验园区、辽宁省大连普利文化产业基地国家文化产业示范基地命名。

文化部通过严进严出、有进有出的园区考核体制既促进了各地申报和推进文化园区发展的动力，也避免了有了挂牌就一劳永逸的局面。国家新闻出版广电总局在下一步对基地的管理规划中，应及时跟上基地发展的进程，通过及早建立完善的准入和考核机制，以实现既能激励各省市和园区运营主体建设好园区、发展好园区的目的，又能避免各地园区一哄而上挂牌后，缺乏对数字出版企业持续的、实质性的引导和扶持行为。

（二）数字出版产业基地需带动传统出版产业进一步发展

加快传统出版与数字出版的融合发展是我国"十二五"时期新闻出版产业发展的目标。传统出版与数字出版在融合发展过程中存在着发展模式不清晰、传统出版企业数字化发展速度迟缓、利益分配机制有待完善、产业标准亟待统一、数字版权保护还不到位等方面的问题，这在一定程度上为新闻出版产业的快速健康可持续发展带来了新的挑战。

国家新闻出版广电总局多次提出要加快新闻出版产业基地建设，通过把建立国家数字出版基地作为推进传统出版于数字出版深度融合的推进器，集中优质资源、优势企业和先进技术，打造新业态产业集群。

在目前已经成立的13家国家数字出版产业基地中，有一部分基地是传统出版集团直接介入基地的建设和运营。中南国家数字出版基地由湖南省新闻出版局专门成立基地工作小组办公室，负责基地的建设发展工作。中南出版传媒集团股份有限公司作为湖南最大的出版集团，直接参股基地公司，负责基地园区的建设、运营和管理工作。广东国家数字出版产业基地则由南方出版传媒股份有限公司负责建设。江苏基地的园区也有传统出版传媒企业参与运营，其中南京园区的运营主体"江苏国家数字出版基地发展投资有限公司"股东包括凤凰传媒、新华传媒、南京报业等机构；无锡园区则以无锡日报报业集团为运营主体，着重推进传统出版企业向数字出版转型。

除此之外，在其他大部分国家数字出版基地的建设过程中，鲜见传统出版企业直接介入基地的建设和运营。大部分由开发区为主体建设和运营的基地，采用传统以"招商引资"为主的园区开发管理模式，注重引进企业能给园区直接带来的经济效益。而传统出版企业在转型的过程中，仍然没有寻找到成功的商业模式能转型成功，往往面临的是投入大产出小、甚至没有产出的问题。因此以开发区为主体建设和运营的园区往往缺乏动力去推动传统出版企业向数字出版转型。

此外，为扶持当地数字出版产业的发展，推进国家级数字出版基地的建设，各基地所在省、地级行政区政府机构都发布了一系列促进数字出版产业发展的政策依据，如上海《上海市人民政府办公厅印发关于促进本市数字出版产业发展的若干意见的通知》等。此外，各地方政府还特别针对基地建设出台了一系列专项扶持政策。如上海《关于印发〈张江国家数字出版基地建设专项资金管理办法（试行）〉的通知》，杭州《杭州市人民政府办公厅关于加快杭州市国家数字出版基地建设的通知》等。但是在各地的专项资金管理办法中，很少有直接推动传统出版企业入驻基地，鼓励传统出版企业与基地内数字出版企业的资源对接，或者促进传统出版企业开展数字出版项目的针对性的资助政策。大部分基地的区域行业主管部门都没有把传统出版企业的转型与基地的建设与发展两者融合落实到具体的推进措施。

总体而言,在国家数字出版基地现在的建设进程中,传统出版与数字出版融合发展的任务并没有取得进一步的进展。在新闻出版广电总局对各基地下一步发展的规划中,需要强化基地产业服务和产业转型推动的功能,增强基地作为传统出版产业和移动互联网产业、金融产业等多产业对接和融合的桥梁作用。

(作者单位:上海张江数字出版文化创意产业发展有限公司)

中国移动阅读产业研究报告

孙香娟

一、背 景

关于移动互联网的发展趋势预测，全球知名国际金融服务公司摩根士丹利（Morgan Stanley）曾在 2009 年 12 月发布了一份《移动互联网研究报告》。在这份研究报告中，曾经有几个预测特别值得回顾，分别是：我们现在已经进入移动互联网周期的早期阶段；移动互联网的发展速度快于桌面互联网，并且其规模将大得超乎多数人的想象，因为它代表着 5 大趋势的融合（3G + 社交 + 视频 + 网络电话 + 日新月异的移动装置）；苹果公司目前在移动创新和影响力方面居于领先地位，但应用产业生态系统的深度、用户体验和定价将决定谁是长期赢家；改变游戏规则的通信/商务平台（社交 + 移动平台）正飞速涌现；海量数据增长推动运营商/设备走向转型；新兴市场存在众多很有吸引力的机会。从 2009 年至今，正如这份报告预测的那样，移动互联网产业自身的发展及其对传统产业的渗透是快速的，影响是及其深远的。截至目前，全球移动互联网用户总数已经超过 10 亿，意味着移动互联网已经、并正在改变 10 亿人生活方式的点点滴滴。但与此同时，还有 50 亿人没有被"移动"起来。业内专家一致认为移动未来，就是移动下一个 50 亿。而我们更关心，这下一个 50 亿之中，与出版有关，与阅读有关的用户数量为多少。

（一）移动互联网高速发展为移动阅读提供了土壤

国内，互联网发展正在从"量变"转向"质变"，手机终端应用的范围和领域不断在扩展。根据中国互联网络信息中心（CNNIC）2014年1月16日在京发布的第33次《中国互联网络发展状况统计报告》（以下简称《报告》）显示，截至2013年12月末，中国网民规模达6.18亿，互联网普及率为45.8%。其中，手机网民规模达5亿，继续保持稳定增长。手机网民规模的持续增长促进了手机端各种应用的高速发展，成为2013年中国互联网发展的亮点之一。

《报告》显示，综合近年来网民规模数据及其他相关统计，中国互联网发展主题从"数量"向"质量"转换，各类互联网应用对网民生活形态影响力度加深。截至2013年底，中国手机网民规模达到5亿，年增长率为19.1%，继续保持上网第一大终端的位置。网民中使用手机上网的人群比例由2012年底的74.5%提升至81.0%，手机仍然是中国网民数量增长的主要驱动力。

在3G网络进一步普及、智能手机和无线网络持续发展的背景下，网络文学、视频、音乐等高流量手机应用已经拥有越来越多的受众。用户上网设备向手机端转移是手机端流量应用使用率激增的主要原因之一。

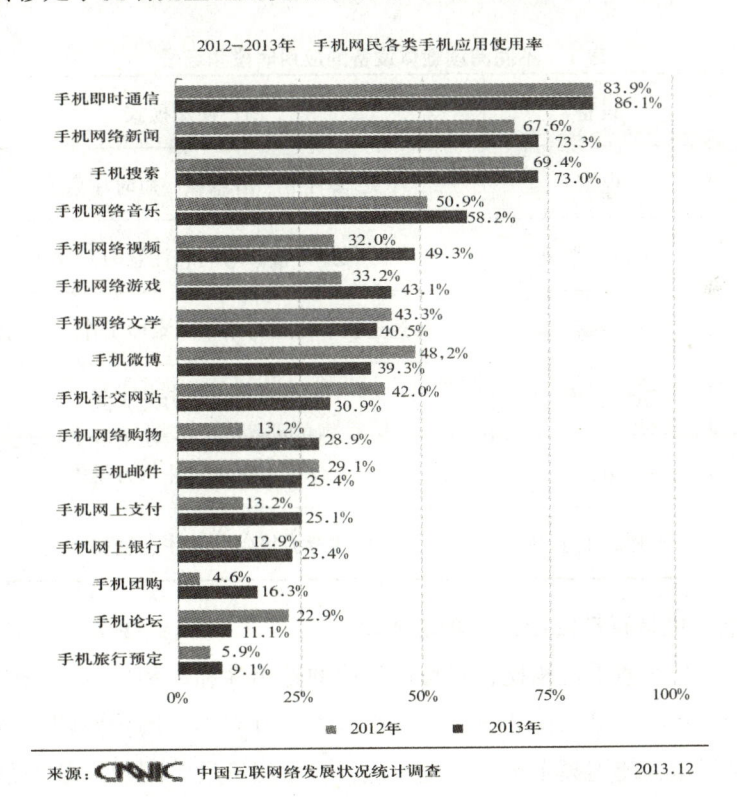

2012-2013年 手机网民各类手机应用使用率

应用	2012年	2013年
手机即时通信	83.9%	86.1%
手机网络新闻	67.6%	73.3%
手机搜索	69.4%	73.0%
手机网络音乐	50.9%	58.2%
手机网络视频	32.0%	49.3%
手机网络游戏	33.2%	43.1%
手机网络文学	43.3%	40.5%
手机微博	48.2%	39.3%
手机社交网站	42.0%	30.9%
手机网络购物	13.2%	28.9%
手机邮件	29.1%	25.4%
手机网上支付	13.2%	25.1%
手机网上银行	12.9%	23.4%
手机团购	4.6%	16.3%
手机论坛	22.9%	11.1%
手机旅行预定	5.9%	9.1%

来源：CNNIC 中国互联网络发展状况统计调查　2013.12

图1　2012-2013年中国手机网民网络应用

从图1可见，伴随着移动互联网和智能终端的高速发展，为基于移动互联网的应用服务提供了生长的土壤和系统性的支撑。

（二）移动阅读开始走向泛在时代

1. 多设备阅读应用成为常态

随着智能手机等多种设备的出现，用于日常阅读的载体呈现出多样化。在电子设备阅读载体方面，以往多以PC阅读为主，自2010年以来，通过智能手机、平板电脑等载体阅读的比例增长很快。网民的上网时间基本上被智能手机、平板电脑、PC机、电视瓜分。据统计，在这四种设备中，平均每次互动持续的时间分别为智能手机17分钟、平板电脑30分钟、PC39分钟、电视43分钟。

在各类设备阅读的时段研究中，不同时段有不同的应用特点，总结如下表：

表1　不同阅读载体设备的应用时段和场景

时间/场合	设备	用户使用模式
早晨	电视	多任务、潜意识、短时注意力
通勤时间	手机、平板	低速链接、时间和注意力差异大
工作时间	电脑	高速连接、注意力集中、桌面工作、不同任务
通勤时间	手机、平板	时间和注意力差异大
晚上休息	电视	休闲、娱乐、注意力集中
睡觉前	平板、电子书	注意力集中、关注、躺在床上

2. 智能手机是移动阅读最常用的入口

智能手机与普通手机相比，对移动阅读的易用性和便利性支撑较强。智能手机具有操作系统，可以安装第三方应用软件，具有丰富的传感器，全天候使用，单次时间短，使用频率很高。也因此，移动阅读最常用的终端即是智能手机，针对智能手机开发的各类阅读应用数不胜数。

二、2013年移动阅读市场分析

（一）移动阅读市场规模分析

1. 移动阅读相关概述

移动阅读是指人们运用手中的手机、平板电脑、专用电子手持阅读器等移动终端，通过在线、离线等方式，浏览电子图书、动漫、报刊等内容的阅读行为。

以中国移动为代表的电信运营商阅读基地的成立，助推我国移动阅读实现快速发展。正是由于强大的渠道和用户推送能力，使得移动阅读在短时间内便取得了飞速的成长，也带动了整个产业的发展，各大电商平台以及各类移动客户端应用如雨后春笋般层出不穷。

2. 移动阅读产业链结构

任何一个产业的可持续发展，毫无疑问都需要一个健康的生态系统，即拥有健全且健康的产业链。在移动阅读产业发展的过程中，也形成了这样的产业链结构。在产业链上流转的是产品和资金，实体上涉及了版权拥有者、内容生产者、平台提供者、支付厂商、用户等多重环节，此外还有一些关联环节延伸出来的实体，如硬件生产者、流量渠道等。正是这些环节的密切配合，支撑了移动阅读业务的快速发展，也形成了自数字出版出现以来真正上规模的产业。

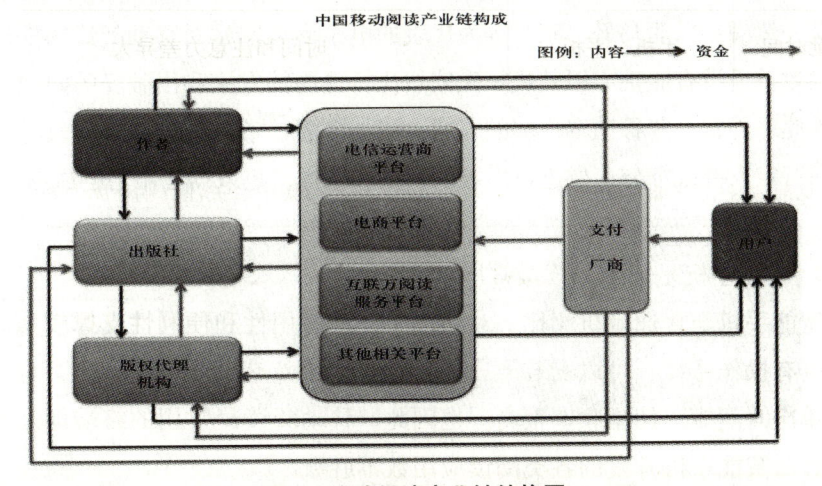

中国移动阅读产业链构成

图例：内容 ——→ 资金 ——→

图2 移动阅读产业链结构图

（1）作者：作者是创作内容的源头，也是版权拥有者。在当前市场情况下，依然反映出内容的质量是关键。实际上内容就是我们常说的产品，产品的好坏直接决定着销路和能否拉动市场需求。因此这个环节非常关键。

（2）出版社/图书公司：出版社是帮助作者实现纸书和电子书出版的机构，获得作者的授权，并在市场上进行销售。当前出版社/图书公司多采取授权输出的方式与平台商合作，作为内容提供方开展版权的经营活动。

（3）平台提供者：由于互联网和移动互联网的特点，移动阅读内容的推送也是集中在少数有影响力的几个平台上，这里面有包括中国移动、中国电信、中国联通的三大运营商平台；也有亚马逊、京东、淘宝、当当等电子商务平台；还有门户网站以及搜索网站各自建立的读书频道等等；此外也有移动客户端方面做得有声有色的平台，如塔读、中文书城、掌阅等。这些平台或者掌握着大量的用户，或者拥有独特的渠道能力和特色，平台上直接面对读者提供运营和营销服务。总之在当前的产业链上发挥着极为重要的角色。

（4）支付厂商：目前支付手段已经不再是瓶颈，各种支付手段极大的便利了读者。

（5）用户：最终付费阅读的读者。

3. 移动阅读产业的市场规模

据不完全统计，2013 年，移动阅读市场的产业规模超过了 60 亿元，在这样的市场规模中，三大电信运营商阅读基地的收入仍然占据了主要地位。当然，亚马逊 Kindle 在 2013 年进入国内市场，一度掀起了媒体和行业以及用户对移动阅读的又一热潮。以亚马逊、京东等为代表的电子商务网站对移动阅读的推动，虽然规模效益还没有展现，但其成长性依然让行业内的专家和出版界的同仁一致看好。除此之外，一些移动客户端的兴起，诸如多看、掌阅、塔读等都通过细分市场，向特定人群或细分人群进行内容的营销和推送，也取得了不俗的成绩。

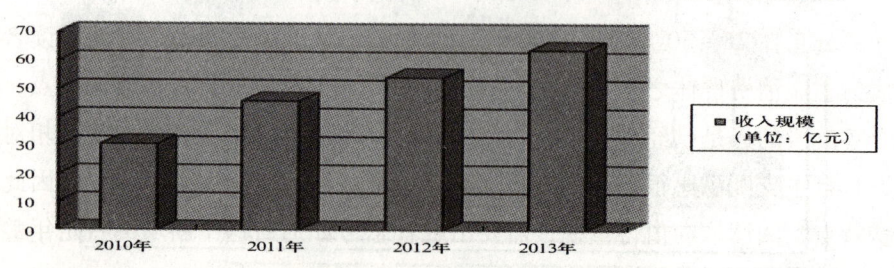

图 3　2010 – 2013 年移动阅读产业市场规模

（二）移动阅读产业的用户规模及相关分析

1. 2013 年移动阅读产业的用户规模

自 2010 年移动阅读产业开始爆发以来，移动阅读的用户规模就在以几何级的速度增长，当然最能用来衡量有效用户的标准就是活跃用户数。2013 年，移动阅读活跃用户数规模轻松突破 4 亿。如此大的活跃用户数规模也昭示了产业发展的上升态势。

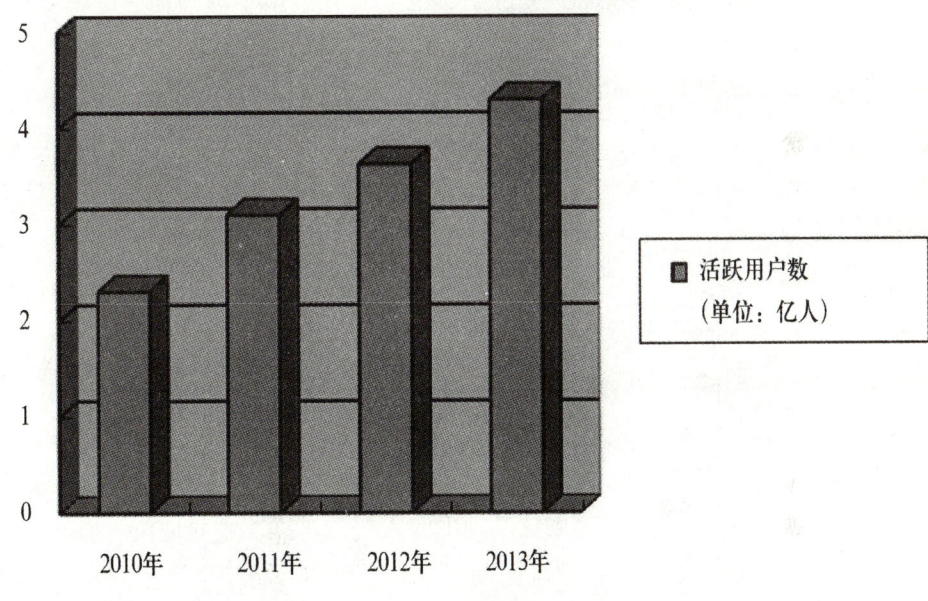

图 4　2010 - 2013 年移动阅读活跃用户数

2. 2013 年移动阅读用户年龄段显现变化

2013 年，移动阅读用户年龄群体分布较之前几年发生了两个显著变化：一是 31 - 35 岁的用户有所增加，从 2010 年占比不到 5% 增长到 2013 的 19%。二是年龄分布在 25 - 30 岁之间的用户，占比为 36%，这么大的一个新增读者群体成为主流消费群体之一。这两个变化中显示的年龄段均具有显著的特点，这两个年龄段的人是已经进入职场并且有了多年相关工作经验，消费能力相对较高，且自主支配意愿很强，推动移动阅读付费市场的用户主力军之一。因此其消费特点、阅读取向值得重视，需要出版者思考如何对这个新增的特定年龄群读者提供阅读内容和服务。

2013用户年龄层分布

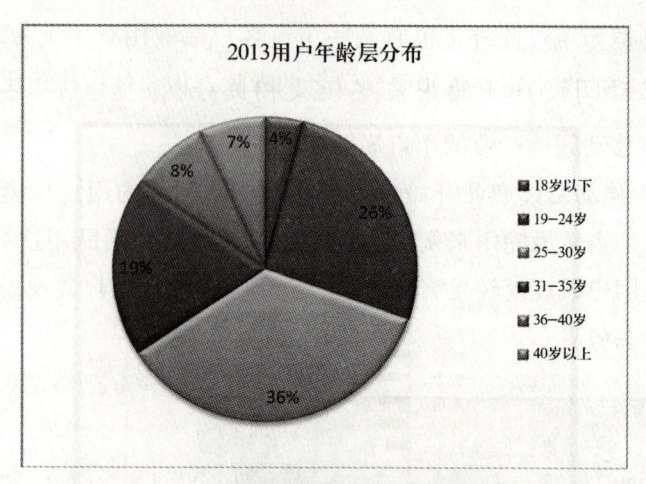

- 18岁以下 4%
- 19-24岁 7%
- 25-30岁 26%
- 31-35岁 36%
- 36-40岁 19%
- 40岁以上 8%

图5 2013年移动阅读用户年龄段分布

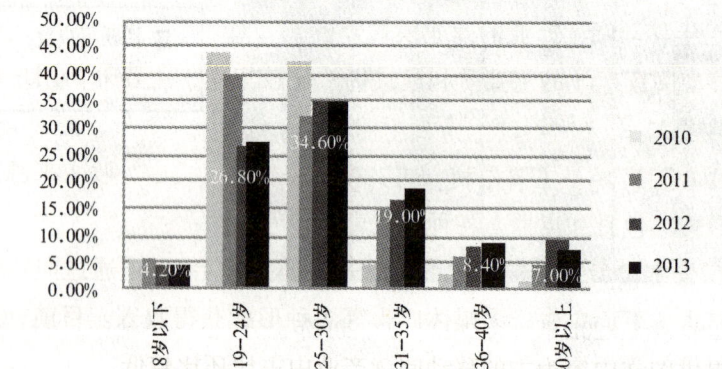

2010-2013用户年龄分布对比图

图6 2010-2013年移动阅读用户年龄分布图

3. 2013年移动阅读用户需求分析

在移动阅读市场，主要的两类投送渠道和平台显示：在手机阅读用户方面，超过60%的人经常阅读的是小说文学等作品，次之是新闻资讯和博客论坛。其中原创作品中都市、玄幻、言情、穿越、仙侠等作品类型最受欢迎，出版物方面，影视明星书、青春言情、悬疑类以及契合时代和当前热点话题等的作品类型更受喜爱。据调研，电商平台的用户群体中20-29岁为最大用户群，其次是30-39岁用户。学历大多为高中以上，并以本科学历以上者为最主要用户，职业主要为IT业从业者和在读学生、职场白领等，这一群体主要阅读的

内容以大社科类为主。此外，也有某些主流客户端应用有了更为细分的市场，比如某些专业类的图书正在逐步受到读者的青睐，但总体占比还比较小。

知名电商平台畅销榜分类

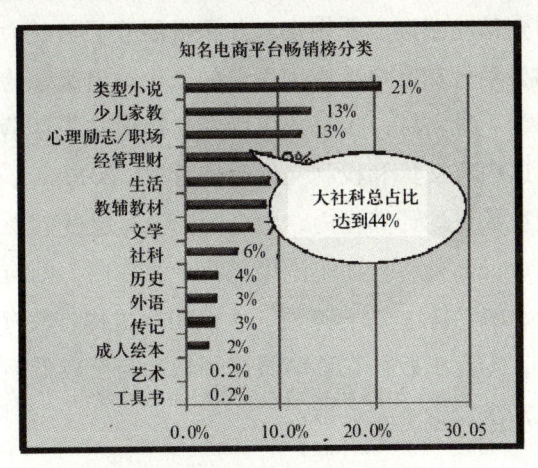

类型小说	21%
少儿家教	13%
心理励志/职场	13%
经管理财	
生活	
教辅教材	
文学	
社科	6%
历史	4%
外语	3%
传记	3%
成人绘本	2%
艺术	0.2%
工具书	0.2%

大社科总占比达到44%

图7　电商平台畅销榜分类

4. 2013年移动阅读产业的商业模式分析

当前移动阅读产业的主要盈利模式仍然比较集中，主要分为用户付费和广告主付费的模式。

（1）用户付费：是主要盈利方式。在这种盈利模式中，收入来源主要包括两类收费形式，包月和点播。各种占比可以参考下图：

（2）广告主付费：广告主付费的模式主要是平台/渠道通过向广告主提供文内插入广告、页面广告、多媒体广告等多种形式获得收入。目前，这种收费模式在以提供图文内容为主的移动阅读产业中占比还比较低。

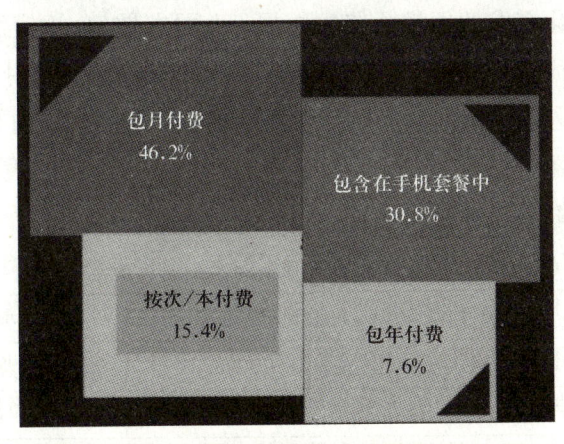

- 包月付费 46.2%
- 包含在手机套餐中 30.8%
- 按次/本付费 15.4%
- 包年付费 7.6%

图8　用户付费形式的各类占比

5. 出版社在移动阅读产业的参与度分析

移动阅读产业自 2010 年兴起以后，许多出版社尤其是大众出版相关的出版社逐步积极参与到移动阅读产业中来，并积极展开了与三大电信运营商、电商平台以及其他细分平台和客户端应用平台的合作。出版社的角色依然以内容提供、内容授权作为主导目标，少部分出版社专门成立了运营团队，采用对接运营，基本上还是以内容文件和权利文件对接为主。2013 年，如果把与前述任一渠道合作的出版社数量均计算在内，则全国已经有超过 70% 以上的出版社进入到了移动阅读产业；如果将上述主流渠道都计算在内，则与上述渠道全面合作的出版社数量在 50% 左右。综合来看，大众出版机构、教育出版社在移动阅读领域参与度较高，专业出版社在移动阅读领域参与度较低，这与专业类图书在移动阅读的受众需求较少不无关系。

三、移动阅读产业发展趋势及建议

（一）发展趋势

1. 多屏幕、跨终端趋势明显

在移动互联网时代，终端多样化成为移动互联网发展的一个重要趋势。同时，业内人士认为，3G 竞合时代的合作发展之路决定了 3G 发展的多样性。移动互联网的终端除手机之外，还正在向平板电脑、电子阅读器、MID、上网本等满足用户差异化需求的便携式终端扩展。上网本是 3G 规模发展以来运营商和 IT 设备制造商追捧的焦点，会成为未来移动互联网重要的用户终端之一。在移动阅读领域，人们阅读的设备，正在由传统的纸质图书，向智能手机、平板电脑、电子阅读器等终端扩展和转移，对于同一内容会在多类屏幕上得到显示，多屏幕、跨终端趋势愈加明显。

表2 不同设备使用方式上的差异列示

设备	屏幕尺寸	人眼到屏幕的距离	主要输入方式
手机	3–5寸	10–30cm	键盘和触摸屏
平板电脑	7–10寸	30–50cm	触摸屏

续表

设备	屏幕尺寸	人眼到屏幕的距离	主要输入方式
桌面电脑	17-24 寸	50cm-100cm	外置键盘
电视	32-60 寸	3m 以上	遥控机

2. 移动阅读正在由大众市场向教育市场扩展

客观上讲，移动阅读市场在 2013 年及之前更主要的是支撑大众读物市场的发展。在电子书包以及移动学习方面由概念不断转向产品的发展过程中，移动教育和移动学习已经开始进入了移动阅读产业链相关环节机构的视野中。以前与教育并不相关的业界知名企业都已经开始布局移动教育和移动学习领域，如 BAT 三家均有相应的战略布局。

可以看到，在移动设备里面已经开始有学习的元素加入进来。种种的迹象表明智能化的演进与个人生活不断结合，现在已经有穿戴式设备，未来可能会有植入式的设备，可以对思想进行控制。这是移动设备或者科技给人带来的影响。当前，已经有成千上万的移动学习 App，同时已经有众多机构在大力投资布局移动学习和移动教育，如梯子网，也有出版社如人民教育出版社为移动教育提供基于人教版的各种多媒体电子教材。从方方面面的布局和即将到来的 4G 网络以及教育领域的数字化和信息化趋势发展来看，移动教育和移动学习未来的成长性非常值得期待。

3. 移动阅读产业链将更加扁平化

通过研究发现，各类主流平台正在通过技术手段促使产业链扁平化，而这一趋势的形成也是互联网和移动互联网的特点与优势所驱动的，也因此会使内容和运营能力成为各大供应商所争取塑造的核心竞争力。

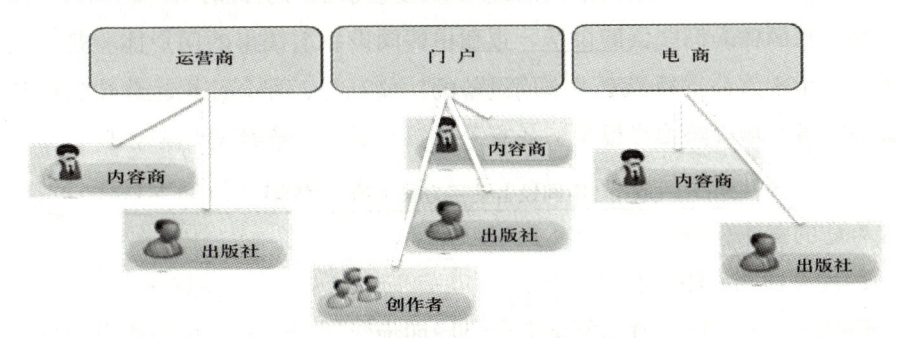

图9 扁平化的产业结构图示例

4. 内容"为王"的趋势正在显现

在移动阅读产业最近发展的几年里,渠道一直占据着优势和话语权,直到目前也仍然如此。一般而言在产业的发展初期,渠道的作用很大,因为有强大的用户可以直接推送,另外一方面也因为出版社还没有把新书释放出来用作移动阅读,主要的力量还在传统纸质出版上,对于移动阅读的业务也放在辅助和次要发展环节上,因此在产品的打造和营销上都没有用尽心力,对定价方面也没有统一的指导意见,在这种情况下,无形会让渠道作为主导。这也是当前形势下发展的必然结果。但是随着移动阅读产业成熟度的提升,已经有迹象表明,内容的质量是收益高低的重要影响因素,二八原则依然在移动阅读产业得到验证和体现。因此谁能提供优质的资源,谁能满足用户的需求,谁就有可能赢得市场,当然不否认营销手段的丰富性和渠道的作用力依然是收益推动的重要影响因子。随着时间的进一步推移,内容和渠道都将在移动阅读产业链上扮演重要的角色。而内容的创造也终将成为产业发展的根本和基石。

(二) 发展建议

1. 产品提供要高度重视用户体验

面对越来越多的移动阅读终端和多屏幕的特点,内容提供者在设计产品时就要考虑到多屏幕、跨终端的特点,设计的数字阅读产品能够同时在多个主流设备上进行显示和阅读。比如手机屏幕较小,移动性非常好;平板电脑的屏幕在 7–11 寸,大小适中,适合文字及图片和多媒体内容的消费;笔记本电脑的屏幕为 13–15 寸,工作效率高;电视屏幕为 32 寸以上,感官和沉浸性好。针对这些设备的特性能够采用不同的显示形式提高用户的体验。

跨屏幕的体验模式一般包括一致型:即同设备上获得的用户体验是一致的无先后、主次之分;补偿型:不同设备的功能互补,配合使用,营造独特的用户体验;连续型:跨多个设备,各有差异,形成一个连续的用户体验。多屏幕阅读内容的设计需要将多种设备综合在一起考虑,并根据情境来选择合适的内容和合适的媒体。

2. 勇于改革,不断探索

经过几年的发展,移动阅读业务已经逐步受到了作者和相关类型出版社的重视,我们看到了出版社成立了专门的数字出版部,也看到部分集团成立了数字出版公司。但是由于机制的原因，还无法调动全员参与的热情，虽然出版社已经转企，但部分机制还是有些固化，比如在投融资策略上的选择和推进，在面对新媒体领域业务选择的犹豫，以及在技术和人才投入上的瞻前顾后，都使得出版社在同类出版业务上行动缓慢。与其停留在战略规划和等等看的理念和认知上，不如行动起来，积极推进全员编辑加入到移动阅读业务产品策划中来，通过建立健全创新机制，不断尝试和探索。

3. 用互联网精神做内容、做服务

1969 年 ARPA 建立了 ARPANET 网开始，互联网已经有了五十多年发展，今天，网络已经开始对整个经济体系产生影响。网络将像电话、汽车等的发明一样产生深刻影响，并比他们的影响更深远。

现在摆在我们每个企业和每个人面前的，已经不是是否利用互联网的问题，而是如何应用的问题了。"互联网精神"即：开放、平等、协作、分享。当然，它代表了效率、创新、融合以及服务的新高度。总而言之，出版企业的转型升级不仅仅是理念的改变，更重要的是有可能对自身优势的颠覆，因为你不颠覆自己的优势，总有别人会来颠覆。这也是产业不断升级变化的驱动力所在。此外，出版企业可以利用互联网技术，比如利用云计算技术、大数据挖掘技术，将用户的信息及时分析，继而把定制化的内容推送给特定的人群，也可以利用 O2O 的模式，将 E 纸互动有机融合起来。任何真正以用户为中心，努力发掘用户的需求，提供良好用户体验的服务，都会有助于企业更长远的发展。

4. 建构良性的生态系统

历史发展表明，任何一个产业的可持续发展都需要产业链各环节形成一个生态系统，简而言之就是利益共享，发展均衡的良性产业环境。如果发展的天平倾斜太大，那么长远的发展就不会存在。当前，国内的移动阅读产业链包括作者、出版社、技术提供商、平台提供商、电信运营商、硬件设备厂商、用户等主要环节。产业链各环节应建立协商机制，能够分工协作，每个环节都能秉承自身的优势，没有内容资源、人才、技术、资金的融合，便很难取得产业规模上的突破。只有全身心投入、通力合作，移动阅读产业发展才能真正有更加美好的未来。

（作者单位：北京中文在线数字出版股份有限公司）

附 录

2013 年中国数字出版大事记

一、电子图书

沪版图书内容数字化项目二期竣工

2013 年 2 月 18 日,"沪版图书内容数字化"项目二期两大建设任务已全部完成。一是出版单位自行完成制作数字图书 8000 本,涵盖 1996－2002 年间沪新版具有保存或再开发价值图书的数字化;二是建成"沪版图书内容数字化"项目二期检查统计平台。共有 17 家出版单位参与"沪版图书内容数字化"项目二期工程,上海市新闻出版局项目工作组会同项目监管单位对这 17 家出版单位自行制作的数字图书先后进行了检查,通过现场抽检、预检、送校对三个步骤,17 家出版单位全部通过检查。

中版集团数字传媒公司自主研发产品上线

2013 年 4 月 19 日,中国出版集团旗下中版集团数字传媒公司正式推出其自主研发和建设的"大佳移动出版平台",同时宣布基于该平台建设和运营的"大佳书城"在 iOS 及 Android 等市场同步上线,并将进入商业化运营。"大佳移动出版平台"将数字出版内容管理、制作和发布于一体的综合性服务平台。

创世中文网打造一体化运作平台

2013 年 5 月 30 日,全开放网络文学平台创世中文网正式上线。当日,创世中文网宣布与腾讯达成战略合作。该网站集阅读、创作、互动社区、版权运营于一体,实现跨平台、全产业模式下的一体化、全环节运作,创造作家、平台、渠道、下游长期共赢的新局面。在此基础上,寻求原创网络文学在文化创意产业中的核心价值、主流文化地位。

近 3000 种爱思唯尔电子书在京东上线

2013 年 9 月 2 日,京东集团与世界知名科技及医学学术出版商爱思唯尔

（Elsevier）战略合作发布会在京召开，京东集团成为爱思唯尔电子图书在中国地区零售渠道的首家战略合作伙伴，首批上线的爱思唯尔电子图书近 3000 种。

中图推出"易阅客"数字阅读平台

2013 年 9 月 4 日，中国图书进出口（集团）总公司推出"易阅客"数字阅读服务平台。是"易阅通"的子平台。该平台依托中图公司长期为各地酒店、机场、航班、外国驻华使领馆等机构供应境外纸本报刊的渠道开展服务，航空公司、机场贵宾室、酒店、俱乐部、国内外大企业等付费购买平台服务，其机构人员和其 VIP 会员客户免费获取服务，采用"B2B2C"服务运营模式。

腾讯文学正式亮相

2013 年 9 月 10 日，腾讯文学正式亮相。腾讯文学涵盖 QQ 阅读等子品牌和产品渠道的全新业务体系和"全文学"发展战略，并与众多出版社、发行商、华谊兄弟等影视公司和机构达成合作，致力推动文学作品泛娱乐开发。

中国首家网络文学大学成立

2013 年 10 月 30 日，中国首家培养网络文学原创作家的公益性大学——网络文学大学在北京宣告成立。诺贝尔文学奖得主莫言出任网络文学大学名誉校长，并在活动现场授课。网络文学大学由中国作家协会指导，中文在线发起成立，并联合 17K 小说网、纵横中文网、创世中文网、逐浪小说网等知名原创文学网站共建，为全国网络文学作家提供免费培训。该大学主要采取网络远程授课方式，计划每年培训网络文学作家 10 万人次。除了文学理念和创作技巧的系统培训，网络作家还有机会获得莫言等文学大师的创作指导。目前该大学分为青训学院、精英学院、创作研究院 3 个层级，分别针对爱好网络文学、初涉写作的新人作家，发表过完本作品、有一定写作经验的资深作家和发表过多部作品并获得读者认可的知名作家进行培训。

首个网络文学本科专业问世

2013 年 12 月 25 日，上海视觉艺术学院和盛大文学召开发布会，宣布双方联合创办的国内首个网络文学本科专业成立。上海视觉艺术学院于 2005 年创办，前身为复旦大学上海视觉艺术学院。课程设置除了高等院校必修的基础课程外，还涵盖小说与故事创作、创意与写作、编剧元素、古代和现代汉语、电视剧剧作、微电影剧作、中外文学史、网络文学史、网络文学策划以及版权管理和运营等课程。

二、互联网期刊

首届中国期刊博览会在武汉举行

2013年9月14日至16日，首届中国（武汉）期刊交易博览会在武汉举行。刊博会的展览场地由国内期刊馆、海外期刊图书音像综合展示馆、新媒体馆、国内图书展销馆等8个分馆组成，展出面积近9万平方米。期间，发布和表彰"全国百强报纸"、"全国百强社科期刊"、"全国百强自然期刊"、"全国年度报刊邮政发行排行榜50强"、"全国年度最受读者欢迎的50种期刊"，以及《2013年世界杂志媒体创新报告》。专业活动包括期刊媒体国际创新发展论坛、全国报刊发行峰会、国际版权高峰论坛、海外数字出版与国际馆资源建设高峰论坛等。吉林省成为首届中国（武汉）期刊交易博览会主宾省。

2013期刊媒体国际创新发展论坛在武汉举行

2013年9月14日，2013期刊媒体国际创新发展论坛在武汉举行。中外媒体共同探讨新形势下期刊媒体的创新发展之路。本次论坛为期两天，主论坛外，还举办了期刊经营创新论坛、新媒体发展论坛和数字出版三个分论坛。来自德国、英国等30多个国家和地区的500余位业界人士到会交流。论坛由中国期刊协会主办，中国期刊协会数字期刊分会和决策者会议策划集团承办。

长江报刊传媒与美国阿普达公司签约

2013年9月14日，湖北长江报刊传媒（集团）有限公司与美国阿普达公司正式签订战略合作协议。双方以互联网为载体、以报刊媒体为依托、以内容服务为主体的功能特色，打造一个满足读者数字化阅读、个性化出版和提供开放式版权交易等需求的综合性网络服务平台——长江传媒集群式数字报刊网络云平台。报刊云平台采取先进的数字出版及加工技术，实现数字阅读、个性化出版、版权保护和交易服务，为规范数字出版，提供公平、公正、公开和安全的数字出版和版权保护及交易环境。

三、数字报纸

21家主流报纸开启云读天下时代

2013年5月17日，由京华时报社发起的全国云报纸技术应用平台签约仪式在京举行，全国60余家媒体参加了启动仪式。其中，21家全国主流报纸加入该平台，正式开启云读天下时代。该平台以云报纸为核心，以国内近百家媒体为渠道，旨在将传统纸媒打造成互联网的另一个入口，为数读者受众提供服务。各家媒体在这个统一的技术平台上制作、生产云报纸。该平台面向全国平面媒体开放，不仅可对内容进行支持和扩展，更可以在发行、广告、产品、电子商务等领域发挥作用。

蒙古文报网进入全媒体时代

2013年9月28日，内蒙古蒙古文报网联盟报纸新闻出版系统和地方网站群建设工程在内蒙古日报社正式通过验收并投入应用，内蒙古各地的蒙古文报网在数字平台全面实现"互联互通"，标志着我国蒙古民族文字报网全媒体时代的到来。内蒙古蒙古文报网联盟数字平台工程，包括蒙文排版系统、畅享全媒体新闻编辑系统、全媒体资源库、联盟公共稿库、联盟翻译中心等18个子项目，使内蒙古12家蒙文报纸和中国蒙古语新闻网、盟市蒙文党报所属新闻网站在统一的数字化平台上实现"互联互通"，实现全区蒙文报纸新闻资源的一次生产、多次利用。联盟各成员单位能够实现技术共享、统一研发、整合资源。当天，内蒙古蒙古文报网联盟"视频网"和"翻译中心"也举行了开通、揭牌仪式。

国内首家报业户外媒体行业组织成立

2013年12月9日，中国报业协会户外媒体专业委员会成立大会暨第一届报业户外媒体年会在郑州举行，大会通过了《中国报业协会户外媒体专业委员会章程》。这是国内首家报业户外媒体行业组织，对报业户外媒体的发展及与国际户外媒体接轨具有重要意义，标志着我国报业户外媒体进入了新的发展阶段。来自全国100多家单位的报业户外媒体运营代表，讨论并通过了《郑州宣言》，表示将发扬报业的传统优势，进军户外新媒体，在给读者提供更多更快捷的新闻资讯的同时，激发文化产业活力，增强造血功能。本届年会主题为"报业户外媒体的突破与创新"，人民日报、河南日报、湖北日报、杭州日报、扬州日报等多家报社的户外媒体负责人，总结国内户外媒体行业发展经验，对破解国内报业户外媒体发展中出现的热点、难点、疑点等问题进行了交流。

四、手机出版

第三届中国手机杂志排行榜在京发布

2013年2月28日，第三届中国手机杂志排行榜在京发布，该榜显示，《米娜》、《昕薇》、《嘉人Marie Claire》、《时装L'OFFICIEL》、《现代兵器》等杂志跻身"最受欢迎手机杂志TOP10"。《钱经》、《汽车族》、《电脑爱好者》、《新旅行》、《美食堂》、《米娜》、《现代兵器》、《影视圈》、《摄影之友》等杂志分列财经类、汽车类、数码类、旅游类、生活类、时尚类、新闻类、娱乐类、摄影艺术类手机杂志分类榜。同时，手机杂志运营平台VIVA无线新媒体发布了《2012年中国手机杂志阅读报告》。

中国手机动漫首入韩国电信市场

2013年5月13日，天津神界漫画有限公司与韩国方面达成合作，将在韩国最大的电信商SK公司上线原创手机动漫，全面进入韩国市场。此次双方共同合作了近30部原创手机漫画作品，以规模化的内容产品与韩国电信运营商首次进行战略合作，同时还将以中国手机动漫内容专题品牌馆的形式进入韩国的电信消费市场。本次神界漫画手机漫画产品将成为首次登陆韩国电信市场的中国手机漫画产品。并且，此次合作韩方对于一次性的手机动漫内容上线将预付版权保证金，即采取保证金加比例分成的商业模式。

五、网络游戏

2012年中国游戏产业年会在苏州召开

2013年1月8日，由中国出版协会主办，中国出版工作者协会游戏出版物工作委员会和苏州市相城区人民政府共同承办的2012年度中国游戏产业年会在苏州开幕。本届年会主题为"游戏悦动生活",对2012年中国游戏出版产业的发展现状进行了总结,并对作出突出贡献和表现优异的企业和个人进行表彰。年会还发布了《2012年中国游戏产业报告》与《2012年中国游戏产业海外市场报告》。本届年会围绕"鼓励游戏研发、扶持自主品牌、提倡平等竞争、繁荣民族产业"展开,并举办中国"游戏十强"盛典,展示2012年中国游戏产业成就;举办全体大会、新动力论坛、黑红蓝论坛、游戏秀,多层面多领域互动交流,分享成功经验,分析机遇与挑战,展望游戏产业发展前景。来自政府、企业、研究调查机构的产业人士将在论坛上发表专题演讲,探讨游戏产业的现状与未来发展方向。

首届中国应用游戏大赛南京揭晓

2013年1月21日,首届中国应用游戏大赛评选结果在江苏南京揭晓,共计65款优秀作品获得"应用游戏创意大奖""应用游戏产品大奖"等奖项。大赛共收到参赛应用游戏创意272件,应用游戏产品1177件。此次大赛成果发布会上还发布了国内首个应用游戏评价指标,以期在产业化、游戏性、科学性以及综合性等方面为国内应用游戏研发提供参考标准。

盛大游戏入驻淘宝尝试B2C营销模式

2013年2月22日,盛大游戏宣布与淘宝展开合作,尝试集网游和电商于一体的B2C营销模式形态。其中,盛大旗下代理游戏《时空裂痕》成为双方合作该模式的首款试水之作。据透露,淘宝将独家首发《时空裂痕》3月6日公测的客户端,《时空裂痕》的公测典藏礼包也将以1元全国包邮的超低价格在淘宝上进行独家销售。与此同时,盛大游戏还将启动与淘宝的账号对接,《时空裂痕》将加速推进接入淘宝账号。

第二届广州(国际)网络及数字互动游戏博览会举办

2013年4月3日至5日,第二届广州(国际)网络及数字互动游戏博览会在广州琶洲会展中心举办,博览会集展区展览、交流论坛、竞技大赛和交易签售等内容于一体,由网游、电玩、动漫三大板块组成。

第八批"中国民族网络游戏出版工程"项目名单公布

2013年7月23日,国家新闻出版广电总局公布第八批"民族网游工程"项目论证评审结果。在总计104家游戏企业申报的142个项目中,共确定25个作为第八批"民族网游工程"项目。截至 2012 年 12 月,"民族网游工程"已分七批推出具有中华民族优秀文化特色、内容健康向上的网络游戏出版项目总计 148 个。

第十一届中国国际数码互动娱乐展览会 ChinaJoy 上海开幕

2013 年 7 月 24 日,第十一届中国国际数码互动娱乐展览会(ChinaJoy)在上海开幕。本届展会以"游戏演绎梦想,移动畅想未来"为主题,世界移动游戏大会首次亮相 ChinaJoy 展会。展会吸引来自全球的 450 家游戏厂商参展,共展出游戏产品 700 余款,其中国内展品首次达到 400 款以上,展览面积近 7.5 万平方米,到场人次超过 20 万。现场签单交易总金额达 3 亿美元。本届展会还举办中国国际数码互动娱乐高峰论坛(CDEC)、中国游戏商务大会、中国游戏开发者大会,以及动漫游戏角色扮演大赛等专题会议和互动活动。

2013 首届国际移动游戏大会在京举行

2013 年 10 月 10 日,2013 首届国际移动游戏大会在北京举行。与会者围绕当前全球移动游戏市场发展环境、潜在发展趋势,中国移动游戏厂商国际化之路以及移动游戏与影视等行业的跨界融合等议题进行了交流讨论。来自政府主管部门、国内外移动游戏研发和运营企业、投资机构的代表共计 800 余人参会。

第十届中国游戏行业年会在蚌埠召开

2013 年 12 月 7 日,2013 年度(第十届)中国游戏行业年会在安徽省蚌埠市召开。年会以"创新创优、引领世界"为主题,除了对做出成绩的先进单位和个人进行行业表彰外,还揭晓了中国软件行业协会游戏软件分会创立的 2013 年度中国游戏行业最高奖项——金手指奖。人民网游戏频道等 10 个媒体被评为"2013 年度中国动漫游戏行业——优秀动漫游戏媒体"。

2013 年度中国游戏产业年会在武汉召开

2013 年 12 月 27 日,第十届中国游戏产业年会在武汉召开。本届年会以"游戏人的中国梦"为主题,大会发布了《2013 年中国游戏产业报告》,数据显示,2013 年中国游戏市场实际销售收入达 831.7 亿元人民币,同比增长 38%,其中客户端游戏仍是市场主力,市场销售收入为 536.6 亿元,网页游戏、移动游戏、社交游戏和单机游戏市场销售收入分别为 127.7 亿元、112.4 亿元、54.1 亿元和 0.89 亿元。同时,2013 年整体用户规模持续扩大,达 4.9

亿人，游戏越来越成为大众生活的一部分。本次年会由中国音像与数字出版协会主办，中国版协游戏出版工作委员会、武汉·光谷创意产业基地、武汉中国·光谷互联网游戏产业联盟共同承办，汇集了腾讯、盛大、完美、巨人等中国主流知名游戏企业的1000余名行业精英。

六、网络动漫

百视通新媒体与炫动传播将进行战略合作

2014年1月29日，百视通新媒体与炫动传播结成战略合作伙伴关系。双方合作涵盖内容版权、平台融合、OTT业务、电子商务、海外业务、网络出版六大领域。目前，手机平台与动画、动漫杂志的合作模式，海外品牌动漫与OTT的深度捆绑，动漫产业的电子商务探索等多个项目，已经取得实质性进展。合作涉及《兔子帮》《炫动漫》杂志、炫动酷地带与哈哈小店等电子商务平台。

第九届中国国际动漫节在杭州举行

2013年4月26日至5月1日，第九届中国国际动漫节在杭州白马湖动漫广场举行。本届动漫节由会展、论坛、大赛、活动四大板块组成。本届动漫节首次推出"动漫科技体验馆"，汇集全息投影、虚拟增强显示，4D影院等多项动漫高新科技体验项目，新设"动漫+X"产业馆，新增动漫科技展示体验区，开辟中小学生"第二课堂"体验区，推出漫画教学、模型比赛、科技体验等活动，同时，开设漫画阅读区，提供电子媒介、普通文本、特殊纸质等多种阅读方式，展现新媒体环境下的漫画出版阅读新模式。

数字动漫科技出口平台成立

2013年6月4日，北京数字动漫科技出口平台在第二届京交会上正式成立。该平台由马来西亚育式培创新科技教育集团和轩创国际文化发展（北京）有限公司共同创建，旨在推动中国数字动漫科技教育产品出口，服务于优势科技化教育"走出去、引进来"的双向促进工作，以商业代理等形式将我国优秀的动漫产品推向国际市场。平台还将发布国际市场需求信息，定制适合国际市场的数字动漫科技教育产品，还将聚合中国优秀数字动漫科技教育企业，通过商业代理等模式，将优秀的动漫产品推向海外市场。

第五届中国国际影视动漫版权保护和贸易博览会在广东东莞举行

2013年8月22日至26日，第五届中国国际影视动漫版权保护和贸易博览会在广东省东莞市国际会展中心和松山湖展贸中心举行。本届漫博会由国家新闻出版广电总局、国家版权局、广东省人民政府主办，东莞市人民政府、广东省文化厅、广东省广播电影电视局、广东省新闻出版局（版权局）、广东南方广播影视传媒集团承办，并在东莞市政府和广东南方广播影视传媒集团的指导下，由松山湖高新区管委会具体承办。本届漫博会的定位是"以版权保护和交易为核心、以产业对接为特色、以国际合作为优势"的国际性动漫产业交易平台，共吸引418家国内外企业参展，致力于将漫博会打造成为"国际动漫产业最佳对接平台、中国最具影响力的玩具礼品交易平台"，成为中国动漫产业发展的"晴雨表"。

首届中国动漫品牌峰会在津举办

2013年8月29日，由文化部、中国文化产业示范基地园区协会、天津市文化广播影视局、天津市滨海新区人民政府联合主办的首届中国动漫品牌峰会，将于在天津滨海新区举行。与会代表现场解读中国动漫品牌现状，共同探讨中国动漫品牌发展之路。这次峰会包含嘉宾演讲及高峰对话两个环节。

第六届厦门国际动漫节开幕

2013年10月25日至28日，2013年（第六届）厦门国际动漫节在厦门国际会展中心举办。内容包括"金海豚"动画作品大赛、厦门动画讲坛、动画放映周、动漫作品与技术展示会、Cosplay表演比赛、动漫企业职工技能大赛等系列活动。"金海豚"动画作品大赛共设10个奖项，奖金总额高达295万元。

首届中国（海南）动漫游戏博览会在海南举办

2013年10月18日至20日，"欢乐海南，动漫你我。"首届中国（海南）动漫游戏博览会在海南国际会议展览中心举行。本次博览会展出面积达2.5万平方米，参展商约400家，其中90%的展商来自省外，展出行业涵盖整个动漫产业链。此次动漫展增加了6大模块，包括模玩区、原创作品区、名家签售区、车文化展示区、动漫游戏周边销售区和中国Cosplay超级盛典。本届中国（海南）动漫游戏博览会由海口市人民政府主办，海口市会展局、海口市文体局、海南国际会展中心承办，海南凤凰新华出版发行有限责任公司协办。

七、博客与播客

百度 3.7 亿美元收购 PPS

2013年5月7日，百度宣布以3.7亿美元收购PPS视频业务，作为爱奇艺旗下的子品牌运作。合并后的新公司将在用户组成、版权内容以及广告收入等方面进行整合。

八、数码印刷

第二十届华南国际印刷展在广州举办

2013年3月4日至6日，由广东省新闻出版局、中国对外贸易中心（集团）、雅式展览服务有限公司及广东省出版集团联合主办的第二十届华南国际印刷工业展览会，在广州琶洲中国进出口商品交易会展馆举行。

首份印刷业电子商务发展报告发布

2013年3月21日，由中国印刷科学技术研究所主办的首届中国印刷电子商务年会在京举办，首份中国印刷业电子商务发展报告在会上发布。报告指出，目前大型企业正试水个性化定制平台，外行业分食网络印刷市场。

江西首个国家级印包产业基地获批

2013年3月25日，江西赣州吉安国家印刷包装产业基地正式获批。这是该省第一个上升为国家级的印刷包装产业基地，也是继上海金山国家绿色创意印刷示范园、西安国家印刷包装产业基地之后，国家相关部门批复的又一印刷产业基地。

第三届国际印刷工业发展论坛在京举行

2013年5月13日，第三届国际印刷工业发展论坛在北京举行。来自印度、德国、意大利、英国、日本、印度尼西亚、巴基斯坦、美国、韩国和中国等10个全球主要发达国家和发展中国家的印刷协会主要负责人，在论坛上介绍了各自国家的印刷工业和发展情况，并对全球印刷工业发展前景作了趋势性分析。

国际印刷工业发展论坛由中国印刷及设备器材工业协会主办，四年一届。每届论坛选择五六个发达国家和五六个发展中国家印刷协会的主席或总裁发表演讲，现已成为世界印刷界顶级国际印刷交流大会。

雅昌网屏签订数码印刷战略合作协议

2013年5月13日，北京雅昌彩色印刷有限公司和大日本网屏（中国）有限公司在京签订数码印刷战略合作协议。双方将在雅昌艺术中心共建数字印刷展示中心，3台网屏最先进的喷墨数字印刷机在该中心落户。雅昌将采用网屏喷墨印刷机，联合淘宝、京东、阿里巴巴等电商，打造B2C电子商务平台，开拓数字化商业模式。

第八届北京国际印刷技术展览会在京举办

2013年5月14日，第八届北京国际印刷技术展览会在京举办，由德鲁巴主办机构德国杜塞尔多夫公司与中国印刷及设备器材工业协会联合主办的，以"中国功能印刷业"为主题的高峰论坛同期举行。北京国际印刷技术展览会每4年举办一次，是国内规模最大的印刷展会之一，也是世界六大印展之一。

第二届亚洲G7高峰会在京召开

2013年5月15日，第二届亚洲G7高峰会在北京中国国际展览中心新馆举办。由中国印刷及设备器材工业协会、北京印刷协会、香港印刷业商会及美国国际数码企业联盟联合主办。G7认证由美国国际数码企业联盟（IDEAlliance）推出。G7中"G"表示灰阶（Gray Scale），"7"代表ISO中规定的7种颜色。G7认证旨在指导企业通过对印刷中的灰度进行定义和校准，以更好地执行ISO12647印刷标准。我国印刷企业自2007年开始进行G7认证，获证企业已从当年的6家发展至今天的162家。香港印刷业商会辖下的香港印刷科技研究中心是中国唯一能够签发G7认证证书的机构。美国国际数码企业联盟代表和国际印刷标准化专家在会上介绍了G7认证对全球印刷标准化的影响，香港印刷科技研究中心专家介绍了中国的G7认证情况，北京雅昌彩色印刷有限公司和柯尼卡美能达公司的代表讲解了G7在企业印刷标准化和质量控制中的实践。

2013上海国际印刷周开幕

2013年7月10日，2013上海国际印刷周开幕。本届印刷周由国家新闻出版广电总局印刷发行司和上海市新闻出版局共同主办，中国印刷技术协会为支持单位，旨在把印刷周打造成一个促进产业链上下游交流对接、推动印刷业转型升级、帮助采购商寻找订单的平台。本届印刷周的主题为"服务创新、科技引领、绿色发展"。数字印刷、3D 打印等前沿技术，成为本届印刷周的关注焦点。

凤凰新华印务打造网络印刷云平台

2013 年 7 月 10 日，江苏凤凰新华印务有限公司与北大方正电子有限公司在上海国际印刷周会场签署了战略合作协议，双方将进一步加快"凤凰印"云平台系统建设。"凤凰印"云平台上游依托于凤凰出版传媒集团丰富的出版内容资源，下游联合多家印企和连锁印点，旨在建立全球范围内数字网络服务平台，实现数字出版服务、异地按需印刷服务。网络印刷云平台将实现四个零——出版零距离、印刷零差异、发行零库存、版权零担忧。该模式为数字资源的采集、加工、存储、管理提供更多的增值服务，实现同一内容、多种形式。

方正电子和日冲商业推文印解决方案

2013 年 7 月 29 日，北京北大方正电子有限公司与日冲商业（北京）有限公司在京签署战略合作协议，双方决定共同推出专为政府机关文印行业定制的红头文件解决方案——方正印捷 D5036 双色数码印刷系统。此次推出的解决方案，专为政府红头文件印刷开发的方正艺捷打印服务器支持多种文件格式，包括 WORD、CEB 等政府常用文件格式，同时支持打号功能，减少了传统打号机的复杂工序，通过软硬件配合快速实现打号，大大提高了各级党政机关文印办公的效率。

河北数字印刷产业园项目签约

2013 年 8 月 21 日，河北出版传媒集团与保定市的合作项目——河北数字印刷产业园（保定基地）签约仪式在保定市举行，该产业园是政企联合推进文化产业的有益尝试。河北数字印刷产业园是该省重点项目，也是河北出版传媒集团"出版创新工程"的重要组成部分，项目总投资 15 亿元，建筑面积 30 万平方米，由高端印制产业区与数字印刷发展区两部分组成，包括出版传媒中心、创意研发中心、影视动漫中心、数字印刷中心、出版物展销中心等新兴文化产业项目。

2013 数字化印刷发展论坛在津举行

2013 年 9 月 13 日，2013 数字化印刷发展论坛在天津梅江会展中心与装博会同期举行。来自惠普、方正、MBO 等企业代表一起分享了数字印刷近年发展的概况与案例。

河北数字印刷产业园石家庄基地一期投用

2013年10月14日,作为河北省文化产业振兴重点项目之一的河北数字印刷产业园石家庄基地一期工程竣工并全面投入使用。该项目是河北出版传媒集团"出版产业创新工程"的重要组成部分,一期投资1.6亿元,建筑面积5.3万平方米,将成为集高端印刷、数字印刷、绿色印刷、技术研发等多种业态于一体、华北地区一流的现代印刷产业园区。

2013数码印刷在中国技术高峰论坛在厦门举办

2013年10月24日-25日,由中国印刷科学技术研究所、中国印刷技术协会数码印刷分会主办,科印传媒数码印刷事业部承办的2013数码印刷在中国技术高峰论坛在厦门举办。中国印刷科学技术研究所所长陈彦从"2013数码印刷在中国"装机量深度调研、美国数码印刷业现状分析两方面,提出了当下数码印刷面临"高成本+运营模式"的双重挑战,并提出企业需要大力创新并在市场竞争中抢占先发优势。台湾布莱特数码科技有限公司董事长殷庆璋以台湾健豪等成功企业为例,详解了网络印刷发展关键技术(下单系统、自动排版、颜色管理、数码印刷、印后加工等)以及建立商业印刷新成长业务的3种策略(产品和服务、客户和市场、业务流程和成本结构)。

九、数字版权

首届深圳版权金奖颁奖礼暨深圳版权年会举行

2013年1月7日,首届深圳版权金奖颁奖礼暨深圳版权年会举行。经由著名艺术家、知名学者、法律专家、相关行业协会的负责人组成的评审委员会审定,此次活动最终甄选出陈楚生原创歌曲《想念》等版权金奖作品奖10名,腾讯空间原创馆平台等运用奖5名,深圳市政府法制办公室经济法规处等保护奖5名。此次活动由深圳版权协会、《深圳商报》和腾讯大粤网三家单位主办。

中国网络版权维权联盟在京成立

2013年2月28日,中国网络版权维权联盟在京成立。人民教育出版社、北京京都世纪文化发展有限公司、青岛国际版权交易中心、搜狐、腾讯等首批24家单位在签约仪式上共同签署了《中国网络版权维权联盟自律公约》。由中华版权代理中心作为牵头单位，召集著作权人、互联网内容提供商、网络服务提供商及其他互联网相关企业，在中国版权保护中心的指导下，通过签署《中国网络版权维权联盟自律公约》的形式成为联盟签约单位，形成网络版权维权的自律、互助机制。

文著协再签两个数字版权框架协议

2013年4月25日，文著协分别与人民出版社和中央党校就"中国共产党思想理论数据库及党政图书馆数据库"和中国干部学习网"网络学习平台"项目签署了数字版权框架合作协议。文著协将在数字版权管理、授权合作、维权和协调版权纠纷等方面，协助两家机构解决文字作品的数字版权授权问题。

我国设立首只版权保护公益基金

2013年4月26日，我国第一只传播和鼓励"版权保护"理念的公益性基金会——版权保护基金会成立，书法家、摄影家杨再春捐赠了41幅书法作品和20幅摄影作品，用于为该组织募集善款。该基金是在国家版权局、北京市版权局的指导下，由北京国际版权交易中心发起成立的。基金会成立后将设立一系列专项基金：包括版权保护奖励基金、版权侵权举报基金、版权维权援助基金。

全国首家影视版权研究基地在西安揭牌

2013年4月26日，全国首家影视版权研究基地在西安揭牌。该研究基地以"产、学、研"互动为基础，整合政府和产业界、学术界各方资源，在影视版权领域深入开展理论研究和实践探索，推动影视版权知识创新与交流，提高影视版权创造、应用、保护、管理的水平，促进影视版权与科技、法律、金融的结合，努力打造具有国际影响力的影视版权学术和实务研究平台。

百度文库发布数字版权开放平台

2013年5月23日，百度文库正式发布数字版权开放平台，任何版权机构或版权个人均可申请加入该平台，将正版电子作品有偿提供给广大网民。三年内百度将采用"零分成"模式，所有版权收益都划拨给版权方。

首都版权联盟宣告成立

2013年6月6日，首都版权联盟在京成立，由中国出版集团、百度、金山、歌华等70余家国内知名出版机构、网络企业和视听开发企业共同发起。该联盟是经核准登记的非营利性社会组织，旨在加强版权保护、推动版权产业发展。同期召开的联盟第一次会员大会上审议并表决通过了《首都版权联盟章程》，选举产生了第一届理事会理事长、主席、副主席、秘书长、理事及监事人选。今后联盟将重点做好以下几方面工作：积极开展理论及实践研究，为国家制定版权产业政策及版权立法提供建议；大力普及宣传著作权法律法规，提高全社会的版权保护意识；推动媒体尤其是网络媒体的自律管理，净化版权行业秩序；组建网络版权监控平台，配合政府的版权监管，实施版权护航工程；促进版权进出口贸易，进一步推动中国版权走出去。

国际版权贸易高级研修班在京举办

2013年9月1日，由国家版权局主办、中国图书进出口（集团）总公司承办的2013BIBF国际版权贸易高级研修班在京举办。本届研修班主题为版权的价值与责任。研修班上，国际复制权组织联合会亚太委员会主席摩根·卡洛琳介绍了澳大利亚在执行版权贸易方面的一些做法；中华书局副总编辑顾青针对版权贸易中如何提高价值、实现责任提出了见解；北京印刷学院数字出版系副教授孙赫男提出了数字环境下，如何从B2B的授权过渡到B2C的"微授权"新概念；国际版权所有人关系部经理詹姆士·考伯特介绍了面对大众授权及微支付等问题，他所供职的版权结算中心（CCC）作为非营利机构所做的尝试；同方知网（北京）技术有限公司总经理张义民则介绍了中国知网在进行全球数字资源的销售方面，下一步的版权贸易推广和服务工作计划。

第四届数字出版与版权管理培训班在京举行

2013年10月30日，第四届数字出版与版权管理培训班在京举行。培训班由中国版权保护中心主办，中国出版协会版权保护工作委员会协办，围绕目前数字出版现状及未来等话题展开。来自中国版权保护中心、北京印刷学院专家学者及出版企业一线人员分别就著作权法修订、数字出版的现状与未来、手机阅读与出版转型、传统版权贸易与数字出版新模式、手机媒体的发展策略等问题进行了授课。

第六届中国版权年会在京召开

2013年11月30日，由中国版权协会主办、中国联通协办的第六届中国版权年会暨"移动互联网时代下的版权运营与保护"主题论坛在北京召开，期间举办年会论坛和2013年中国版权协会年度评选颁奖大会。诺贝尔文学奖获得者莫言，全国工商联副主席、百度公司董事长李彦宏，中国联通总经理陆益民，中国出版集团公司党组书记王涛，金山软件董事长、小米科技董事长雷军，著名音乐家徐沛东，腾讯公司终身荣誉顾问陈一丹，乐视网首席运营官刘弘等在会上发表了演讲。与会代表共同探讨移动互联网下版权发展的机遇与挑战。年会还评选出"中国版权事业终生成就者"、"中国版权事业卓越成就者"、"中国版权最具影响力企业"等三个奖项。

国内首个时尚产业数字版权交易中心挂牌

2013年12月18日，国内首个时尚产业数字版权保护交易中心在北京服装学院时尚创新产业园挂牌成立。时尚产业数字版权保护交易中心的成立，旨在为服装学院在校师生、时尚行业设计师提供高效、权威的版权保护绿色通道。北京国际版权交易中心和北京服装学院将通过合作讲座、公开课、研讨会等方式向师生普及版权保护知识。在挂牌仪式上，北京国际版权交易中心还展示了以"智慧保险箱"为核心功能的互动式智能终端机。

十、电子阅读器与平板电脑

南京：30家印企向农家书屋捐赠电子阅读器

2013年8月20日，江苏南京市印刷行业"农家书屋·暑期乐园"活动捐赠仪式在高淳区古柏镇江张村举行。30家印刷企业向55个农家书屋捐赠了165台电子阅读器。此次捐助活动中，共计30家企业参与，捐助的价值10多万元的165台电子阅读器，存储了包括古典文学、人文经典、外国文学、童话寓言、灾害救助与防范、英文原著选读等内容在内的图书1000多册。

十一、综　合

中国电信与教育部合作共促教育信息化

2013年1月5日，中国电信与教育部签署战略合作框架协议，共同加快推进教育信息化。今后三年中国电信和教育部将在教育信息化基础设施建设、教育管理信息化和数字教育资源服务、教育信息化教师与专业队伍培训等领域开展多种形式的全面合作。中国电信将重点支持10万至15万所中西部中小学的宽带网络接入和已实现宽带接入的8万-10万所中小学校园无线网络建设，并对这些学校的日常网络使用费用给予特殊优惠政策，还将支持全国各级教育行政部门工作人员、中小学学科教师和中职学校专业教师30万人的信息技术专项培训，推进教育信息化快速发展。

2013中国学术出版年会

2013年1月8日，由社会科学文献出版社、中国新闻出版研究院、百道网等主办的2013中国学术出版年会在京召开。与会者围绕繁荣学术出版、服务中国学术共商数字时代学术出版产业发展。会议认为学术出版是承载思想传播、传承的功能，处于整个出版产业链的顶端，学术出版水平的高低，很大程度上决定了一个国家和地区出版业的发展水平。

第八届传媒年会在津举办

2013年1月11日，由传媒杂志社主办、今晚报社和南开大学承办的第八届中国传媒年会在天津举行。本届年会以"媒体转型与技术创新"为主题，来自业界、学界的近百位专家学者以及传媒一线实践者，分别从移动互联网发展状况、国外报业发展研究、云媒体平台建设、新传播格局与传媒竞争力塑造、电视台如何传递"好声音"等不同角度和主题，总结规律、分析未来，对2012年中国传媒业改革发展状况及传媒科技发展的走势、举措和思路进行了阐述与探讨。

2012中国互联网产业年会在京召开

2013年1月16日，主题为"酝酿2013：在变革中演绎精彩"的2012中国互联网产业年会在京召开。本次年会延续了盘点产业发展成果、预测来年发展趋势的定位，针对移动互联网、网络营销、网络安全等热点领域展开探讨，探寻2013年发展方向。中国互联网协会还发布了《2012年中国互联网产业发展综述》《影响2012年中国互联网发展的十件大事》《2012-2013中国移动互联网发展趋势》等报告，记录2012年产业发展特点，把脉2013年成长趋势。

国内首家新媒体创作中心在石家庄成立

2013年1月25日，国内首家新媒体创作中心——河北省新媒体创作中心在石家庄成立。该中心以互联网、移动电视、手机等新媒体为平台，以民生和大众话题为主题，通过举办微电影大赛、网络动漫剧展播、专题研讨会等活动，鼓励和引导各方面创作力量参与到新媒体文艺作品的创作中来。

第 21 届中国国际广播电视信息网络展览会在京举行

2013 年 3 月 21 日至 23 日，第 21 届中国国际广播电视信息网络展览会（CCBN2013）将于在北京中国国际展览中心举行。本届展览会以"新融合、新媒体、新发展"为主题，设置了三网融合展区、直播卫星展区、视音频制作展区、中国移动多媒体广播电视（CMMB）展区、数字新媒体展区、数字视听与家庭网络展区、影视灯光音响展区等众多专业展区，全面展示三网融合、3D 立体电视、CMMB、多屏融合、OTT（"Over The Top TV"的缩写，是指基于开放互联网的视频服务）融合创新、数字音频广播、数字家庭与智能终端、网络电视、移动电视、手持电视、信息化视听等技术产品的最新成果。

华中数字出版论坛在武汉举行

2013 年 3 月 15 日，由湖北省新闻出版局举办的"打造一流平台 服务数字出版"——华中数字出版论坛在武汉举行。数字出版界专家、全国十大国家级数字出版基地主管部门领导和基地负责人及数字出版企业界代表 70 余人参会，共论数字出版产业和国家级数字出版基地建设发展。

第四届数字技术未来系列论坛在京召开

2013 年 3 月 21 日，由中广互联、DVB + OTT 融合创新论坛主办的第四届数字技术未来系列论坛（DTF2013）在北京召开。本次论坛主题为"大部制下的广电未来"。OTT 通常指互联网公司越过运营商，发展基于开放互联网的各种视频及数据服务业务。论坛认为，大部制改革会让政府职能相对更加解放，企业会有更多的机会在市场中寻求发展，预计未来两三年内 OTT 会出现爆发式的增长。

国家新闻出版广电总局正式挂牌

2013 年 3 月 22 日，国家新闻出版广电总局挂牌仪式分别在原国家广电总局、新闻出版总署举行。主要职责是，统筹规划新闻出版广播电影电视事业产业发展，监督管理新闻出版广播影视机构和业务以及出版物、广播影视节目的内容和质量，负责著作权管理等。国家新闻出版广电总局加挂国家版权局牌子。不再保留国家广电总局、新闻出版总署。

海峡国家数字出版产业基地获批设立

2013 年 3 月福建省获批建立海峡国家数字出版产业基地。至此，全国第 11 家国家级数字出版基地落户福建省。海峡国家数字出版产业基地将整合现有资源，以福州和厦门数字出版产业为中心，构筑包括福州、厦门、漳州、泉州、莆田等在内的沿海数字出版产业带，并向平潭综合实验区延伸，采用"园中园"的模式建设，设立福州园区、厦门园区和平潭综合实验区等5个产业园区，重点发展数字图书、数字报刊、海峡数据库出版、动漫游戏、移动互联网出版、数字印刷、数字版权七大业务板块。

中国国际云计算技术和应用展览会在京开幕

2013年4月7日，为期3天的中国国际云计算技术和应用展览会在中国国际展览中心开幕。本届展会和研讨会的主题是"云领发展化云为业·创新转型兴业服务"，有200余家公司参展。同期举行的研讨会，为产、学、研、用、资各方搭建一个沟通交流的平台，全面覆盖政策、趋势、标准等方面，搭建云计算产、学、研、用、资交流沟通和国际合作的平台，共同打造"中国云"。

天津获批建国家级新闻出版装备产业园

2013年4月，国家新闻出版广电总局同意在天津建立国家级新闻出版装备产业园。该产业园设立在天津北辰科技园区新区。园区通过引进社会资本，发展成为集新闻出版装备制造、研发、生产、印刷加工、培训、交易、运营等为一体的综合性新闻出版装备产业基地。同时，通过政策、区位、资源、市场和技术引导企业参与投资，加大资源整合力度，引导技术创新型企业、专业配套企业和产业相关优势企业进入园区，打造新闻出版装备制造业产业集群。

第六届中美互联网论坛在京举行

2013年4月9日，第六届中美互联网论坛在北京开幕，论坛以"对话、沟通、理解"为主题。在为期一天半的论坛期间，来自中国和美国政府有关部门、学术机构和知名互联网企业代表，围绕隐私保护与数据安全、移动互联网、互联网治理、网络文化等议题进行深入探讨交流。

全国全民阅读媒体联盟在武汉成立

2013年4月11日，全国全民阅读媒体联盟成立仪式暨2013"书香江城——分享阅读、放飞梦想"主题读书活动在武汉启动。《中国新闻出版报》联合《人民日报》《光明日报》《经济日报》《工人日报》《农民日报》等78家媒体宣布，将共同致力于推介优质阅读内容，以引导阅读风尚。

2013年科技与数字出版管理工作会暨网络出版监管工作现场会在南京召开

2013年4月11日至12日，2013年科技与数字出版管理工作会暨网络出版监管工作现场会在南京召开。国家新闻出版广电总局相关部门负责人张毅君、宋建新、谢俊旗分别就数字出版、网络出版监管及行业科技具体工作进行了说明。江苏省新闻出版局介绍了网络出版监管工作经验，盛大文学介绍了大型出版网站自律机制经验。

中国音像与数字出版协会获民政部批复

2013年4月17日报道，中国音像与数字出版协会已获民政部正式批复。新成立的中国音像与数字出版协会除原有机构外，拟新设8个分支机构，涵盖大众数字出版、专业数字出版、教育数字出版、技术服务和标准、动漫游戏、研究和教育等多个方面。依据社团组织惯例，会员将分为普通会员单位、理事单位、常务理事单位以及副理事长单位等不同层次，相应拥有不同的权利和义务。

第十次全国国民阅读调查发布

2013年4月18日，中国新闻出版研究院在京公布了第十次全国国民阅读调查成果。根据调查，2012年我国18-70周岁国民图书阅读率为54.9%，比2011年上升了1个百分点；数字阅读方式的接触率为40.3%，比2011年上升了1.7个百分点。国民人均纸质图书阅读量为4.39本，人均每天读书时长为15.38分钟，比2011年的14.58分钟增加了0.8分钟。

网易进军数字音乐市场

2013年4月23日，网易公司在北京正式发布战略级移动应用产品——网易云音乐，这款产品以用户创造的歌单为基础，意图构建移动音乐社区和开放平台。

国家新媒体产业基地奥宇科技园在北京开园

2013年4月28日，国家新媒体产业基地——奥宇科技园在北京市大兴经济开发区开园，以物联网为代表的新一代信息技术产业、以生产性服务业为重点的现代服务业、以新媒体为代表的文化传媒业等科技企业聚集于此。

2013互联网文化季启动

2013年5月6日，由首都互联网协会联合千龙、新浪、搜狐、网易、百度、凤凰等22家网站共同举办的网络文化活动"2013互联网文化季"正式启动，文化季以"创意网络，美好生活"为主题，包括网络长篇小说、网络短篇小说、微小说、创意影像和微电影5个比赛项目。整个文化季活动持续7个月时间。

第五届全球移动互联网大会在京开幕

2013年5月7日,第五届全球移动互联网大会(GMIC)在国家会议中心开幕。今年的主题是"重新定义移动互联"。本届 GMIC 设置了主会场、开发者星球、创新大赛、移动游戏峰会、移动价值峰会、移动营销峰会和移动人才峰会七大板块。根据大会官方提供的数据,所有 GMIC 主会场中,参会者31%是 CEO 级人士,15%是副总裁级人士,11%是总监级人士,43%是经理级人士。

MPR 国家标准应用推广工作会议在京召开

2013年5月15日,MPR 国家标准应用推广工作会议在京召开,这意味着,MPR 国家标准及 MPR 技术应用推广工作由启动进入试点实施阶段。

首届全国公共图书馆视障服务工作研讨会在京召开

2013年5月15日,首届全国公共图书馆视障服务工作研讨会在京召开。据了解,盲文出版社和盲文图书馆联合全国视障文化服务单位,采取多项措施推广盲人阅读。建设盲人移动数字资源平台,充实电子盲文、有声读物、无障碍影视、各类盲人数据库和远程教育培训内容,研发高性价比的盲文电子显示器、阅听器,推进多网络、多终端盲人无障碍信息化阅读。配合全国图书馆和残联宣文系统,为全国建成100家分馆、支馆提供资源支持,推动全国1500家县级图书馆建设视障阅览室(席),形成"内容+平台+服务+终端"的服务模式。中国盲文图书馆与山东、福建、浙江等多家省市级公共图书馆签订了分支馆服务协议。中国盲文图书馆与全国各分支馆在盲文、有声、大字本、数字资源、听书设备等方面资源共享,在文化教育培训、阅读推广等活动方面联合互动,以体系化、网络化的形式为城乡盲人提供服务。

第九届中国(深圳)国际文化产业博览交易会

2013年5月17日至20日,第九届中国(深圳)国际文化产业博览交易会在深圳举行。新闻出版馆有数字出版展区、国内图书展销区、进口图书展销订货区、综合展区等4个展示交易区,并举办"中国数字出版产业高端论坛"。其中,数字出版展区设立"国家数字出版基地综合展区",首次集中展示我国10个国家级数字出版基地整体情况,包括国家级数字出版基地的战略规划、建设情况、发展方向、各基地的具体介绍以及各基地的建筑模型等,并通过文字、图片、沙盘模型等形象地展示各基地在文化产业中的重要地位和作用，各基地的发展现状及目标。本届文博会新闻出版馆由深圳出版发行集团担任总承办方。

宁夏完成卫星数字农家书屋建设

2013年5月27日，宁夏回族自治区通过卫星数字农家书屋项目验收，中国航天卫星通信集团借助"中星6A"卫星投送的数字出版物同步投入使用。这标志着宁夏所有行政村卫星数字农家书屋建设完成。此前，自治区政府与中国航天科技集团公司签订了战略合作协议；自治区新闻出版局与中国航天卫星通信集团公司签署了《宁夏卫星数字农家书屋工程战略合作协议》。按照协议，中国卫星通信集团公司向宁夏捐赠价值800多万元的卫星数字接收终端设备并提供配套服务，自治区配置560多万元购买液晶显示器，双方共同筹建宁夏卫星数字农家书屋。

中国浙江无线内容生产基地在杭州揭牌

2013年5月27日，中国首家无线内容生产基地"中国·浙江无线内容生产基地"揭牌仪式在浙江杭州举行。基地生产内容涵盖图书、报纸、杂志、动漫等多个方面。该基地由浙江在线新闻网站联合浙报传媒、红旗出版社、中国移动阅读基地共同推出。揭牌仪式上，还举行了《提问2013》《中国方程式》等5本图书的数字首发仪式，并开通了数字阅读网站——掌阅中国。

北京市召开新闻出版系列数字编辑职称设定工作会

2013年5月30日至31日，北京市新闻出版系列数字编辑职称设定工作会在京召开。来自出版、互联网、网游、动漫等行业的40余位专家代表认为，探索建立数字编辑职称制度，顺应了数字时代人才培养和认证需求，为数字出版人才培养和认证提供了新通道，填补了数字出版专业技术人员职业资格空白点。与会专家建议，数字编辑面临比传统编辑及网络编辑更复杂的多媒体网络环境，因此在职称评审设定上应该与传统评审方式有所不同，需按照行业细致划分，对数字编辑职称进行评定。

江苏国家数字出版基地镇江园区授牌

2013年6月3日，江苏国家数字出版基地镇江园区正式授牌。2012年11月，该园区获得原新闻出版总署批准建设，镇江市从财政、税收和投融资等方面出台了扶持数字出版产业发展的多项政策。目前园区规划占地1554亩，首期建设计划投资 80.68 亿元，建筑总面积近 130 万平方米。

中国互联网电视运维监测中心落户天津

2013 年 6 月 17 日报道，中国互联网电视运维监测中心在天津落成，全面负责央视所有新媒体业务，旨在让百姓实现从电视荧屏上观看网络内容，并还将陆续开发更多融合电视和网络的功能，市民可以通过电视上线，并在电视机上实现语音和视频聊天，以方便不会操作电脑的受众群体。

国家文化科技创新工程首届专家组成立

2013 年 6 月 25 日，国家文化科技创新工程专家组成立会议在京举行。专家组进一步探索完善专家组工作机制、深入开展战略研究、加强对文化科技工作的决策咨询支撑、积极开展国际交流与合作等工作。

首批 70 家"数字出版转型示范单位"公示

2013 年 6 月 28 日，首批"数字出版转型示范单位"公示。首批示范单位总计 70 家，包括出版集团 5 家、图书出版社 20 家；报业集团 5 家、报社 20 家和期刊社 20 家，占全部申报单位的 16.3%、全国出版单位的 0.56%。

人教社与华东师大开展数字出版战略合作

2013 年 6 月 29 日，人民教育出版社与华东师范大学在京签署数字出版战略合作协议。双方在基础教育信息化、数字出版领域，共同成立数字教育研究中心，创建教育技术学博士后科研工作站，为基础教育提供更多的免费优势教育资源。

第五届中国数字出版博览会在京举办

2013 年 7 月 8 日至 10 日，第五届中国数字出版博览会在京举办。本届数博会主题为"科技与出版融合、转型与创新并举"，国际、国内 20 多位专家发表主题演讲，同时举行 10 余个分论坛。数博会是我国唯一以促进数字出版产业发展为目的的国家级大型交流会展活动。本届数博会综合反映我国数字出版行业总体面貌和总体概况，国家数字出版基地、出版传媒集团、报业集团、期刊集团、数字出版及电子书龙头企业以及国内外数字技术企业、出版机构高层云集大会，洽谈签约，共商合作。数博会由国家新闻出版广电总局、工业和信息化部、中国科学院为支持单位，中国新闻出版研究院主办。

MPR 国家标准产业应用专题论坛召开

2013 年 7 月 9 日，MPR 国家标准产业应用专题论坛在第五届中国数字出版博览会期间召开。论坛回顾了我国新闻出版标准化工作取得的显著成绩，指出大力推进数字出版领域标准的产业化应用，将成为当前一个时期新闻出版标准化工作的重中之重。同时，还举办了由总局主办、中国新闻出版研究院和中国音像与数字出版协会协办的 MPR 国家标准产业应用试点成果展。

2013 年中文数字出版与数字图书馆国际研讨会在敦煌召开

2013 年 7 月 11 日，2013 年中文数字出版与数字图书馆国际研讨会在敦煌召开。研讨会由清华大学图书馆、敦煌研究院等单位主办。本次研讨会主要由大会研讨和分会讨论两部分组成。大会围绕大数据时代的数字出版、中文数字出版与数字资源建设、中文数字图书馆与中国学研究、数字馆藏建设及服务模式等四个主题展开学术交流与讨论。分会研讨将分别围绕"敦煌论坛：数字敦煌与世界文化遗产"、"数字出版'走出去'研讨会"、"面向农业现代化建设的'三农'知识服务"。

2013 中国互联网大会开幕

2013 年 8 月 13 日，由中国互联网协会主办的 2013 中国互联网大会在京开幕。本届大会主题为"共建良好生态环境，服务美好网络生活"。为期 3 天的大会举行 18 个主题论坛，覆盖移动互联网、电子商务、互联网金融、网络广告、大数据、云计算、物联网、垃圾信息治理、创新与创业等多个细分领域。大会重点探讨互联网在拉动传统行业转型升级上的作用，聚焦与网民生活关系密切的话题。大会推出"技术大讲堂"、"新闻报告厅"、"秀场"、"现场体验馆"、"海峡两岸论坛及展览"、"全国巡展"六个特色活动。其中"技术大讲堂"成为汇聚技术领域的渴望者和学习者的交流平台；"新闻报告厅"打造媒体记者及互联网从业者与企业领袖、专家进行互相交流的平台；"海峡两岸论坛及展览"促进市场延展以及增进海峡两岸的互动交流。

2013 数字世界亚洲博览会在京召开

2013 年 8 月 22 日，2013 数字世界亚洲博览会在北京国家会议中心召开。为期 4 天的博览会由北京市投资促进局与美国国际数据集团（IDG）联合主办，是全球最大的苹果周边及配件产品博览会。此次博览会共吸引来自全球 10 多个国家的 500 余家企业参展，汇集新品展览、高峰论坛、专题研讨会、互动体验、投资洽谈等多项现场活动。

国际数字资源交易与服务平台"易阅通"启动运营

2013年8月28日,中国图书进出口(集团)总公司国际数字资源交易与服务平台——"易阅通"(CNPeReading)正式启动运营。该平台集聚合、加工、交易、服务为一体,通过技术创新,实现国内外数字产品在资源聚合、传播渠道和服务方式上的创新;通过打通国际营销渠道,实质性推进中国数字出版走出去。"易阅通"为上游出版社提供一体化推广、营销解决方案;为下游机构客户提供荐购、阅读、管理、整合一站式服务方案,体现"共建、共享、共赢"理念。启动大会上,中华书局、法律出版社、美国约翰·威立出版公司、美国超阅公司、德国德古意特出版公司等5家单位与中图总公司现场签约,加入"易阅通"平台。

第五届中国图书馆馆长与国际出版社高层对话论坛在京举行

2013年8月29日,由中国图书馆学会专业图书馆分会、中国图书进出口(集团)总公司、中国图书馆学会高校图书馆分会共同主办,中国图书进出口(集团)总公司承办的第五届中国图书馆馆长与国际出版社高层对话论坛在京举行。本届论坛的主题为"电子图书与图书馆"。论坛期间,与会代表就当前数字出版和网络出版的趋势与战略,电子图书对图书馆的影响,电子图书的技术发展趋势、内容组织、服务模式、销售模式、功能扩展、服务实践、知识产权管理等热点话题开展了对话和讨论。

同方知网发布"基于XML数据库技术的数字出版平台"和"B2B国际营销平台"

2013年8月30日,瞄准数字出版的"出版"与"发行"两个环节,同方知网(北京)技术有限公司在京发布两大国内首创的数字产品——"基于XML数据库技术的数字出版平台"和"B2B国际营销平台"。其中,"基于XML数据库技术的数字出版平台"支持全文检索、知识挖掘、内容碎片化处理与动态重组,全面确保了数字出版各环节的稳定、安全和高效。"B2B国际营销平台"是同方知网根据海外图书馆市场需求和特点,为国内出版社量身打造的"国际直通车"。

首家全民阅读协会在长春成立

2013年9月24日,吉林省全民阅读协会在长春国际会展中心召开成立大会,这标志着全国首家全民阅读协会正式成立。该协会是由吉林省爱好阅读的各界人士自愿结成的非营利性社会组织，以"全民阅读"为目标和核心价值，以"推介好的书目、推广好的阅读典型和开展丰富多彩的阅读活动"为主要活动方式，旨在依靠社会力量，服务社会公众，建立良好的社会学习秩序，为建设学习型社会服务。

第十一届中国国际网络文化博览会在京开幕

2013年10月11日，由文化部和北京市政府联合主办，中国文化传媒集团、中国动漫集团、中国国际贸易促进委员会北京分会和北京市文化局联合承办的第十一届中国国际网络文化博览会在北京展览馆拉开帷幕。本届网博会以"文化力量，创意未来"为主题，通过展览展示、高峰论坛以及主题活动等方式，全方位展示我国网络文化领域的创新发展趋势，进一步引导网络文化发展方向，引导广大公众积极参与网络文化建设和共享，并进一步促进国际间网络文化领域的广泛交流与合作。本届网博会推出的中国网络文化高峰论坛和首届国际移动游戏大会，将围绕当前网络文化产业的前沿话题和新政方针展开讨论，并发布网络文化相关行业权威数据。同时，中国网络文化盛典和"宝鼎奖"网络文化产品评选活动也同期举行。

首届中国传媒变革与发展峰会在江苏开幕

2013年10月17日，首届中国传媒变革与发展峰会暨2013中国报纸设计师年会在江苏扬州开幕。会议围绕五大议题，即新媒体、移动互联新技术在传媒上的应用，移动互联技术对于纸媒发展带来的变革，传媒发展的机遇、挑战，媒体视觉化的创新、改革，报纸版面设计等展开，共同探寻变革中的传统媒体转型发展之路。会议由扬州报业传媒集团、北京中报联新闻出版培训中心、英国C立方传媒联合主办，扬州晚报社承办，来自国内外60多家报社及传媒学术领军人物参加会议。会上，默多克旗下新闻国际公司前创新总监阿尔费雷多·特里威诺、《星期日独立报》艺术总监科林·威尔森、数字媒体公司戴尔创意总监佩里·普里斯等嘉宾进行了主题演讲。

我国开始研制卫星数字传播行业标准

2013年10月18日，《数字出版内容卫星传输规范》系列行业标准研制工作在京启动。按照规划，该系列标准将于2014年年底完成标准研制任务，并计划于2015年上半年发布实施。此次我国研制规范，能够有效打通上下游产业链瓶颈，理顺内容提供商、内容集成商、终端制造商、发行运营商之间的产业合作关系，创造新型高效、安全、价格低廉的数字出版传播渠道，加快我国信息服务产业发展。

重庆出版集团与中国移动重庆公司签署战略合作协议

2013年10月25日，重庆出版集团公司与中国移动通信集团重庆有限公司签署战略合作协议，旨在促进传统出版向数字出版转型，助力全民阅读活动开展。手机阅读是本次合作的重点项目。在手机阅读项目上，重庆出版集团将提供全民阅读内容资源，移动公司将负责手机阅读平台、全民阅读客户端的技术开发和项目运营技术支撑。项目启动初期，计划通过运营商资助和争取政府补助的方式，向手机用户提供数字阅读书包。

中华文化走出去数字内容国际传播富媒体平台亮相

2013年10月25日，在连云港市第五届文化产品博览会上，中华文化走出去数字内容国际传播富媒体平台亮相。该平台由中国新闻出版传媒集团和连云港伍江数码科技有限公司共同搭建，目前开设了中、英、法、西四大语种的50个频道，累计节目时长1000小时，为澳大利亚、新西兰等国家的150万家庭用户提供高品质、高清晰的精品文化内容。该平台以澳大利亚为起点，内容逐步覆盖到亚洲、欧美、非洲等世界范围，成为海外用户了解中华文化的平台；通过电子商务板块使文化艺术交流、教育培训、旅游服务等文化贸易走出去；把世界范围的优秀文化，通过平台请进来，打造一个开放互动的文化交流环境；通过新技术打造高品质的高清内容，带动付费模式和广告运营，同时为中国企业家在海外交流、商贸活动提供服务。

首届中国音乐产业大会在京举行

2013年11月7日至10日，首届中国音乐产业大会在京举行，此次大会由北京国家音乐产业基地和北京市版权局主办，无限星空音乐集团和热诚文化共同承办，以"创新 开放 共赢"为主题，研究新趋势、探索新方向、开拓新模式，议题包括音乐版权、数字音乐领域、音乐投融资、音乐营销、影视动漫、游戏音乐、音乐教育和音乐衍生产品等，由高峰论坛、博览会和音乐嘉年华3个板块组成。

首家互联网信息研究院在中国传媒大学成立

2013年11月22日，中国首家互联网信息研究院在中国传媒大学成立。该研究院致力于打造互联网信息与传播研究领域的权威智库平台、学术平台、研究平台，为国家互联网信息工作提供战略支持、研究支持、人才支持和技术支持。研究院将承担六项核心工作：一是在全球化格局下进行互联网信息的基础研究，并承接国家级互联网信息研究课题；二是构建互联网研究领域权威性、国家级智库；三是构建国家级的权威互联网信息数据统计平台；四是构建权威互联网国际学术交流平台；五是构建国家级高端专业人才培养基地；六是推进互联网科技成果转化。

全国 5 所高校开设数字出版专业

2013 年 12 月 13 日，高等学校出版专业教学指导委员会第二次全体会议暨"卓越新闻传播人才教育培养计划"研讨会在京召开。在北京印刷学院新闻出版学院公布的《全国高校出版专业建设调查报告》显示，目前全国有 80 所高校开设了编辑出版专业，有 5 所高校开设数字出版专业，它们分别为北京印刷学院、天津科技大学、武汉大学、中南大学、湘潭大学。与会代表认为，该报告基本摸清了全国出版相关专业在招生数量、地域分布、发展层次、教师队伍、培养规模、核心课程建设、教材建设、专业建设等方面的情况，还就出版专业核心课程认定、如何服务人才培养和行业发展等议题进行了研讨。

全国数字出版转型示范单位现场会在渝召开

2013 年 12 月 16 日，国家新闻出版广电总局在重庆召开全国数字出版转型示范单位现场会，全国各省（区、市）新闻出版行政部门数字出版业务负责人、首批转型示范单位代表，以及各地推荐的部分出版单位代表就加快传统出版业转型升级步伐进行了交流探讨。"传统出版单位数字出版转型示范"工作，从组织策划、评估体系研究、指标设定、行业申报、专家评审、媒体公示到业内公告，前后历时一年半时间，最终筛选出 70 家出版单位进入"首批数字出版转型示范单位"行列，其中出版集团 5 家、出版社 20 家，报业集团 5 家、报社 20 家，期刊社 20 家，占全部申报单位总数的 16.3%，占全国书报刊出版单位总数的 0.56%。人民日报社、中国少年儿童新闻出版总社、重庆日报社、浙江大学出版社、中国国家地理杂志社等单位代表就数字出版转型战略规划、产品设计、思路布局等进行了重点发言，首批 70 家示范单位交流了转型经验。

北京国家数字出版基地落户丰台

2013 年 12 月 17 日，北京市新闻出版局党组书记、局长冯俊科与丰台区区长冀岩，日前正式签署了共同推进北京国家数字出版基地建设战略框架协议，标志着北京国家数字出版基地建设项目落户丰台区。北京国家数字出版基地将充分利用首都的文化中心优势和丰富的数字出版资源，重点发展电子图书、数字报刊、数字音乐、数字视频、网游动漫和网络教育等数字出版产业。双方将共同努力，推动北京数字出版产业集聚发展，推动传统出版向数字出版转型升级，将北京国家数字出版基地打造成全国领先、国际知名的北京特色数字出版产业功能区。

（大事记由石昆根据《中国新闻出版报》、新华网、中国新闻网、中国出版网、腾讯科技、网易新闻、东方网、南方网、《河北青年报》、《青岛财经日报》、北京市文化局网站、《证券时报》、《苏州日报》、《福建日报》报道内容搜集整理）

图书在版编目（CIP）数据

2013－2014 中国数字出版产业年度报告／张立主编．—北京：中国书籍出版社，2014.7
ISBN 978－7－5068－4242－6

Ⅰ．①2… Ⅱ．①张… Ⅲ．①电子出版物—出版工作—研究报告—中国—2013～2014
Ⅳ．①G239.2

中国版本图书馆 CIP 数据核字（2014）第 140992 号

2013－2014 中国数字出版产业年度报告

张　立　主编

责任编辑	李卫东
责任印制	孙马飞　张智勇
封面设计	嘉玮文化
出版发行	中国书籍出版社
地　　址	北京市丰台区三路居路 97 号（邮编：100073）
电　　话	（010）52257143（总编室）　　　（010）52257153（发行部）
电子邮箱	chinabp@vip.sina.com
经　　销	全国新华书店
印　　刷	河北省高碑店鑫宏源印刷有限公司
开　　本	787 毫米×1092 毫米　1/16
字　　数	430 千字
印　　张	26.25
版　　次	2014 年 7 月第 1 版　2014 年 7 月第 1 次印刷
书　　号	ISBN 978－7－5068－4242－6
定　　价	68.00 元

版权所有　翻印必究